苦難與輝煌

抗戰時期的武漢大學
一九三七——一九四六

張在軍——著

張在軍與武大機械系1938級校友盧秉彝參觀樂山師院武大紀念堂，武大樂山校友會會長薑希手指老照片上的女生即為當年「校花」盧秉彝

張在軍與武大經濟系1942級校友李道倫在一起

戰時武大校址樂山文廟櫺星門今昔（張在軍攝）

武大第二男生宿舍舊址龍神祠今昔（張在軍攝）

武 漢 大 學

西旁同志：大札已奉悉。你所看到的拙作，是抗日战争期间我在四川所撰《居蜀集》的一部分。为着适应《珞珈》情况，我将在重庆、在江津、在成都、在峨眉也诸作全部抽出，所以时间有不衔接处。少时练习之作，贪多务得，极不成熟。承蒙选用，无任感荷。

我的生平经历最简单，现略言一二：

我是安徽合肥人，字海之，生于1912年8月。1935年夏考入武汉大学中国文学系。1938年春，随武大西迁乐山。1939年夏毕业。在江津国立第九中学任教二年。1941年秋，回乐山武大教一年级"基本国文"课。1946年夏出川返乡，在安徽大学任讲师一年。1947年夏，复回武大中文系任教，历任讲师、副教授、教授，直至1986年退休。著有《居蜀集》《东西集》《观生集》、《炳烛集》、《袁宏道集笺校志疑》、《袁中郎行状笺证》等专著。(中共党员，中国作协会员)

《珞珈》所载，颇有讹误。现估计可能被你误

1701574 92 2 　　地址：武昌珞珈山　　电话：872712　812723

武大中文系教授李健章致毛西旁信笺（毛郎英提供）

6

汉 语 大 字 典 编 纂 处

抗战期间，武汉大学迁校
四川乐山，因此我在乐山住
了八年。八年时交，我们吃的
是乐山粮，喝的是岷江水。
乐山父老兄弟对我深有情
意。四十年后，重游故地，感
怀万端，情不自己，写了几首
白话诗，直抒胸臆。并呈
乐山市编史修志委员会方家
正之。

李格非谨识
1983.5.10.

武大中文系教授李格非致毛西旁信笺（毛郎英提供）

武漢大学 校友总会
Alumni Association of Wuhan University

张在军先生：

您要的《武大校友通讯》经过查找，目前只找到了3本，其他的因已发完，没有了。

《武大校友通讯》每期印刷6000册，以前只印5000册，因校友人数众多，有时不够分发，有时又有多余，但现象又处现了，实在是对不起。

您热爱武大、潜心武大历史研究和写作，令人感动。连我这个长期从事校史研究和主编《武大校友通讯》的人都自愧弗如，可见您的成功叫人不得不佩服。

希望能把近来的武大校友以前写的"珞珈岁月"、"今日母校"等来一读，以便从中获取更大的教益。

此致

撰安

刘以刚
2011.12.1.

地址：中国·武汉·武昌珞珈山　　电话：86-27-68752816　　传真：86-27-68752811
E-mail: aaoff@whu.edu.cn　　邮编：430072

《武大校友通訊》編輯部主任劉以剛致張在軍信箋

《四川日報》整版報導張在軍寫作武大抗戰史

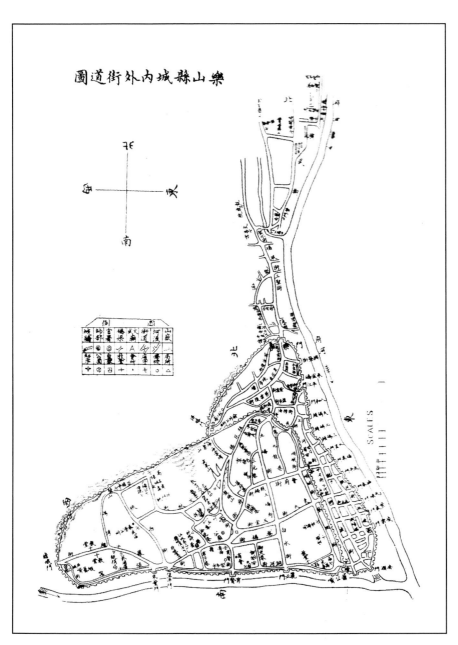

廿世紀三十年代樂山縣城街道圖（民國《樂山縣誌》）

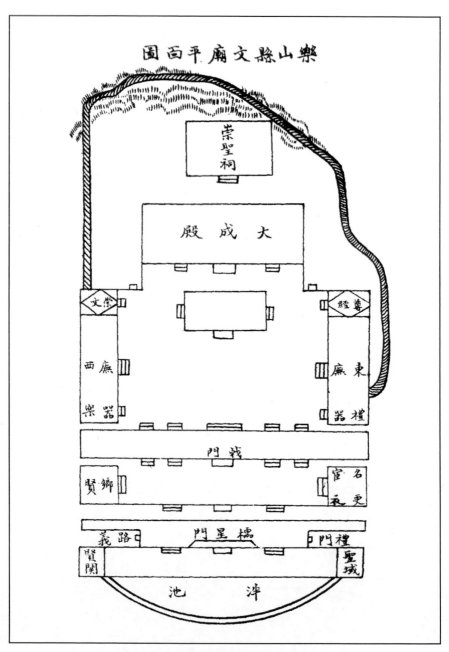

廿世紀三十年代樂山文廟平面圖（民國《樂山縣誌》）

苦難的細節，輝煌的時代
──《苦難與輝煌：抗戰時期的武漢大學》代序

韓晗

　　收到在軍先生的書稿，是在2012年盛夏的一個午後，我本在外地度婚假，此時我早已拋開了一切工作，當然也包括約稿、寫序之類的文字應酬。但是，這本書的標題卻將我的時間安排打亂。我沒有任何理由地相信，任何一個「武大郎」在這樣一本厚厚的書稿面前，都不會謝絕在軍先生這份邀請的。況且，在武漢大學一百二十周年校慶這個大日子裏，面對這樣一本出現在海峽對岸的學術著作，之於整個武漢大學而言，都是一件值得欣慰、慶賀的事情。

　　坦誠地說，我沒有資格為這份鴻篇巨製撰寫序言，首先，我並非研究二戰史的專家，而武漢大學的胡德坤教授恰又是國內外研究二戰史的權威學者，若由我寫的序言被諸師看到，豈非班門弄大斧、布鼓過雷門？其次，我在武大求學才三年不到的時間，比起在南三區、九區等地生活二三十年甚至半個世紀的「珞珈子弟」而言，我無疑是個新人。但這些又無法構成我推辭在軍先生的理由，除了書裏「每一字必有出處」的嚴謹之外，他待人的熱情也深深地打動了我。所以，面對這本書稿，我確實有話要說，而且都是無法修飾的真心話。

　　我與妻都在武漢大學念的博士班，我的家族與武漢大學也有著不算淺的淵源關係，先大父在六十年前曾擔任過湖北醫學院的副院長，這所學校就是今天的武漢大學醫學部，而先大母曾創辦過湖北省口腔醫院──即今天的武漢大學醫學院口腔醫院。因此，新政權建立之後的武漢大學，與家族裏的先輩確有一定的關係，但抗戰時期的武漢大學，則對於年輕的我而言，只是一個學術研究的對象了。

　　前些年開始，我從事民國史尤其是抗戰時期的文獻檔案、書報資料的研究，西遷時的武漢大學當然也在我的關注對象之內。那時我便苦於國內學界關

於「武大史」的研究不夠，就抗戰時的武大研究而言，我手頭僅有一部敝校檔案館涂上飆館長主編的《樂山時期的武漢大學》，但一本書是遠遠不夠的。研究成果不足，必然也會束縛到國內外其他學者對於武大校史的研究，因此這本《苦難與輝煌》，必然是未來武大校史研究的一本繞不開的重要著述。

在軍先生既非武大校友，也不是民國史專家，作為一名駐紮樂山的房地產行銷人員，卻寫出了這樣一部幾十萬字的著述，這讓我看來是一件非常不可思議且感慨萬千的事情。但這也恰恰反映了樂山時期武漢大學在民眾之間的反響乃不可小覷。因為先前很長一段時間，學界對於東吳大學（蘇州大學）、中央大學（南京大學）以及復旦大學的校史研究，多半為該校的校史館、檔案館的研究人員或校內的專職教師，而隨著「老大學熱」與「民國熱」在近些年的升溫，在國內一批「校史學」研究隊伍裏，也開始出現了一些其他院校學者的身影。但作為民間學者，肯下功夫、花力氣、不要一分錢經費自發地研究一所大學的歷史，我還沒有遇到過。因此，這既是武漢大學的榮耀，也是在軍先生不經意之間，為武大校史研究所打造出的、里程碑式的學術意義。

讀完這部著作，掩卷之餘，我亦是百感交集。眾所周知，武漢大學是中國大學教育史上的一朵奇葩，它見證了從清末的新式學堂到民國大學再到新政權建立進行「學制改革」的全過程，早在1948年，英國牛津大學就致函國民政府教育部，確認武漢大學的文、理學畢業生平均成績在80分以上的人享有「牛津之高級生地位」，這樣的殊榮，當時全國僅武大一家，在毛澤東逝世之後，武漢大學又成為全國教育改革的「排頭兵」，以劉道玉、查全性等知名改革派教育家為代表的群體，再現了民國時期國立武漢大學「自強弘毅」的精神風貌。但隨著九十年代以來國內經濟發展的區域性不平衡，相比較沿海地區的一些老大學如復旦大學、浙江大學、廈門大學與中山大學等等，武漢大學確實也沒有像其他高校那樣熱衷於「外抓宣傳」了，這無疑造成了國內新聞界、校史研究界對於武大校史研究乃至武漢大學整體的疏忽，但這並無法遮蔽百年珞珈在普羅大眾中的文化影響，君不見，在軍先生的這本巨著，便是一個大證據。

我寄望於這本書的另一個方面，就是希望國內歷史尤其是教育史的學界同仁可以多多地關注武漢大學的校史，這是中國近現代教育史尤其是教育史裏的一座文明富礦。前些年，我曾對《武漢大學文哲季刊》做過相關研究探索，當時我就發現，之於《暨南學報》、《燕京學報》而言，當下學界對於《武漢大

學文哲季刊》的研究，是很不足的。筆者相信，隨著這部《苦難與輝煌》的出版，國內學界必然會對武漢大學的昨天、今天與明天有著更加深刻的瞭解、把握與期待。

《苦難與輝煌》能在海峽對岸付梓出版，這誠然可喜可賀！但作為年輕一代「武大郎」的我們，並不能妄自菲薄地認為武大校史真的成為了「顯學」。正如前文所述，我們必須清楚地認識到目前海內外學界對於武大校史的研究，還需要我們這一批年輕學人的進一步努力與挖掘。具體來講，就是應該將對武大的關注，融入到自己所屬學科裏去，積極地進行跨學科、跨專業的研究——譬如武大新文學作家群、中國法學與馬克思主義研究的「武大學派」、「癸未學制」與自強學堂關係考等領域的研究，還有待我們去填補空白，這些研究不但對於武大校史有著重要的意義，之於相關學科的發展，也有始料不及的學術價值。

譬如，在《苦難與輝煌》中，作者敏銳地發現了武漢大學與中國社會現代化歷程的重要關係，將「中國之進步在武漢大學」為單列一章標題，這可見作者立足點之高，在「人文著述與科學發現」中，又將當時中國人文、科學所取得的重要成果與武漢大學當時的科研力量相聯繫，如朱光潛、袁昌英的文學研究、梁百先在《Nature》雜誌上發表的高水準物理學論文、楊端六的專著《貨幣與銀行》等等。這些成果顯然不但屬於武漢大學，更屬於中國學術界與全民抗日那個偉大的時代。並且，作者高屋建瓴地通過統計總結，認為這批「學術著作的品質都很高」、「學術科研中有很高的外語含金量」，這樣來自於實證分析、回歸到歷史背景的結論，無疑是讓人信服的。

當然，《苦難與輝煌》在研究方法上，所採取的「日常生活史」研究範式，亦值得讚歎。在書中，作者並未單純地強調大師、大學問、大建築、大時代，而是從男生宿舍、學生日常消費，乃至飲食、日記、對話等細微末節入手，重現歷史的真實。這是目前史學界（尤其是東亞史學界）較為通行的研究方法，當然也是最考驗研究者治學功夫的，一部非歷史學專業人士所完成的著作，能夠有這樣前瞻性的研究視野，實在是令人欽佩。

因此筆者堅信，對於任何一所大學的校史研究，不但要將研究對象、研究結論融入到格局背景、歷史與人文的大時代裏去，更要真實、翔實、踏實地反映歷史的細節甚至重現歷史的真實場景，否則就容易脫離史實、漠視實際甚

至空話連篇。英國歷史學家湯因比曾對年輕的歷史學家們說過，「一個合格的歷史學家，他不但要探索時代的觀念，更要知曉每個人的想法。」我們看到，《苦難與輝煌》憑藉其知人論世的精彩筆觸，基本上完成了這一較有難度的史學研究之基礎要求。

　　眾所周知，抗戰八年中的大學西遷，武漢大學非但扮演了重要的角色，亦在這筚路藍縷、薪火相傳之中綿延著學問的接力。在軍先生將書名命名為「苦難與輝煌」，其實也正是不自覺地從「大背景」與「細節」這兩方面考慮的，毫無疑問，戰火中求知、求生的細節必然充滿了艱辛與苦難，但若從大的背景格局、歷史時代來看，這一切又何嘗不是崇高輝煌的呢？

2012年7月10日，初稿於宜昌

2012年7月12日，定稿於武漢-北戴河途中

（韓晗，1985年出生，中國作家協會會員，武漢大學中文系博士研究生，武漢大學文藝生產與消費研究中心兼職研究人員，政協黃石港區常委兼文史資料與學習委員會副主任。）

目　次

楔子　一個該用紅墨水記的日子

　　1945年8月10日。用楊靜遠的話說，這是一個「該用紅墨水記」的日子。

　　那天夜晚，剛從武漢大學外文系畢業的楊靜遠，正在樂山城西陝西街[1]家中伏案靜讀，忽然聽得外面小孩子叫嚷聲。有點奇怪，也沒有怎麼在意。

　　過了一會兒，楊靜遠的父親、武大新上任的代理教務長、經濟系教授楊端六回來，還沒進家門就聽見他興奮的聲音：「好消息喇！頂好的消息：日本投降了！」

　　與此同時，外面爆竹聲大作，像是久被壓抑而爆發的狂笑。八年來忍氣吞聲的中國人的情緒，一下奔放地沖上來。那一處接一處的爆竹聲，夾著孩子們的叫喊聲。

　　楊靜遠的母親、平日很少外出的武大外文系袁昌英教授，叫上住在同一棟樓的中文系蘇雪林教授，一股子勁地喊著要上街看看。她們拉上楊靜遠、還有十多歲的楊弘遠，很快就匯入到遊行的人海中去。蘇雪林教授高舉著用床單做成的火把，一馬當先，狂呼不已。

　　大家盡情地歡呼、歌唱，繞著樂山城走了一圈又一圈，一直到子夜，人們才慢慢地散去。

　　也是這個夜晚。武大文學院學生張守恭和一幫同學，正在嘉樂門邊興發街第五宿舍「黑宮」裏晚自修，忽聽門口有一位同學大喊：「日本投降了！」

　　這一聲好似一陣春雷，頓時滿室歡呼，張守恭不禁把書一拋，不顧一切地沖出大門，奔上街頭。一面狂奔，一面直起嗓子大喊大叫：「日軍投降啦！」「我們勝利啦！」「我們要回家啦！」當然，不只是他一個人在瘋跑狂叫，有些同學興奮得忘乎所以，簡直聽不出他們在喊些什麼。

[1] 陝西街：從樂山城水西門往老霄頂去的一條老街，因清代街上有陝西會館而得名。抗戰時期，樂山駐軍三二補訓處就駐在此街。

　　他們就這樣在昏暗中不知跑過幾條街道，大約一個多小時以後，鑼鼓聲、鞭炮聲四起，樂山各機關、群眾遊行慶祝的隊伍出來了，可是他們已經聲嘶力竭，再也不能跑了，只好蹣跚著回到宿舍。

　　張守恭好想丟棄一切，乘舟東下，能夠一夜之間回到家鄉，叩見二老爹娘。可那時大大小小的機關學校，千千萬萬離流亡入川的「下江佬」，誰不想早日還鄉？哪有這許多的車船？交通擁擠情景，可想而知。沒奈何，只得耐著性子，重新收拾起書本。

　　聞知喜訊，武大文學院年近花甲的劉永濟教授在興奮之餘，一口氣填詞四首以賀：

　　玉樓春·新曆八月十日感事有作[2]

　　瑤臺昨夜傳銀電，芳事依稀知近遠。擘開紫葯苦深含，抽盡紅蕉心未展。
　　嬉春繡轂輕雷轉，盡載笙歌歸別院。餘音閒嫋落花風，迤逼新愁人不見。

　　銀屏一曲天涯似，誰遣青鸞通錦字。零紅斷粉總愁根，忍作東風行樂地。
　　十年冉冉無窮事，似影如塵渾不記。勸君一盞碧蒲萄，中有紅綃千滴淚。

　　西園雨過風猶勁，細算無多春色剩。花心睡蝶漫魂酣，葉背流鶯休舌佞。
　　雙情繾綣憑誰證，錦段貂襜珍重贈。須知鴛枕有滄桑，好夢濃時偏易醒。

　　青山缺處平蕪遠，不見江南芳草岸。待憑春水送歸舟，還恐歸期同電幻。
　　愁情久似春雲亂，誰信言愁情已倦。風池水皺底干卿，枉費龍琶金鳳管。

　　劉永濟在高興之餘，內心十分明白，儘管日本人投降了，國民黨必然要發動內戰以圖消滅共產黨的軍隊。如此，馬上回歸武昌恐怕是個幻影。

2　劉永濟：《劉永濟詞集》，湖南人民出版社，1984年，第70頁。

第二天早晨七點多鐘，樂山當地出版的《誠報》第3版報導——

【本報訊】昨日午後八時許，本報已獲日本無條件投降消息，並發行號外。同時，武大力訊社以鞭炮燃放為前導，沿街高呼「日本業已無條件投降」。本市市民聞此喜訊，皆紛紛自動購買鞭炮燃放，以示慶祝。同時復有多數外省籍同胞，相見之下互相告述，擁抱狂歡，歡樂情況有不可言喻者。此實抗戰八年來最榮幸最快樂之一日也。

〔狂歡拾零〕昨晚九時許，傳出倭寇無條件投降消息後，二十分鐘內整個市面掀起歡躍升的狂潮，萬千市民皆趨至街道兩旁，或商戶騎樓窗口，狂放鞭炮，高呼勝利口號。

火炬遊行中，駐軍某某師[3]之軍樂隊號角齊鳴，倍增熱鬧。

狂歡中有盟軍十餘人在人海中奔進跑出，大放火炮，高呼「Victory（勝利）」不止。

平日甚少外出之武大女教授袁昌英先生因聞倭寇投降消息，特攜其男女公子參加遊行行列，狀極愉快。蘇雪林教授手舉火炬，一馬當先。

本市火炮店昨晚生意空前興隆。惟有一店家被某些狂歡者一搶而空，損失約數萬元之巨。

美國新聞處成都分處電影隊，適前日來樂，該處為慶祝同盟國抗戰勝利，特定今晚八時假公園中山堂放映有聲時事電影，歡迎市民參觀。並聞新記大岷影院今晚亦特別換映古裝歷史巨片《王寶釧》，以表慶祝。[4]

這天上午，在武大校本部文廟前的民主牆上，有人發現了袁昌英教授仿杜甫〈聞官軍收河南河北〉寫的一首慶祝抗戰勝利的詩：

戶外忽傳真勝利，初聞涕淚濕衣裳。卻看妻子愁何在，漫捲詩書喜欲狂。
白日放歌須縱酒，青春作伴好還鄉。即從巴峽穿巫峽，便下宜昌向漢陽。[5]

3　某某師：指九十八師。
4　原載《誠報》1945年8月11日3版，轉引自周文華主編：《樂山歷代文集》，樂山市市中區編史修志辦公室編印，1990年，第374—375頁。
5　劉萬寅：〈在樂山讀書時的一點回憶〉，《武大校友通訊》2008年第1輯。

八年啦，武大師生，哪一個不像袁教授那樣歸心似箭呢？誰不想念那淼淼東湖、巍巍珞珈……

第一章　烽火西遷

金甌破缺

　　六十多年後，年屆古稀的劉茂舒清楚地記得，那個讓中華民族暗淡無光的夜晚。

　　那天是1931年9月18日，六歲的劉茂舒和父母、舅舅同在東北大學禮堂看京戲。九點多鐘，她因第二天要上學，父母帶她先回家，舅舅酷愛京戲，便一人留下繼續觀看。

　　約十一點鐘，舅舅慌慌張張地跑回家來，這時爆炸聲已大作，一家人都被驚起了。父親劉永濟（時任東北大學中文系教授）出門去打聽消息，大家沉著地等待著。

　　直到天亮時，父親才回來，憂慮疲倦的面容使她終生難忘。

　　「日本人動手了！」父親和同事們時時擔心的事情，終於發生了。

　　此後，父親常常出門，很晚才回家，母親摟著她坐在門洞裏，懷著不安的心情等待著父親，有時就這樣一直等到深夜。

　　一天，一個眉目清秀，穿著長衫瘦長個子的青年人來到她們家裏，和父親簡短地交談後匆匆離去。這天，父親破例沒有出門，在房裏抽著煙、來回踱步，時而伏案疾書。

　　後來父親才告訴女兒，來者是東北大學中文系學生苗可秀，他和同學們組織了東北大學抗日義勇軍，要父親為這支愛國軍隊寫一首軍歌。父親填了一首〈滿江紅〉，後來發表在天津《大公報》上。在從奉天搭乘難民車進關途中，父親一句句教給女兒唱這首歌：

　　　　禹域堯封，是誰使，金甌破缺？君不見，銘盂書鼎，幾多豪傑。交趾銅標勳跡壯，燕然勒石威名烈，忍都將神胄化輿臺，肝腸裂。

天柱倒，坤維折。填海志，終難滅。挽黃河淨洗，神州腥血。兩眼莫懸
閶闔上，支身直掃蚊龍穴。把乾坤大事共擔承，今番決。

劉茂舒晚年回憶父親說，「他那充滿悲憤、鏗鏘有力的歌聲，至今猶在耳
際。」[1]東北淪陷迫使劉永濟舉家南遷，轉任武漢大學中文系教授。其痛楚的心
境在他1932年所作〈惜秋華·在武昌武漢大學〉一詞中有真摯的流露：

倦羽驚風，渺天涯寄泊，沉哀何地。殘夜夢迴，還疑醉歌燕市，冰霜暗
憶胡沙，恨一霎，紅心都死。鴻唳，料征程怕近，長虹孤壘。
遺恨付流水。剩荒原夜黑，怨啼新鬼。莫自淚枯，誰遏漲天鯨沸。須知
玉樹聲妍，渾不解、人間愁味。無寐，聽寒濤、斷魂潮尾。[2]

在這首詞中，劉永濟並未抒寫自己就任武大教授的任何欣慰之情，而是傾
訴了對東北失地的懷念，對神州危殆的憂懼，對廣大民眾流離失所，苦難深重
的哀惋。面對武漢三鎮和南方一派繁華苟安景象，他只感受到「玉樹後庭花，
花開不復久」的亡國之音。

「九一八」事變後，東北湧現出一支支以舊軍隊為基礎的自發抗日武裝力
量（總稱東北義勇軍），有力地打擊了日本帝國主義的侵略野心，激發了全國
人民的抗日意志。在武漢大學外文系任教並兼女生指導的袁昌英，帶領女學生
和部分教職員家屬，為東北義勇軍縫製棉衣千餘套。為保證這批援軍物資的安
全，1932年3月3日，她給胡適寫道：

現在我們有一件事要請求你的幫助。我們住在武漢方面的人，雖然
尚未直接感受日本鬼的威嚇，可是精神上也夠痛苦了。每一想到北方義
勇軍在冰天雪地之中，與敵人奮鬥的艱苦，就不免流著同情淚。武大東
省事件委員會雖然幾次募集捐款匯寄北方，我們做女子的總覺得未盡天

1　劉茂舒：〈難忘的「九·一八」〉，臺灣《珞珈》（1996年4月）第127期。
2　劉永濟：《劉永濟詞集》，湖南人民出版社，1984年，第5頁。

職，所以最近又發起了一個小小的運動，趕做棉背心一千件，接濟我們的義勇軍。這事正在進行，不日就可完工。數雖很少，卻是出自我們幾十個人親手裁縫，無非表示我們一點熱忱而已。現在要請求於你的是：親自替我們在北平打聽一個寄交的處所。我們希望這一點棉衣，不至於隨便落在不相干的人手裏。你在北平當然知道有確實可靠的機關和經手人，可以使我們直接寄去。這事要煩你老先生，實在對不起。預先謝謝你的回信。[3]

楊靜遠後來在〈母親袁昌英〉中回憶說，「母親的愛國激情，也見於平日的藝術生活。從『九一八』到『七七』事變那幾年，我常聽到母親在書房裏朗讀古代愛國詩詞，讀到動情處，聲淚俱下。她不是乾巴巴地念，而是用湖南人讀詩抑揚頓挫的腔調高吟低哦，聽來非常動人。」[4]

富饒的黑土地並不能填飽強盜的貪婪欲望。

日軍在輕取東三省之後，狼煙千里，直逼關內。

古稀之年的武大張蕭文教授永生難忘1937年7月7日，正在讀初中的他，聽到北平城外的炮聲，並不在意。因為他知道北平城外有日本兵經常開炮。誰知道這就是抗戰八年的第一天。中國歷史發展的方向，甚至世界歷史發展的方向，從此開始發生了改變。

炮聲在繼續。7月29日，北平失守。「歷代古都，竟淪犬豕矣。悲痛何如！」[5]緊接著，天津淪陷。

8月13日，黑色星期五。日軍炮擊閘北，進攻上海。10月下旬，淞滬戰事日益吃緊。這，直接威脅著國民政府首都——南京。

10月29日，蔣介石以國防最高會議議長身份召集國防最高會議，並在會上作了〈國民政府遷都重慶與抗戰前途〉的講話，最後宣佈：為堅持長期抗戰，國民政府將遷都重慶，以四川為抗戰大後方。

11月16日，國民政府主席林森，遵循遷都大計，率直屬的文官、主計、參

3　《胡適來往書信選》中冊，中華書局，1979年，第105—106頁。
4　楊靜遠：《咸寧幹校一千天》，長江文藝出版社，2000，第205頁。
5　張秀章編著：《蔣介石日記揭秘》下冊，團結出版社，2007年，第513頁。

軍三處的部分人員，連夜登上「永綏」號炮艦，其他隨行人員則乘「龍興」號輪船。

沒有燈光，沒有軍樂，也沒有汽笛聲，一切都在黑暗中悄無聲息地進行著。時局已不允許舉行任何儀式以記載這一歷史時刻。

林森出發的當天，國民政府向社會發表宣言，正式宣佈國民政府「移駐」重慶。

18日，國防最高會議又決定，「於林主席抵川或抵宜昌時，發表遷徙政府於重慶之文告。政府機關最高人員，須於文告發表後始得離京。」[6]

19日，軍艦駛抵漢口軍用碼頭。

20日，中央通訊社才發表了〈國民政府移駐重慶辦公宣言〉，內稱：「國民政府茲為適應戰況，統籌全局，長期抗戰起見，本日移駐重慶。此後將以最廣大之規模，從事更持久之戰鬥……。」[7]

蔣介石也為「遷都」之事通電全國，稱「國民政府移駐重慶，我前方軍事不但絕無牽動，必更堅決奮鬥；就整個抗戰大計言，實為進一步展開戰略之起點」。

林森及國民政府一行人，在漢口稍事休息後，繼續溯江西上。途經宜昌時，因軍艦吃水淺，又換乘了民生公司的「民風」、「民政」、「民貴」輪船繼續西行。

26日，林森率國民政府一行近千人，經過一個多星期的顛簸，終於駛抵重慶。為了表示對國民政府到來的歡迎，重慶行營主任賀國光、省政府保安處長王陵基等川省高級官員，乘了專輪前往20多里以外的唐家沱迎接。下午2時40分，林森乘坐的「民風輪」出現在重慶朝天門碼頭。早已泊江迎候的海軍「巴渝」、「長江」二艦，齊鳴禮炮21響，並隨侍兩側，為「民風輪」護航。碼頭上軍樂齊奏，歡迎的口號此起彼伏，場面極為隆重。面對這與離開南京時的冷清形成強烈反差的場面，林森多日來的憂鬱情緒，多少變得輕鬆了一點。

12月1日，國民政府正式在重慶辦公。行政院亦電告各省市政府，即日起已經開始在重慶辦公。接著，國民黨中央黨部等重要機關先後抵達重慶。

---

[6] 劉曉寧：《「無為而治」的國府元首林森傳》，中國文史出版社，2002年，第287頁。

[7] 同前註。

至此，重慶成為名至實歸的國家政治、經濟、文化、軍事中心。

國民政府主席林森雖然移駐重慶，但國民黨主要黨政軍首腦蔣介石、馮玉祥、孔祥熙、張群、何應欽、陳誠、白崇禧、陳立夫，國民黨中央黨部、軍事委員會以及外交、財政、內政等部，都暫時集中在武漢。

素有「九省通衢」之稱的武漢，地處江漢平原東部，居長江、漢水之交，扼平漢、粵漢鐵路的銜接點，是中國的心臟腹地，又是東西南北水陸交通的樞紐，戰略地位十分重要。

1937年「8‧13事變」後，上海的文化界人士提出一個口號：「到武漢去，到武漢去」，堅守自己的國土，堅守自己的崗位，抵抗日軍的西進，保衛大武漢，動員全中國抗日。

是年9月，董必武奉命以中共中央代表身份從延安來到武漢開展黨的工作。在此期間，他向各界人士廣泛宣傳共黨的抗日主張，開展統戰工作，開始整頓、恢復和發展中共湖北地區黨的組織，領導籌備並建立了八路軍武漢辦事處。10月，經董必武積極籌備，「八辦」在漢口安仁里2號正式成立。12月，八路軍駐南京辦事處因南京淪陷，遷來武漢並入武漢辦事處。周恩來、董必武、葉劍英等中共代表團成員和陳紹禹（王明）等人都在武漢。

這一年的11月，董必武應武漢大學的邀請，作了題為〈群眾運動諸問題〉的演講。指出有了群眾運動，才能真正實現「有錢出錢，有力出力」、「肅清漢奸」、「堅壁清野」、「遊擊戰爭」等口號。12月31日，周恩來又應武漢大學之請，作〈現階段青年運動的性質和任務〉演講，分析抗日戰爭的形勢，號召青年積極投入抗日救國工作。

12月下旬，在中華民族生死存亡之際，國共兩黨經過反覆談判達成協議。12月25日，葉挺、項英在漢口太和街26號召集新四軍幹部大會，標誌著新四軍軍部——漢口軍部就此誕生。翌年1月10日，郭沫若來到武漢的次日，應葉挺邀請到新四軍軍部居住。新四軍軍部移駐南昌後，郭沫若還在老軍部小住過一陣子。

1938年初，作為國共合作的一個實體——國民政府軍事委員政治部成立，由陳誠任部長，周恩來任副部長。4月1日，政治部第三廳在武漢正式成立，郭沫若任廳長，月底搬到武昌珞珈山武漢大學教授樓。而此時的武漢大學，已經西遷到四川郭沫若的家鄉樂山縣城。

以郭沫若為廳長的政治部第三廳，羅致了大批著名的文化界人士，開展了波瀾壯闊的抗日救亡宣傳工作。許多愛國知名人士如沈鈞儒、鄒韜奮、史良、沙千里、章伯鈞等齊集這裏。

1938年3月29日至4月1日，國民黨臨時全國代表大會在武漢召開。國民參政會也作為一個民主、民意機構登上了歷史舞臺，共產黨領導人毛澤東、陳紹禹（王明）、秦邦憲（博古）、董必武、吳玉章、林祖涵（林伯渠）、鄧穎超等被選為參政員。

這次大會制定〈抗戰建國綱領〉，強調抗戰與建國同時並行；決定成立國民參政會為戰時最高民意機關。大會制定了抗戰時期國民政府的基本政策，並發表〈宣言〉指出：「此次抗戰，為國家民族存亡所繫，人人皆當獻其生命，以爭取國家民族之生命」，還說抗戰的勝負不僅取決於兵力的多少，更重要是取決於人民。

武漢，已成為抗戰初期國民黨統治區的實際首都，在淪陷前實際上成為中國戰時的指揮中樞。

高校「長征」

1937年7月9日，也就是盧溝橋事變發生的第三日起，蔣介石邀請各界知名人士在廬山舉行國是座談會。清華大學校長梅貽琦、北京大學校長蔣夢麟、南開大學校長張伯苓以及一些知名教授等應邀參加。

此時，平津戰事日益吃緊，各校紛紛去電告急，要求幾位校長迅即返校應變。在北平的清華教授潘光旦、鄭之藩等人聯合北大等校教授共21人，密電廬山談話會，「務請一致主張貫徹守土抗敵之決心，在日軍未退出以前絕對停止折沖，以維國權。」[8]17日，梅貽琦密電潘光旦，當日早晨當局召開重要會議，表示堅決抗日，並已開始佈置。

也就在同日，日本東京「五相會議」決定，調遣40萬日軍侵華，華北局勢急轉直下。

8 金富軍：〈「盧溝橋事變」前後的清華大學〉，清華大學校史研究室網站。

　　日寇為了徹底摧毀中國，首先瞄準文化教育機構，對我高校進行了有計劃、長時間、大規模的摧殘和破壞。7月29日，有個憤怒的日軍指揮官在記者招待會上宣佈：「今天，我們要摧毀南開大學。這是一個反日基地。中國所有的大學都是反日基地。」[9]於是，日軍派飛機以南開為目標，對天津進行了長達四小時的連續轟炸。之後，又將部隊開進南開，將尚未炸毀的樓房潑上汽油點火燒毀。南開大學的秀山堂、木齋圖書館、芝琴樓女生宿舍、單身教授樓和大部分平房均被夷為平地。南開中學部和小學部的教學樓也成了一片廢墟。

　　南開的事例只是抗戰中眾多被日軍破壞的文教機構的一個典型。據統計，從抗戰爆發到1938年8月底，全國的108所高校，有91所遭到破壞，10所遭完全毀壞，25所因戰爭而陷於停頓；教職員工減少17%，學生減少50%；高等教育機關直接財產損失（包括校舍、圖書、儀器設備）達3360餘萬元。各高校損失的珍貴資料，如南開大學關於華北經濟的研究資料，清華大學收集的關於中國近代史的檔案資料，北京大學的關於中國地質的資料等等，都是無價之寶，是無法也不可能用金錢來衡量的。顧毓琇說：「此次戰爭中，蒙受損失最大者為高等教育機關……，敵人轟炸破壞，亦以高等教育機關為主要之目標。」「此項教育機關，關係我國文化之發展，此項之損失，實為中華文化之浩劫」。[10]

　　野蠻的轟炸和破壞嚇不倒中國政府和人民。張伯苓校長得知南開被炸的消息，向記者發表談話說：「敵人此次轟炸南開，被毀者為南開之物質，而南開之精神，將因此挫折而愈益奮勵。」他表示，「只要國家有辦法，南開算什麼？打完了仗，再辦一個南開。」蔣介石也向張伯苓表示：「南開為中國而犧牲，有中國即有南開。」[11]

　　8月份，教育部長王世傑召集蔣夢麟、梅貽琦、張伯苓三位校長到南京，商議將這三所大學遷到長沙，組建一所臨時大學。教育部指定梅貽琦、蔣夢麟、張伯苓、顧毓琇（清華大學教授）、朱經農（湖南教育廳長）、皮宗石（湖南大學校長）、楊振聲（教育部代表）等人為臨時大學籌備委員會委員，籌委會主席由教育部長王世傑兼任。

---

9 易社強著、饒佳榮譯：《戰爭與革命中的西南聯大》，臺灣傳記文學出版社，2010年，第13頁。
10 相關數據及引文據《抗戰中的中國文化教育》，上海人民出版社，1961年，第28—32頁。
11 參見楊宏雨：《困頓與求索：20世紀中國教育變遷的回顧與反思》，學林出版社，2005年，第126頁。

就在長沙臨時大學組建之際，8月19日，王世傑以部長的名義簽發了〈戰區內學校處置辦法〉的密令。根據當時的戰爭形勢，他把下列地方列為戰區：

「上海、南京、北平、天津、青島；江蘇沿京滬、津浦兩線各地，沿海地帶；山東沿津浦、膠濟兩線各地，沿海地帶；河北沿平漢、平浦兩線各地；福建沿海地帶；廣東汕頭附近；綏遠、察哈爾；浙江沿滬杭鐵路及沿海地帶。」[12]

密令規定，各省市教育廳局如其主管區域轄有戰區，應斟酌情況採用以下措置：

1、於其轄境內或轄境外比較安全之地區，擇定若干原有學校，即速盡量擴充或佈置簡單臨時校舍，以為必要時收容戰區學生授課之用，不得延誤。

2、受外敵輕微襲擊時仍應力持鎮定，維持課務，必要時得為短期休課。

3、於戰時發生或迫近時，量予遷移。其方式得以各校為單位，或混合各校各年級學生統籌支配暫時歸並，或暫時附設於他校。

4、暫時停閉。[13]

密令還要求戰區內的學校應酌量將學生的成績照片、重要帳簿，貴重且易於移動的設備等預為移藏；暫時停閉的學校應發給學生借讀證書，以便學生自由擇校借讀；主管教育行政機關，對於戰區各學校的教職員應酌量遷調服務或予以救濟。為了保障中小學生在非常時期所需的教學用書，王世傑飭令商務印書館、中華書局、正中書局、世界書局在長沙、南昌、廣州等處開設分支機構，以確保各科教學用書在戰爭期間仍得以源源不斷出版。

緊接著，教育部又於8月27日頒布了〈總動員時督導教育工作辦法綱領〉，節錄如下：

1、戰爭發生時，全國各地各級學校暨其他文化機關，務必保持鎮靜，以就地維持課務為原則。

2、比較安全區域內的學校，在盡可能範圍內，設法擴充容量，收容戰區學生。

3、各級學校之訓練，應力求切合國防需要，但課程的變更仍需遵照部定

---

[12] 《中華民國史檔案資料匯編》第五輯，江蘇古籍出版社，1997年，第4頁。

[13] 轉引自薛毅：《王世傑傳》，武漢大學出版社，2010年，第64頁。

的範圍。

4、各級學校的教職員暨中等以上學校的學生，得就其本地成立戰時後方
服務團體，但須嚴格遵照部定辦法，不得以任何名義妨害學校之秩序。

5、為安定全國教育工作起見，中央及各省市教育經費在戰時仍應照常發
給，倘至極萬不得已有量予緊縮之必要時，在中央應由財教兩部協商
呈准行政院核定後辦理，在地方應由主管財教廳局會商呈准省市政府
核定後辦理。

6、中央及各地方主管教育行政機關，對於戰區內學校之經費，得為財政
緊急處分，酌量變更其用途，必要時並得對於其全部主管教育經費，
為權益之處置，以適應實際需要。[14]

　　10月25日，長沙臨時大學開學，11月1日如期上課。兩個月後，被迫再度遷
校至昆明，並改校名西南聯大。「萬里長征，辭卻了五朝宮闕。暫駐足衡山湘
水，又成離別」。

　　是年12月底，中國政府教育部對開戰以來中國教育機關被日軍破壞之區
域、數目及其估計之損失作了初步的總結：「自戰爭開始迄今三月有餘，日軍
連續採取其一貫之殘酷行動，以大炮飛機摧毀我國各大學及專科學校。當撰寫
此文時，我國專科以上學校之被全部摧毀，或局部摧毀者已達23所。此外尚有
無數中小學及他種學校也遭同樣厄運。」「日軍以炮火炸彈破壞中國教育機關
而最使人注目者，厥為區域之廣闊。北至平津，南至廣州，東至上海，西至內
地江西，各地學校校產、校舍及圖書儀器等設備，付諸一炬者為數甚大。日機
轟炸實盡量以自其根據地所能達到之地點為唯一止境，彰彰明顯。」[15]

　　在學校頻遭焚毀、國土連片淪陷的緊急形勢下，為了從這場浩劫中搶救
和保存我國文化教育的命脈，堅持抗戰，各地高校進行了歷史上罕見的流亡遷
移。綜觀八年抗戰期間，中國高校內遷大致分三個時期。

　　第一時期：1937年抗戰爆發至1938年廣州、武漢失守，近一年半。這段時
期作為高校集中地的平、津、滬、寧、穗、漢等地，都是當時的戰場，高校損

---

[14] 《中華民國教育法規選編》修訂版，江蘇教育出版社，2005年，第681頁。
[15] 孟國祥：《大劫難：日本侵華對中國文化的破壞》，中國社會科學出版社，2005年，第148頁。

失十分嚴重。統計這一時期內遷高校，共約75所，占1938年底中國高校總數97所（抗戰前的108所高校已有11所全部受破壞）的77%，占抗戰時期內遷高校總數124所的60%。[16]東部沿海的各高校除北平的燕京大學、輔仁大學等教會學校中立未動，上海的交通大學、滬江大學等遷入英美租界外，其餘主要高校或遷往西南、西北地區，或就近遷入周圍山區。國立西南聯大、西北聯大均成立於此時；中央大學、復旦大學、武漢大學、齊魯大學、浙江大學等均於這一時期遷往西南。此時的高校內遷是三次大遷移中規模最大、損失也是最嚴重的一次。

第二時期：1941年太平洋戰爭的爆發至1942年上半年。太平洋戰爭爆發使原避居於英美在華租界中的高校及在香港的高校，或被迫停辦或遷往西南諸省。如原遷上海英美租界的滬江大學、交通大學等，不得不遷往重慶，原滯留北京的燕京大學也遷往重慶。這一時期由於戰事的變動，特別是雲南從大後方變成大前方，遷往滇西的國立藝專、同濟大學等又先後遷往四川。這一時期遷移高校有近20所。

第三時期：是1944年國民黨正面戰場豫湘桂戰役大潰退時，日軍前鋒至貴陽，西南震動，結果迫使廣西、貴州的一些高校和早先雲集在廣西、貴州、湘西、粵北的大批高校再度遷徙。如廣西大學遷往貴州榕江，唐山工程學院從貴州平越遷往四川璧山。同時，日軍對贛中南的進攻，導致聚集在泰和的8所高校全部遷徙。這一時期，共遷高校26所。[17]

除這三次集中遷徙外，零散遷移或再遷移的高校還有近50所。

在高校內遷過程中，遷校最遠的是北大、清華和南開。南京中央大學是抗戰中遷徙最迅速、最完整的高校。1935年華北危機之時，中央大學校長羅家倫已開始注意物色可供中大遷校的校址，並不顧外界對他的冷嘲熱諷，訂制了大批木箱，準備遷校。1937年「8·13事變」爆發後，羅家倫語氣沉重地向在校學生作動員說：「現在全面抗戰已經爆發了，這一場中日戰爭是關係中華民族生死存亡的一場大戰，這一仗不打則已，一旦打起來就不是三年五年、十年八年能夠結束的。我們這一代人打不完這一仗，下一代人還要打下去，一直打到日軍被驅逐出我國國土，收復失地為止。」[18]學校迅即將教學圖書、儀器設備、學

---

[16] 參見唐正芒等著：《中國西部抗戰文化史》，中共黨史出版社，2004年，第321頁。

[17] 同前註。

[18] 轉引自劉敬坤：〈中央大學遷川記〉，《抗戰時期內遷西南的高等院校》，貴州人民出版社，

籍檔案等裝箱啟運入川。10月初，學生開始遷徙。12月1日，中央大學在重慶沙坪壩新址開學。

　　抗戰八年，中國真正在原地正常教學、未受戰事任何影響的高等院校只有新疆學院一所，許多高校都是一遷再遷。據不完全統計，遷校3次以上的有19所，浙江大學、私立東吳大學和之江大學等8所高校遷校達4次。內遷高校比較集中的地方是四川重慶、成都和雲南昆明，以陪都重慶為最多。據統計，內遷西南的61所高校，就有48所占78％集中在四川；而截至1944年，遷入重慶地區的高校有大學9所、大學研究所1所、獨立學院10所、專科學校11所，合計31所，占內遷高校的1/3。[19]重慶與成都的高校又大多集中在重慶的沙坪壩、北碚的夏壩、江津的白沙壩和成都的華西壩，形成著名的「文化四壩」。四川省教育廳和地方政府亦以接待和安置遷川學校作為重要工作，責成專人辦理，為抗戰培養和輸送了大批急需的人才。

　　抗戰時期的高校內遷是中國教育史上，甚至是世界教育史上的一個偉大創舉。參與這場遷移的人員包括師生員工及家屬達77萬人。「據學者研究，從淪陷區移居大後方，高級知識分子占90％，中級知識分子占50％。高校內遷是一場為了民族生存和復興，為中國高等教育的延續和發展而進行的神聖鬥爭。」[20]高校內遷適應了中華民族長期抗戰的需要，減少了教育事業和人才的損失，保存了民族發展的元氣，增強了中華民族長期抗戰的實力。正如抗戰末期復任教育部長的朱家驊所言：「敵人以摧毀我大學、文化機構為目標，初未料我高等教育，在炮火中之成長，反如是迅速而堅強。」[21]

　　同時，大規模的高校內遷還促進了原來比較落後的西部地區教育事業的發展和社會進步。尤其是西南和西北地區都屬偏遠的內地省份，交通不便、文化落後、資訊不靈是導致這些省份長期發展緩慢的重要原因。大量高校的內遷，東部沿海地區的新知識、新思想、新的生活方式也隨之傳入和傳播開來，加速了這些地區從閉塞中甦醒過來。

　　1988年，第252頁。
[19] 楊宏雨：《困頓與求索——20世紀中國教育變遷的回顧與反思》，學林出版社，2005年，第128頁。
[20] 張學繼、張雅蕙：《陳立夫大傳》，團結出版社，2008年，第222頁。
[21] 朱家驊：〈教育復員工作檢討〉，王聿均、孫斌合編：《朱家驊先生言論集》，臺灣中央研究院近代史研究所，1977年，第190頁。

　　中華民族在家國厄難的戰爭年代，之所以能夠完成抗戰時期文化教育重心由東向西的戰略大轉移，改變戰前中國教育的失衡佈局，奠定戰後中國教育基本格局的基礎，首先基於戰時正規教育路線的確立。1938 年初，國民政府任命陳立夫為教育部長。「蔣介石之所以任命陳立夫取代王世傑，是認為陳立夫有手腕，能使教育界反統制的局面得到轉變。陳立夫於1938年1月走馬上任後，鑒於朱家驊過去猛烈排斥異己行徑的失敗，依王世傑聯合各派的成規……在各級教育主管人員的安排上，採取兼收並蓄，使各方滿意，以達到安定的目的。」[22]

　　3月陳氏在渝就職，針對紛紛擾擾的教育議論，指出：「（一）教育為建國之根本大業，各級各類學校之設立，實各有其對國家應付之使命；（二）抗戰是長期過程，不容許將人才孤注一擲，而必須持續培養人才；（三）國防的內涵不限於狹義之軍事教育，各級學校之課程不是必須培養的基本知識，就是造就各門技能，均各有其充實國力之意義；（四）學生對於國家應盡的義務實為修學，平時如此，戰時更宜悉力以赴。」

　　1939年3月4日，蔣介石在重慶召開第三次全國教育會議上進一步闡發了「戰時要當平時看」的教育方針，明確指出「教育是一切事業的基本」。他分析：「平時要當戰時看，戰時要當平時看。」「因為我們過去不能把平時當作戰時看，所以現在才有許多人不能把戰時當作平時看，這兩個錯誤實在是相因而至的。」蔣介石還說：「我們教育上的著眼點，不僅在戰時，還應當看到戰後。我們要估計到我們國家要成為一個現代國家，那麼我們國家的智識能力應該提高到怎樣的水準，我們要建設我們的國家，成為一個現代化國家。我們在各部門中都需要若干萬專門的學者，幾十萬乃至幾百萬的技工和技師，更需要幾百萬的教師和民眾訓練的幹部。這些都要由我們教育界來供給，這些問題都要由我們教育界來解決的。」[23]

「中國之進步在武漢大學」

　　日軍自發動盧溝橋事變後曾揚言：三個月解決「中國問題」。經過上海、

---

[22] 張學繼、張雅蕙：《陳立夫大傳》，團結出版社，2008年，第219頁。

[23] 轉引自熊明安：《中華民國教育史》，重慶出版社，1990年，第213頁。

太原會戰後，它雖然占領了中國大片國土，但在中國軍民的奮勇抗擊下，死傷甚大。到1937年底，抵達中國國土的日軍已逾16個師團，占其陸軍總兵力的2/3。這使日軍統帥部深感行將陷入長期消耗的泥潭，嚴重地影響了它北進（進攻蘇聯）和南下（奪取太平洋和東南亞地區）的計劃。

為擺脫這種局面，日本大本營陸軍部認為：「攻佔漢口是早日結束戰爭的最大機會」。只要攻佔武漢，控制中原，就可以支配中國。日本昭和研究會提出的〈關於處理中國事變的根本辦法〉中指出，「為了徹底打擊國民政府，使它名義上和實質上都淪為一個地方政權，必須攻下漢口，廣東（州）以及其他抗戰中樞」。他們尤其重視漢口，認為「首先為了摧毀抗日戰爭的最大因素——國共合作勢力，攻下漢口是絕對必要的」。因為占領了漢口，「才能切斷國共統治區的聯繫，並可能產生兩黨的分裂」。[24]所以決定迅速進行武漢決戰。

1937年12月南京淪陷後，一部分日寇由南京、蕪湖、鎮江分三路渡江北上，與華北南下的另一部分日寇夾擊徐州，企圖打通南北聯繫，構成華北、華東進擊武漢的大包圍圈。

從1938年1月起，日軍對湖北各城鎮，特別是武漢的空襲力度和頻率陡然加大。「1月4日，敵機32架，在襄河邊及姑嫂樹、張家墩等處，投彈80餘枚。二日後，敵機50餘架在武漢三鎮、襄河兩岸狂炸，彈如雨下，武昌長虹橋一帶都為貧民住屋，有一家棚戶全家6人都被炸死，屋後炸死15人，有的人斷肢破腹，有的人腦碎，四肢燒焦，有的人身頭分離，遍地橫屍，血跡殷紅，有的人腹被炸破，腸胃飛懸掛樹枝上，慘不忍睹。還有很多婦女、小孩圍繞屍體嚎哭，慘聲難以入耳。」[25]

覆巢之下無有完卵。武漢局勢岌岌可危，武漢大學也就不得不從長計議。

20世紀30年代初，胡適曾在北平對一位來華遊歷的美國外交官說：「你如果要看中國怎樣進步，去武昌珞珈山看一看武漢大學便知道了。」[26]

地處武昌東湖之濱，珞珈山上的武漢大學，源於清末張之洞創辦的自強學堂。1893年（光緒十九年）11月29日，湖廣總督張之洞向光緒皇帝上奏〈設立

---

[24] 四川大學歷史系編：《世界反法西斯戰爭中國戰場史料長編（上）》，四川大學出版社，1985年，第497—498頁。

[25] 《日軍空襲湖北罪行錄（1937年～1945年）》，西陸網。

[26] 轉引自龍泉明〈序：走近武大〉，《走近武大》，四川人民出版社，2000年，序言第5頁。

自強學堂片〉。他認為「蓋聞經國以自強為本」、「自強之道，以教育人才為先」，故取「自強」二字。這座新式高等專門學堂位於湖北武昌大朝街口（今復興路）的三佛閣，開辦之初，設方言、算學、格致、商務四門，每門招收20名，兩湖士子方准報考。每門延教習一人，分齋教授。由此揭開了近代湖北高等教育的序幕。後由於張之洞暫署兩江及師資、教材等原因，自強學堂實際上只開方言一門，學習英、法、德、俄、日五國外語，每一語種招生30名。算學移歸兩湖書院教授，格致、商務未能開班。值得注意的是，張之洞於1897年5月取消了每月發給學生5元的膏火費，改為獎學金制度，以鼓勵勤學進取、成績優異者。[27]

1902年10月，自強學堂遷往武昌東廠口，改名方言學堂。課程設有地理、歷史、算術、公法、交涉等。1911年辛亥革命前夕，方言學堂因教育經費緊張被迫暫停辦學。此後湖北時局動蕩，同年10月，武昌起義爆發，清朝迅速滅亡，方言學堂就此畫上句號。

1913年，北京國民政府教育部成立後，規劃在全國設立六所高等師範學校，決定以原方言學堂的校舍、圖書、師資為基礎，改建國立武昌高等師範學校。1923年9月，國立武昌高等師範學校改名國立武昌師範大學。1924年9月，國立武昌師範大學改名國立武昌大學，石瑛為校長。1926年，國立武昌大學與國立武昌商科大學、湖北省立醫科大學、湖北省立法科大學、湖北省立文科大學、私立武昌中華大學等合並為國立武昌中山大學（又稱國立第二中山大學），設有大學部和文、理、法、經、醫、預6科、17個系、2個部。國立武昌中山大學是國共兩黨第一次合作的結晶，於1927年2月正式開學。

大革命失敗後，1928年7月，南京國民政府正式以原國立武昌中山大學為基礎，改建國立武漢大學，下設文、法、理、工四個學院。任命劉樹杞、李四光、王星拱、周鯁生、麥煥章、黃建中、曾昭安、任凱南等8人為籌委會委員。同時任命李四光為建築設備委員會委員長，負責在東湖珞珈山建築新校舍。

1929年2月，法學家王世傑（字雪艇）成為國立武漢大學首位正式校長。他認為國立武漢大學不能滿足於現有的四大學院，提出要把學校辦成擁有文、法、理、工、農、醫六大學院的萬人大學。6月，校務會議議決增設副校長一人，並聘王星拱（字撫五）任副校長。

[27] 參見黎仁凱、鐘康模：《張之洞與近代中國》，河北大學出版社，1999年，第211頁。

第一章　烽火西遷

37

　　1930年3月，國立武漢大學新校舍一期工程正式開工。1932年3月，武大師生過年似的由東廠口遷入珞珈山新校舍。這是武大歷史上第一次大規模遷校。這次遷校對武大來說是一次新生，是一個大發展的開端。

　　5月26日，校長王世傑在新校舍落成典禮上講話說，「我們的建設不僅是物資的建設，還有最大的精神建設，無論在學術建設方面或文化事業方面，我們都在努力。請大家看我們所走的路是不是中華民族的出路！是不是人類向上的路！」[28]後來胡適在日記裏稱讚說：「雪艇諸人在幾年之中造成這樣一個大學，地址之佳，計劃之大，風景之勝，均可謂全國大學所無。人們說他們是『平地起樓臺』；其實是披荊榛，拓荒野，化荒郊為學府，其毅力真可佩服。看這種建設，使我們精神為之一振，使我們感受中國事尚可為。」[29]

　　武漢大學創立時，「學校當局即本『自明誠謂之教』，及『士不可以不弘毅，任重而道遠』二語，以『明誠弘毅』四字定為校訓。校訓為一校師生朝乾夕惕的箴言，對於校風之形成當不無功效。尤其在王校長世傑任內，延聘名流教授，充實圖書設備，提倡踐履篤實之精神，實為影響學風之重要因素。武大位於華中，其學生大都來自鄂、湘、皖、贛之廣大農村。農村中淳樸無華的氣息，及沉毅踏實的精神，對於學風有其深厚的影響；兼之武大的歷任校長以及同學們尊之為人師的許多權威教授，其作人與治學又皆誠摯嚴謹，所以武大的傳統精神，很自然地與其『明誠弘毅』的校訓相吻合。」[30]

　　1933年6月，王世傑升任教育部部長，王星拱接任校長，繼續珞珈山的宏偉建設。早在擔任代校長和副校長之初，王星拱便已提出了「秉承學術獨立的精神」、「抱持不管政治的態度」、「努力使武漢大學不愧為全國知識的中心」、「讓武昌變成文昌」的希冀；在教務長任上，他更提出：「大學的任務，在道德方面要樹立國民的表率，在知識方面要探求高深的理論，在技能方面要研究推進社會進步的事業。」在長期的教學與教育管理工作中，王星拱逐漸形成了一些頗有見地的辦學主張，其中主要包括：辦教育要有深遠的眼光，學校教育要適應健全社會的需要；學校要養成「研究實學」的風紀，在教學與

[28] 轉引自駱鬱廷主編：《烽火西遷路》，武漢大學出版社，2008年，第7頁。
[29] 胡適1932年11月28日日記，《胡適日記全編6》，安徽教育出版社，2001年，第178頁。
[30] 周宏濤：〈國立武漢大學簡史〉，《學府紀聞：國立武漢大學》，臺灣南京出版公司，1981年，第13頁。

科研中擺正理論與應用的關係；學校要注重基礎課的教學，傳授給學生探求知識的方法等。在他的不懈努力下，1936年武漢大學成立農學院，從而發展成為有文、法、理、工、農5個學院15個系2個研究所的綜合大學。並逐漸與北京大學、清華大學、中央大學、浙江大學等國內頂級水平的高等學府一道，被世人並譽為「民國五大名校」。

1937年，「盧溝橋事變」爆發後，武漢大學學生救國團致電南京國民政府，略謂「暴日犯盧，顯欲奪我整個華北，和平絕望，請即出兵抗敵。」[31]不久，湖北新生活促進會在武漢發起一人一分（錢）運動，捐獻前方，支援抗戰。武大文學院女教授蘇雪林親自到大公報館，將長期積儲的全部金條五十一兩，請報館代獻國家。機械系主任郭霖教授「從很有限的積蓄中拿出1000元（約占積蓄的三分之一），以他父親的名義捐獻給國家，支援抗日」。[32]

9月21日，武漢大學行開學典禮，校長王星拱發表演講，「我們知識階級的人們，在平常時期，要注重理智之分析，但在非常時期，要注重情緒之奮發和意志之堅定。我們素來負著介紹近代科學的人們，在平常時期，要注重物質之創制和補充，但是在非常時期，要注重精神的鍛煉和警惕。我們這一次抗戰，有至深且遠的意義，有至高無上的價值。民族生存、世界公理及人道，是我們的具體的至善目標。依歸至善目標，是我們的義務、是我們的責任。我們大學學生，應當做國民的表率。我們應當咬定牙關，撐起脊樑，抱必死之決心，爭最後的勝利。我們相信：有志者事竟成，苦心人天不負，國難拔除，民族復興之光明的旗幟，是豎在前途等著我們的！」[33]

抗戰爆發後，中國的高等教育何去何從？如何才能更好地為抗戰服務？這是一個前所未遇的新問題。1937年底，全國圍繞「戰時教育」問題掀起了一場激烈的辯論。改革派認為，在國家危機關頭延續和平時期的教育既不合時宜，也不負責任。如果高等教育完全按照老樣子辦下去，就必須把重點放在不遠的將來，並把課程轉向國防訓練方面，要是生存都辦不到，中國就不可能談什麼

---

[31] 張廣立等：〈抗戰時期武漢大事簡記〉，武漢市政協文史委編：《抗戰中的武漢》，1985年。

[32] 據朱開誠：〈懷念先師郭霖教授〉北京武大老校友會編：《珞嘉歲月》，2003年，第286頁。另據蕭正《悼念郭霖教授》一文云：「民國廿六年抗戰軍興，舅舅捐獻全部積蓄一千八百餘銀元，供政府購買軍火抗日。」

[33] 轉引自徐正榜等編：《名人名師武漢大學演講錄》，武漢大學出版社，2003年，第183頁。

「長治久安」。易社強在《戰爭與革命中的西南聯大》中說：「對驕傲的臨大教師來說，這種論斷毫無意義。這些牛津、哈佛和索邦大學的博士們對『戰時教育』既缺乏興趣，又不準備上這方面的課──不論它意味著什麼。曾昭掄是唯一的例外。他甚至在戰前的化學課上就講授炸藥生產和毒氣防護的方法。」[34] 武大情況呢？當時武大成立了防護團，電機系主任趙師梅被任命為團長。每逢空襲，別人都躲警報去了，只有他帶著防護團員四處巡查，嚴防有漢奸發信號彈。據他當年的學生班冀超回憶說，「1937年冬南京失守後，日寇西侵。學校停課，民族面臨存亡關頭，趙先生憂心如焚。當時設計出水雷，外殼由鑄鐵鑄成，形如西瓜，內裝炸藥。曾上書軍政當局，建議敷設在長江上，阻止日寇艦艇西進。批文是『當局已有安排』而被葬埋。趙先生鼓勵我等參加抗戰工作。我班20餘人中1938年隨學校遷往樂山者僅7人。其他各找機會，投身抗日。」[35] 還有機械系主任郭霖，在抗戰爆發後積極設計壓機、活性炭爐，由武大工廠較快地製造出鋼盔、防毒面具等供前方抗日戰士使用；他積極設計，提出了〈輕快水雷艇計劃書〉，請學校轉送國民政府海軍部，後因海軍部荒唐地要他先「自製艇在漢演示」而告終；他還為學生開戰時課，如艦艇知識、航空工程等，提高大家的有關知識，以應急需。

　　武大也有一些學生用「要求實施戰時教育」做題目來罷課，來請願。法律系主任燕樹棠在法學院門前對請願的學生就迎頭痛擊：「你們說給我聽聽，什麼是戰時教育！教育就是教育，你想學開槍殺敵人到軍校去，到前線去，不要在這裏搗亂，妨礙別人上課。」在大學要不要為抗戰服務的背景下，校長王星拱於11月8日在總理紀念週上發表〈抗戰與教育〉的專題演講，認為這些觀點雖有道理，但亦有偏頗之處。因為社會是一個有機體，其中各部分有各部分的機能，各部分有各部分的工作，更重要的是各部分有各部分的責任。我們不能拿這一部分去做那一部分的事情，更不能拿所有部分都去做某一部分的事情。在抗戰之中，各種工作都不能停止，大學的特別任務，是專門學識之探求，「我們要維護我們國家之生存，必定要近代化我們的國家，要近代化我們的國家，必須要有專門的學識。這些專門學識，除了大學以外，是無處可以獲得的，大

---

34 易社強著、饒佳榮譯：《戰爭與革命中的西南聯大》，臺灣傳記文學出版社，2010年，第29頁。

35 班冀超：〈懷念趙師梅老師〉，俞大光、陳錦江編著：《無私奉獻一生的趙師梅先生傳略》，華中理工大學出版社，2000年，第181頁。

學教育不是替國家裝門面，也不是為諸位同學謀地位，是為維護和延續民族生存之急切的需要之供給。」[36]抗戰的宣傳固然是重要，「但它是一般普通的工作，大學學生能做固好，但是別人也可以做得上來。然而專門學識之探求，除了大學學生，是無人可以擔任的。我們若是脫離了特有的責任，去擔負共同的責任，拋棄了專門的工作，去進行普通的工作，那終究是所得者少，所失者多，而且在這裏所得者，從它處也可以得來，在這裏所失者，是不能從任何其他部分補償得起的。」[37]

最後，他說到武漢大學的特殊情形，「自全面抗戰以來，多數大學，因為在戰區以內，都受了敵人的直接或間接的摧殘，雖有臨時聯合大學之組織，然而因為種種不便，都不能履行經常教學的規範。武漢大學在比較安全的地方，圖書儀器，都可以照常使用，我們更應當利用這個絕無僅有的機會，多求一些專門學識，以備國家之徵用。」[38]

然而一個多月後的12月18日，王星拱簽發第2281號公函致武漢警備司令部云：「本校現已租定江興、永平兩輪，搬運圖書儀器，前往宜昌、長沙等處，擬請貴部派兵四名隨輪保護，特托本校事務部主任熊國藻、農學院教員蕭潔兩名，趨前晉謁，敬祈惠予接洽為荷。」此前，武大曾擬定第2278號公函致宜昌行政專署，稱：「日來倭寇侵略未已，武漢方面，人口增加甚速，敝校一切自應照舊進行，唯一部分人員及物品儀器，實有疏散之必要，擬於日內裝運來宜安置。茲派敝校職員趨前接洽。」[39]

「蜀之勝曰嘉州」

就在1938年初，武漢市民在空襲警報聲中飽受了驚恐和災難之際，武大委派法學院院長楊端六和工學院院長邵逸周兩位，先行前往四川考察遷校地址。

[36] 轉引自劉雙平編著：《漫話武大》，武漢大學出版社，1993年，第215頁。

[37] 同前註。

[38] 同註36。

[39] 轉引自徐正榜：〈武漢大學西遷樂山大事記〉，駱鬱廷主編：《樂山的迴響》，武漢大學出版社，2008年，第464頁。

　　這兩位「打前站」的院長，一位死於文革初期，一位在1948年去了臺灣，所以並不太為人所熟知。法學院院長楊端六（1885—1966年），原名楊勉，後易名楊超。湖南長沙人。1903年畢業於湖南省師範學堂。1906年赴日本留學，並加入同盟會。辛亥革命期間回國，擔任海軍陸戰隊秘書長。1913年得黃興資助，到英國倫敦大學攻讀貨幣銀行專業。1920年回國後即在吳淞中國公學任教。1926年，由中央研究院院長蔡元培推薦，楊端六出任這個新成立的研究院所屬的經濟研究所所長。那時該院僅有地質、歷史、經濟三個研究所，另外二位所長分別為李四光和傅斯年。後來因為李四光授命籌備擴大武漢大學，他就和李一道離開中研院了。1930年，新的武漢大學籌備基本就緒。作為籌備人之一的楊端六全家遷到武昌。先後擔任武大教授兼經濟系主任、法商學院院長和教務長等職務。

　　工學院院長邵逸周（1891—1976年），安徽休寧人。1908年畢業於安徽高等學堂。1909年赴英國留學。留英期間，他和後來的武大校長王世傑是好朋友，並結識了後來的武大工學院首任院長石瑛。1914年回國，任孫中山英文秘書、大冶鐵礦工程師，後轉赴緬甸任工程師。1930年12月，武大工學院石瑛辭了院長職，將離校時，特舉薦邵逸周充其遺缺。邵來武大任教授兼工學院長職。數年時間使武大工學院發展成為師資雄厚、學科齊全、規模宏大的工科基地。1937年抗戰爆發，邵逸周提議武大西遷並早作準備。他在漢口德租界租了一層樓把家人安頓下來不顧，他自己「整天為武大遷往四川籌款，把一大家人扔在旅館裏。」[40]

　　卻說當時高校搬遷的方向主要有三個，一是四川，二是雲南，三是廣西。這些地區都是當時中國的大後方，有利於學校的穩定和發展。但是從後來戰爭的進程來看，各地有所不同，廣西在豫湘桂戰役中部分淪陷，雲南在日軍占領緬甸後也是飽受戰爭的壓力，相對而言四川安全一些。四川之大，選在何處最適宜呢？楊端六和邵逸周兩位認為最好是在江邊，如果從長江坐船可以通達，這樣搬遷最為方便。由於武大到了1938年才考慮搬遷，是大學裏面搬遷較晚的，選址十分困難，沿江的重鎮如重慶、瀘州、宜賓等地已沒法落腳。他們兩位只得從岷江北上走得更遠，最後選定岷江邊的小縣城樂山作為校址。

---

[40]　唐師曾：《我在美國當農民》，華藝出版社，2002年，第40頁。

不過，在經濟學者劉滌源（武大經濟系1939年畢業）的回憶裏是這麼說的：「他們溯江西上到達重慶，然後兵分兩路：一走水路，繼續沿長江西行，再由瀘州、敘府向北行，到達樂山，沿途對每一較大城鎮都實地考察。另一走陸路，由重慶乘汽車到成都，又向南行，乘汽車到樂山也是沿途實地考察，兩路勝利會師。他們經過對沿途城鎮認真對比分析，最後選定樂山為遷建校址。」[41]

武大與風景有緣，總是離不開山山水水。樂山，曾是蜀王開明部族的故都。西元前四世紀秦滅巴蜀，樂山隸屬於蜀郡，因在成都的南面，故定名南安。漢朝將南安隸屬於犍為郡。北周置嘉州，取「郡土嘉美」之意。宋朝改嘉州為嘉定府；元代改為嘉定路；明代改為嘉定州；清雍正十二年（1734年）升嘉定州為嘉定府，並在府治置樂山縣，取「城西南五里『至樂山』名焉」（民國《樂山縣志》卷一）。

宋人邵博曰：天下山水之觀在蜀，蜀之勝曰嘉州。樂山「城雖小，卻得天獨厚，像被岷江、大渡河、青衣江三條玉帶繫著，烏尤山、淩雲山兩只翡翠鑲嵌著的一顆明珠，景色絕佳。城的形狀呈銳三角，又長又尖的尾端沿著岷江向北伸出，江邊一條公路通向峨眉和成都，水路則直下重慶、三峽、武漢，交通還算方便。城內市容整齊，商業區綠蔭夾道，相當繁榮，物價低廉。……1939年夏以前，當重慶、成都等大城市都被敵機騷擾得永無寧日時，這裏從未有敵機光顧，是僅有的好讀書的清靜福地。」[42]

「雖然樂山城當時很小，但是很多重要產品都出在附近的地區，如：白蠟，這是從白蠟蟲分泌出來的油脂。蠶絲，是本地農民的重要副業產品之一，不但外銷，政府還特開設一個降落傘廠，用本地出產的絲綢作原料，供應當時空軍用。城外有嘉樂紙廠，用稻草作原料，造出的紙只有一面光滑，所以作印刷用時只能印一面，用過龍門書局出版的教科書的同學都知道。」[43]

選址樂山的理由，王星拱在〈本校遷校經過及遷校以後處理校務大概情形〉中歸納了六點：

[41] 劉滌源：〈欣憶樂嘉年華〉，臺灣《珞珈》（1994年1月）第118期。
[42] 楊靜遠：〈讓廬舊事〉，楊靜遠選編：《飛回的孔雀——袁昌英》，人民文學出版社，2002年，第144頁。
[43] 姚應祿：〈回憶樂山〉，陳荷夫主編：《北京珞嘉》2002年第2期。

1、該處尚無專科以上學校之設立。

2、地處成都之南，敘府之西偏北。水陸交通，均稱便利。

3、生物礦物，產蓄豐富，可資研究，以備開發。

4、民情風俗，頗為樸素，而文化程度亦不低於其他大城市。

5、公私建築物頗多，其破舊者加以修理，即能通用。

6、地方深入內地，不易受敵機之威脅，學生可以安心讀書。[44]

後來蘇雪林在一篇文章裏贊譽樂山，「以商業隆盛，交通便利著稱，而風景之優美，尤其膾炙人口。宋範石湖嘗言『天下山水窟二：曰嘉定，曰桂林。』這話也許有點溢美；但這個三角形的小城，兩面臨江，一面倚山，出門一步，則如畫的江光，青蒼的嶺色，輪囷的老樹，縹緲的雲煙，到處與你心目相招挑，步履相追逐，城市山林之美，合而為一，在國內一切郡縣中確也少見。試問南方炮火喧天，我們還能在這樣環境裏自自在在的讀書求學，難道不是幸福？」[45]

1938年2月3日，武大致函四川省政府，請求將樂山文廟等處撥為校舍。

2月21日，武大召開第322次校務會議，議決遷校問題，「呈商教育部：四年級學生留校上課，一、二、三年級學生暫遷嘉定，並於暑假後酌量情形，再行商遷貴陽。」[46]

26日，教育部批准武大遷校方案。同日，經第323次校務會決議：成立遷校委員會，「推楊端六、方壯猷（史學系教授）、劉迺誠（政治系教授兼系主任）、曾珹益（數學系教授兼系主任）、郭霖（機械系教授兼系主任）、葉雅各（農學院院長）諸先生組織遷校委員會，並請楊端六先生為委員長。」[47]3月，邵逸周以國立武大建築設備委員會委員長名義加入遷校委員會，為當然委員。

3月31日，四川省政府回覆武大，已電商四川省第五區專員公署遵照執行，該署也表示努力照辦並予以協助。這樣，武漢大學的去向問題得以解決。

---

[44] 轉引自駱鬱廷主編：《樂山的迴響》，武漢大學出版社，2008年，第3—4頁。

[45] 蘇雪林：〈樂山慘炸身歷記〉，原載蘇雪林《屠龍集》，轉引自《北京珞嘉》2003年第1期。

[46] 駱鬱廷主編：《烽火西遷路》，武漢大學出版社，2008年，第16頁。

[47] 同前註。

　　不妨說說四川省第五區專員公署（即行政督察專員公署）。它創建於1935年6月，與縣街樂山縣府合署辦公，其時專員兼所在縣縣長，兩級機構，一套班子（同時設立四川省第五行政督察區保安司令部，專員兼司令，設專職副司令）。1938年11月底解除兼縣職務後，專署專設辦事機構和人員遷入金花廟與區保安司令部同駐一地。1939年8月日寇轟炸樂山後，次年專署疏散到北郊柏楊壩王石碑作為臨時辦公處，不久遷入草堂寺直至樂山解放。

　　抗戰之前，由行營委派陳炳光為專員兼司令，到樂山成立五區專署。1937年6月因病離職去蓉，由唐步瀛代理；1938年8月，陳炳光仍回任五區專員（兼區保安司令）；同年11月底解除兼縣職務，於1941年5月調任四區（眉山）專員。柳維垣接任五區專員，直至1945年8月。其後由劉仁庵接任至1949年。[48]

　　至於當時樂山縣長一職，除唐步瀛、陳炳光曾兼職外，專職縣長有劉芳（1938年12月任至1939年10月）、張右龍（1939年10月任至1941年1月）、石完成（1941年1月任至1942年2月）、易民蘇（1942年2月任至1943年9月）、幸蜀峰（1943年9月任至1945年11月）、楊美霖（1945年11月任至1946年12月）等。[49]

　　再說武大遷徙之後的「身後事」，又該如何處理呢？

　　先說人。四年級學生213人繼續留在武漢學習，直至畢業。再說物。武大在武漢設有校房保管處，武漢淪陷後，遷駐漢口法租界福綏路八大家5號，留教職員10人及校工20名負責。負責人余駿，保管員德籍教授格拉塞負責幫忙交涉。大部分房產、木器、水電設備、森林、畜牧等均在珞珈山，圖書、儀器機件等運樂山。使用者約占全部十分之七，其餘裝箱存漢口特二區英商裴資所的新泰磚茶棧。重要契紙、審核證件、舊收支憑證等，存漢口法租界大陸銀行保險箱內。

　　武大西遷期間，學校將珞珈山校舍借為軍用，國民政府眾多黨政軍要員雲集於此，繼續領導和指揮抗戰。1938年3月29日，中國國民黨臨時全國代表大會在武大宋卿體育館召開，會議正式推舉蔣介石為國民黨總裁，決定召開國民參政會，還制定了〈抗戰建國綱領〉，號召全國軍民團結抗戰。

---

[48] 參見趙世榮：〈五區專署歷屆人事情況〉，樂山市市中區地方志辦公室：《樂山史志資料》1991—1992年總第21—28期合刊。

[49] 同前註。

　　1938年春夏，國民政府在珞珈山開辦軍官訓練團兩期，由蔣介石親任團長。其間，蔣介石、宋美齡及其心腹要員們都曾寓居於半山廬，李宗仁等九大戰區長官在珞珈山軍官訓練團集訓，促進了全國抗日力量的團結和統一。

　　除蔣介石下榻半山廬外，周恩來、郭沫若、康澤、黃琪翔等國共要員亦紛紛入住武大教授住宅「十八棟」，兩黨之間團結禦侮、共赴國難的合作關係，也在珞珈山上得到見證。郭沫若從1938年4月底到8月底，在這兒住了整整四個月，後來，他在《洪波曲》一書中以詩人的筆調、誠摯的感情贊美武大校園，認為武漢大學是武漢三鎮的「物外桃源」：

> 　　武昌城外的武漢大學區域，應該算得是武漢三鎮的物外桃源吧。
> 　　宏敞的校舍在珞珈山上，全部是西式建築的白堊宮殿。山上有蔥蘢的林木，遍地有暢茂的花草，山下更有一個浩淼的東湖，湖水清深，山氣涼爽，而臨湖又還有浴場的設備。離城也不遠，坐汽車只消20分鐘左右。太平時分在這裏讀書，尤其教書的人，是有福了。[50]

　　1938年10月底，武漢三鎮相繼淪陷，侵華日軍將珞珈山校園作為其中原司令部，學生飯廳及俱樂部作為野戰醫院，男生宿舍作為住院部。為了緩解療養的大批日本傷兵的思鄉之情，同時也為了炫耀武功和顯示長期占領之意，日軍於1939年從本土引來櫻花樹苗在武大校園栽植。後幾經增種，蔚為大觀。如今，去武大看櫻花已成為人們尋春踏青的一種時尚。

西遷之路

　　大規模的西遷入蜀，沒有龐大的經費支持是難以完成的。當時武大經費之窘迫，在王星拱1938年7月呈送教育部的〈本校遷校經過及遷校以後處理校務大概情形〉中可窺一斑：

---

[50] 郭沫若：《洪波曲》，四川人民出版社，1982年，轉引自劉雙平編著：《漫話武大》，武漢大學出版社，1993年，第140—142頁。

　　經常預算，每月國幣八萬三千餘元，原極窄小，自抗戰軍興，按七折發放，尤感拮据。上年九月，又奉鈞部、訓令，增收借讀生五百餘名，雖承補助招收借讀生經費三萬元，為數甚少，不敷支配。自上年九月份起，至本年一月份止，本校教職員薪俸，僅按七折支領。圖書儀器機械購置費及行政費，均極端節省支用，仍虧欠達二萬元之巨。上年十一月間，國府遷渝，情勢逆轉。本校為保存圖書儀器機械起見，不能不分別拆卸裝箱，陸續運存漢口宜昌等處，計用去裝箱租船油脂腳力等費約一萬八千餘元。經費竭蹶，更可想見。本年二月間，奉令核准遷校，經費苦無著落。不得已由校以二十七年度英庚款補助費作抵，向銀行透借四萬元。經本校行政會議議決：以二萬元為運輸圖書儀器機械之用，一萬五千元為在嘉定租借房屋修理校舍與購置器具之用，五千元為補助教職員，因派定特殊職務（如辦理遷校及運輸書器等事）由漢來嘉旅費之用。惟本校圖書儀器機械應行迁移者不下二千箱，由漢運渝，或由宜運渝，分別按容量及重量計噸位元，約合四五百餘噸，每噸運費，牽算約七十元，連遷校運輸各教職員來往旅費在內，即共需四萬餘元。由渝運嘉，以斤計算，約四十萬斤，每百斤需運費三元三四角，即共需一萬餘元。兩共約需六萬元之譜。嘉定分部所租借之各處房屋，基礎雖多可用，大都需整個之修葺⋯⋯，所費仍屬不少⋯⋯，然綜計在嘉修理房屋，購置器具，與租金等項已達三萬元。而實驗室與工廠之建築設備，尚不在內。將來全部完成，估計仍需費萬元以上，至少共需四萬餘元。 合運輸旅費修理購置等項，總共不下十萬元，現只籌得四萬元。以十萬元作遷校全部之用，驟視之似覺過巨，然以規模素備這本校，為國家保存一部分元氣，比之其他遷移內地之大學，能保存原有設備，不致喪失，其用費仍較節省。[51]

　　這就是武大西遷經費籌措和使用的大致情況。可見武大經費已到捉襟見肘地步。當然其他大學同樣好不到那裏去，比如北大、清華、南開組合而成的長沙臨時大學，當時經費也相當緊張，教育部同意籌借中英庚款基金50萬元，但

---

[51] 轉引自駱鬱廷主編：《樂山的迴響》，武漢大學出版社，2008年，第5─6頁。

能馬上到位的還不足此數的一半。教育部戰時財政政策是平時撥款的70%。臨時大學有三所大學,而它們的資金只有這個比例的一半,也就是原有經費的35%。

1938年3月10日,武大第一批辦理遷校工作的教職員10餘人,從武漢啟程前往樂山。部分教職員和一、二、三年級學生共600多人(其中武大學生446名,部派借讀生到樂山的83人,學校所收借讀生134名),採取自由組合方式,各自買船票西上。對於經濟困難者,由學校發給15元旅費。這個數目是不算低的。當時長沙臨時大學遷往昆明時,學校發給學生路費津貼是每人20元,教職員每人65元。

西遷途中,武大於宜昌南正街36號,重慶西三街16號、永齡巷3號、段牌坊8號等地分設辦事處,讓師生們在換船的時候,有歇腳打地鋪的地方。遷校委員會在重慶召開第一次遷校會議議決:西三街辦事處住男生及教職員,永齡巷住女生及女教職員,段牌坊住男生。

武漢到樂山,經宜昌、巴東、萬縣、重慶、宜賓,全程水路兩千多公里,交通工具緊張,分漢—宜、宜—渝、渝—敘、敘—嘉四段進行,漢宜段大部分由武大租拖輪駁船起運,其餘由民生公司輪船包運,宜渝段大部分由民生公司輪運,小部分由武大租木船運輸。大水期間,渝嘉段由華懋公司及四川旅行社輪運,枯水季節,在宜賓換成木船再行續運,直至樂山。

這條路線的里程時間和艱難困苦,客觀地說,相對浙大西遷、聯大西遷,似乎要好一些。1938年1月上旬,「國立長沙臨時大學」(即後來的西南聯大)開始西遷雲南。在68天裏,300多名師生,穿越湘黔滇三省,行程1600多公里,徒步688公里,終於抵達「彩雲之南」的昆明。這段艱苦卓絕的遷徙,被稱為「中國教育史上最偉大的長征」。浙江大學也是在抗戰爆發後被迫西遷,760多名師生先後分別在浙江天目山、建德,江西吉安、泰和,廣西宜山,貴州青岩等地輾轉遷徙,流亡辦學。歷時2年半,橫穿6個省,行程2600多公里,被稱之為堪與紅軍長征相提並論的「文軍長征」(彭真語)。

武大遷徙一趟行程只有不算長的20來天。

聯大幾乎每個人都堅持寫日記,所以我們今天能夠讀到林蒲《湘黔滇三千里徒步旅行日記》、錢能欣《西南三千五百里》、楊式德《湘黔滇旅行日記》等等。很遺憾,我至今沒發現哪位武大師生寫有旅途日記,或者入蜀記一類的

文章記述西遷路，只見過一些零星的詩詞或回憶片段。蘇雪林教授晚年回憶：「二十七年四月間學校人員器材分作十餘批，乘小輪前往。我們在途十餘日，漸近三峽。那三峽是瞿塘峽、巫峽、西陵峽，以瞿塘最險，西陵最長，連綿七百里。三峽形勢之雄奇壯麗，筆難描繪，兩壁之岩石，刀斬斧劈，有如人工所為。」[52]「記得有一夜，同舟某職員的小孩忽然墜水，只是聽見做母親的人號哭而已，誰也不理。聽說四川水道之所以危險，因水下都是嶙峋錯雜的大亂石，水皆繞亂石而轉。有時會湧出水面丈許高，東起西滅不定。船碎人死旋入江底，再也不會浮上來。江水是這樣的可怕，小孩墜水，當然不能停船援救了。」[53]

在即將啟程入川之際，中文系學生袁瓊玉（1937年秋考入武大）賦〈征途〉詩一首：

> 客舍歲雲暮，寒蛩鳴四壁。我欲遠方行，蕭條日西匿。何處問迷津？
> 大海渺無極。昔我何所之，今我何所適。任重路漫漫，安得求止息。[54]

中文系學生宋光迪（1935年9月從清華轉學武大）說：「我於4月10日上船，溯流而駛，一路觀賞風景，竟忘遠竄之憂。我到重慶的第一天晚上，睡在望龍門碼頭上的一所空房子裏，打地鋪，熟睡中感到裸露的大腿上有物爬過，說癢不癢，說痛不痛，怪不好受的，驀然驚醒，原來是一隻川耗子爬過我的光腿。四川人不興逮老鼠，所以老鼠繁殖，個數比人還多，絲毫不怕人。從重慶換船至宜賓，再換小火輪溯岷江至樂山。時為4月30日，蓋離開武昌已20天了。」[55]

土木系學生黃宗干（1937年考入武大）回憶：「我是1938年初乘民生公司輪船從武漢出發，經宜昌過三峽，經萬縣、豐都等地先到重慶。再由重慶西上。因江寬水淺改乘小型輪船經瀘州、宜賓、犍為、五通橋直抵樂山。那時川江水流湍急，又多暗礁，輪船入川後都是晝行夜止。每當夜晚停靠一個碼頭時，我們都上岸觀光。當時四川是抗戰的大後方，戰爭初期敵機尚未入川騷

---

[52] 蘇雪林：《浮生九四——雪林回憶錄》，臺灣三民書局，1993年，第120頁。
[53] 同前註。
[54] 袁瓊玉：《多麗集》，香港內部印刷，1993年，第7頁。
[55] 宋光迪：〈珞嘉留爪印〉，北京武大老校友會編：《珞嘉歲月》，2003年，第605頁。

擾，因而社會穩定，人民安居樂業。我們途徑各地雖都是些小縣城，但夜市十分熱鬧，尤其是各種川味小吃攤點特多。四川各地物產豐富，物價也很低。」[56]

外文系學生吳魯芹（即吳鴻藻，1937年考入武大）說：「與我同行的一組4人，是中文系的汪敬虞，化學系的張遵禧，物理系的胡傳韋，在船越坐越小，長江越來越狹『不知遠郡何時到』的心情中，走了20多天，在宜昌、重慶還有接待站可住，到了宜賓、瀘州等候換船，大家就在碼頭躉船上打開鋪蓋席地而臥了。」[57]

中文系學生王達津（1936年考入武大）當時與經濟系唐樹芳、政治系蔣煥文、中文系高吉人、機械系路亞衡幾位結伴而行：

> 時間該是四月中吧！我們登上江輪，先是大船隻到宜昌，路上看大江東去，填了一首《滿江紅》詞，有句云：「波湧連天，阻不住，離舟西上。回首望，雲迷漢野，只增惆悵。」寫自己的留戀之情。船快到宜昌時，兩岸山就多了。我又寫首七律，中聯云：「看水未能忘（平聲）夏口，見山已是近宜昌。」

> 到宜昌後，須要等待換小輪上重慶，要等兩天。我們沒有在城裏住，卻住到報廢了的民生公司江輪——輪船旅館去。在那裏江風徐來，反有涼意。船上客人雖不多，但反映出日本帝國主義侵略對中國人民的巨大傷害，使中國人流離失所，我們同住的旅人，就有從江蘇逃難來的一家三口。

> 我們也在宜昌城中轉了一轉，是坐小船來往的。我特別出宜昌城西門看一趟，出西門就是兩山夾道，真像一條峽穀，很驚人。平常住平原的人，看看是不舒服的，可是現在是抗戰時期，正需要這樣的咽喉地帶「一夫當關，萬夫莫開」。

> 兩天後我們登上到重慶去的輪船，自然誰都想看三峽，看西陵峽、巫峽、瞿塘峽，看神女峰，灩澦堆。經過三峽，正在白天，這些景色都看得相當清楚。還看到江勢的曲折，體會到「山重水復疑無路」的意味。

---

[56] 黃宗干：〈難忘的往事〉，徐正榜主編：《武大逸事：武大英華》，遼海出版社，1999年，第294頁。

[57] 吳魯芹：〈我的大學生活〉，劉雙平編著：《漫話武大》，武漢大學出版社，1993年，第346頁。

　　一路經過秭歸、巫山、奉節（白帝城），可能是在萬縣留住一夜。第二天經忠縣、涪陵等地，就到重慶了，但一路上沒有聽到猿啼。

　　到重慶後，印象最深的是朝天門碼頭，由朝天門上岸上去，臺階比武大宿舍臺階多多了，記得我們是坐滑竿上去的。我們住在武大在重慶的辦事處，因為到樂山還需要換船，所以在重慶住了好幾天。這裏到重慶熱鬧地方也很方便，時而上一層山路，時而下一層山路，如果識路就能很容易地找到要去的目的地。

　　重慶住了幾天，我們登上由嘉陵江上溯的船，一路上我們可以看看兩岸靜靜的群山，白天可以看到很多的縴夫拉縴的上水船，和迅速下流的下水船，以及所經過的沙灘邊的浣女。兩三天吧，便結束了。我們西邊的行程，合計起來，可能有半個月吧！[58]

　　這一入川行程是何等的曲折艱辛！他們從武漢乘輪船出發，何曾想到在敘嘉段淺水期間還要換乘木船。漢宜段購買船票較易，船體寬大，師生染病者不多；宜渝段，船少客多，購買船票委實不易，甚至有些師生在宜昌等候輪船達兩月之久，加上船小行客擁擠，染病者較多。難怪蘇雪林說「一路上經過了唐三藏上西天取經的苦難與波折」，才到達「理想中避難的聖地」——樂山。[59]

　　至於武大的圖書儀器等設備物質分為兩部分，重大不需用者，將其存放在租賃的漢口英商新泰堆棧的一棟樓房中；與教學研究工作直接相關和必不可少的部分裝箱運往樂山，共計一千三百餘件，由學校租賃拖船兩艘，於1938年初分數次運至宜昌辦事處存放。

　　大量的物資運至宜昌後，儘管暫時脫離了戰火中心，但離目的地仍然路途遙遠。為了盡快將物資和人員運到樂山，學校設法向各方尋求幫助，解決運輸工具問題。由於時局緊張，運輸工具奇缺，至9月份，武大滯宜之書器仍未啟運。校長王星拱及其他同仁與各方聯繫，或催促，或接洽，或請求，竭盡全力解決滯宜之物的運輸問題。

[58] 王遠津：〈樂山瑣憶〉，龍泉明等編：《老武大的故事》，江蘇文藝出版社，1998年，第311—312頁。

[59] 蘇雪林：〈煉獄〉，蔡清富編：《蘇雪林散文選集》，百花文藝出版社，1991年，第230頁。

9月5日，王星拱催促漢口民生公司，讓其將武大滯宜書器運往萬縣後再轉運重慶。

9月22日，王星拱致函宜昌辦事處的蕭潔，「聞民族輪運宜書器全存民生公司露天堆棧，恐雨濕毀壞」，囑咐他「妥為保護」。[60]

9月27日，王星拱又致函民生公司總經理盧作孚，懇請速電貴宜分公司調船早運，以免損失，並強調在滯宜書器中有特別價值之文化珍品。由於長江上的船隻已被軍事機關統制，王星拱又與軍事部門聯繫，設法解決滯宜的書器運輸問題。同一日，王星拱致函武昌珞珈山軍官訓練團的陳誠，「……懇兄轉商後方勤務部，電宜運輸機關派船運川，運費由本校照付」；同時，告知在武昌的本校教師繆恩釗，「本校滯宜物品已電懇軍訓團陳辭修主席轉商後方勤務部，電宜運輸機關運川」，囑咐其「即與軍訓團總務廳主任路處長洽商速辦」。[61]

9月28日，遷校委員會委員長楊端六也致函軍委會後方勤務部俞焦峰，請其設法派船運川。最終，滯留宜昌的書器大部分還是由民生公司輪運，小部分由校租木船運往重慶。從重慶運往樂山，由華懋公司和四川旅行社包運；大水期間，全線輪運；淺水期間，渝敘短輪運；敘嘉段，木船運。學校滯留物質就以這種螞蟻搬家式地慢慢轉運重慶，然後再運往樂山。

武大在尋求以輪船運送各項物資的同時，校方也在尋找其他的運輸方式解決運輸問題。當時學校的理工科甚為發達，這就必然涉及教學實驗用的化學藥品。對於這部分物資，鑒於其危險性，校方尋求以較為平穩的火車來運輸。後來，教育部總務司函致粵漢鐵路管理局，請其設法裝運。對此，粵漢鐵路管理局也給予答覆，「查該項化學藥品，均屬危險貨物，不得與其他貨物混裝，須另用鐵篷車裝運，自行派人押運，抵到達站，須即卸車提取。」[62]

---

[60] 轉引自涂上飆主編：《樂山時期的武漢大學》，長江文藝出版社，2009年，第6頁。
[61] 同前註。
[62] 同註60，第7頁。

第二章　校舍與院系

國立武漢大學嘉定分部

　　1938年4月2日，首批入川的武大遷校委員楊端六等人到達樂山。4日，遷校委員會第二次會議議決：接洽校舍一事由邵逸周、楊端六辦理；修理房屋一事由郭澤烈等人辦理；購置器具一事由曾昭安、方壯猷辦理；管理工人及器具一事在三育學校方面由李人達負責，在文廟方面由石琢負責。隨後，委員們開始積極籌備工作，各負其責。

　　8日，武大第327次校務會議議決，遷川臨時校名暫定為「國立武漢大學嘉定分部」。校牌由機械系主任郭霖親筆書寫，懸掛在文廟校本部門前。

　　關於學校佈局問題，16日的遷校委員會第六次會議議決：文廟定為國立武漢大學嘉定分部第一校舍，三育學校定為第二校舍，財務委員會定為第一男生宿舍，龍神祠定為第二男生宿舍，李家祠定為第三男生宿舍，觀斗山定為第四男生宿舍，進德女校為女生住所。20日，各院校舍則採用抓鬮的方法來解決：文法兩院設在文廟，理工農[1]三院設在三育學校，城內文廟為總辦公處，文廟正殿為圖書館，三清宮為印刷所，李公祠為理工教室、實驗室，西址恆為電工實驗室等。租借的校舍破舊不堪，經遷校委員會20多天的努力，修葺完畢。

　　楊端六作為一位著名學者，又具有組織領導紛繁複雜事務的卓越才能和高度責任感，令武大師生萬分敬佩。經濟系學生向定回憶說，「曾記得1938年4月份，我們由漢口初到樂山時，親眼看到他與郭霖老師在文廟指揮修建工作，真是晝夜繁忙，全力以赴，事無巨細，都親自過問，親自檢查驗收，竟把一個破爛的舊式廟宇，在短期內改建成大學課堂和圖書館，使學生們能很快繼續上

---

[1]　武漢大學農藝系於1938年8月並入中央大學辦理，農學院停辦。

課。與此同時，還在龍神祠、觀斗山等處改建成了許多學生宿舍和教室。這期間，端師真是廢寢忘食，費盡了心血。文廟大成殿改建成為圖書館後，很快就將從武昌運來的圖書，開箱裝架，端師時兼圖書館館長，他親自和圖書館的同事們把一捆捆圖書分類整理，裝上書架。他雖然自己不辭辛苦，整日忙碌，卻對同他一起工作的同事，體貼入微，要他們注意休息。圖書管理員整天坐在木板硬椅上，忙於辦理借書還書手續，實在很累，為此，端師特為他們配備籐椅，讓他們坐著舒適一些，端師對同事們如此關懷備至，使他們深受感動。」[2]

在樂山這樣一個小縣城全面而又迅速地展開修繕、製造等工程，肯定需要大量的木工、泥工、油漆工等，這又非要取得當地人士的合作與幫助不可。有一位同盟會會員黃成璋，為武大助過一臂之力，使選址等工作很快圓滿完成。

黃成璋，號冰如（有作彬如），樂山人。清光緒三十二年（1906年），他以優異成績畢業於成都四川省武備學堂。後被派往日本考察軍事和購買軍火。由於對清廷腐敗無能的不滿，他在東京時參加了孫中山領導的中國同盟會。三十三年（1907年）回國，初在成都外北鳳凰山新軍任隊官，後調升四川陸軍第33混成協任職，是四川同盟會在軍隊中的代表人物之一。同年11月參加熊克武等人領導的成都起義。起義失敗，黃成璋隱匿脫險。民國成立後不久，四川即陷入軍閥割據局面，戰亂頻繁，民不聊生。黃成璋目睹這些現象與他的抱負很不一致，遂退出軍政界。先在成都閒居，後回到樂山。曾經營鹽業、木材、煤炭、棉紡織等工商業。他為人正直，熱心地方事業，受到鄉人敬重。[3]

武大內遷樂山時，黃成璋協助遷校委員會委員長楊端六及委員邵逸周等尋覓校址，做了不少工作。那時，樂山是四川省第五行政督察區專員公署所在地，專員唐步瀛是黃成璋昔年學生，對他十分尊重。因此，武大在選址時，得到官方大力支持。唐步瀛說：「武大要哪裏就給哪裏！」[4]據黃成璋之子、武大電機系畢業的黃模回憶道：

「文廟，坐落在樂山城內西北角，該處環境幽靜，無塵世干擾。廟內地勢廣闊，除供奉孔子的大成殿外，兩側廂房空屋甚多，略加修繕，足供文法兩院上課之用。」「文廟大成殿建築牢固，確是存放圖書的寶地，故作為圖書館。

[2] 向定：〈追憶先師楊端六先生〉，臺灣《珞珈》（1986年10月）第129期。
[3] 參見樂山市地方志辦公室編：《樂山歷代人物傳略》，巴蜀書社，1990年，第167—168頁。
[4] 轉引自《樂山廣播電視報》2007年4月12日第15期。

兩旁還有殿房可供學校領導辦公和各職能部門使用，故作為校本部也很恰當。隨後，家父又不辭辛勞同武大教授和有關管理人員奔走於李公祠（現樂山市醫院職工宿舍）、三育中學（現樂山師院校址）等處，凡校方看中的，有些地點雖然當時還在使用，但仍全給武大。花了兩個月左右時間，在學校開學前，學校各重要場所，如物理實驗室、化學實驗室、材料實驗室、實習工廠、印刷部門……都在城內外得到很好的安置。這為武大在樂山成功辦學奠定了堅實基礎。」

「校方為表達對家父在選址工作中所付出辛勞的感激之情，在當年家父生日時，特送魚翅席兩桌為他祝壽。一桌擺在堂屋，為王星拱校長和各位參加選址老師座席。未入席前，武大老師用紅紙條寫上就座席次的姓名放置桌上。王校長簡致祝詞後，即按已定席位入席。就座的除王校長外，還有楊端六、工學院院長邵逸周和參加選址的委員及文法學院領導陳源、劉炳麟等人。另一桌擺在堂屋後面房內，是家母和兄弟姊妹的席位。」[5]

黃模還說：「1939年秋家父病逝，王校長送挽聯一副，表達他對父親在學校選址中的情誼和對他不幸辭世的哀悼。聯文：情誼重居停，三千英才咸感荷；典型尊德望，邦家耆舊竟凋零。」[6]

當時四川各地普遍存在幫會組織，樂山當然也不例外，這裏歌老會頭子蔣煥廷，很有勢力，原是湖南人，後來落戶樂山。而負責遷校委員會的楊端六也是湖南人，他便以同鄉之誼登門拜訪蔣某，爭取他大力幫助。這一著棋十分有效，這位蔣大哥號召力強，動員樂山及附近鄉鎮的所有工匠大力支援武大，各項工程進展神速。劉滌源回憶說，「我4月16日抵樂山時，文廟劃作教室用的左廂、右廂，尚在安裝板壁、門窗和粉刷牆壁，不到幾天就成了煥然一新的系列大小教室，室內課桌，坐凳安排得井然有序，作好了上課的物質準備工作。」[7]效率之高，實屬罕見。原來定於5月1日開學，但實際上在4月29日，先頭到達樂山的師生，在那些破陋的校舍裏，恢復了弦歌之聲。後來，一位學子寫下這樣一首詩：

---

[5] 黃模：〈家父在樂山選址中與武大的一段深情〉，《武大校友通訊》2008第1輯。
[6] 同前註。
[7] 劉滌源：〈欣憶樂嘉年華〉，臺灣《珞珈》（1994年1月）第118期。

1938.4.29——寫給武大樂山開學日

一、

向西，當烏雲湧進茶杯
我咽下的是四萬萬國人的恐懼
在船頭，江水翻滾
光芒從天外
像一隻手伸來，捧住我
我是如此小，
對真理和死亡都沒有
足夠的把握。
前方是樂山，還是
雲霧中一座虛構的山？
足以抵消夜晚，抵消炮聲，
抵銷追隨我的無名的荒原
而荒原中央竟有小馬奔來，
一個聲音說：
你要跨上它。

二、

我將身體移近盆地的陰影
我在山丘上
擺起我的課桌，
我看到峰巒外的人民
拿起了光明的武器。
珞珈山向我升起
我是每一個人在平原上緩緩地移行
每一個人用灰燼色的眼睛看著我
又終於，回轉過頭
聽到高原的咳嗽江河的呼吸
每一個人都在我的身體裏戰鬥

三、

日光在土坏牆上移動
年輕的教授把粉筆當成了
智慧的箭簇，我舉手發言
我沙沙地做筆記
雖然教室那麼空
卻像是一面深邃的鏡子
從鏡中我看到自己
正為這個泥淖的世界
脫去暗昧的外衣
人群從陰影下一一經過
有一個光輝的面容
卻無法辨清[8]

　　當時武大的很多學子們都認為，「在民族危亡的極端苦難中，能在四川樂山這個山清水秀的小縣城讀大學極為難得。一所著名大學在一個幾萬人的縣城，充分利用了當地的文廟作為校本部及文學院、法學院的教學位址，利用城郊一片建築作為理學院、工學院的教學位址，利用教會的一些設施作為女生宿舍，利用龍神祠等作為男生宿舍，還修建了一些簡易的教室和宿舍。教師們則分散租用民房，共度戰爭歲月。對比小說《圍城》描述的抗戰時期某大學學生及教授們逃難的狼狽情景，武大的師生就太幸運了。」[9]蘇雪林覺得，「雖不如珞珈山原來校舍之壯麗，也頗有氣派。」[10]葉聖陶則謂，「以視重慶之中大與復旦，寬舒多矣。」[11]

　　7月間，珞珈山本部的教職員工在四年級學生畢業離校後，除留8人看管場產外，其餘均在王星拱校長的率領下到達嘉定。此後，樂山的「國立武漢大學嘉定分部」正式改名為「國立武漢大學」，遷校委員會解散。整個遷校工作，

[8]　也冬：〈1938.4.29——寫給武大樂山開學日〉，《武漢大學報》2008年4月25日。
[9]　萬典武：〈緬懷恩師楊端六教授〉，《珞嘉歲月》，內部資料2003年版，第157頁。
[10]　蘇雪林：《浮生九四——雪林回憶錄》，臺灣三民書局，1993年，第121頁。
[11]　葉聖陶：《嘉滬通信》第一號，《我與四川》，四川人民出版社，1984年，第80頁。

國民政府教育部撥定費用為3萬元，由於精打細算，實際只用了2.7萬元，尚結餘3000元。

文廟校本部

　　郭沫若在《我的童年》寫道：「在我考試期中我們時常去遊城內的高標山。山在城內西部，那和它的名字所指示的一樣，實在是高標在一切之上。從那兒可以俯瞰城市，從那兒可以眺望四方的遠景，從那兒可以看見嘉定城就像一個楔子一樣，楔在兩條河的中間。」[12]此山對樂山人來說，是最熟悉不過的了。山名又叫高望山、萬景山，因宋代山上建有神霄玉清宮，後來俗稱為老霄頂。在舊時老霄頂一直是樂山城的制高點，誠如郭氏所言「實在是高標在一切之上」。

　　在老霄頂腳下，有一座規模宏大的古建築，這就是樂山文廟（嘉定文廟）。據羅孟汀《樂山文廟培修記》載：「樂山文廟本嘉定州府祭祀孔子廟也。始建於唐武德（618—626）初，歷經宋元，原址在今沫水中育賢壩。明嘉靖（1522—1566）時安磐《修城記》：『嘗聞父老云，永樂（1403—1424）中，州學在岸南數十步。以今計之，正當中流。』明馬理《增葺廟學記》亦云：『按州學堂在城南隰地，沫水為害，始遷城中龍頭山阿。未善，再遷北原。天順八年（1464）乃奏遷之於高標山下，即今址也。』是謂廟學三遷……康熙《嘉定州志》載，明末袁韜起營毀廡，而聖殿無恙。上川南道張能麟於康熙（1662—1722）初，首修大成殿，次建廡殿、明倫堂等。嘉慶（1796—1820）末，道光（1821—1850）間，又有葺繕，然大成殿，仍為明清結構也。」[13]

　　樂山古稱鳳城，以老霄頂為鳳身，黃家山、海棠山至九龍山（拱辰門處）為左翼；玉鳳山至蝦蟆嘴為右翼，從老霄頂至今公園為鳳背、鳳頸、鳳嘴，文廟正好在鳳凰左翼下。從風水說看山形，老霄頂如同椅背，兩翼之山正好形成靠椅扶手，文廟正好背靠椅而左依扶手，正所謂「高標之鳳翼左掖也。」更遠

[12] 郭沫若：〈我的童年〉，郭沫若：《少年時代》，人民文學出版社，1979年，第58—59頁。
[13] 轉引自周文華主編：《樂山歷代文集》卷二十八，樂山市市中區史志辦，1990年，第465頁。

處看文廟，又是「九峰屏峙，二水環流，一郡之勝也。」所以舊時士人說文廟乃「鳳翥龍蟠之所」。[14]

文廟前面還有一口泮池，俗稱月咡塘。泮池左角原有一石砌古式拱門，門外右側立有一塊「文武官員在此一律下馬」的高大石碑，充分顯示尊孔的嚴肅氣氛。跨過石拱門約20步許，是六柱石結構的「欞星門」。欞星門有三個門洞，右側門楣上刻有「德配天地」，左側門楣上刻有「道貫古今」。

由於文廟依山取勢而建，所以總平面不在一個平面上，在全國極為罕見。泮池、聖域在第一個平面上，欞星門在第二個平面上，更衣、執事房在第三個平面上，名宦、鄉賢祠在第四個平面上，大成門、東西廡殿、尊經閣、崇文閣、大成殿、崇聖祠在第五個平面上。形成了殿閣重重，逐級升高，氣勢宏偉的壯觀景象。

武大西遷樂山後，把文廟作為校本部，從1938年至1946年一直使用了八年多。

文法兩院設於文廟也是由遷校委員會決定的。1938年4月20日，遷校委員會於文廟召開了第九次會議，出席人有楊端六、邵逸周、方壯猷、劉迺誠、曾昭安、郭霖等，會議討論了各院校舍如何分配等事宜。會議議決：用抓鬮法解決。結果是文法學院設在文廟，理工農三院設在三育學校。文廟的大成殿規模較大，作為圖書館。教室則設在東西兩廡，共計14間，其中兩間可容學生各90人，餘則只能容學生30餘人。

文廟一進門有影壁，那裏是貼學生們所辦壁報的地方，到文廟去的總要看一看壁報。壁報十分引人注目的，應屬化學系孫順潮（方成）的漫畫。

文廟外月咡塘廣場是地方集會場所，「如遇集會，通知市民的方式仍是老式——由一個老人手執一面銅鑼，敲兩下就高聲朗誦『縣政府的命令，明天上午八點鐘，在月咡塘集合，不得不到，如若不到，定受處罰』。聽到這種聲音有如兒時北方古城情景。」「後殿過去是個小山坡，坡上蒼松翠柏，再後就是體育場。」「文廟後方坡頂是午炮炮臺。置土炮一尊，日晷一臺，同學們問司事：『假如遇陰天，放午炮依何標準？』對曰：『依亨得利的標準鐘。』有好事者跑到玉堂街問亨得利鐘表店：『你們的鐘依何為標準？』對曰：『依照午炮。』好在中國人對時間觀念不求分秒，這也見怪不怪了。」[15]

[14] 參見唐長壽編著：《樂山文物攬勝》，巴蜀書社，2006年，第41頁。
[15] 王禹生：〈嘉樂弦歌憶舊〉，龍泉明、徐正榜編：《走近武大》，四川人民出版社，2000年，第135頁。

1939年8月19日，日寇出動36架飛機轟炸樂山，全城被毀，文廟獨存。劉永濟教授於周年日填〈浣溪沙〉一首，曰：

> 魯殿孤存氣自尊，古懷幽恨待誰論？亂來弦誦雜兵塵。
> 隔水遠山煙冪冪，出城喬木雨紛紛，小車歸去市燈昏。[16]

如今，文廟雖係四川省重點文物保護單位，卻是樂山市二中所在地。通常鐵門緊鎖，不讓外人走進去，只能遠眺那雄偉的建築，遙想當年武大學子朗朗書聲。我在2004年初到樂山時，就聽說當時的市長要求學校遷出去，迄今未果。一晃一個抗戰的時間矣！

經濟系民三十級（1941年）顧煥敏晚年故地重遊後賦詩道：

> 月呷塘畔校門開，昔為磚木今鋼材。常看師生上課去，不見官員下馬來。
> 琅琅書聲弦不絕，代代薪火永相傳。自古祭祀孔子廟，傳道授業育英才。

作者自注：「樂山市第二中學所在地文廟，為戰時母校本部及文法學院舊址，大門仍開在文廟右邊原處，原為磚牆木門，現為鐵欄石柱。後面臺階上石牌坊依稀可見，惟門前『文武官員到此下馬』的拴馬石硅已不復見。廟前月呷塘依然如故，四周高樓林立，塘前廣場已闢作小公園。」[17]

大成殿圖書館

樂山文廟所有建築中大成殿用材最為碩大、柱材優良，為四川全省所罕見。大成殿為單簷歇山頂抬梁木構，鼇角飛翹、莊嚴古雅。內外28根柱子，直徑均在90公分以上，最大的金柱直徑達1米，材料均是珍貴的金絲楠木。駝峰、鬥拱裝飾華麗，柱礎用雅石做成，透雕精細的雲龍紋等，多彩多姿。[18]這裏作為

---

16 劉永濟：《劉永濟詞集》，湖南人民出版社，1984年，第18頁。
17 顧煥敏：〈樂山拾景〉，臺灣《珞珈》（1995年7月）第124期。
18 參見唐長壽編著：《樂山文物攬勝》，巴蜀書社，2006年，第42頁。

圖書館再合適不過了。美國斯坦福大學第一任校長戴維喬丹說過：「一個偉大的圖書館是建立一所偉大的學府的必然要素。」[19]

1940年至1944年在經濟系學習的蔣宗祺晚年回憶當年的圖書館，這樣寫道：

> 「大成殿」是供奉孔夫子的聖殿，可以想像，在夫子年代，他教育下的三千弟子，七十二聖人一定是在這樣的「殿堂」、「書廊」中聆聽夫子的教誨，專心致志攻讀聖賢書。現在，在這供奉夫子的聖壇已被利用改為藏書數十萬卷，集各家之長，相容中外的理論寶庫。成為武大學生獲取知識，飽覽博收，含英咀華的學習場所。
>
> 圖書館的書庫除四年級以上學生為了搜集資料，查閱有關著作，撰寫論文可憑指導教授的簽條入庫自查圖書外；三年級以下學生都只能持借出證，在庫外查閱目錄，辦理借書手續。因此，十幾張閱覽桌成為同學課餘爭奪的學習陣地。為了占到一個有利角落，每每促使有心人盡早入館。閱覽廳裏讀者雖然眾多，但清靜異常，鴉雀無聲，一派鑽研學問的肅穆氣氛；不管你在館外是多麼伶牙俐齒，高談闊論，但一走進「大成殿」內，就會被這裏那種專心致志的鑽研學問的肅穆氣氛所征服，自覺地變成謹言慎行、輕步細語、文質彬彬的「君子」，自覺地維護這一具有光輝傳統的學風！[20]

王禹生〈嘉樂弦歌憶舊〉云：「武大的圖書館藏書之富為後方各大學之冠，初入學的一學期，大部課餘時間是在圖書館翻書目，閱覽室寬敞高大，冬暖夏涼，各同學都是搶先占位子，否則難有一席之地。」[21]日後成為武大中文系「八中」教授之一的李健章，1939年畢業於武大中文系，1941年應聘回武大任教後，一天步入文廟古籍書庫，有感作賦：

> 西川人物流風重文炳，嘉州孔子廟堂特嚴整；前闢平衍廣闊鄉射場，背倚崇阜層巔老霄頂；自下仰視殿廡布陳如觀畫，從上可瞰七里江

---

[19] 轉引自〈大學圖書館：不應在「邊緣」〉，《人民日報》2012年4月6日。

[20] 蔣宗祺：〈樂山憶舊〉，臺灣《珞珈》（1993年4月）第116期。

[21] 龍泉明、徐正榜編：《走近武大》，四川人民出版社，2000年，第135頁。

城闉闐萬家繁華景；春秋釋奠樂舞禮先師，籩豆牲牢兩楹三獻各井井。太息邇來國咸不逮古，倭寇作惡薦食我疆宇，長蛇封豕肆貪饕，薄海同仇援桴鼓。湯湯江漢作怒濤，湖山深處亦驚騷，巍峨黌舍罷講席，投筆磨治殺敵刀。捆束輕史百家作書堵，裝箱編號雜逐紛旁午，大車以載星夜出珞珈，百輛飛塵遠接橫江櫓。上溯千里急湍阻三峽，虎嘯猿啼時序變寒署，牽引力挽艱辛已不堪，況後嚴霜苦霧兼風雨。似有神靈呵護免浮沉，終無恙分安泊樂山城隅岷江之滸。爾時師生播遷亦來聚，即借文廟建立大學新總部，灑掃庭除葺牆屋，講堂廨舍次第粗略具。大成殿中偏置七層架，度藏四部古籍作書庫。鼓篋孫業育英才，弦歌講習復起於東序。嗟我生於淮南窮僻鄉，少小曾思一窺夫子牆。後來辭家負籠遊上庠，又因校規限止難回翔，宮牆之外欲進復彷徨，不得其門使人空悵悵。今也幸得從師廁末行，居然婆娑書林典籍場，陳編巨帙觸目盡琳琅，其美其富不啻南面百城王。約略周覽計所藏，萬不及一俱未詳，悔恨從前愚而狂，未嘗學問自披猖。韶華棄我去堂堂，少不努力何所望！惕焉感此暗悲傷，苦心如擣背刺芒。勉力上下展縹緗，縱觀默識似貪狼，十年饑渴得瓊漿，咀嚼猶聞翰墨香。管窺蠡測一蠡嘗，不無小補聊取償。憶昔日敵機肆毒痎，彈飛火燎一城荒。孔廟地勢隔一坊，似因思患豫為防，書庫安帖免散亡，目錄部居不失常。我亦歷劫幸無創，去而復來以相羊，汪洋學海一葦航，鉤玄非為釣玉璜。行健不息惟自強，小子斐然在成章，毋忝嘉名受命祥，孜孜策勵慎勿忘！[22]

前南斯拉夫國際刑事法庭大法官王鐵崖，年輕時曾在武大政治系任教兩年。他在83歲時所寫回憶中說：「樂山武漢大學有一點優點，就是圖書館圖書還不少，據說是日寇侵佔武漢前從武漢運來的。我在樂山時，圖書館館長曾經是楊端六先生，不知道是否是他的功勞？武漢大學重視社會科學，因此，社會科學圖書較多，我感到相當滿意。當然，新書不多，但是舊書還齊全，足夠我教課使用。除了國際法以外，我所教的歐洲外交史和中國外交史都是近代的，

22　李健章：〈初入文廟武大古籍書庫，感賦〉，李健章：《居蜀集‧東西集》，武漢大學出版社，1994年，第53頁。

到1919年為止，不涉及當代的部分。在當時的條件下，我的課程大體上說能夠有比較豐富的內容，武漢大學圖書館是有功的。」[23]

　　沒有一流的圖書館就沒有一流的大學。武大自創立以來就大力購置圖書，據1940年11月31日統計，學校圖書館藏有中日文書籍108233冊，西文書籍30129冊，共計138362冊；另有中日文期刊2868冊，西文期刊13438冊，共計16306冊。遷校樂山後，由於日軍的瘋狂轟炸和野蠻的劫奪，圖書損失慘重，到1940年4月，全校圖書只剩下91751冊。儘管當時條件艱苦，但是學校想方設法陸續添置圖書，到1946年復校武昌時，圖書數量又達到154455冊。[24]據說在當時在西遷的流亡大學中，武大的圖書資料保存得最為完整，為大學教學提供了很好的保證。1939年6月20日，葉聖陶陪史學家賀昌群[25]參觀圖書館，「昌群謂以視浙大，所藏多矣。」[26]

　　浙大圖書的數目我不清楚，不過我知道當時由北大、清華、南開組成的長沙臨時大學圖書館，「館藏只有五千多冊中文書、一千冊左右西文書」，「由於圖書資料少得可憐，學校同意畢業班學生免做論文」。[27]臨時大學的文法學院遷到雲南蒙自之後，學術環境比在長沙時期更加糟糕。「由於圖書館少量藏書大部分還在從湖南運往昆明的途中，因此教材和參考資料都少得可憐。圖書館本身的空間極小，僅有十七個座位。開館前半小時，學生就站在門外等待，開門後立即搶閱書刊、搶占座位。」[28]「教師上課只能憑以前授課的記憶或一些以前殘缺的講稿、筆記在講堂上對學生們進行講授。」[29]又據1945年5月的〈西南聯大概況調查表〉「圖書總數及增添情形」記載：「中文總數33910冊，西文總數13478冊，每年添書約五百冊。」這個數據讓今天北大的陳平原教授「大吃一驚」，說「只要稍有讀書、藏書經驗者，就會明白這數字背後的辛酸與沉重。

[23] 王鐵崖：〈樂山兩年〉，《北京珞嘉》1996年4月第2期。
[24] 統計數據參見涂上飆主編：《樂山時期的武漢大學》，長江文藝出版社，2009年，第36頁。
[25] 賀昌群（1903—1973）：字藏雲，四川樂山人，歷史學家。抗戰爆發後，南下浙江大學史地系任教。不久輾轉入川，曾在樂山復姓書院短暫任教，1940年回家鄉馬邊縣創辦中學。1942—1946年在重慶中央大學歷史系任教。1949年後曾任南京圖書館館長，中國科學院圖書館館長等職。
[26] 葉聖陶：《西行日記（上）》，《葉聖陶集》第十九卷，江蘇教育出版社，1994年，第175頁。
[27] 易社強著、饒佳榮譯：《戰爭與革命中的西南聯大》，臺灣傳記文學出版社，2010年，第25頁。
[28] 同前註，第72頁。
[29] 陳岱孫：〈西南聯大在蒙自‧序〉，蒙自師專等編：《西南聯大在蒙自》，雲南民族出版社，1994年。

堂堂中國最高學府，中西文藏書合起來還不到六萬（請注意，今日北大圖書館藏書461萬冊），真不知教授們如何『傳道授業解惑』。開始以為排版時漏了一個零，可核對第六冊所收眾多圖書館報告，證實此數字準確無誤。」「只有這個時候，我才理解西南聯大為何需要制定那麼嚴苛的圖書借閱制度……。學生一般在閱覽室讀書，每次只能索書一冊，且以四小時為限。正在撰寫論文的四年級學生可憑論文導師證明，借閱與論題相關書籍三冊，時間一週；如無他人需要，可續借一次；若到期不還，除停止借書權利外，還按管理規則予以處分……。如此不近情理的規定，實不得已而為之！」[30]比起西南聯大，武大師生何其幸哉！

從武大添置圖書的來源上看，主要有三種，一是購買、二是捐贈、三是自己出版，其中主要以購買為主。圖書的購置涉及資金籌措、圖書訂購和運輸等環節。當時條件非常艱苦，尤其是對用外匯購書的使用嚴格限制。1938年9月28日，財政部制訂了各機關及學校購買外國圖書、雜誌、刊物等類申請外匯之標準。同時，為了更好地提高外匯的使用率，以及提高國外出版圖書、雜誌的利用率，教育部結合財政部的規定，制定了各校協同選購國外出版圖書雜誌暫行辦法。

武大每年向海外訂購的圖書，不僅數量較多，金額也較大，一般每年都在1200美元以上。如1939年6月26日申請即提交有新書931種，價值在1140美元以上。再如1941年5月30日，學校又準備購書，各種書籍共579種，共計約為7480美元。[31]

為了緊跟學術前沿，武大所購的圖書大多數為新近出版的著作，並且大多為美國出版。此外，還有英國、法國、德國和香港出版的書籍。海外圖書的運輸非常困難。在太平洋戰爭爆發以前，所購新書多以香港為中介，由香港中央信託局代購，然後運至香港，再由海防經越南運入中國。太平洋戰爭爆發後，日寇占領香港，只能委託美國方面訂購，運至緬甸，經滇緬公路運入我國。隨著太平洋戰爭的加劇，美國船隻在太平洋上航行日益艱巨，因此，美國對於遠東郵包一律停收。這樣，向美所購新書就無法運達中國。

---

[30] 陳平原：〈過去的大學——懷想西南聯大〉，陳平原：《中國大學十講》，復旦大學出版社，2002年，第243—245頁。
[31] 相關數據參見涂上飆主編：《樂山時期的武漢大學》，長江文藝出版社，2009年，第40—41頁。

在向海外購書的同時，武大還向國內的書局採購了大批圖書。在向國內書局採購圖書的過程中，國民黨中央宣傳部等機關對各院校做出了指令，要求採購反映國民黨意識形態方面的書籍，如總理遺教、總裁抗戰言論集等。再有，自行編輯出版也是武大圖書來源的一種重要方式，不過這種出版多數為講義和期刊。從1940年11月至1943年1月，武大出版組送存圖書館共93種3075冊。

此外，海內外捐贈也是圖書來源的一種重要方式。從國內方面看，政府機關是捐贈主力。從海外贈送情況來看，英國是最積極的國家。這裏要特別提及的是，日本商人兒玉修文，在抗戰勝利後將三萬餘冊圖書捐贈給武大。這是當時最大一次捐贈！

依據相關規程，圖書館設立主任1人，主任以下分設6股：總務股、採訪股、編目股、閱覽股、期刊股、裝訂股。武大初遷樂山時期，圖書館主任是經濟系教授楊端六兼任。1940年5月，中國第一位圖書館學博士——桂質柏來到武大，出任圖書館主任。楊端六握著桂質柏的手說：「圖書館管理是一門科學，要我兼任主任是用名氣做事，你是學圖書館學的博士是專才，只有用專業水平的精神思想做事才能勝任，這一塊就拜託你了。」[32]

桂質柏（1900—1979年），湖北省江夏（今武昌）人。1928年獲得哥倫比亞大學圖書館學碩士學位後，為了進一步深造，到加拿大麥基爾大學從事圖書館學課題研究與教學。1931年3月獲美國芝加哥大學圖書館學博士學位，是中國歷史上第一個圖書館學博士。他也是芝加哥大學於1928年開辦圖書館研究學院以來授予圖書館學博士的第二人。

桂質柏出任武大圖書館主任後，提出少購同類書種，缺額部分自行加印，於是楊端六還常常到圖書館查看刻蠟紙、油墨紙張有什麼問題，人手不足，安排書籍涉及的專業師生輪流來圖書館幫忙。但質量和數量絕不能降低，以解決資金不足，滿足書刊供給問題。1943年5月下旬，英國現代生物化學家、科學技術史專家李約瑟一行在樂山訪問期間，看到武大師生輪流參加刻蠟紙、油印學術期刊、講義、讀本，因陋就簡辦學，讓有限的圖書期刊資料通過有效管理利用率高，欽佩不已。

---

[32] 桂裕民：〈父親與楊端六和袁昌英的關係〉，桂裕民新浪博客。

　　1946年，武大遷回珞珈山，復員委員會委員長楊端六對圖書工作交由桂質柏等人負責。事隔近五十年後的武大歷史系教授馬同勳說：「當年武漢大學回遷因為有楊端六、方壯猷、桂質柏這樣一批知名教授的引導和管理，我的高中畢業文憑才得以保存，這是我萬萬沒有想到的。那時考大學除考分達標，還需拿高中畢業文憑做抵押才能就讀。1993年武大110周年校慶期間，在武大老圖書館地下室發現這批檔案資料還登過報請相關人士認領，實在令人叫絕。」[33]

崇聖祠校長辦公室

　　文廟崇聖祠是武大校長和教務長辦公的地方，大概100多平方米。王星拱、周鯁生、曾昭安、朱光潛、楊端六等人先後在此工作。不過在此時間最長的要數校長王星拱和教務長朱光潛，前者八年，後者四年。

　　殷正慈1939年中文系畢業後曾在教務長室做過三個月的代理秘書，據她在臺灣的回憶，「那時所謂『校長辦公室』，只是文廟最後進的一排平房。總共三間小室，右首為校長室，左端為教務長室，中間隔著一間廳堂，美其名曰『會議室』。客人出進，都必須先經過中堂，再揭簾而入左右小室。堂後是一系列更形狹暗的廚、廁、工友室及儲藏室等。以如此規模簡陋、湊合而成的辦公廳，與珞珈山當年富麗堂皇、美輪美奐的建築物，自不能相提並論。」雖是陋室，但「往來均為碩學，議論全屬鴻儒」。[34]

　　王星拱當初是將武大師生全部送離武昌後，才與工學院院長邵逸周兩人乘一輛小轎車（福特1936型）及一輛裝載汽油的卡車離開珞珈山。他們一路顛簸，經湖南、貴州奔赴四川。這條路線山高水險，經常出車禍，還有土匪出沒。當時王星拱夫人和子女們在重慶等候他們，心情十分焦急，因為不久前王星拱的秘書王煥然先行赴川，不幸在湘西翻車身亡。後來王星拱他們總算平安到達樂山。

　　1941年夏天，西南聯大校長梅貽琦和教授羅常培、鄭毅生遊歷蜀地，路過樂山。7月10日上午九點，他們到文廟看望了王星拱、朱光潛等人。當時，王

[33] 桂裕民：〈父親與方壯猷的關係〉，桂裕民新浪博客。
[34] 殷正慈：〈我所知道的王撫五先生〉，《學府紀聞:國立武漢大學》，臺灣南京出版公司，1981年，第64頁。

星拱「穿著一件灰色羅衫，頭髮全白了，臉下還有好些黑痣。」羅常培不由感嘆，「回想二十年前，我在北平漢花園的紅樓裏聽他講科學方法論的時候，他正在革履西裝，精神飽滿，那是何等少壯英俊！幾年沒見就變成這樣，可見在學校裏管行政事務也會讓人老的快。」[35]

作家劉盛亞（哲學系教授）曾用白描的筆法勾勒出一個活靈活現的王星拱：

> 那個大學校長年紀已有六十，生得很高大，可是後來的營養情形很壞，所以更顯得衰邁。他住在城外，由學校供給一部人力車。每天早上九點鐘他到學校去，下午兩點半或是三點回去。但是這裏所說的，只是通常情形，以星期一而論，他就到學校得早些，因為八點起有紀念週。如果遇見開校務會議或者別的事情，他的到校與回家的時間就會改變，總之，來去都在白天則是一定了的。
>
> 街上的人都認識他，只要他的舊包車叮叮當當地從街上拉過時，人們就會看見那精神萎頓的大學校長。他頭上無論冬夏都是呢帽，同人打招呼時總是取下它來。就在這時候人們可以望見他灰白的頭髮向後梳得整整齊齊。除了冬天，他的腳上總是穿著黑色尖頭皮鞋，而且總是擦得很光亮的。在冬天，大約是因為年紀太大了，怕冷，才換上氈靴子。成年他都是穿長衫的，秋冬季加上馬褂。他唯一的隨從用品是一個黑色的大皮包。他是老留英學生，所以他的臉每天都是刮過的。[36]

關於王星拱的「坐騎」，還有一段典故：「那時大學校長地位頗高，備受尊敬。國民政府曾為王星拱配置一輛小轎車，這是與部長、省長同等的待遇。但王校長對此並不熱衷，多是步行至校，間或坐黃包車，優哉游哉上下班……後來到了樂山，他乾脆把轎車也賣了，每日坐黃包車上下班。」[37]

北大校長蔣夢麟目睹長沙臨大窘境後，說過一句大實話：「在苦難時期，執掌一所大學是件令人頭痛的事。」[38]武大在西遷樂山之後，經濟條件落後，

[35] 羅常培：《蜀道難》，河南人民出版社，2008年，第28頁。
[36] 劉盛亞：〈一個大學校長〉，《劉盛亞選集》，四川人民出版社，1983年，第530—531頁。
[37] 謝紹正：〈王星拱校長在樂山〉，謝紹正主編：《永遠的感召》，2003年，第38頁。
[38] 易社強著、饒佳榮譯：《戰爭與革命中的西南聯大》，臺灣傳記文學出版社，2010年，第20頁。

物質匱乏，經費極度困難，但王星拱殫精竭慮，克服重重困難，堅持教學與科研工作的正常開展，使武大得以繼續存在和發展，顯示出了卓越的才能。他不顧疾病折磨，四處奔波，廣攬學者名流，充實教學力量，不問出身、派別，一律相容並包，從而延聘了不少出類拔萃的教授。為此，他跑遍了大後方的大中城市，而且往往是親自登門相邀。他繼承了蔡元培「自由講學」、「學術無禁區」的辦學思想，禮聘各類知名教授。如外文系既有教英詩的朱光潛，也有教俄語的繆朗山；哲學系既有弘揚儒家中庸之道的胡稼胎，也有講康德、黑格爾的張頤；中文系既有主講新文學的蘇雪林、葉聖陶，也有傳授古典文學詩詞的劉永濟、劉賾；化學系有留英的徐賢恭、留美的鄔保良、留法的黃叔寅、留德的鐘興厚等等，可謂人才濟濟，盛極一時，就連清華大學著名教授曾秉鈞也不由感歎道：就教師質量而言，清華不如武大。武大繼30年代躋身「民國五大名校」之後，再次與西南聯大、中央大學和浙江大學一道，被並譽為「四大名校」，還贏得了英國劍橋大學李約瑟博士的高度贊賞。武大「樂山時期」的輝煌，王星拱當居首功。

　　由於王星拱一向主張學術自由，「無為而治」，1940年春天，國民政府教育部決定把他調走，另派程天放（CC派的「四大金剛」之一，曾任川大校長）到武大任校長。消息傳到樂山後，一些有正義感的教授們，立即發起一個「挽留王星拱，抵制程天放」的運動。迫於師生的強烈抵制，教育部只好不了了之。直到抗戰勝利前夕，王星拱最終被調往廣州，出任中山大學校長。

　　經濟系民三十級（1941年）顧煥敏後有〈樂山拾景〉詩詠崇聖祠：

> 寇焰凶逼黃鶴樓，母校西遷到嘉州。青山綠水錦繡地，傳播學術競自由。
> 篳路藍縷八年苦，師生艱苦同奮鬥。誠勤嚴勇揚革命，功在王朱趙徐周。
> 春風化雨遍四海，人材輩出滿神州。京樂校友倡義舉，拳拳之心暖同儔。
> 昔年建祠崇賢聖，今日修堂為祝壽。壽比南山譽如海，珞珈風采傳千秋。

　　作者自注：「①樂山文廟『大成殿』後的校長等辦公室原名『崇聖祠』。1945年夏，筆者在母校畢業時，校長為王星拱、教務長為朱光潛、訓導長為趙師梅、總務長為徐賢恭。翌年秋，王校長奉調離任，由周鯁生教授接任校長。②1991年北京、樂山兩地校友會聯合倡議，將文廟內原校長辦公室興工修葺，

建成樂山武漢大學紀念堂，以垂後世，並慶祝母校成立百周年，老校友伍修權已為紀念堂書寫銘文。」[39]（按，因文廟使用者樂山二中不樂意，故樂山武大紀念堂改建在樂山師院圖書館沫若樓）。

崇文閣──文學院

崇文閣是文學院所在地。文學院成立於1928年8月，是武大成立最早的三大學院之一，下設中國文學、外國文學、哲學（一度改稱哲學教育）和史學四系，1942年設立文科研究所。文學院的力量很強，很多教授都是國內外著名的學者。首任校長王世傑，對於辦好文學院非常重視。他認為：「一個大學能否臻於第一流，端賴其文學院是否第一流。有了第一流的人文社會科學諸系，校風自然活潑，學生也會對本校校風有自豪的感情；有了好的文學院，理工學生也會發展對於人文的高度興趣，可以擴大精神視野及胸襟。」[40]在他的這種指導思想下，武大文學院在建校初期就奠定了良好的基礎。

著名文學家、詩人聞一多是文學院的首任院長。他1930年6月即離開了武大，在校時間只有一年多。第二任院長是多次受到魯迅批評的陳源（字通伯，筆名西瀅）。他在院長位置上一直幹了近十年，直到1939年10月才辭職。

《朱東潤自傳》載：「文學院長陳通伯辭職了，王星拱看到劉、方這兩位系主任反對陳通伯的活動太露骨了，決定由教育系主任高先生擔任。高先生興匆匆地到差了，看到我的時候，他說：『一切照舊，一切照舊，朱先生可以安心工作。』他的好話我領情了，但是事情出乎他的意外，方主任的夫人是位說得出做得出的幹將，她揚言道：『反對陳通伯是中文、外文兩系的功勞，高某只不過是在旁邊湊湊熱鬧，現在文學院長給了他，那不行。』這一位大嫂能說能行，高先生是聰明的，好在他的路道多，不久就辭職了。」[41]（按，1942年1月10日，武大校務會議議決：准予高翰教授辭去文學院院長職務，聘劉永濟教授為文學院院長。劉永濟在院長任上直到抗戰勝利、武大復員）。

[39] 參見臺灣《珞珈》（1993年10月）第117期。
[40] 轉引自許倬雲：〈追念王雪艇先生〉，臺灣《傳記文學》第39卷第4期。
[41] 《朱東潤自傳》，《朱東潤傳記作品全集》第四卷，東方出版中心，1999年，第259頁。

　　文學院可以說是武大最複雜的一個學院。當時武大內部存在湘軍、淮軍兩派爭鬥，淮軍的領袖是校長王星拱，湘軍的領袖是教務長周鯁生。中文系教授朱東潤在後來的自傳中寫道：「當時大學師資隊伍中，校長是一級，教務長、院長是二級，系主任是三級，教授、講師是四級。助教是由系主任指揮的，不成為單獨的一級。王撫五的策略是盡量拉攏系主任，周鯁生的策略是鞏固院長級，但是經常處於劣勢，特別是在文學院這方面。陳通伯由於平時把持文學院，得罪了中文、外文、教育這三系的主任劉、方、高三位。高翰這位福建人比較策略些，儘管對通伯很不滿，但是沒有表面化，劉、方兩位就把浩然巾揭開了。在武漢的時候還不顯眼，現在就完全不同，教授、講師們平時的怨氣經過系主任的挑撥，一齊向陳通伯撲來。」[42]所以後來陳源不當院長，繼而離開武大，遠走英倫。

　　其實文學院的複雜主要還是中文系的複雜。那時中文系的文學風氣，分為新舊兩派。新派從事新文學的研究和創作，舊派從事中國傳統小學的研究。舊派有劉賾（字博平）、劉異（字彝龍）、劉永濟（字宏度）、譚戒甫、徐天閔等教授。新文學方面先後有聞一多、朱東潤、蘇雪林、葉聖陶、馮沅君等教授。兩派都是名家如雲，因而常有新舊之爭，老一派學者對新文藝作家是「另眼看待」的。曾在外文系就讀的吳魯芹說，「在那個時代，新文藝作家插足在中國文學系，處境差一點的近乎童養媳，略好一點的也只是『局外人』，夠不上做『重鎮』或者『臺柱』之類的光寵。」[43]比如蘇雪林、葉聖陶都是「局外人」，也只能教教基本國文而已。葉聖陶日記有云：「（1939年8月26日）劉君以新舊門戶之見，頗欲排擠異己。相與歎惋。余本不欲為大學教師，去年貪於避難之得暫安，遂勉強來此。今乃為人所嫉視，意頗不快。任余之性，當作一書正告校中，國文系持抱殘守闕之見，決非武大之福，亦非學生之福。而劉之所為如此，尤羞與為伍，但事實上又不能遽爾他往，只得忍之。」[44]其實這種現象或者成見，當時不惟武大獨有。比如昆明的西南聯大，就有莊子專家劉文典看不起小說家沈從文的故事。好在校長王星拱是明白人，他認為：「中國舊文

[42]　《朱東潤自傳》，《朱東潤傳記作品全集》第四卷，東方出版中心，1999年，第233—234頁。
[43]　吳魯芹：〈記珞珈三傑〉，楊靜遠編：《飛回的孔雀》，人民文學出版社，2002年，第28頁。
[44]　葉聖陶：《西行日記（上）》，《葉聖陶集》第十九卷，江蘇教育出版社，1994年，第204—205頁。

學是根，新文學是花。有根始有花，有花而根始麗。兩者相輔相成，實不應厚此薄彼。」[45]他的這個立斷公允，使得新舊兩派在武大都發展較快。

再說外文系。第一任系主任，即西遷前為陳源，第二任系主任方重在樂山時期任職時間較長（1938至1944年）。方重（字蘆浪）是喬叟[46]專家，對英國文學史和英詩有精深的研究。抗戰末期有一位牛津大學的教授由英國文化委員會安排到中國後方訪問，在樂山遇到方重，會談之後這位教授大驚失色，想不到在樂山這樣一座小城裏居然有一個中國教授對喬叟的研究那麼到家。後來，方重赴英國講學，朱光潛接任系主任（1945年）。1941至1945年在外文系就讀的楊靜遠，在〈母親袁昌英〉一文中說：「當時的外文系，是文學院四系中的大系，教師陣容強大，有教務長朱光潛、系主任方重，教授除我母親，還有陳源、謝文炳、錢歌川、羅念生、曾炳鈞、吳宓、陳堯成、朱君允、戴鎦齡、陳登恪、繆朗山、孫家琇、楊安娜、李納等。開起系會來濟濟一堂，熱鬧非常。」[47]她又在另一篇文章中說：「（外文系）學生人數最多，最活躍。教師隊伍人才濟濟，各顯神通。課程百花齊放……」[48]

抗戰時期，史學系主任先後有方壯猷（1938—1940年）、吳其昌（1941—1943年）、劉永濟（1944年）、李劍農（1945—1946年）。教授則有韋潤珊、陳祖源、郭佳斌、鄢遠猷、陶振譽、楊人楩、徐中舒、吳廷璆等。陣容相對其他高校，相對武大其他系來說只能算一般。所以系主任吳其昌「深感系內無名教授，於教學不便」，遂邀請錢穆到樂山講學。至於學生情況，從錢樹棠（1941年史學系畢業）的文章可窺一斑：「我和嚴耕望、鄭昌淦兩兄都是1937年9月進入武漢大學史學系的。同班同學有二十多人……及至武大遷到樂山，史學系一年級新生只來了四五人，只及原額五分之一，而且小半又轉了系，只剩下我和嚴、鄭二兄。後來雖來了借讀生和高班復學生，全班總共也不過八人。」[49]

---

45 殷正慈：〈高公翰先生談文學院〉，《學府紀聞：國立武漢大學》，臺灣南京出版社，1981年，第37頁。

46 傑弗雷·喬叟（約1343～1400），英國詩人。他率先采用倫敦方言寫作，並創作「英雄雙行體」，對英國民族語言和文學的發展影響極大，故被譽為「英國詩歌之父」。代表作有《坎特伯雷故事集》等。

47 楊靜遠：〈母親袁昌英〉，楊靜遠編：《飛回的孔雀》，人民文學出版社，2002年，第28頁。

48 楊靜遠：〈朱光潛先生的英詩課〉，《武大校友通訊》2008年第2輯。

49 錢樹棠：〈紀念嚴耕望學兄〉，《武大校友通訊》2008年2輯。

至於哲學系（1938年3月遵教育部令，哲學教育系改為哲學系），更是當初的頭號「冷門」。據後任武大哲學學院教授、博導的蕭萐父回憶，「1943年秋，我以一個19歲的中學畢業生，半自覺地考入武大當時號稱『冷門』的哲學系。解放前大學的哲學系，被公認為『冷門』。所謂『冷』，意指報考哲學系的人特少（當時報考經濟系、外文系、工科各系的人數較多，被稱為『熱門』），在哲學系堅持讀到畢業的人更少（畢業後無業可就，故二年級後即紛紛轉系），因而，全系師生人數最少（師生合計經常不到30人），冷冷清清。」[50]哲學系甚至還出現過幾名教授教一名學生的情況。即使是西南聯大，哲學系學生也寥寥無幾，從1939年到1945年共有65名畢業生，在聯大三千學生中僅占2%。[51]

當年武大哲學系主任先後是高翰（1938—1941年）、萬卓恒（1942—1946年），教授有程迺頤、普施澤、王鳳崗、胡稼胎、張頤、黃方剛、葉麐、劉盛亞等。

尊經閣——法學院

尊經閣是法學院所在地。武大首任校長王世傑1929年到到任伊始，即聘請原北京大學法學院的知名教授周鯁生、燕樹棠、皮宗石等為法學院教授。有了這幾位知名教授，法學院的陣容一下子就強大起來。法學院名氣最大的教授當數周鯁生。著名法學家韓德培教授曾說：「周鯁生先生從1922年就開始在北大教國際法。從那時起，在中國凡是有些成就的國際法學者，就我所知，幾乎很少不是在他的直接或間接影響下成長起來的。」

樂山八年，法學院長一職都是著名財政學家劉秉麟擔任。法學院相對文學院來說「簡單」多了，所以朱東潤說，「法學院方面，由於這裏是湘軍的老營，一時還沒有動。」[52]

法學院下設法律系、政治系、經濟系，以及法科研究所。

---

[50] 蕭萐父：〈冷門雜憶〉，臺灣《珞珈》（2000年1月）第142期。
[51] 易社強著、饒佳榮譯：《戰爭與革命中的西南聯大》，臺灣傳記文學出版社，2010年，第180頁。
[52] 《朱東潤自傳》，《朱東潤傳記作品全集》第四卷，東方出版中心，1999年，第248頁。

　　法律系在樂山時期的系主任先後有：周鯁生（1938年—1941年）、劉秉麟（1942年）、李浩培（1943年—1946年）。姚舜《八十五自述》云：「我讀的是法律系，武大的法律系不算馳名，系主任李浩培留英，是國際私法的權威，其他教授多屬留日派，只有教刑法的吳學義稍有名氣，當時司法界有北朝陽南東吳的傳言，所以來武漢大學投身法律系的青年並不多，我所進的這班一共只有十人，多半是四川紳糧子弟，其他都是東南各淪陷區（被日本占領的地區）的流亡青年，他們的姓名已不能記憶，只有一位女生，叫章益華，是江西人。」「我1943年進武大，已廿四歲，讀法律系，系裏的教授大都為留日派的老教授，教書都是照本宣科，稍談學理亦講實務，都引不起追求深究的興趣，只有李浩培（系主任）的課最引我入神，受益亦最多，如像法理學，國際私法，這方面的參考書亦看得較多，四年級我論文題目是：《法律主權之研究》，就是李浩培指導的。」[53] 另據丁天錫回憶：1945年法律系製作了系徽，「其圖案內容：有寶劍一把，表示正義之劍；天秤一座，表示不偏不倚的嚴正與公平；法典一卷，表示依法 辦事，依法治國。這內容是出自我的想法。圖案形式，白底、金邊，表示廉潔、剛正、無私。由梁多齡學長設計。」[54]

　　法學院的經濟系是最知名的，學生隊伍也特別龐大。民四二級的樂山籍李道倫老人回憶說，戰時武大的經濟系在全國都是很有名的，有很多很有名的老師。像經濟系的系主任叫陶因，當時有種說法叫做「南陶北馬」，南方就是陶因，北方是馬寅初，他當時教他們經濟系一年級。武大西遷時的遷校委員會的主任楊端六教他們貨幣銀行學，當時大學很少有統一的教材，大多數老師講課都是自己寫的講義，而楊端六寫的《貨幣銀行學》就由商務印書館出版了，成為很多高校的教材。當時經濟系在武大人是最多了的，一個年級有七八十人。[55]

　　經濟系教授有伍啟元、韋從序、鐘兆璿、彭迪先、戴銘巽等。名師出高徒，武大經濟系畢業學生中，出了很多著名經濟學家、著名教授學者。例如國際上公認的發展經濟學創始人之一張培剛，已被英國劍橋「國際傳記中心」列入《國際知識分子名人錄》；潛心研究凱恩斯主義達半個多世紀，鍥而不捨的

[53] 姚舜：〈八十五自述〉，臺灣《珞珈》（2005年1月）第161期。
[54] 丁天錫：〈追憶樂山讀書往事〉，《武大校友通訊》2007年2輯。
[55] 據董圍林：〈李道倫：見證武大樂山時期的生活實況〉，珞珈新聞網。

劉滌源，已成為我國研究凱恩斯的權威。此外還有北大經濟學院名譽院長胡代光，武大經濟學院名譽院長譚崇臺等等。

政治系在樂山八年系主任都是劉迺誠擔任。教授有樊德芬、邵循格、鮑必榮、吳之椿、樓邦彥、王鐵崖、孟雲橋等。

法科研究所（負責人劉秉麟）下設經濟學部（負責人楊端六）和政治學部（負責人周鯁生、劉迺誠）。經濟系民三十級（1941年）顧煥敏後有詩詠「法科研究所」：

> 巍峨大成寶殿旁，依偎一排矮平房。至聖先師薪火邊，孜孜寒士春風蟬。
> 簞食瓢飲不改樂，焚膏繼晷苦登攀。漫道小小蓬室陋，鴛禽飛出金鳳凰。

作者自注：「在文廟大成殿（圖書館）正門的右側，從前為法學院辦公室的『尊經閣』前石階進入殿側小門，左手便是一排四、五間泥土地、竹笆壁、箔蓆頂、亮瓦採光的小平房，便是當時的法科究所。三十年代末，四十年代中的八年中，培養出上百的法科碩士，如今都已年逾古稀，大都對經濟、法律、政治造詣精深，學識淵博。早已成為專家、學者、教授或大專院校和科研院所的博士、碩士生導師。」[56]

李公祠──理學院

位於樂山城區高西門的李公祠是武大理學院所在地。

樂山時期武大理學院長，除1938年由校長王星拱兼任外，其餘時間均為物理學家桂質廷兼任。

1943年5月下旬，英國現代生物化學家李約瑟博士一行到樂山參觀訪問，重點考察了武大理學院的教研情況。1943年9月25日和10月2日出版的世界著名學術期刊《自然》連續刊載李約瑟撰寫的〈川西的科學〉一文，他寫道：

> 理化兩系都位於高西門李公祠內，祠堂的城牆頂上有個可愛的涼廊，俯瞰著大江，遠處是佛教徒的朝聖之地──峨眉山。胡乾善博士

（布萊克特教授最優秀的學生之一）就在這裏從事研究與教學，他剛完成了一本用漢語寫的論述中國宇宙射線研究的專著。化學系的系主任是鄔保良博士，一個物理化學家，就近發表了一篇有關全程電力與靜核的有趣論文。他需要收集核物質研究的最新資料，這個身處偏僻之地的科學家對其與世隔絕的處境身懷感觸。理論物理學家江仁壽博士（E・N・da C・安特雷德（Andrsde）教授的學生）在指導劉立本有關氧化銅整流器以及羅微光關於金屬彈性變形的溫度效應的研究工作。在化學方面，葉嶠博士研究的是當地藥物的作用機理。在武漢大學時，我很高興看到一架縮微膠卷閱讀機以及從重慶的國際文化服務處送來的許多縮微膠卷（該處本身值得寫一篇文章）。我們啟動閱讀機，所讀到的第一份縮微膠卷是1943年2月號的《科學與營養》雜誌（Journal of Nutrition）。這些與世隔絕的人們的歡悅之情是不言而喻的。[57]

最後，李約瑟不吝讚美說，「毫無疑問，武漢大學的學術水平很高，即使與昆明的國立西南聯大相比也毫不遜色。」

1944年底，李約瑟回國述職，在倫敦廣播電臺發表題為〈戰時中國的科學與生活〉的講話，以武漢大學為例說明戰時中國科學和科學家之艱難處境，告知世人「在四川嘉定有人在可以遙望西藏山峰的一座宗祠（按，指理學院所在地李公祠）裏討論原子核子物理……。」武大學者追求科學的精神深深感染了這位援華使者，他對武大學者倍加賞識。1944年冬，他邀請聘任物理系教授胡乾善到其領導的重慶中英科學合作館工作，擔任物理學及機械學技術顧問，並同英國物理學教授班威廉共同主持中英科學合作館的日常工作。

理學院下設數學系、物理系、化學系、生物系，以及1942年設立的理科研究所。

數學系主任是曾昭安，教授有湯璪真、蕭君絳、吳大任、李國平、李華宗等。數學系學生是理學院最少的。與王柔懷同時考入數學系的8名同學，二年級時還剩3人，畢業班裏就剩他1人了，出現「教授到學生宿舍上課」的奇景。

物理系主任先後有查謙（1938年、1946年）、桂質廷（1939—1944年）和江仁壽（1945年）。教授有吳南薰、馬師亮、嚴順章、李國鼎、梁百先、胡乾善、宋百廉等。

[57] 李約瑟、李大斐編著：《李約瑟遊記》，貴州人民出版社，1999年，第111頁。

　　化學系主任先後有黃叔寅（1938年）、郇保良（1939—1942年）、葉嶠（1942—1944年）、陶延橋（1945—1946年）。教授有徐賢恭、鐘興厚、陳鼎銘等。理學院中化學系相對人數稍多一些，女生比例較大。那時一些學化學的學生認為，「如畢業後實在找不到工作，也可以自己做點肥皂鞋油雪花膏之類去賣，聊以糊口。」[58]

　　生物系主任是張珽。教授有何定傑、章韞胎、高尚蔭、鐘心煊、葉雅各、石聲漢等。李約瑟在〈川西的科學（二）——生物學與社會科學〉之「嘉定和李莊的生物學」一節寫道：

　　　　嘉定武漢大學生物系在離城不遠的北斗山上，在該系附近，有一座很厚石牆的石望樓，該系現已將其作為一個很好的實驗室。湯佩松博士（現在昆明）在武漢大學建立起生物學系，他應該為此受到稱頌。如今，在耶魯大學受過訓練的高尚蔭博士及其同事們，在這裏建起了自由中國唯一的一個致力於非醫學細菌學研究的實驗室。在望樓下面，機敏的石聲漢博士在教植物生理學和病理學；而其上面，林春猷則在設計測量血液PH值的新電極，並研究紅血球的滲透性。這裏擁有中國少數的幾套瓦貝格氣壓表之一。這座望樓面臨大渡河，風景秀麗，使人形象地想起約翰‧多納（John Donne）的詩句「但是走上了瞭望塔就……」，雖然寓意相去甚遠。實驗室下面有一座水池，但絕非普通水池，這兒每年都培育出一群水母（此處離海有2千英里），這種水母被高博士和公立華稱之為Crapedacusta Kiatingi。兩位博士還對這種水母進行過生理研究。所有的生物學家係由資深的植物學家張珽博士領導。[59]

三育學校——工學院

　　高西門外的三育學校（今樂山師院足球場）是武大工學院所在地。工學院下設土木系、機械系、電機系、礦冶系，以及工科研究所、機械專修科和實

---

[58] 張翼伸：〈回憶化學系1944屆班友片斷〉，《武大校友通訊》2005年2輯。
[59] 李約瑟、李大斐編著：《李約瑟遊記》，貴州人民出版社，1999年，第120頁。

習工廠。除礦冶系是1938年設立，機械專修科1939年設立，其他單位遷校前就有。這是師生人數最多的一個學院。其中土木系、機械系人數較多，蓋因這兩系在戰時實用價值較高之故。

樂山地方文史工作者溫吉言先生，對工學院原址沿革有過詳實考證。他在〈樂山斑竹灣尋古〉一文中轉述劉君照先生的回憶：「武大工學院所在的三育中學，是由加拿大多倫多城基督教會傳教士孔鏡明、白思仁經教會批准並撥款，於1916年在西湖塘[60]創辦的，占地約30餘畝，建有傳教士住宿樓兩幢，教學樓1幢，學生宿舍、食堂、運動場等設施。校內林木繁茂，風景秀麗。該校首任校長是畢業於華西大學教育系的戴鴻儒。1925年，三育中學因經費問題而停辦。1938年武大西遷來樂後，工學院租用三育中學校址辦學。抗戰勝利後，工學院將三育中學及在其中修的宿舍一並歸還了教會，其他遺留的校產，按照國民政府的規定，應移交給國立中央技專[61]……。後來，省樂師將武大所建的電機樓更名為『奠基樓』，礦冶樓更名為『曠怡樓』，將傳教士的兩幢木樓分別命名為『梅莊』、『松柏樓』。」[62]這裏補充說明下，梅莊，原工學院教室；松柏樓，即工學院圖書館；礦冶樓，工學院礦冶系教學樓。梅莊和松柏樓都融合中西建築的藝術風格，令人稱道。

溫吉言先生還說，「武大工學院不僅為樂山培養了不少機械業人才，還幫助樂山創辦了川南、亞西、北大、公工等機械工廠，為樂山鹽場研製出第一臺吸鹵機，改寫了樂山鹽場人畜推車吸鹵的歷史。為鹽場和煤礦生產卷揚機、運煤車，為嘉樂、嘉華、嘉裕等廠製作機械配件，不僅減輕了工人的勞動強度，也提高了生產效益。尤其是工學院還培養出了如張效祥、俞大光、歐陽予等著名科學家。」1994年夏，已為中科院學部委員（院士）的張效祥，偕老伴與兒孫到樂山尋訪舊夢，「在觀斗山下斑竹灣向幾位老人探問武漢大學舊址，大多已茫然不能對，只一位老者尚能略說一二，但也印象模糊了。在斑竹灣環視四

---

[60] 西湖塘：現樂山師院足球場。清同治《嘉定府志》載：「大西湖，城西，瞻峨門外，合負郭山，溪水匯為池，與大江隔一堤，大二十畝，水平如鏡，可以泛舟；又有小西湖，相距二百餘步，大僅前湖三分之一。」大西湖在南，小西湖在北，狀如葫蘆，故又稱「姊妹湖」，樂山人俗稱「西湖塘」。

[61] 國立中央技藝專科學校於1939年成立於樂山任家壩，是年秋開始招生，設皮革科、造紙科、農產制造科、紡織科和蠶絲科。各科最初兩年制，後改為三年制。到1944年共培養學生兩千多名。1950年國立中央技藝專科學校更名為樂山技藝專科學校，後撤銷。

[62] 溫吉言：〈樂山斑竹灣尋古〉，《歲月留痕》，2010年，第241—242頁。

周，只見大渡河水依然流逝不息，而往日的觀斗山、露濟寺均已淹沒在鱗次櫛比的居民房舍之中了。原來的三育中學舊址，為樂山師專。上山的石階已大大加寬，廣闊的水泥場地，疑是昔日的一片田地，山上一所小洋樓，似是我們過去的課堂所在。當地人為我指認觀斗山，只見一棵參天大樹似曾相識，其餘都已景物全非，不禁令人有隔世之感。」[63]他還寫過一首「打油詩」曰：「嘉州負笈時正艱，易逝韶光五十年。露濟觀斗縈舊夢，大渡岷江縈雲煙。」

　　工學院辦的寄售店也值得一說。據華中科大樊俊教授回憶：「三育門房隔壁有一間小屋，工學院在此辦了個小合作社，主要寄售舊書，並售紙張、信封及臘燭、肥皂等一些生活用品，由門房唯一的一位理髮工人兼營售貨，而記帳、盤點等管理工作則定期由一位工學院學生自願用課餘時間義務擔任。寄售舊的外文教科書，是該合作社的一項重要任務。武漢大學工學院的課程一直採用外文教材。抗戰前，購買原版外文教材或買上海龍門書局影印的外文教科書都很方便。內遷四川後，無法買到外文教材。學生上課用書，除了搶先到圖書館借出為數不多的外文教材書或參考書外，寄售用過的舊教材就成了當時解決教材問題的有效辦法。高年級學生一門課考試及格後，有些人便把該教科書拿到小合作社寄售，一方面暫時解決一點經濟問題，另一方面有利於下一屆同學的學習。就這樣一屆傳一屆，遷到四川首批學生手頭的書便一直傳了下來，基本上解決了工科學生上課用書問題。這個小合作社因此受到學生的歡迎和支持。」[64]電機系學生周克定（後為著名工程電磁場專家）曾自願當了一年小合作社的義務管理員，同學們戲稱「經理」，樊俊有幾次看見他旁邊放著書包在那間小屋裏認真算帳、盤存的情況。

　　樂山時期工學院長先後有邵逸周（1938—1941年）、譚聲乙（1942—1944年）、余熾昌（1945—1946年）。

　　土木系主任是陸鳳書。教授有俞忽、丁人鯤、丁燮和、涂允成、余熾昌等。

　　機械系主任先後有郭霖（1938—1941年）、白鬱筠（1942—1944年）、陶

[63] 張效祥：〈遠望楚天憶母校〉，劉雙平主編：《珞珈學子在京城》，武漢大學出版社，2000年，第8—9頁。

[64] 樊俊：〈發奮求學　熱心助人〉，《玉壺冰心——周克定教授八十壽辰慶賀文集》，機械工業出版社，2001年，第109頁。

延橋（1945—1946年）。教授有笪遠倫、譚聲乙、慶善驟、葉芳哲、李子健、張寶齡等。

電機系主任先後有趙師梅（1938—1941年、1945—1946年）、陳季丹（1942—1944年）。教授有王子香、張鐘俊、葉允競、趙元良、張德新等。

礦冶系主任先後有邵逸周（1938—1941年）、周開基（1942—1944年）、周則嶽（1945—1946年）。教授有王若怡、邵象華、丁道衡、許道生等。

老霄頂大禮堂

武大校舍除了大部分租賃外，也有少量新建的，比如位於老霄頂山腰的大禮堂就是1938年8月份修建的。

機械系主任郭霖對建築結構比較熟悉，校領導便委託他負責經管校舍的建設修繕工作。他設計了供全校開會用的大禮堂，容納人數多，橫向跨度大而中間不用一根柱子，各項用料也很節省。當時師生看到設計得那樣好的大禮堂和有關的實驗室及實習廠，都大加讚揚！據朱開誠回憶，在武大遷校樂山建房期間，郭霖用的手杖上面刻有尺碼，他用來代替長的皮尺，只要看見他在建房地基上比劃著，佈置草圖就出來了，回家加以設計計算，而後面成施工草圖，不久成群的校舍便建造起來。

武大主要集會、各種講座均在大禮堂舉行。抗戰時期馮玉祥、白崇禧、陳立夫、郭沫若、黃炎培、吳宓、李約瑟等中外名人都曾在此發表演說。

1939年春，郭沫若回鄉奔喪，應邀來校在文廟大禮堂講演。他號召青年們「要肩負起救國之使命，作為擴大抗日力量工作」。[65]

1940年12月23日。上午九點半，教育部長陳立夫視察武大，來老霄頂大禮堂作報告。他報告內容大意是國內國際形勢對中國抗戰極端有利的信息，最後終語「戰則存，和則亡」。

1943年5月28日，李約瑟博士到武大參觀考察，並應邀給師生們做了一次有關「生物化學」的專題演講。外文系女生楊靜遠當天在日記中記載：「今天劍

---

[65] 轉引自徐正榜：〈武漢大學西遷樂山大事記〉，駱鬱廷主編：《樂山的迴響》，武漢大學出版社，2008年，第472—473頁。

橋大學的生物系教授尼達姆（李約瑟）來了，10點鐘在大禮堂演講，我趕過去聽。」[66]1944年3月7日，著名教育家黃炎培應王星拱校長之邀，在大禮堂公開演講〈憲政與修養〉，楊靜遠「聽得沒趣，幾乎坐不住。」[67]

　　1943年11月30日，楊靜遠在日記寫道：「9點鐘在大禮堂聽馮玉祥演講。馮是個高大壯漢，穿的衣服是那種北方鄉下佬的，上衣是長袍又嫌短，是短褂又嫌長，打膝頭那麼長……。口音是天津保定一帶的河北土話，聽起來很爽快。他講話時兩手扶住講臺兩角，微微揮動，沒有什麼激昂的姿態。態度從容親熱，盡講些逗人笑的話，惹人笑個不停。他講得很動聽。那種本真純樸的話很能感動人。」楊靜遠自注道：「馮玉祥將軍來樂山是為抗戰進行募捐。講話中對國民黨政府進行了尖銳諷刺，博得同學們讚賞。」[68]

　　1944年4月26日，楊靜遠在當天日記寫道：「上午白崇禧在月咡塘演講，出了一件亂子。王校長的車子被憲兵推翻，人摔在地上。武大同學圍著講臺大鬧，一定要處罰憲兵。當時壓了下去。可是等到白上禮堂講演時，學生還是不罷休，當面給韓文源下不了臺，不許他進來。白講軍訓，就以這事舉例，訓斥學生不守紀律，當他提到韓處長時，底下咳嗽聲大起，白誤以為是針對他自己，頓時沉下臉，責備武大同學沒有校風。同學想再提處罰憲兵的事，他不聽，走出去。韓文源一出門，學生大喊：『打倒韓文源！』」[69]

　　此外，當年武大有一種學術報告，很受學生們的歡迎。即每逢星期一總理紀念周，學校事先掛牌公告學術報告題目及報告人姓名，每次報告大禮堂幾乎擠滿了人。凡親身聆聽演講的武大人，大都終生難忘。據1940年秋天考入武大的黃鎰晚年回憶：「半個多世紀過去了，很多內容豐富的學術報告，我都記不清了。經過回憶，有三次我還記得它的題目大意及演講人」，其中之一就是王鐵崖《論兩戰（兩次世界大戰）之間》，「他論資本主義國家爭奪資源、爭奪市場的戰爭，平時是備戰之日、戰時是用兵之年。」[70]

　　周克定回憶說，「更有意義的是聆聽不同學科有專長的教授作學術講演。文學院長劉永濟老教授講『孔子之所以為聖』，引經據典，淋漓盡致地闡發了

---

[66] 楊靜遠：《讓廬日記》，武漢大學出版社，2003年，第136頁。
[67] 同前註，第201頁。
[68] 同註66，第173頁。
[69] 同註66，第216頁。
[70] 黃鎰：〈樂山學習生活雜憶〉，台灣《珞珈》（2000年7月）144期。

儒家學說的精髓，對孔子的道德觀和教育思想，取其精華，去其糟粕，於個人修身治學從教，意義極大。朱光潛教務長做的『談學風』、『談學習』、『談心』三次講演，對學校創立優良校風學風，對青年學生學習做人、處世、求學問以及培養堅強的意志和毅力，都有莫大的裨益。過『五四』時，聽了政治系楊東蓴教授講『五四』運動的政治歷史意義是要提倡民主（德先生）和科學（賽先生）。」[71]賃常彬〈瑣憶朱光潛師〉說，「1941年秋，朱老師向全校學生所作的一次專題講演，使我永志不忘。他講的題目是：《朝抵抗力量最大的路徑走》。當時，日本帝國主義正瘋狂地踐踏著中國神聖的領土，廣大人民群眾或遭殘殺，或長期流離失所。武漢大學就是流亡到四川嘉定（樂山）的。朱老師用許多生動的事例，充分說明：無論對國家民族，也無論對個人處事、做學問，都要迎接最大的困難向前邁進，不能妥協、倒退！他的講話，像給衰弱、垂危的病人打了一次強心針；又像一把火炬，照亮了長夜的曲折道路。那次的講座是在一間長方形的大禮堂，座位爆滿，不少同學只得站在室外旁聽了。我坐在後排，因講話的聲音較低，聽得不很清楚，故未作記錄。據我所知，這篇講稿，尚未公開發表，至今猶覺遺憾。」[72]

外文系學生楊靜遠在當年日記裏記載了一次紀念週的「盛況」：

> 1943年4月19日 星期一　上紀念週聽楊東蓴講「談生活」。聽的人真多，許多人沒位子坐，站在旁邊。他講的很短，也沒有一個具體的論點，不過很動聽，穿插一些逗笑的句子，叫人不得不笑。聽完和張韻芳、劉琅一同下來，張說他好像沒講出什麼來，可是實際上是講出來了。我補充道：「他不下定義。」她說是的。我笑著說：「下定義是不容易的，很危險。」張大笑道：「對的，危險，這兩個字用得好極了。」[73]

1945年秋天考上武大的王孔旭回憶，「45年過去了，記得的事還不少，其中之一就是每周星期一上午的學術講座。當時，官方規定各單位每週一舉行

[71] 周克定：〈風雨過后見彩虹——周克定八十自述〉，《玉壺冰心——周克定教授八十壽辰慶賀文集》，機械工業出版社，2001年，第53頁。
[72] 賃常彬：〈瑣憶朱光潛師〉，台灣《珞珈》（1992年4月）第111期。
[73] 楊靜遠：《讓廬日記》，武漢大學出版社，2003年，第126—127頁。

『紀念週』，紀念孫中山先生，一般都是在這個統一的時間讀『總理遺囑』，走走過場，武大卻利用這個時間舉辦學術講座。事先公布主講人姓名和講題，主要由本校的教授們主講，自由參加聽講。」「當時在武大任教的專家學者頗不乏人……這些教授們大多在『紀念週』的講壇上縱論古今中外，廣泛傳播知識。每聽一次都有『勝讀十年書』之感。我記得朱光潛教授的一次講題是『談推敲』，聽了一個上午，大家仿佛在一望無涯的『詩海』中漫遊；在無邊無際的『詞林』中信步，使人心曠神怡，茅塞頓開，吳宓教授連續兩次談《紅樓夢》，來自學校內外的聽眾把一個設在文廟山頂上的大禮堂擠得滿滿的，禮堂周圍壓肩疊背，但卻鴉雀無聲，唯恐聽漏了片言只字。周鯁生教授講過一次『外交家』，他對世界各國歷屆外交方面的風雲人物如數家珍，可以說是議論允當，褒貶確切，令人歎服。聽眾們還從周校長的講座中領略到了『秀才不出門能知天下事』的無窮樂趣。李國平教授一次講題是『文學與數學』，他當時只有三十來歲，風華正茂，由於題目新穎，內容精當，獲得聽眾們齊聲喝采。」

　　王孔旭是一個不經常堅持正常上課的學生，但是這樣的「紀念週」卻從不缺席。「因為這可以不受強迫『說教』的拘束，不受行業或專業的限制。教授們可以盡量發揮獨到見解。不論是『陽春白雪』還是『下里巴人』可以各取所需，可以稱得上是『百花齊放』了。教授侃侃而談、深入淺出，引人入勝，使聽眾耳目一新，……如此等等決定了這種講座有廣泛的群眾基礎，所以每次『紀念週』時間的講座，武大的大禮堂總是暴滿，校內校外的『知音』聞風而來，提前占座，唯恐向隅，武漢大學多年來形成的好學風，這個時期難忘的講座確曾立下了汗馬功勞。」[74]

先農壇實習工廠

　　隸屬於工學院的武大實習工廠，設在高西門外先農壇（今賽公橋街樂山師範附小校址）。民國《樂山縣志》載：「先農壇，城西門外，清雍正四年（1726年）奉旨修建，每歲祀先農行耕藉禮之所。」

---

[74] 王孔旭：《回憶武大在樂山時期的「紀念週」》，富圖網。

　　武大實習工廠是全國各大學內遷較早得到恢復的一個工廠，也是川西一帶少有的機械廠。工廠包括機工廠、模工廠一大棟，鑄工廠一棟，鍛工廠一棟。三棟工廠共計有各類車、銑、刨、鑽、鏇、磨床30餘座，動力機2座，熔鐵爐等機器5座。上述各工廠於1939年初裝置完畢，開始工作。各工廠除同時容納學生20人實習外，並雇工人多名逐日工作。據14歲進廠做學徒的樂山人何國清晚年回憶：「（實習工廠）擁有車工、鉗工、鍛工、翻砂鑄造、木模製作等各個車間。車間內，各式大小車床、旋床、銑床、鑽床、刨床等大型精工設備應有盡有。還有設計制圖、財會、業務、廠長等各科室及一個器材倉庫，有一間陳列飛機、輪船、汽車發動機、組織機械部件的大型實習室。職員的食堂設在廠部，工廠的食堂和宿舍在露濟寺（現六中校址旁現存石牌坊處）。車間裏有工程師、領班技工、學徒工、粗工等各級人員……，車工車間有個領班叫吳微，翻砂鑄造車間的領班姓李，可能由於他說話嗓門粗大、為人直爽，平時喜歡哼幾句京劇，綽號『大炮』。這樣規模大、設備好的工廠，就是現在已大為發展繁榮的樂山也不多見。五十多年前樂山的工業水平，還十分低下，還沒有鑄造加工能力。那時牛華溪（今五通橋區牛華鎮）一帶鹽廠用的立式和臥式推鹵機，大多是武大工廠的產品。有趣的是，當年在工廠門枋懸吊了一塊『謝絕參觀』的木牌（後來才在節假日向社會開放，歡迎參觀），給人一種神秘莫測之感。加之當時樂山有些人對機械工業的生產陌生，見裏面煉鐵高爐火焰沖天，大鼓風機轟鳴，伴著氣錘撞擊聲，機械碰擊聲，摩擦聲日夜不停，加上那砂輪加工刀具時的火花及高爐出鐵水時的鋼花，又值抗戰歲月，不明究竟的人們自然想到戰場需要軍火，就叫它是『兵工廠』。其實它與『兵工』毫不沾邊，偶爾有部隊拿壞了的槍械要求修理倒是有的。」[75]不過在珞珈山時，武大實習工廠1937年9月起，接受漢陽兵工廠的委託，加工製造手榴彈，還設計製造防毒面具，為抗日戰爭做出了重大貢獻。

　　實習工廠自1939年初開工主要為學生實習服務，但是後來由於戰時物價飛漲，財政困難，不得不對外承接一部分訂單，以增加收入。它也成為武大開拓財源的最大機構，得到校方的重視。有檔案資料表明，1942年工廠為各單位

[75] 何國清：〈西邊樂山的武大機械實驗工廠〉，政協樂山市中區文史委：《樂山市中區文史資料選輯》第七輯。

生產了漏紙銅板、單輪滑車、齒板、馬達軋、拉杆、皮帶輪、汽缸蓋、車軸、車汽缸等，還為航空委員會製造了一臺機密設備——拉力機。工廠也修理一些設備，如汽車等。再以1942年為例，全年共有訂單38件，訂單金額為3168527元。[76]這些生產任務完成後，即可帶來可觀的收入。

　　工廠開工後，為了加強其管理，在管理人員的聘用和規章的制定上作了不少工作。工廠主要分為兩部分，即工務部和業務部。1941年，聘請工學院教師趙學田為工廠廠務主任，兼工務部主任，婁道信為業務部主任。各工廠的具體事務，學校也指定專人負責，扶學煉主管機工廠，柯閏華主管模工廠，孫光耀主管鑄工廠，周少溪主管鍛工。1943年，工學院院長譚聲乙兼任實習工廠廠長。這年12月7日，馮玉祥為抗戰募捐來到工廠參觀，譚聲乙單獨捐款十萬元。後來馮玉祥在口述自傳裏說，「工學院的設備還算不錯，他（按，指譚聲乙）製造了很多機器，賣給別的機關。一個學校能製造鋼鐵的東西賣給別的機關，我還是第一次看見過。」[77]

　　高載壽是機械系1947屆的學生，前三年都在樂山讀書，據他回憶：「我們機械系的實習工廠非常簡陋，但鑄、鍛、車、鉗、鉋門類並全，實習老師教學很認真，手把手教，這讓我後來在工廠和工人師傅有很好的共同語言。趙學田先生辦學條件十分艱苦的情況下，在實習工廠還進行生產經營。我親眼見工廠為自流井製作大齒輪，直徑約有4米，木模分段找平。鑄成後在輪轂內還要切削加工到要求的光度和尺度。老師想出了辦法：把小機床的進給機構改裝到一個轉盤上，固定在大輪中心；一位師傅坐在轉盤上操縱刀具；另一位師傅把著固定到轉盤的長杆而『推磨』，以供動力。這一新奇的製作方法留給我深刻印象。」[78]

　　說起武大實習工廠，不得不提到其創建人趙學田。趙學田，字稼生，1900年生於湖北巴東。1924年畢業於北京工業大學機械科。曾任漢陽及上海兵工廠技士，交通部無線電臺及湖北省道機械工程師。1932年，到武大任機械制圖教師，並籌建實習工廠。武大西遷樂山，趙學田帶著實習工廠較為完整的隨校搬遷。

[76]　涂上飆主編：《樂山時期的武漢大學》，長江文藝出版社，2009年，第67—69頁。
[77]　馮玉祥：〈獻金瑣記（一）〉，《我的抗戰生活》，黑龍江人民出版社，1987年，第166頁。
[78]　高載壽：〈樂山聆聞〉，《武大校友通訊》2008年第1輯。

　　趙學田言傳身教，師德高尚，誨人不倦，令人敬仰。1934年考入機械系的朱開誠回憶說，「趙老師精明幹練，遇事都考慮周到。上課講解，不厭其詳；教材收集得很完善。記得我入校的第一堂課，就是工廠實習。他詳細講了課程內容和應注意事項後，發了一份《中英文對照工廠術語匯編》。這是他用多年收集的資料編寫成的。當時一般教材，幾乎全部是採用英美的原文教本，一些常用術語，也很少用中文。工人則學習用一些口語式的名詞，如法蘭、旁根、哈夫等等。當時根本沒有科技詞典一類書籍可用，很不方便。他這本《中英對照工廠術語匯編》，對我們很有用處，不僅後來看專業書，很有幫助；在翻譯應用上，都很方便。」[79]周少溪回憶說，1938年末他入學武大機專不久，「首先認識的就是趙學田老師，他教我們機械制圖和工廠實習課。當時，老師在課堂上的認真勁頭和在工廠裏的實幹精神，都給我留下極為深刻的印象。他不僅善於教書，而且善於育人。不但講理論，而且重實際。他既關心我們的學業，也關心我們的生活，更關心我們的思想品德，而且做到身教勝於言教，這為我一生從事科技工作樹立了榜樣。」[80]

　　朱開誠在武大畢業後，到五通橋永利公司工廠實習和工作了半年，即回到武大當助教，經常在實習工廠幫趙學田指導金工實習，包括銑、鑽、刨、磨等工種。朱開誠回憶，「他帶領我們共同渡過教學難關，齊心努力，親密無間，使工廠規模日益壯大。在他的指導下，我們還制訂了一些規章制度。林漢藩同學去世後，趙老師把林漢藩親手寫的《工廠實習應行注意事項》寄給我留念，在今天看來，還是很完善合用的。我曾參考永利公司的美國資料，寫了《機械制圖規範》，規定標題標準格式，全用中文，第一次使用『孔』、『鑽孔』代替英文，及『眼子』『鑽眼』等叫法。得到趙老師的贊賞，我至今還保留原稿。可見他是放手發揮後進之長的領導。武漢大學的實習工廠，幾經搬遷，都是趙老師在艱難環境中，克服種種困難，一手策劃經營起來的。那時他對在工廠同學們的生活，也很關心，常常請到家裏吃飯，有很長一段時間，趙師母還為我們提供早點。」[81]

[79]　朱開誠：〈記趙學田教授〉，《武大校友通訊》1991年第1輯。
[80]　周少溪：〈痛悼趙學田老師〉，臺灣《珞珈》（1999年10月）141期。
[81]　朱開誠：〈記趙學田教授〉，《武大校友通訊》1991年第1輯。

　　1941年春，學生周少溪畢業後走向社會，方知「畢業即失業」的痛苦。他在成都未找到工作，去五通橋謀職業又遭冷遇。那時候，他家鄉早已淪陷，學校的貸金也已停發。正當他經濟無來源、生活無著落時，趙學田伸出了溫暖的手，把他拉在身邊，留在實習工廠當助理，這才使周少溪從困境中解脫出來，從而能在人生的道路上愉快地開始起步。半個多世紀後，他回憶說，「當時，老師是一廠之長，他和工人們同甘共苦，也和同學們打成一片。他以誠待人，對人充分信任，嚴格要求。把師生之間、勞技之間，特別是領導與被領導之間的關係處理得非常之好，因此全廠教職員工包括講師林漢藩，助教孫光耀、柯潤華等，心情都非常舒暢，工作也特別積極。共同把工廠建設得頗具規模，管理得也井井有條，而且能夠既出人才又出產品，為振興當時的樂山經濟起到一定的作用。我們佩戴著武大工廠廠徽，也和佩戴武漢大學校徽一樣，感到十分自豪。」[82]

　　實習工廠培養出來的各種學徒工眾多，1945年抗戰勝利後，工廠隨武大遷回武漢，大多被遣散了。有的轉到樂山護國寺保險傘廠，有的轉到其他工廠，如四川亞西機械廠。曾在四川省農機廠任過技術員的彭仲衡，就在武大實習工廠當過鉗工學徒。武大實習工廠在抗戰期間為樂山培養了好些技術人才，功不可沒。

[82] 周少溪：〈痛悼趙學田老師〉，臺灣《珞珈》（1999年10月）141期。

第三章　住所與環境

城裏城外，山上山下──教授們的住所

　　食衣住行是人類生活的基本內容，亦為人類生活文化的重要組成部分之一。美國人類學家羅伯特·路威於1929年撰著的《文明與野蠻》中，即以第五至十章以及第十二章部分內容專談人類的「食住衣行」；法國年鑑學派歷史學家費爾南·布羅代爾（1902—1985）於60年代寫過一部大著，名為《十五至十八世紀的物質文明、經濟和資本主義》，他在好幾個章節裏專門談及人類的「食住衣行」。兩書皆以「食住衣行」為論述先後順序，可見西方人大多視「食」為日常生活的第一要素。

　　武大西遷到樂山，師生們登船上岸後首先考慮的第一要素，卻是「住」的問題。所以當初蘇雪林在〈煉獄〉裏說，「船到城外碼頭以後，各人先落旅館，抱著惟恐別人捷足先登的心理去找房子。」[1]她在晚年自傳裏又說，「我們到了樂山縣，校方不再供教職員以宿舍，各人自找自賃。我將家姐侄女等安頓旅館裏，每日走城中訪問。」[2]彭迪先晚年回憶錄裏也說，「樂山時期，教授們的生活也同樣艱苦，他們全是自己租借私人住房，分散在樂山城內外，有的甚至在遠郊。」[3]

　　可見，武大西遷樂山初期，校方是不為教職員工提供宿舍的。準確點說，是不為有家室者提供。1938年4月27日，遷校委員會召開第11次會議，決定設置一兩處單身教職員宿舍，由邵逸周委員辦理。翌年7月，在李公祠建教職員寢室1棟3間。

---

[1]　蘇雪林：〈煉獄〉，蔡清富編：《蘇雪林散文選集》，百花文藝出版社，1988年，第230頁。

[2]　蘇雪林：《浮生九四──雪林回憶錄》，台灣三民書局，1993年，第121頁。

[3]　彭迪先：《我的回憶與思考》，四川人民出版社，1992年，第58頁。

　　1942年6月，武大在三育校內建第二教職員宿舍1棟24間。9月，又在三育改建教職員宿舍1棟16間。陳榮悌〈憶李華宗教授〉文曰：「1942年秋，我考入武大研究生院。那時研究生不多，還沒有專門的研究生宿舍。我就住在新建的『三育』教師宿舍。李華宗夫婦新從峨眉搬來，也住在那裏。因為是簡易宿舍，主要是分給單身教師住的。全宿舍約有二十間屋子，但只有一個未隔開的公用廁所，雖有一個廚房，但那時還未啟用。生活條件十分困難，對有眷屬的教師來說是很不方便的。」[4]然而，朱東潤卻是這麼說的：「由於教師的居住問題一時不易解決，武大王星拱校長決定建築一些教師宿舍，不過他卻明定了一個條件，理工學院的教師宿舍，由學校負責，文法學院教師的宿舍，一概自理。這是一種非常特別的條件。大約因為他自己原來是理學院教授，所以有此規定，否則不可能提出這樣荒謬的主張。」[5]

　　朱東潤說的基本上是事實。1945年間中文系助教李健章曾在三育宿舍居住，並以詩記之：「高西門外西㠀塘，[6]半新半舊兩排房。為圖速成且工省，因陋就簡有妙方：棟下中分為兩戶，竹片作筋泥巴牆，石灰土造水磨地，白板單扉小木床。天然四壁成方丈，狹小無須用笏量。門連窗接左右舍，聲息相通互不妨。我分其中一斗室，亦聊灑掃略鋪張：窗前安書桌，拂拭照座光；文房陳四寶，短幾擺縹緗；抽屜放碗盞，床下塞衣箱。其他不急物，寄售托賈商，以免難安頓，且欲輕行裝。處理各得所，心安意舒揚。室雖小，足自藏；物雖少，亦堂皇。朝吟誦，暮徜徉，春作伴，便還鄉。我只在此數月留，一身之外更何求。」[7]

　　1942年9月，武大籌資在萬佛寺建設教授住宅40間。外文系學生楊靜遠當時的日記裏有相關記載：「（1942年10月24日）下午我們一同到山上去看武大正在蓋的教職員宿舍。那山上風景卻是美極了。站在城牆上，一眼望去是寂寥的群山，山間和峪中墾著梯田……；背後，遠處的山顛上就是老宵頂……，我簡直瘋狂地愛上了這個地方，但也許房子造好後它就要變樣了！」[8]作者自注：

4　參見台灣《珞珈》（1997年7月）第132期。
5　《朱東潤自傳》，《朱東潤傳記作品全集》第四卷，東方出版中心，1999年，第259頁。
6　西㠀塘：應為西湖塘。
7　李健章：〈移居西㠀塘武大簡易宿舍〉，《居蜀集·東西集》，武漢大學出版社，1994年，第109頁。
8　楊靜遠：《讓廬日記》，武漢大學出版社，2003年，第92頁。

「陝西街盡頭山坡上一處叫萬佛寺的平地，武大借來為無房教職員蓋了幾排簡易平房。」

畢竟樂山只一個小小的縣城，忽然間增加數千人，房子肯定不是那麼好找，供不應求也必然導致房租上漲。朱東潤卻認為房租是武大某些教授故意抬高的——

> 在樂山一般居民生活緊張的時候，武漢大學搬來了。當地居民稱之為「中央人」。這批中央人的工資雖然打了六折，但是生活遠遠高過一般人民。中央人找房子，租金五十元。他們問：「怎麼這樣貴的？」
>
> 「一年五十元，那還貴麼？」本地人說。
>
> 「我還當是每月五十元呢？是太便宜了。」
>
> 這一下房租就開始漲了。[9]

所以蘇雪林女士牢騷滿腹：「有本地熟人介紹的當然要占不少便宜，否則房子壞不談，房租就貴上幾倍。所有出賃的屋子都敗得像個荒亭：地板爛了半邊，窗子東缺一扇，西缺一扇，黴爛的氣味，證明這屋子至少十年沒經人住過。看過十幾家都是一般，你不能在旅館住一世，於是只好皺著眉頭定下了。接著是找人挑水沖洗、找木匠、找泥水匠、找裱糊匠、砌新灶，誰知才住上半載，房東提出加租了。一加不是一倍，便是兩倍。聽憑尊意，可以讓你再安靜幾時，不然就乾脆請便。你那些修理裝置不能帶著走，只好白白便宜了他。」[10]

當然也有心地善良、慷慨仗義的市民。樂山人黃模回憶道：「我家住在玉堂街，房舍比較寬廣，除自住外，空屋較多，全租給武大教授居住。前後入住者有丁燮和、韋潤珊、江仁壽、趙元良、戴銘巽等人。抗戰末期，國民黨法幣[11]

---

9 《朱東潤自傳》，《朱東潤傳記作品全集》第四卷，東方出版中心，1999年，第237—238頁。

10 蘇雪林：〈煉獄〉，蔡清富：《蘇雪林散文選集》，百花文藝出版社，1988年，第230頁。

11 法幣：中華民國時期國民政府發行的貨幣。1935年11月4日，規定以中央銀行、中國銀行、交通銀行三家銀行（後增加中國農業銀行）發行的鈔票為法幣，禁止白銀流通，發行國家信用法定貨幣，取代銀本位的銀圓。1937年抗日戰爭前，法幣的總發行量不超過14億元。1937年抗戰開始至1941年英美參戰前，日本為破壞中國後方經濟，在日占區強行以日本發行之貨幣收兌法幣，再加上以走私物資套得法幣，送往上海兌取國民政府的外匯。國民政府分別從英國及美國得到超過一千萬英鎊及五千萬美元貸款，但仍不足支持法幣匯價。至1940年起，取消無限制外匯買賣。於是法幣的價值開始下跌。1948年後，以金圓券取代法幣。

貶值厲害。因為教授們工資未加分文，國難當頭，為共渡危難，我家對教授們住房的租金也分文未加。」[12]黃模1946年畢業於武大電機系。

武大校舍遍佈整個樂山城，其中理工學院還遠至城外。當時整個樂山，城裏城外，山上山下，到處都有教師的居所。尤其是1939年的「八·一九」大轟炸之後，教授們為躲避空襲，紛紛搬到很遠的鄉下居住，因此無論是職員還是教授，都是冒著風霜雨雪奔波於樂山城內外。也因此，外文系教授陳登恪詩中有「城中兒女夢驚破，分取鄉農自在眠」之句。[13]經濟系教授彭迪先回憶說，「當時，我家住在嘉樂門外徐家扁華新絲廠附近，與我們同住在一起的有：張頤（真如，曾以川大文學院長代理校長，武大、北大哲學系教授，著名古典哲學家，已病逝）、汪貽蓀（歷史系教授，已病逝）等，鄰近居住的有李浩培（著名國際法學家，解放後曾任外交部顧問）、朱東潤（中文系教授，著名中國文學史家，後在復旦大學任教，已病逝）、李國平（著名數學家）等八九人。上課時，不管風吹雨淋，我們都是靠兩只腳徒步前往，從半邊街進嘉樂門，然後爬城牆，下到月咡塘，到文廟教室，要走四五十分鐘才能走到。來回一趟，稍事休息，要花兩個小時。政治系教授楊東蓴住得更遠，住在遠郊的青衣江上遊河畔斑竹灣，到學校要走一個小時。還有更遠的是法學院院長劉秉麟，當時他已五六十歲，住在岷江河對面一個小山溝的草房裏，每次到校上課要坐小木船過渡，闖過岷江急流，上岸後又爬坡上坎，加以過渡經常要在渡口等渡船，進城一次至少要花一個多小時。那時交通不發達，到校回家都是步行，不少教師、職員都飽經路途之苦。」[14]

作為一校之長的王星拱，大轟炸之後一家人在北郊石烏龜[15]蓋了一排草房居住，窗戶沒有玻璃，是用刷上桐油的皮紙糊上，晚上點的是菜油燈，一般照明就點一個燈芯，看書時就用兩個燈芯。王星拱的四個子女平時都住校讀書，星期天才回家。後來由於通貨膨脹，工資不變，教職工的生活水平下降很快，入不敷出。王星拱次子王煥晰回憶，「我記得都靠每月的一袋平價米生活，米中有老鼠屎、沙粒，黴變成灰色，難以入口。我家在門前籬笆外種菜養豬，母親

12　黃模：〈家父在樂山選址中與武大的一段深情〉，《武大校友通訊》2008第1輯。
13　參見戴鎦齡：《英語教學舊人舊事雜記》，珞珈山水BBS。
14　彭迪先：《我的回憶與思考》第四章，四川人民出版社，1992年，第58─59頁。
15　石烏龜：地名，今屬樂山市中區通江街道辦高墩子社區。《樂山地區樂山市地名錄》云：「據傳此地常遭受水災，後人即在此刻一石烏龜，並在鬼背上豎一碑以鎮之。」

還打豬草，日子過得艱難辛苦。」[16]堂堂武大校長尚且如何，不難想像其他教職員工了。周克定回憶電機系主任葉允競，說他家裏擺設十分簡陋，「堂屋（相當於客廳）裏僅有幾張舊木椅凳和一張搖搖晃晃的吃飯桌，我們伏在飯桌上聆聽他的講課心裏還總怕桌子倒了。當時一般教授的物質生活確實艱苦，但是葉老師並不在乎這些，他只重視精神生活的慰藉。」[17]1941年8月，在同濟大學生物系任教的石聲漢，被老師張珽「挖」到樂山武大生物系任教。剛強的石聲漢始終以樂觀、豁達的態度笑對人生的艱難和生活的重負。他以幽默的筆調寫下一組〈浣溪沙〉（嘉州自作日起居注甲申夏末），共六首，描寫了他當時一天的生活，充分表現了他窮困而絕不潦倒的硬骨頭精神。茲錄兩首：

> 五鼓敲殘露薄曦，匆匆推枕起尋衣，漸聞啼鳥弄晴暉。
> 汲罷井華僵指活，燒明冷灶倦眸眵，營門吹角報升旗。
> 石定扶注：當時我們家住嘉峨軍分區司令部附近，所以能聽見早上的號角。

> 驟雨驚傳屋下泉，短檠持向傘邊燃，明朝講稿待重編。
> 室靜自聞腸轆轆，風搖時間見影懸，半枝燒剩什邡煙。
> 石定扶注：因屋漏會澆滅油燈，故要打著傘編寫講稿；什邡煙在當時是一種廉價煙。[18]

何止一個石聲漢！當年物價上漲，生活艱難，這個群體清貧自守，默默地耕耘著武大這塊良田，布衣粗食居陋巷，保持著孔門弟子顏回的遺行，自得其樂。他們的節操，他們的示範，潛移默化，對廣大學子是無形的教化與薰陶。

一、楊端六袁昌英：八年住了四個地方

經濟系教授楊端六和外文系教授袁昌英夫婦一家人，在樂山生活八年，住了四個地方。

---

[16] 王煥晰：〈樂山片段——憶先父王星拱〉，《武大校友月刊》2008年第9期。

[17] 周克定：〈回憶葉允競老師〉，《武大校友通訊》2005年1輯。

[18] 石聲漢：《荔尾詞存》，中華書局出版社，1999年，第37—38頁。

1938年3月，武大開始分批次遷入樂山。遷校委員會主任、經濟系教授楊端六和老母親（後於1941年9月送回湖南老家）、夫人袁昌英（武大外文系教授）、長女楊靜遠、小兒楊弘遠一家五口溯江而上，來到四川。先是在重慶南岸暫住，然後到樂山，住在城中心的鼓樓街16號。一所相當寬大的兩進四合院，三家教授合住。前院是武大教務長周鯁生，後院東邊是經濟系教授劉秉麟，西邊就是楊端六一家。幾位教授每天經府街穿叮咚街，到位於文廟的文法學院上課，大概只需要十分鐘。

1939年8月19日，樂山歷史上的黑色星期六。楊家五口人，正在吃午飯。忽然，空襲警報大作，隨後幾十架敵機就壓頂而至，夾雜著炸彈和機槍的聲響。三家人顧不上搶救財物，奔出去逃命。整座院子成為平地，全部家產蕩然無存。

一段時間，楊端六一家幾口人衣食無著，只得分散寄居朋友家，仰仗各家接濟，度過難關。為逃避空襲，他們一家在離城四十里的敖壩[19]鄉間租了一處農舍暫住，同住的還有工學院院長邵逸周。

1939年秋季開學後，為便於上課，楊端六在北郊岷江邊成樂公路旁一個叫「石烏龜」的地方買下一處農舍，稍事修整後住下。當時機械系主任白鬱筠教授和楊家合住一宅。這裏到文廟步行需要一個多小時。

楊端六的侄女楊宜福，1940年考取武大經濟系後，假日常去她伯父家玩。「記得我第一次去伯父母家，跨進籬笆圍牆，迎面是塊空坪，木板結構的平房前，種了一些牽牛花和我叫不出名稱，開著紅色、黃色和白色的草花，院中靜悄悄的。推門進房，只見伯父母各自端坐一室看書，就是年方六七歲的弘遠小弟，也坐在伯母身邊，寫寫畫畫，自得其樂。……伯父母的住室，傢俱簡單，只有床，書桌和幾張椅子，倒是書架卻有好幾個，整整齊齊地擺滿了書，即便是星期天或假日，他們也很少出外，總是在各自的房中看書寫作。」[20]

楊端六的女兒、1941年考入武大外文系的楊靜遠在日記中記載了當時的生活：

「（1941年8月1日）一早醒來，就有人報告岷江水漲得很厲害，快上公路了。我們急得什麼似的，連忙理東西，連鋪蓋都捆了搬上樓（自建的一平方多

[19] 敖壩：地名，今屬樂山市中區通江街道辦。《樂山地區樂山市地名錄》云：「敖姓聚居此壩上。」
[20] 楊宜福：〈回憶伯母袁昌英〉，《琭珈》（1992年1月）第110期。

米的小閣樓，上面存放箱籠，下面作盥洗間）。時時去看水。這次比上次漲的更高，離公路只有兩尺左右，並且時時在漲。知道這一次不能倖免。回家後把西紅柿全採下，一個大南瓜也採了。很早就把婆送到乾爹（按，楊靜遠拜文學院長陳源為乾爹）家去，我們在家裏等水。晚上又把鋪蓋盤下來睡。」[21]翌日，水退了。一次危機又過了。

天下雨怕漲水，天晴了又怕空襲。儘管如此，但這段時期的生活還是很美好的。楊端六常獨自關在書房裏，或者在菜地裏做他酷愛的園藝。袁昌英則常常晚飯後帶著孩子們出去散步，海闊天空地閒聊。這從楊靜遠的日記可窺一斑：

「（1941年12月18日）下午和媽媽弟弟到河邊（岷江）去玩，美極了。」[22]

「（1941年12月21日）飯後和媽媽、弟弟到河邊沙灘上散步。弟弟、媽媽和我被一種和諧、親密的氣氛包圍著。」[23]

後來遷到陝西街，環境改變，這樣的閒情雅興就少了。

隨著太平洋戰爭的節節開展，日軍首尾難顧，空襲少了。1942年8月底，楊端六一家受蘇雪林之邀又搬回城內，住進城西陝西街盡頭，一處名叫「讓廬」的中式樓房。「（8月31日）清早醒來，知道自己已住在城裏，有點高興，有點惋惜。」[24]

還是說說「讓廬」吧，那是高懸在一所舊宅子大門上方的牌匾。「讓廬一名，說明它不是一般平民百姓的住宅，看來房主原是有來頭的大戶人家。這是一座中式二層樓房，坐北朝南，樓上樓下都有寬大的廊子，可擺幾張籐椅，是個冬天曬太陽、夏天乘涼的好去處。樓下正中一間堂屋，西邊各有幾間廂房。」[25]中文系教授蘇雪林住東側，外加樓上二、三間，楊端六家住西側，包括堂屋。樓上住著經濟系教授韋從序一家。

「房前有個大院子，東邊傍山，削直的坡上有株大黃桷樹（榕樹），濃蔭覆蓋著半個院子。樹下有個大岩洞，據說原先是彝族同胞的居所（當地叫『苗洞』，樂山城外隨處可見），蘇先生早已在洞裏支上木架，用作防空洞。」「院子南端一道牆外，還有一個小院，一排平房，是三家的廚房、柴草間。我

---

21 楊靜遠：《讓廬日記》，武漢大學出版社，2003年，第5—6頁。

22 同前註，第25頁。

23 同註21，第25頁。

24 同註21，第82頁。

25 楊靜遠：〈讓廬舊事〉，《飛回的孔雀——袁昌英》，人民文學出版社，2002年，第145頁。

家的三間居室，緊挨堂屋的一間是父親的臥室兼書房，後面一小間用作盥洗兼馬桶間，堆放箱籠雜物，朝西的一間狹長的房，塞著一大一小兩張床，兩張書桌，一個五屜櫃，是母親、弟弟和我的棲身之所。兩扇西窗，俯視著街角一小塊空地，有一眼四方井，是苦水井。吃的水，則需水伕從陝西街南端的水西門挑來。」[26]

楊靜遠日記中曾經提到過讓廬的房租：「（1943年7月12日）蘇先生和爹爹敍說今天去牛華溪[27]河房東商量續租的事，圓滿解決，連訂三年約，一並付1萬元，於是三年內住房不成問題了。」[28]

在讓廬，楊端六袁昌英一家人一直住到抗戰勝利。

時間流逝到1985年的一天，闊別樂山整整四十年的楊靜遠攜老伴嚴國柱（顧耕）故地重遊。當年的女大學生，如今已是年過花甲的知名翻譯家。她懷著少女般的興奮又忐忑的心情，在陝西街尋尋覓覓。啊哈，那不是那眼方井！經歷了四十年風雨滄桑，它依舊安詳地呆在那兒，像位靜觀人世變遷的老哲人，無言地訴說著往昔的輝煌和沉重。只是蹲在井邊洗衣的婦人的景象再也看不見了，因為全城通了自來水。井的上方，便是當年住過的那間西屋的牆，紅色城磚的屋基還在，爬滿了青藤，不過讓廬內部已經面目全非。原先寬大的院子，塞滿了房屋。岩洞已填平，大榕樹砍掉了，山坡上也長滿了房子。一個居民說，老房子在1978年拆掉了，現在是教師進修學校宿舍。

西元2009年的一天，我踏著楊靜遠夫婦的足跡去陝西街尋訪當年的讓廬遺址。坦白地說，我根本沒任何指望能尋到什麼，可我還是去了。走到陝西街的盡頭，再右轉繼續走。忽然，我眼睛一亮，啊哈，那不是那眼方井嗎？！儘管覆蓋著兩塊石板，但透過罅隙往裏看，分明就是一眼井。我按捺不住興奮，問住在附近的一個老伯，他告訴我那是一眼很老的井，以前水很清澈，為了安全起見，前兩年才蓋住的。我還注意到，讓廬先前的門牌「陝西街49號」，變成了陝西街163號。這裏依然是教師進修學校宿舍。

再後來我去時，因政府進行棚戶區改造，教師宿舍一帶已被拆除。老井也不復見矣。

---

[26] 楊靜遠：《讓廬舊事》，《飛回的孔雀——袁昌英》，人民文學出版社，2002年，第146頁。

[27] 牛華溪：即牛華，樂山地名。今屬樂山市五通橋區。

[28] 楊靜遠：《讓廬日記》，武漢大學出版社，2003年，第144頁。

二、蘇雪林：八年都住陝西街

1938年春，蘇雪林一路上經過了唐三藏上西天取經的苦難與波折，乘船到了「風景倒也優美」的樂山。她將隨來的家姐侄女等安頓在旅館後，便四處尋找房子。蘇雪林自1932年起就與胞姐蘇淑孟生活在一起，組成姐妹家庭。長蘇雪林五歲的姐姐照顧妹妹的飲食起居，共同生活了32年。

看過十幾家都是一般般，又不可能在旅館住一輩子，蘇雪林只好皺著眉頭定下一間。這就是位於陝西街49號一處名叫「讓廬」的中式樓房。

出租讓廬的是一個姓宋的二房東，他全家住樓下，而以樓上出租。屋子雖寬敞卻陳舊，樓上更破爛不堪。蘇雪林找來木匠，將房子略做修繕，裝上電燈就煥然一新可以居住了。毗連寢室有一間小船似的屋子便成了書房，上課之餘就在這裏預備功課講義。也把書房當作會客室，經常招待去拜訪她的朋友和學生。廚房在樓下，吃飯時須上下端盤子端碗，有點不方便，好在又請了一個年輕的女傭。於是，蘇雪林和她胞姐兩人，以及侄兒侄女，侄女的小孩，加上從家鄉帶來的僕人，新請的女傭，整個家庭便有七口人了。用樂山話說「好鬧熱」。

住的鬧熱，其實是痛苦的。蘇雪林曾寫文章盡說讓廬的不是：「這所屋子究竟只是舊式民房，以建築年代過久，或因本地氣候特別潮濕之故，屋子也特別容易敗壞，簡直是一位工愁善病，喜於撒嬌的太太。無論你怎樣誠惶誠恐，鞠躬盡瘁地去伺候她，她還是不肯讓你好好過幾天安靜歲月。一場小雨，天花板便漏了幾處；過了一個黃梅天，地板便黴爛了一半以上；一陣風過，花格窗掉下一扇來，打碎你桌上一個茶杯，還幾乎把你的額頭砸破；老鼠在牆角拱了幾嘴，牆壁居然塌成一穴，賊伯伯若晚來光顧，只須一鑽便進，用不著施行什麼『穿窬』手段。地板下的枕木也沒一根牢堅的，人在屋裏一行動，滿屋杯盤碗盞便叮叮當當唱起歌來。還有蜈蚣毒蟲什麼的，自由從地板縫進進出出，冷不防會咬得你直跳。……抗戰以來，我們知識分子以生活程度降落太速，不但瞪著眼受商人的氣，販夫走卒也可以揶揄譏笑之，斯文久已掃地，現在又受於老鼠臭蟲，束手無策，所謂人類尊嚴，也澌滅無餘了。」[29]

---

[29] 蘇雪林：〈抗戰末期生活小記〉，李家平選編：《蘇雪林文集》，北京燕山出版社，1998年，第

　　1940年秋，因物價飛漲，蘇雪林所居讓廬的二房東提出加租。第一次所加不多，答應了他。第二次加的太多，無法接受。因為教授的工資沒有隨物價的上漲而上漲。蘇雪林感覺二房東在勒索，繼而和二房東鬧起了彆扭。二房東竟然將蘇雪林出入之門鎖住，逼迫她搬家。

　　恰巧在此地附近，有個人要離開樂山，希望有人接租他的房子。那房子在小山坡上，很小的三間。不過此時的蘇雪林家庭人口簡單，只有姐姐、一個侄子和家鄉帶來的女僕。另外一個侄女帶著小孩和樂山請的女傭，早搬到鄉下去了。

　　蘇雪林在某處借居了兩個月，小山坡上屋主遷走了，隨即入住。這裏房前屋後有一些空地，一兩畝左右。蘇雪林忽然有了灌園之念，開始種植菜園，自給自足。也兼帶做過泥工木匠，砌灶挖溝。甚至還建過雞舍養雞。

　　從1940年下半年到1942年上半年，蘇雪林在小山坡上住了兩年。兩年之後，蘇雪林以前所住讓廬的二房東不知為啥與原住鄉下的大房東鬧翻了，大房東將他趕走，要把房子重新出租。蘇雪林聽後大喜，想想讓廬上下共有十多間房子，可以把住在鄉下想進城的袁昌英、韋從序教授一起叫來三家合租，於是便與大房東商定了租房之事。「那樓下分為兩下，袁家與我各住一邊。但大客廳則歸袁家。樓上共分為兩下，韋家與我各住一邊，客廳前後隔開為二下，前半歸韋，後半歸我。廚房公共。」[30]根據楊靜遠日記記載，楊家是1942年8月30日搬進讓廬的，經濟系韋從序教授則是一周後的9月6日搬來。

　　蘇雪林自詡秉承「祖父喜於營造的遺傳性」，喜歡修修補補。三家人所分樓上間出入不便，蘇雪林便要想法子了，恰見有賣木梯子的，價錢便宜就買下了。然後請個木工在自己樓下客廳後將天花板鋸開一個方洞，放置那座梯子就可從廳後上樓。還把樓上那間房子通往韋家客廳的門封死，所有向走廊開的花格窗戶用木板釘死，這樣可避免夜間小偷光顧。後來蘇雪林又買了一扇大窗戶，安置在韋家客廳後的小房牆上，那間小房便成了她自己的臥室，樓上那間大臥室讓給丈夫張寶齡。

　　張寶齡是1942年9月從雲南來武大機械系任教的。因性格不合，他和蘇雪林長期分居。蘇雪林九十多歲時回憶丈夫說：「他來後即住在我家裏。那時物價

354—356頁。

[30] 蘇雪林：《浮生九四——雪林回憶錄》，臺灣三民書局，1993年，第130頁。

愈高漲，雇女傭甚難，好容易雇到一個做不久即辭去，炊洗之事即由家姐代勞。我做修補屋子的土木工，他也做點劈柴掃除的工作。一家過得還算和睦。」[31]

抗戰勝利後，武大準備回遷，因交通工具的缺乏，武大同人分作兩部分，其負有行政工作者先回珞珈山，其餘的人仍留樂山一年，同住讓廬的袁昌英、韋從序兩家人先回去了。讓廬僅蘇雪林與其家姐等留下，以前屬於袁昌英家的大客廳歸蘇雪林一人享用了。她研究屈賦之餘，就在客廳裏作作畫。

至於丈夫張寶齡卻堅辭武大教職回到了上海。因戰亂他與父母失散八年，他要回滬去看望父母。從此，這對夫妻就再也沒有在一起生活過。

三、葉聖陶：較場壩被炸，移居學地頭

1938年10月29日下午，葉聖陶受武大之聘，拖家帶口來到樂山。

「嘉定房屋共言難找，而我們得之並不難。先由成都商務經理之介，囑托該館嘉定分棧黃君留意。黃君屢找不得，即以分棧後進餘屋借與我們，於是我們登岸時住所已定，僅在旅館暫宿二宵，以便灑掃與購置而已。」[32]——這是葉聖陶11月4日寫給朋友的信。可見他甫一到樂山，先是在旅館暫住了兩晚上，然後搬進較場壩[33]的商務印書館嘉定分棧。這個地方屬於二江會合之角，距江近而距山遠，如果遇到空襲警報響，想跑是跑不脫的，只得仍留寓中。葉聖陶還自我安慰，「寓屋舊為油棧，四川木材不值錢，皆用巨大木材，似頗堅固，震坍尚不易。」

時間一晃到了翌年的六月份，葉聖陶的長子葉至善要與朋友夏丏尊的女兒夏滿子完婚了。兒子結婚，就得弄個像點樣的新房。於是請木匠，買木料，建新房。葉聖陶在給親家的信中說，「弟現已遷入小臥房，其寬度僅容一塌，塌前安置一疊衣箱外，只可擺三四隻圓凳子。客室為最亮之一間，白板壁，紙窗，別有風味。」[34]到樂山創辦複姓書院的馬一浮來看了，頭一句話就是：「真可謂屋小如舟。」[35]

---

[31] 蘇雪林：《浮生九四——雪林回憶錄》，臺灣三民書局，1993年，第132頁。
[32] 葉聖陶：《嘉滬通信》第一號，《我與四川》，四川人民出版社，1984年，第78頁。
[33] 較場壩：樂山一條直達大渡河、岷江匯合處的老街。因武則天創「武舉科」後而派生出的地名。較場，即校場，操演或比武的場所。
[34] 葉聖陶：《嘉滬通信》第十號，《我與四川》，四川人民出版社，1984年，第120頁。
[35] 同前註。

　　七月份放暑假，葉聖陶進退兩難：想去峨眉一遊又擔心空襲所阻，長長的假期就「伏居小才如舟之一室中」，也難受啊。再說房子也難找，況且搬在城外，也差不多沒啥大用處。每次聽到警報響，依然也懶得跑。不少朋友來勸說他，這樣下去總不是個事。

　　某日聽朋友賀昌群講，他所住學地頭[36]有其房東的小屋三間可以出租。葉聖陶抽空去看了下，「前臨田野，背倚山腳。屋是瓦蓋，牆壁則用篾片，外塗泥土。加鋪地板，將牆壁塗飾一過，勉強可居。因托昌群兄代問，如能以二百元修理費代一年之租金，即當成交。現尚未得覆。如能成交，修理完畢後即遷往。」[37]

　　不過這個地方離城五里，無論是購物，還是去學校上課都不太方便。並且較場壩的寓所，已佈置一新，又很陰涼，真不捨得搬離。

　　思慮再三，葉聖陶在8月3日午後與房東藍副官（本名藍春芳）談好了條件，「謂將令匠人動工修屋，擬先取一年之租金二百元，即與之。遷居已成定局矣。」[38]於是不忘寫信告訴親家翁，「破屋三間，修理之後，或亦有白馬湖尊居之風味。前臨田野，可望對江（岷江）諸山。後窗面石壁，有『蠻洞』，藤蔓遍綴，尤有幽致。圍以竹籬，自竹籬至屋基有七八尺寬，可種些芭蕉楊柳，到明春亦綠滿庭前矣。至於購物到校之不便，亦只得忍受之。」[39]

　　最終葉聖陶選擇搬離較場壩的決策是正確的。因為後面發生的事情讓他搬也得搬，不搬也得搬。

　　就在葉聖陶與房東談妥才半個月，即1939年8月19日，日寇轟炸樂山，炸毀了半個城區，較場壩化為廢墟，所有衣物器用書籍悉付一炬。無奈之下，「至昌群兄家作難民。[40]」

　　葉聖陶一家，還有文學院劉永濟教授一家，連同賀昌群家，三個家庭大小共十九口擠住一起。晚上，葉聖陶和夫人、小兒子睡於昌群書房中，打地鋪。這樣差不多生活了一個月。

　　到了9月下旬，新屋已修理完工。共為三間，各分為兩，得小臥室四間，客堂一間，書房一間。「房子朝東，前面有長約丈許之一塊空地，四周以竹籬

---

[36] 學地頭：樂山舊地名，因此地原為舊學宮荒地而得名。也作薛地、雪地。今嘉定中路下觀音一帶。
[37] 葉聖陶：《嘉滬通信》第十五號，《我與四川》，四川人民出版社，1984年，第135頁。
[38] 葉聖陶：《西行日記（上）》，《葉聖陶集》第十九卷，江蘇教育出版社，1994年，第187頁。
[39] 葉聖陶：《嘉滬通信》第十六號，《我與四川》，四川人民出版社，1984年，第137—138頁。
[40] 葉聖陶：《嘉滬通信》第十八號，《我與四川》，四川人民出版社，1984年，第141頁。

圍之。籬外為菜圃，圃外一水，曰竹公溪。循溪左行一二十步，即聞流水聲。屋後即小山，上有雜樹，有藤蔓，自書房外窺，石壁上綠色濃淡相間，可稱幽居。」「今見此屋，又覺其可愛，以為得以安居矣。今雖入秋，在此猶彌望皆綠，及於來春，庭前開些花朵，更足樂矣。」[41]

葉聖陶「躬歷艱危，不減平素之雅懷」，並且，「過往之事不大去想它，對於未來往往作美好之憧憬。」他在〈樂山被炸〉一文中說：「粗陶碗，毛竹筷子，一樣可以吃飯；土布衣衫穿在身上，也沒有什麼不舒服；三間面對田野的矮屋，比以前多了好些陽光和清新空氣。」[42]仿佛進入了「回也不改其樂」的境界。

在此居住的年把時間裏，葉聖陶寫過不少優美的詩詞。先看〈樂山寓廬被炸移居城外野屋〉四首之三：「溪聲靜夜聞，晴旭當門入。綠野堂前望，蒼壁後簷立。松芋朝露滋，山栗晚可拾。野人歌相答，力耕復行汲。烏鳶知自樂，雞豚亦親習。籬內二弓地，栽植聊充給，種竹移芭蕉，氣暖時猶及，海棠丏一株，佇想春紅溫。」[43]

1939年12月，葉聖陶再作〈浣沙溪〉四首。其二有句云：「野菊蘆花共瓦瓶，蕭然秋意透疏櫺，粉牆三兩欲僵蠅。」其三云，「盡日無人叩竹扉，家雞鄰犬偶穿籬，羅階小雀亦忘機。觀釣頗逾垂釣趣，種花何問看花誰？細推物理一凝思。」[44]

1940年7月，葉聖陶辭別武大，到四川省立教育科學館國文科做研究工作。但他的家暫時還在樂山，直到1941年年初才搬到成都。

四、錢歌川：竹公溪畔建竹屋

1939年8月，錢歌川來到樂山武大，出任外文系教授。

武大外文系朋友李儒勉和朱光潛在半邊街合租了一棟寬大的房子，有廳堂、正房和側屋。進大門就是一個大的廳堂，兩側就是廂房，前後有不少的房

[41] 葉聖陶：《嘉滬通信》第二十號，《我與四川》，四川人民出版社，1984年，第147頁。

[42] 葉聖陶：〈樂山被炸〉，商金林編：《葉聖陶抗戰時期文集》第一卷，人民教育出版社，2005年，第184頁。

[43] 葉聖陶：《我與四川》，四川人民出版社，1984年，第385頁。

[44] 同前註，第388—389頁。

間。錢歌川一家人加入暫住，也不覺得擁擠。據當年武大學子張翼伸回憶，「錢老師有兩個女兒錢曼娜、錢寧娜。當時曼娜隨父親住在樂山，寧娜隨母親住重慶。不久錢師母帶寧娜也到樂山來居住。」[45]

錢歌川覺得既然決定留在樂山教書，還是另行租房住方便點。於是也在半邊街找到了一套房子，兩房一廳，馬上就租下來搬進去，以求得「居之安」了。這時，錢歌川從重慶托運來的行李也到了，正準備去取。可是還沒有來得及把行李取回，8月19日這天日本人的轟炸機就來了。

為了避免日機轟炸的無謂犧牲，武大教師相繼從城裏遷居郊外，或租用民宅，或自建房屋。錢歌川先在田野間人家的祠堂裏住了些時日，後來便和李儒勉合夥，請地主藍副官在竹公溪畔學地頭建造一棟小房子（茅屋），作為長住之計。房子建好後，李儒勉始終沒有搬過來住，最初租給他人，往後是武大同事程千帆夫婦來住。

錢歌川這樣描繪他的房子，「大半是竹造的，室中的傢俱更幾乎完全是竹器，睡的是竹床，躺的是竹椅，書陳列在竹架上，吃飯用竹桌竹凳，窗前有竹茶幾，客來坐竹靠椅。筠簾薄得像紙一樣，竹絲瓶手工精細，插上幾朵鮮花，配合得更加可愛。夏來以細篾織的扇子拂暑，無事時吸一兩口煙也都是用的湘妃竹，通竹或棕竹的煙管。興來吹洞簫橫笛，也比金屬樂器的聲調要柔和得多。散步帶一根竹杖，上面雕刻的山水人物也十分纖細。總括一句，以竹屋主人住竹公溪畔，所用的東西，大都是竹。」「根據看竹何須問主人的古話，我今流寓樂山，居竹公溪畔。每日貪看叢竹的拂青交翠，臨風起舞，也可以忘記客邊生活的苦了。雖不能效法古人或附庸風雅，邀同鄰近幾個朋友，自稱竹溪六逸，但無妨伴歲寒三友，且渡過這一個嚴冬。」[46]

錢歌川的竹屋給學生留下深刻印象。1939年畢業的劉玄一在回憶文章特意提到說：「我記不起去錢家多少次，因為取稿要去，不取稿去請教的次數也多，去多了，他的竹廬內外，也就比較看得清楚，老來雖健忘，還能記憶很多。樂山街道相當寬敞，城內外屋宇也相當寬大堅固，多是磚牆木柱，武大教授住在城內外的多屬這類住宅，惟錢歌川教授住的，是以竹為主要材料，磚與

[45] 張翼伸：〈懷念錢歌川教師〉，武大北京老校友會編：《珞嘉歲月》，2003年，第277頁。
[46] 錢歌川：〈四川之竹〉，《錢歌川文集》第一卷，遼寧大學出版社，1988年，第497頁。

木很少。外看很新，很整齊，但若仔細看，卻不結實。竹屋之中的竹壁，滿懸字畫，有他的同鄉白石老人的畫，上海豐子愷的畫，和多幅墨竹，不知出自何人的手筆。」「屋內陳設幾乎都是竹制的：他伏案寫稿的書桌，是竹制的，椅是竹制的，書架是竹制的，客廳有竹床，長臂靠椅是竹制的，竹棹上的筆筒是竹制的，筆筒之內，有鋼筆、毛筆、原子筆，這些都不稀奇，新奇的是筆筒內有刀子，長短不一，大小形式不一，當時我看了莫名其妙，後來才知是他用來雕刻治印之用的，還有一奇的是英文教授書棹上，書架堆集的中文線裝書，不少於洋文書，令我心中不禁浮起一種異想，莫非武大出了一位雙料教授吧？」[47]

房子遠離街市，依學地頭山，臨竹公溪水，風景倒是不錯，不過錢歌川認為，住在這裏最大的好處還是跑警報最方便，因為屋前走下去不遠就有一個蠻洞，內面空闊高大，可容一二百人，而洞口又大，空氣流通，是理想的防空洞。每遇警報響，附近的人都來此躲避。

藍副官在自己田地上幫助錢歌川建房子的條件是，建築費由錢歌川出，住滿兩年後就把房子無償送給藍副官，如果要繼續住下去，就得另外出房租。明知房子的產權將來屬於別人，錢歌川也就不願過多地投資。藍副官自然也不會用心去蓋好房子，結果蓋出來的房子，要是能蔽風雨就行了，誰料竟連這起碼的條件都不具備，後來損失慘重。棟梁一連斷過兩次，修理的錢都超過了原來的建築費。錢歌川以幽默而又辛酸的文筆，寫了〈天窗〉和〈巴山夜雨〉兩篇隨筆，記述蔔居學地頭的遭遇：

「我現在住的屋子，承房東的好意，把茅屋換成了瓦頂了。一時煥然一新，簡直像佃農一躍而成地主似的。我正慶賀我自己遇到了這樣一個少有的好房東，使我客邊的生活，雖在抗戰中也仍然過得這般舒服。朋友們大都住的茅草房子，我現在居然住起瓦屋來了。然而人是不宜於太快樂了的。樂極生悲，幾乎成了一條不移的原則，我的快樂早隨著一場觀音暴而告結束，至今每日對著天窗發愁，想到巴山夜雨就要為之寢饋不安。」「我這屋上的瓦，就因為敷得太薄，不僅在大風時吹得如落葉飄飛，落大雨時也常要隨雨水而流去。結果每間屋上，都開了好些天窗，晴天太陽直曬到案頭，下雨便傾盆入室，家中頓成澤國，趕忙運用所有的容器來接漏，最好的當然是大腳盆，可惜家裏只有一個。」[48]

[47] 劉玄一：〈追念錢歌川老師〉，臺灣《珞珈》（1993年1月）114期。

[48] 錢歌川：〈天窗〉，《錢歌川文集》第一卷，遼寧大學出版社，1988年，第539—540頁。

「我在沒有入川之前，因為讀了唐人讚美巴山夜雨的詩句，只覺得夜雨在四川特別可愛，何等富於詩意。」「巴山夜雨，與夜俱來，起初不過幾滴，後來愈下愈大，好像萬箭齊集，跟著竟像黃河決口，滿屋泛濫。這時我已管不了皮箱，書架和室內的一切什物了。我只求保全一張床不被淋濕就滿意了。我將家中所有的幾張草席，全鋪在床頂上，又蓋上一床舊油布，然後睡在床上，一任四周雨水傾注，裝作充耳不聞。睡不多時，忽然聽到枕邊有滴水的聲音，我一躍而起，發現棉被已濕了一大塊。伸頭看床頂，已聚水成渠，等著要從油布和草席的小孔中漏下來。但這時我除了把那一渠積水傾倒地下而外，別無辦法。從此就再也不能安心睡下，一夜中就在忙著做這種疏浚工作。」「你對於巴山夜雨，一定會覺得富於詩意，怪可愛的。然而，我自從身受其害之後，可不能和你發生同感了。」[49]

五、劉永濟、程千帆：也曾安居竹公溪

曾任文學院長的中文系教授劉永濟（字宏度），1939年8月18日從湖南來到樂山。先是暫住旅館裏，結果第二天就趕上日寇發動的「八・一九」大轟炸，便躲進城外學地頭的賀昌群（字臧雲）家。葉聖陶1939年8月24日致友人信中有提及：

「昌群家有劉宏度（永濟）君全家寄居。劉君原係武大教員，本學期回校，方到嘉定，寓於旅館，聞警而來此，……劉家與我家俱吃昌群之飯，合昌群家，大小共十九口。夜間余與小墨、三官睡於昌群書房中，打地鋪。劉君與其兒亦睡地鋪，同一室。」[50]

事後劉永濟作〈樂山雜詩〉二首以謝昌群，其一云：「山城驚寇火，闤闠化寒墟。痛矣焚巢燕，傷哉脫釜魚。盤飧還餉杜，繩榻更迎徐。賀監今狂客，高情世不如。」詩後附注云：「八月十九日寇機襲樂山，全城半成灰燼，予抵此未二日，舉家彷徨無所棲止，道逢賀君藏雲，迎歸其寓。老杜彭衙仿佛似之，賦此為謝。」[51]

[49] 錢歌川：〈巴山夜雨〉，《錢歌川文集》第一卷，遼寧大學出版社，1988年，第477—482頁。
[50] 葉聖陶：《嘉滬通信》第十九號，葉聖陶：《我與四川》，四川人民出版社，1984年，第145頁。
[51] 劉永濟：《雲巢詩存》，臺灣文史哲出版社，1992年，第3頁。

　　大轟炸之後，劉永濟在賀昌群所住的學地頭租房居住。房東是個叫藍春芳的地主，過去給軍閥當過副官，攢了一些錢，砌了幾所房子出租。藍春芳對待劉永濟「相遇殷厚」，甚至「命其幼子柏森以父呼」。劉永濟於是作詩相贈：

　　　　逢君旅泊艱難際，奉我安居所坐堂。
　　　　千古彭衡風義在，情親昆弟敢相忘。[52]

　　劉永濟的長女劉茂舒在〈故園情深〉一文說，「抗日戰爭期間，武漢大學搬到四川樂山。先父劉永濟和錢歌川先生都在武大任教，……我們兩家同住在城外雪地頭的一個小山坡上，兩家都是湖南人，又同時客居異鄉，自然特別親呢。」[53]程千帆回憶：「1941年秋，和（劉永濟）先生在樂山嘉樂門外的學地頭結鄰，居住在一個小山丘上。錢歌川教授與我住在山頂，先生住在山腰，相距不過一百米，有一條石級相通。小路兩旁，栽滿竹子。晨光熹微，竹露滴在石級上，淙淙作響。」[54]
　　這裏順便說說程千帆和劉永濟之間的關係。程千帆於1941年8月份進武大之前，在樂山中央技專任教。劉永濟原先在長沙的時候，與程千帆的先叔祖程頌萬有點交情，加上程本人也有些水平，便利用一個機會將他介紹到了武大教國文。程千帆考慮到劉永濟「在四川很寂寞」，夫婦倆便從徐家扁搬到學地頭，與劉永濟比鄰而居。住到學地頭後，程千帆夫人沈祖棻作了一首〈點絳唇〉：「近水明窗，煙波長愛江干路。亂笳聲苦，移向山頭住。　徑曲林深，惟有雲來去。商量處，屋茅須補，莫做連宵雨。」程千帆箋注曰：「居樂山時，始賃廡徐家扁，旋以避空襲，遷學地頭，舊學宮荒地也，與劉丈弘度及錢歌川先生為鄰。以地名不文，改稱雪地。屋在一小丘之巔，下臨清溪，風物甚佳，故詞中頗及之。」[55]按，清溪，即竹公溪。
　　1946年1月，劉永濟由學地頭遷居城內鳳灣第五號武大招待所。並填詞〈浣溪沙‧遷居城內鳳灣武大招待所〉，曰：

[52] 劉永濟：《雲巢詩存》，臺灣文史哲出版社，1992年，第41頁。
[53] 劉茂舒：〈故園情深〉，臺灣《珞珈》（1991年1月）第106期。
[54] 程千帆：〈憶劉永濟先生〉，程千帆：《桑榆憶往》，上海古籍出版社，2000年，第78—79頁。
[55] 沈祖棻原著、程千帆箋注：《沈祖棻詩詞集‧涉江詞乙稿》，江蘇古籍出版社，1994年，第84—85頁。

啼鴂春城客自傷，荒葵閣巷怯歸裝，何時去住兩能忘。

新綠陰中禽鳥樂，亂紅香裏蝶蜂狂，韶光端的與人妨。[56]

六、吳大任：房東毀約，逼上峨眉

1938年3月，數學系教授吳大任和夫人陳鷇隨武大西遷到達樂山。具體住在何處已不可考，不過武大生物系教授石聲漢之子石定機有過這樣的回憶，「1941年夏，我才8歲，先父石聲漢由四川宜賓同濟大學應聘到樂山武漢大學任教，全家乘小火輪溯岷江而上。船到樂山剛靠岸，吳（大任）伯伯就親自登船把我們接到他家住下。記得他家住得並不寬裕，但仍擠出一大間給我們住，並且讓我們和他家一起吃飯。這樣住了十來天，我家租到房子，搬了出去，……吳伯伯深知房租是我家一大負擔，所以當42年春和他同住一院的朋友搬走後，又邀我家去住了近一年。」[57]

吳大任關心同事住房，自己卻遭受厄運。大概1942年，房東毀約另租給有錢有勢的人，氣勢洶洶地逼吳大任搬家，他們夫婦只好到處找房子，都沒找到合適的。那時四川大學在樂山西數十里的峨眉山下，正在他們夫婦走投無路時，川大理學院許多骨幹教師因派別鬥爭離校，很多課開不出來。暑假開始，川大理學院院長周厚復到樂山請武大教師假期去講課。為了圖短時的頭腦清靜，吳大任去教了兩門課。他發現當時武大正在他以前居住的後山上蓋著教師住宅，於是提出希望蓋好後，給他們夫婦一幢，卻沒有得到批准。陳受只好在樂山繼續奔走找房，仍然徒勞無功。後來周厚復瞭解到吳大任夫婦房子出了問題，就要他們兩人到川大任教，並且答應專為他們蓋宿舍。吳大任想：武大待不長，太平洋戰爭已經爆發，抗戰可能較早結束；只羨慕峨眉風光，能朝夕與它相對，也是快事。於是他就同意去川大，既解決了房子問題，又可以暢遊峨眉美景。

[56] 劉永濟：《劉永濟詞集·知秋集》，湖南人民出版社，1984年，第77頁。
[57] 石定機：〈三十八年知交，五十六年關愛——永遠懷念吳大任伯伯〉，南開大學校長辦公室編：《吳大任紀念文集》，南開大學出版社，1998年，第165—166頁。

　　吳大任結束川大的課回到樂山，武大一些領導人知道他要到川大，就極力挽留。理學院院長桂質廷還怕吳把武大的人拉到川大去。吳大任向他保證：絕不拉走武大的人。許多學生也來挽留，但吳大任去意已定，不便更改。當他們夫婦倆一切準備好將要動身時，教務長朱光潛也來挽留，並且同意教授宿舍蓋好後留一幢給他們。他們不願意讓人們認為他們走是要挾要房子，因此再三講明要走的理由，朱光潛只好同意放他走，並和他談妥，讓他在武大告假一年。後來川大遷回成都，吳大任和夫人只好告別峨眉搬到成都去。

　　1942夏，武大教務長朱光潛來成都招生，約好吳大任同船回樂山。吳大任把行李都收拾好，只等上船。沒想到他到圖書館還書時，被學生發現報告了校長。校長黃季陸和吳大任在成都的姑母、姑夫是很熟識的朋友，他立即拉了吳大任姑母來他家，硬把他們夫婦請到飯館吃飯。那時，吳大任姑母正鬧家庭糾紛，需要他調停，在幾個人的再三勸說下，吳大任勉強同意留下，未能回到武大。[58]

住黑宮，走白宮──學生們的宿舍

　　1938年4月16日，武大遷校委員會第六次會議議決：財務委員會定為第一男生宿舍，龍神祠定為第二男生宿舍，李家祠定為第三男生宿舍，觀斗山定為第四男生宿舍，進德女校為第一女生宿舍（按，理工學院學生宿舍初擬設觀斗山，後設於露濟寺）。

　　4月27日，遷校委員會第十一次會議議決：財務委員會房屋為五院學生公共宿舍，其中甲樓及乙樓上為文法兩院學生宿舍，丙樓及乙樓樓下為理工農三院學生宿舍。

　　樂山八年，武大學生宿舍共有七處，其中第一至第六宿舍為男生宿舍，第七宿舍是女生宿舍。新生入學後，男生通通都要住進第一宿舍去接受一年的軍事訓練，然後才分別搬到二、三、五或四、六宿舍去。女生則一開始便住進白塔街女生宿舍，然後從樓下隨年級的升高而逐漸搬到最上層。

[58] 參見吳大任：〈我的自述〉，《吳大任紀念文集》，南開大學出版社，1998年，第233─234頁。

　　當時的宿舍頗為緊張，所有宿舍最大限度可容八百人，而遷往樂山的當年就有學生近七百人。因此，為了節省地方，這些宿舍除樓房用單層床，以免人數過多發生倒塌危險外，其餘均用雙人床。這樣，像鴿子籠似的宿舍安滿了高低鋪，兩人走路常常碰鼻子，晚上就寢時，學生擠進宿舍，就像進輪船的五等艙。據徐博泉回憶：「文、法、農三個學院的宿舍，都沒有設桌凳供學生自修之桌，到學習時只好各尋方便。有的在床上把被子疊起作書桌；有的用箱子背；有的在膝上放一塊擱書寫字；有的在過道燈光下走來走去的閱讀，花樣百出。理工學院，則另有自修室，四人共用一大餐桌。這是因為工學院學生做作業，要放置一公尺長的繪圖板，所以得以享受這點特殊照顧。」又說，「宿舍中不管何時都鴉雀無聲，偶爾有擺龍門陣的都極其低聲。十餘人共一寢室，大家都不通問姓名，來去不必關門，也無法關門。好在日夜有校工值班巡邏；學生們也養成『道不拾遺，夜不閉戶』的良好風氣。」[59]

　　由於宿舍衛生條件差，學生們還得受蚊蟲叮咬、「坦克」（臭蟲）「大炮」（跳蚤）轟擊，睡眠無法保證，但學習照樣。每日晨起，宿舍的院牆外、月咡塘前、舊城牆上盡是學生們早讀的身影和朗朗的英語讀書聲。對於很多來自淪陷區的學生來說，能在這所遠離戰火的大學讀書，都感到很慶幸。抗戰前武大的名聲響亮，士林景仰，能夠進入武大有躍登龍門之感。全國人民共赴國難，戰時校舍因陋就簡，生活清苦，但他們仍感到其樂陶陶，弦歌不輟。

一、財委會第一男生宿舍

　　月咡塘文廟對面樂山縣財務委員會的兩幢中式樓房是新生宿舍，各學院的一年級學生都集中在此處住宿。宿舍旁就是火神廟改建的飯堂。

　　顧煥敏1941年初入校時，就住在新生宿舍，「一進門有幾間簡陋宿舍，每間面積僅夠兩邊貼牆各放四張雙層床和中間放一排自習用的大長條桌，每間定員 16人。」他和劉兆豐同住一張床，劉住下鋪、顧住上鋪，「比現在火車上的硬臥空間要大一點。」「所謂的牆，就是竹篾編起來糊上泥巴，頂棚是竹篾繃的，地是泥巴地。到了冬天，把紙糊的窗戶關得嚴嚴實實的，於是那鼾聲、

---

[59] 徐博泉：〈抗戰時期樂山武漢大學師生生活一瞥〉，《樂山文史資料》第三輯。

夢話、再加上七竅八眼排放的氣和腳丫子散發的氣混合成的『五香』氣味，是夠每個人美美地享用一夜的了。」[60]和顧煥敏同年入校的魏懷樞記憶中的新生宿舍也是美好的，「這個宿舍是一個獨院，內有兩幢一樓一底的木結構樓房。將幾間房內的編泥隔牆拆去，就變成了一個大大的『齋』了。每齋排列著數十張簡易木床，這就是我們的寢室，也是我們的自修室。齋內雖然擁擠，人數眾多，但很安靜。同學們或潛心學習，或臥床休息，無一點雜音，偶有交談都很細聲，即或走動亦皆輕步。來自四面八方的新生，一到校，就受到了『誠實樸素、勤奮刻苦』的校風的感染。」[61]

與魏懷樞記憶中「安靜」的新生宿舍相反，其他人的回憶卻是「嘈雜」的。比如1940年入校的高峻嶺回憶，「全舍住著大約四百多人，雙層木床。由於人多嘈雜，在早晚時間，同學們上下樓梯發出隆隆響聲，鬧得難以安靜。每個房間只有兩盞光線昏黃的電燈，沒有自習桌，同學們用自備的蠟燭，伏在床頭看書。」[62]1945年入校、後來曾任武大無線電系主任的張蕭文回憶，「在學生第一宿舍，我住在幾十人一間的大統艙裏一個緊靠樓梯的下鋪。每天在半夜之前，樓梯上人來人往，嘈雜聲不絕。第二天天不亮又想起雷鳴般的咚咚腳步聲，這是樓上的同學們起床下樓洗漱了。更可惱的是蚊子不停地在耳邊飛，一夜都睡不好，第二天就頭疼打冷顫，繼而發熱。我也不知道這就是『打擺子』（瘧疾）。」[63]

曾任南開大學教授的王達津，年輕時就讀武大中文系，他筆下的第一宿舍居然具有一番詩情畫意：「我感到頗為幸運的是文法各同學的宿舍，在文廟對面的一所竹樓（文廟街宿舍），中間間隔約一百米左右，是個較寬闊的場地，上課方便。宿舍牆對文廟，而門卻在後側。我們同班大都住樓上，仍然像大統艙，沒有間隔。我把書桌和椅子都放在對文廟的樓欄邊，正好一面看書，一面曬太陽，這裏面可以看到出入文廟同學的身影。竹樓的好處還在於地高較乾燥，白塔街女生宿舍就潮濕得多，山地上的理工同學宿舍就更潮濕，因此得病的機會我們是少一些。院子裏有幾葉芭蕉，樂山往往夜間下雨，既能解除白

[60] 顧煥敏：〈老年喜懷舊〉，武大北京老校友會編：《珞嘉歲月》，2003年，第653頁。

[61] 魏懷樞：〈母校生活雜憶〉，《武大校友通訊》1997年1輯。

[62] 高峻嶺：〈艱苦的樂山學習生活〉，《武大校友通訊》2002年1輯。

[63] 張蕭文：〈走向樂山──珞珈山之路〉，《珞嘉歲月》，2003年，第644頁。

天的暑熱，又能聽到雨打芭蕉的聲音，是很愜意的，這應該稱之為『蜀山夜雨』。」[64]

二、龍神祠第二男生宿舍

沿學道街中段的九龍巷北行至巷子盡頭，拾階而上映入眼簾的便是顯得滄桑些許殘破的龍神祠了。據《樂山縣志》載：「九龍祠（今龍神祠），城內九龍巷之上，以城東九龍山得名，祀趙太守昱，以九龍灘斬蛟能禦災捍患祀之，九龍書院在其祠中。」趙昱太守，在樂山的歷史上確有其人。他是隋煬帝大業十二年（616年）至恭帝義寧二年（618年）的眉山郡太守。當時的眉山郡，即北周和隋初的嘉州郡，都治仍在龍遊縣即現在的樂山市。趙昱曾率眾疏浚岷江河道，民間將他的事跡神化為「趙昱斬蛟」，後來唐太宗追封他為「神勇大將軍」，並賜建龍神祠（又稱龍聖祠）供奉。

武大西遷樂山後，把香火冷落的龍神祠列為學生第二宿舍，即文法學院學生宿舍。文法學院的風雲人物，一些特立獨行者和各學生社團的成員多住在這裏，龍神祠就成了一個風雲際會的舞臺。它是所有宿舍中最大的一所，有五、六個寢室，可容三百人左右，並帶有一座寬敞的自習樓。它也是1939年大轟炸中被摧毀得最為嚴重的宿舍（宿舍的兩名學生在轟炸中被炸死），卻又是現存的唯一宿舍。

龍神祠正殿很大，正好做飯廳。就餐用的桌凳都是新制的，簡樸而整潔。八人一桌，大多是同學聚在一起，每週還可以聚一些錢，交飯廳添一個菜，叫做打牙祭。以祠堂左右為準，大門左邊有警衛室，右邊有一間舍監住的房子。院左側是座牆，右側牆中間有門，進去像有走廊，有小院，四周除門那塊地方外，延續珞珈山齋舍字號，分別以「寒來暑往，秋收冬藏」八字為齋名。房間十分擁擠，都睡高、低雙層木床，擺得很密；小寢室住七八人，最大的住二三十人。學生們對寢室、床位，可自由選擇，彼此邀約組合，和睦共處。

章心綽在〈武大樂山見聞〉中拿龍神祠和其他五個男生宿舍進行了比較，說：「六個宿舍各有其不同情況，亦有共同之點。龍神祠宿舍與各宿舍共同之處：二是進出自由，誰想搬來或搬出，可以隨時為之，無人阻擋。二是各人按自

[64] 王達津：〈樂山瑣憶〉，《老武大的故事》，江蘇文藝出版社，1998年，313頁。

己的生活習慣行事，誰也不會干涉。睡大覺，開夜車，悉聽尊便。坐在茶館裏看書，躲在寢室裏看書，待在自修室裏看書，皆無不可。三是無人喧嘩、吵鬧。吃飯及其後短時間內，大家會高聲說笑，或練習樂器。此外，無人不小聲說話。若要高談闊論，那就到館裏去。四是讀書空氣濃厚。在武大不好讀書的人是被人瞧不起的。一進龍神祠，便可見很多同學在寢室、自修室裏用功。東邊是一長形木結構的樓層，東、西各窗戶下，皆擺有兩張大自修桌，可坐八人。桌內桌上皆可放書，從未有人在這裏丟失過東西。大自修室可坐下三百人，不論白天或夜晚，總是有一些人在這裏看書或寫文章。無人說話、吸煙，走路也都輕輕的。」[65]

龍神祠宿舍與各宿舍最大的不同點在哪裏呢？由於此處地勢很高，坐在大自修室裏，向東望去，可以盡情欣賞岷江風光；向南遠眺，依稀可見世界聞名的樂山大佛。章心綽說在這裏，有機會能飽覽到「岷江上的壯觀」。這種壯觀，樂山人很難一見，住在龍神祠的人，也不一定都看到過，見到過的算有眼福，未曾目睹的，卻是遺憾。

舊時武大學生內刊《東湖旬刊》曾有思成寫的〈生活在武大巴爾幹〉一文，就是說的龍神祠宿舍。茲錄如下：

> 在夜間無論你是站在對江的山上，或是城內較高的地方，都會看見龍神祠的燈光閃爍，照耀如同白晝，那便是智慧之囊的武大巴爾幹──二宿舍。
>
> ……
>
> 二舍既然是巴爾幹，當然要名實相符，因此無論是發動愛國遊行議決的大事，或是住一個鋪位找一個工友的小問題，若是巴爾幹人們沒有通過，便很難順利辦到。這兒房間儘管很多，可是門衛森嚴，沒有因緣和關係方面的介紹信或出個書信，休要冒昧遷入；否則不是恕不招待便是乾脆來個「不歡迎」。這是二舍的不成文的習慣法。這裏的好處便在靜，尤其在自修室樓上，你可以站在窗前遠眺江景，又可以閉起眼睛聽聽風吹渡河電線的聲音。如果你會吸紙煙的話，更可把雙腳蹺仰在椅背上，盡量尋求舒服的姿態，口裏吐出長的短的縷縷香煙，望著天花板悠然自得地去回憶過去和憧憬將來；假如是月夜，你更可以一直坐到熄

---

[65] 章心綽：〈武大樂山見聞〉，臺灣《珞珈》（1994年7月）第120期。

燈以後，到窗前去憑欄賞月，看到岷江緩緩流過，銀色的月光流在江面上，江水好像明鏡一樣地發著閃光，大佛烏尤隱在江霧的背後，偷偷地吃力地射出幾點燈光。

　　這裏的生活像一曲萬人合唱的交響樂，聲音有高有低有粗有細，每個人都唱著他的堅貞和驕傲，都唱出他的希望和夢想，朋友們！唱吧，高聲地唱吧，縱情地唱吧！[66]

1938年，中文系李健章移居龍神祠冬字齋宿舍後，作詩二首：

城頭古廟祀龍神，猶供黃袍塑像身。借得靈宮為學舍，深潛廣育采珠人。
東西鄰舍共收藏，小院冬齋舊板牆。窗外芭蕉擎綠扇，門邊隙地恰安床。[67]

　　經濟系民三十級（1941年）顧煥敏晚年曾經舊地重遊，寫下〈菩薩蠻・龍聖祠〉：

聖祠居九龍巷口，危樓峙嘉州城頭。瞰岷江碧流，眺凌雲烏尤。
曾藏龍臥虎，四年寒窗苦。焚膏繼晷樂，俊傑遍神州。[68]

　　筆者在樂山工作期間，曾經兩次到龍神祠這個唯一存在的武大宿舍，這個現在的中百商場職工宿舍造訪。2010年3月份第一次去，住有不少居民，他們告訴我年年都有武大學生來參觀。當年底再去，這裏貼上了棚戶區改造的搬遷公告，只有一個守門的老頭。不過，它作為樂山市第一批市級文物保護單位，將被保護起來。

三、龍興絲廠第三男生宿舍

　　第三男生宿舍位於叮咚街龍興絲廠。初擬設李家祠，後設於觀斗山，為理工學院學生宿舍，1943年觀斗山宿舍全部劃歸武大附屬工廠，改為工廠實習

---

[66] 文抄公：〈武大的巴爾幹〉，《老武大的故事》，江蘇文藝出版社，1998年，221—222頁。
[67] 李健章：《居蜀集・東西集》，武漢大學出版社，1994年，第26頁。
[68] 顧煥敏：〈樂山拾景 (五)〉，臺灣《珞珈》（1994年7月）第120期。

部，同時叮咚街第一宿舍的擴建部分改稱第三宿舍，也叫叮咚街宿舍。住文法學院學生。據樂山籍四川大學教授範錫普云，叮咚街的隆興綢廠房是捐給武大的，主人分文未收。

叮咚，也作丁冬。1942年10月，郭沫若在一篇散文中寫道：「住在嘉定城裏的人，怕誰都知道月兒塘前面有一眼丁東井的吧。井房有榕樹罩遮陰，清冽的水不斷地在井裏丁東。」宋朝黃庭堅有吟詠叮咚井的詩云：「古人題作丁東水，自古丁東直到今。我為更名方響洞，信知山水有清音。」「是因為井眼呈方形？還是因為井水的聲音有類古代的樂器『方響』？或許是雙關二意吧？但那樣的名稱，那有丁東來得動人呢？」[69]

法律系畢業的丁天錫回憶：「（叮咚街）宿舍是兩排相對平房，平房之間有一院壩，院壩中有幾株小樹，因宿舍較小，住的同學不多，呈現一片好學、寧靜、和諧的景象。我在這幢宿舍住了兩年，對它產生了感情。1983年我因公赴樂山，曾去訪吊，宿舍已改建他用，真是『同學不知何處去，滴水依舊響叮咚』，引起我遐思。至今還有幾則『同是天涯武大人，相親何必曾相識』的往事留在我腦中：一是1944年夏，我去樂山投考武漢大學。早在一年前，武大法律系的宜賓同鄉好友梁多齡給我一封轉交叮咚宿舍程自龍學長的信，請托程學長幫助我辦理報考手續，安排好我的食宿生活。有了程學長熱情關照，使我在人地兩生的樂山順利完成考試任務。入學後，自龍學長又找機會，讓我從人多擁擠的一宿舍遷到人少寧靜的叮咚街宿舍，住了兩年。」[70]

上世紀九十年代初期，經濟系民三十級（1941年）顧煥敏有詩詠〈叮咚街〉：

> 街有名井曰叮咚，常浮心底記憶中。街口飄香豆腐腦，街尾三舍宿幾冬。
> 昔日街仄屋宇矮，今日道寬廈凌空。莫道陋室寒窗苦，自古磨煉出英雄。

作者自注：「①當時男生第三宿舍，又名叮咚街宿舍，設在街尾一排低矮、潮濕、竹笆夾壁的平房中。筆者曾住該舍數年。②英雄應指才能勇武的武人，此處因音韻借喻才華出眾的文人。據筆者所知，曾住叮咚宿舍至畢業的校

[69] 郭沫若：〈丁東草〉，方未、郭平英選編：《郭沫若隨筆集》，中國社會出版社，2005年，第249頁。
[70] 丁天錫：〈追憶樂山讀書往事〉，《武大校友通訊》2007年第2輯。

友有：名載權威的世界名人錄，曾任母校學術委員會副主任的著名經濟學家曾啟賢教授（已故）；西南財經大學校長劉詩伯教授；上海造紙研究所長尤鐘驥研究員；四川師範大學副校長冉友橋等等。」[71]

1990年，由於市政建設的需要，真正的叮咚井已埋在叮咚街下兩米深處。現在文廟泮池前面的叮咚井純粹是個紀念性景物，「不聞滴水響叮咚」。而原第三男生宿舍現址為中共樂山市市中區區委機關。

四、露濟寺第四男生宿舍

第四男生宿舍初擬設觀斗山，後設於露濟寺，為理工學院學生宿舍。

1938年11月，教育部批准孫順潮到樂山武大借讀化學系，後來成為著名漫畫家，筆名方成。據他晚年回憶：「最初住觀斗山宿舍，那裏以臭蟲聞名，我有一晚上在蚊帳裏抓六十頭的記錄，為此畫了一幅漫畫發表在壁報上，此畫現在還保存著。宿舍條件自然比珞珈山差遠了，幾十個人擠在一間屋裏，睡雙層木床。」[72]電機系畢業的樂山人黃模，88歲高齡時依然清晰記得第四宿舍：「當時宿舍是建在一個尼姑庵那裏，但是我們自己動手修了兩個宿舍，都是上下兩層，樓上5間樓下5間，一間12個人。」[73]

1941年暑假之後，升入電機系二年級的高峻嶺，從第一學生宿舍遷住到高西門外的露濟寺宿舍。「這是借用一個寺廟改建的，又新建了兩排兩層樓房，大約有30多個房間，裝有天花板和地板，房屋條件比起第一宿舍不知好了多少。在樓房的後面有兩進的大廳屋，原來是寺廟的殿堂，現在暫作為食堂。」高峻嶺和同學孫淦生、袁雪枚在殿堂的右邊一角加放了一張自習桌，他們三人早晚就在這張桌子上做功課，成了他們固定的學習場所。高峻嶺回憶說，「露濟寺的殿堂裏還保留一些泥塑神像。每天晨昏，尼姑們要在神像前焚香鳴鐘，進行膜拜。機械系四四級的崔永祥同學，在佛殿後邊的一個小房間內自習，與我們的自習桌靠得很近。崔永祥同學愛好拉小提琴，也常在晨昏時練習。有時

[71] 顧煥敏：〈樂山拾景〉，臺灣《珞珈》（1992年10月）第113期。
[72] 方成：〈從羊到駱駝〉，《武大校友通訊》1984年總第二期。
[73] 董圍林：〈黃模：武大，樂山，我們都沒有忘記〉，未來網。

琴聲和尼姑們的鐘聲齊鳴發出奇妙的音樂聲，我們就在這『和諧』的環境裏，整整生活了三年，直到1944年夏天畢業時才離開露濟寺。」[74]

四十年後，高峻嶺故地重遊，但是「露濟寺已被拆除，尼姑也多還俗成家，原來大門口的一座石牌坊，還殘留在那兒。」原武大機械實驗工廠學徒何國清回憶：「實驗工廠的食堂和宿舍在露濟寺（現六中校址旁石牌坊處）。」現住北斗山牌坊巷30號的泰積富老人說：「我現在住的地方就是露濟寺的遺址，武大遷走後，寺裏只有孫海仙、孫潔惠師徒2人守護，也有一些香火。上世紀50年代後，師父走了，徒弟還了俗，廟子也就破落了。」[75]八十年代，在城北里仁街的三中遷於此，更名為樂山市第六中學。

五、範氏打米廠第五男生宿舍

位於興發街由原範氏打米廠改建而成的第五宿舍，為當時條件最差的宿舍。因此被學生們戲稱為「黑宮」。不過這是樂山市民範倜生無償捐獻的，主人之子、四川大學教授範錫普回憶說：「分文未收。整個廠房無償捐獻給武大使用了八年。」[76]第五宿舍今居樂山基督教禮拜堂的街對面，宿舍原址前半部改為商店，後面修成了街道。

姚舜到臺灣後晚年依然忘不了樂山時期的「黑宮」歲月：「我住的是第五宿舍，是由一間當鋪改成的，除了床位、爐灶、廁所、幾張木桌椅之外，什麼都沒有。我提著行李跨進門時，遍視各房間已無空位，看到前廳的假樓是空的，上樓一看，滿室蜘蛛網，有滿布灰塵蜘蛛網的單人木床及書桌各三張，經與同去的室友費力清掃後，才安頓下來，從此就在這個稱為『黑宮』的宿舍住了三年。」[77]1942年考入武大哲學系的詹寰，二年級時有幸遷入「黑宮」，「那是一間特大的寢室，床鋪首尾相接，上百人擠在一起，可算是人口密度最大的地方了。屋內沒有窗戶，黑黝黝的，白天也要開燈才能看清人影。宿舍不但有

---

[74] 高峻嶺：〈艱苦的樂山學習生活〉，《武大校友通訊》2002年1輯。

[75] 溫吉言：〈樂山斑竹灣尋古〉，溫吉言：《歲月留痕》，2010年。

[76] 謝紹正：〈珞珈樂嘉〉，謝紹正主編：《永遠的感召》，2003年，第7頁。

[77] 姚舜：〈我的大學生活〉，《武大校友通訊》2006年第1輯。

老鼠，而且有蛇。據說，大樑上曾有一條大蟒蛇，掉在同學的床鋪上，被一個廣東籍的同學捕捉來當了美餐，可見其年久陰濕了。」[78]

1945年抗戰勝利後那一年，學校一放寒假，全校學生多半回家過年去了。姚舜住的第五宿舍也走得空空的，大概只剩下六七人吧。將近舊曆年三十的一天晚上，大家談起新年即到，如何表達慶祝的氣氛，於是想到在門口張貼春聯。春聯的內容不能老套，要能表達知識分子的風格才行，於是決定集體創作。經過大半夜七嘴八舌的爭論，定下這樣一幅春聯：

> 住黑宮，吃平價米，讀古今書，苦中作樂。
> 走白宮，結盟邦友，打艱辛仗，死裏求生。[79]

這幅對聯完成後，大家都很得意，「因為上聯道出了當時大學生的生活現實，下聯則表達了經過八年抗戰終獲勝利的辛酸，尤其是其中很多語意雙關。所謂走白宮，不僅是指美國而言，也意含許多男士勤走白塔街女生宿舍（又名白宮）追求女朋友的辛勞」，所以路過宿舍的人，看後無不莞爾。

叔愚雖未曾為「白宮」上賓，但卻在「黑宮」住了整整三年，頗有感情。寫下一篇聲情並茂的散文〈我是「黑宮」客〉：「『黑宮』者，乃在樂山時國立武漢大學男生第五宿舍是也。位於嘉樂門邊，面對浸禮會，它是一座古老中式的房屋，即使是豔陽高照，但宿舍內卻仍是顯得陰晴。平日白天寢室內總是憑藉燈光照明，住宿者俱是名士派，大半不到日高三丈不起身，非至三更夜半不肯就眠。白天宿舍裏倒是顯得異常寧靜，但是一到黑夜，倦鳥知返，興猶未盡，高談闊論，低唱細吟。好不熱鬧，直至東方將白始逐漸平息。職是之故，好事者乃將該宿舍命名為『黑宮』。雖然『黑宮』光線最差，踏進『宮』門首先是一股陰黴氣味撲人鼻來，而且日靜夜鬧，但我對這座破舊的宿舍仍有所偏愛，尤其『黑宮』後面有一方池塘，設有茶亭一處，每屆夏日，塘內荷花盛開，清香飄忽，濃蔭樹下，泡上沱茶一碗，手執一卷，仰臥於躺椅之上，真神仙不啻也。」夜宵之後，「回到『黑宮』鑽進被窩籠裏，不覺東方既白。而宮

---

[78] 詹褱：〈漫話當年武大〉，臺灣《珞珈》（1994年1月）118期。
[79] 姚舜：〈我的大學生活〉，《武大校友通訊》2006年第1輯。

中住客，有西裝革履長袍大褂，任隨君意。宮中住客約有二三十位，但三年中未曾有謀一面者甚多，彼此相處甚得，無為而治，優遊自在。那種怡然自在的生活及自由風氣，可說是母校最大的特色。回首當年，瞬已念載，偶一念及，仍不禁心向神往。」最後他說：「我愛黑宮，更愛母校那種自由的風氣。」[80]

六、斑竹灣第六男生宿舍

當時學生宿舍中，唯一由武大自己興建的宿舍就是高西門外最偏遠的斑竹灣宿舍，即第六宿舍。這裏是理工學院男生宿舍。

在很多人看來，從第一宿舍的大統艙，搬到每間房只住幾個人的第六宿舍，真是一步登天了。六宿舍地盤原是一座官山，面積起伏不大，坐北朝南的三列平房寢室和廚房、食堂各位於不同的高壟上，各建築物間有三合土道路和條石梯磴相連，交通也還方便。「除寢室外，還有一個大自修室與最高的一列寢室相平行。自修室中排列著一張張大大的自修桌，每張自修桌的兩側各有一條長凳，桌上擺放著四個大圖板，可同時供四人自修或繪圖之用。食堂也比新生宿舍食堂好，在新生宿舍食堂吃飯是站著的，六宿舍食堂內每張飯桌四周各有長凳一條，每條長凳兩端是用榫眼和相鄰的長凳固結起來形成一個方框，因此只能在食堂吃飯用，不能異地他用，從而保證了吃飯長期有凳坐。」[81]

宿舍中的三列寢室各有房間10個左右，每個房間有四張上下鋪的木床分列左右兩側，每側兩張床之間，在與上、下鋪同高處，用木條連結起來，形成攔柵，供擱置行李之用。「最引人注目的，還是結構之妙。它的妙處在於床室結為一體。床的構件也是房屋的構件，房屋的構件也是床的構件。一枋一柱，既是牆壁的橫枋立柱，又是木床靠壁一邊的床枋、床柱，並且還是鄰室靠壁一邊木床的床枋、床柱，一件而三用，最大限度地節約了木材，也最大限度地利用了房屋的空間。」[82]有人猜測，這巧妙的設計是否土木系繆恩釗教授的傑作？

[80] 叔愚：〈我是「黑宮」客〉，《老武大的故事》，江蘇文藝出版社，1998年，第218—219頁。
[81] 魏懷樞：〈母校生活雜憶〉，《武大校友通訊》1997年第1輯。
[82] 同前註。

第六宿舍在大渡河邊，依山傍水，周圍鬱鬱蔥蔥，景色十分秀麗。每日晚飯後，學生們三五成群在大渡河邊的木排上小憩閒談。向西望去，大渡河水勢洶洶，奔騰而下，大有「黃河之水天上來」之勢。遙望遠方峨眉山的大峨、二峨、三峨諸峰，雲霧繚繞，山巒挺拔雄偉，真似人間仙境。樂山的雨很多，但經常是夜雨。第二天早晨晴空萬里，陽光燦爛，空氣格外清新，窗外鳥語啾啾，滿目翠綠，景色十分怡人。所以，第六宿舍附近有個戀愛角也就順理成章了。「每日傍晚，有數對男女同學在此熱戀。女同學在六舍門口等候，然後，雙雙到東邊近郊，唱歌談心，七點鐘才分手。」[83]

儘管第六宿舍的條件比第一宿舍要優越得多，但也有十分惱人之處，那就是叫人非常頭痛而又束手無策的臭蟲和老鼠。臭蟲之多，難以形容。學生被褥上經常是血跡斑斑，有時將褥子拿出去在太陽底下曬，褥子反面的臭蟲好像燒餅上密密麻麻的芝麻，看了令人頭皮發麻。由於沒有殺蟲藥，也就無法徹底消滅。學生們只好與它們「和諧共處」，任其吸血。

四川的老鼠也多，身軀碩大，但動作卻十分靈活。每當學生熄燈就寢後，鼠輩就到處亂竄，稍不留意，衣物就要吃虧。有個學生腳背受傷，在襪子上留下一塊銅錢大小的血跡。入睡時就將襪子掛在懸掛電燈的電線上，誰知第二天早晨一看，襪子上的血跡已經不見，留下的是同樣大小的一個洞！原來晚上老鼠沿著電線爬到襪子那裏，將它咬破了。

我在樂山的忘年交、地方文史愛好者溫吉言先生，近年致力於斑竹灣尋古，並撰成系列文章在地方報紙刊發。他在〈武大情繫斑竹灣〉一文中說：「武大西遷來樂後，於1938年雇請辜長安、李樹清等工匠辟地新建的。第6宿舍共有大小6棟平房，座北朝南，面向大渡河，分別建在3個臺階上，為穿科式木結構，小青瓦屋面，小青磚隔牆，竹篾黃泥粉壁。除廁所外，每間房前後有雙開玻窗。在沿山麓一條小徑西行而上的第1個臺階上，有前後3棟平房，北棟11柱10間，約250平方米，南棟8柱7間，約200平方米，有地板望板；南棟右邊為廁所。第1臺階東上為第2臺階，這個臺階上僅1棟3柱2間的平房，約50平方米，可能是宿舍辦公室。從這裏東上為第3臺階，這個臺階有前後兩棟，均為8柱7間，各約200平方米。」文章還說，「歷經70年風雨的武大第6宿舍，建築框架至今依在，仿佛

---

[83] 朱毅：〈樂山記趣〉，《武大校友通訊》2007年2輯。

還能聽到莘莘學子們琅琅的讀書聲，看到他們青春躍動的身影。可惜此地已被一房產商拍得，即將拆房建樓（2009年底，第6宿舍已被全部拆毀了）。」[84]

七、白塔街進德女校女生宿舍

1982年，武大中文系一年級學生喻杉發表小說《女大學生宿舍》，轟動一時；次年拍成同名電影，更是風靡一時。我一直在想，如果把樂山時期的武大女生宿舍的故事收集起來，也是一部很好的小說題裁。儘管當年就那麼一個女生宿舍，但故事之多卻抵得上六個男生宿舍之和。

位於白塔街進德女校的女生宿舍（現在白塔街229號，為樂山市衛生防疫站宿舍），即武大學生第七宿舍，也是當年最好的學生宿舍。

白塔街因白塔而名。萬曆《嘉定州志》載：「白塔街，西城塔下。」民國《樂山縣志》云：「白塔街浮圖在高標山右，近城堞，宋時建。」又云白塔「民國三年，經眾議拆毀。」九葉派著名女詩人陳敬容生於樂山城，她說：「在故鄉的許多條街上，我特別喜歡一條叫白塔街的。那條街很長很幽靜，中間有一段有牆無屋，可以望看淩雲山的大佛像，和佛腳下來往的帆影。在春夏晴明的日子，又可望見峨眉山上的融雪，在日光下閃映出各種美麗的顏色，有時綠，有時紫，有時藍……」還說她在上中學的禮拜天，「和幾個同學到那條街上一個牧師太太家裏補習英文。牧師太太是一個美麗的中年美國婦人，大家叫她燕師母。」[85]

清朝末年，加拿大基督教傳教士文煥章（文幼章之父）等，在白塔街興辦了「進德小學」（女校），後來成為內遷樂山的武大女生宿舍。曾任女生指導的外文系教授顧如、生物系教師林春猷等都住在白塔街。當年學生章心綽在《武大樂山見聞》中說到白塔街：「街不寬，無有商店，較寧靜。有教會、青年會、小學、女生宿舍、武大醫院等。來來往往，多是女大學生、小學生、教師們、醫生們、教會人士等。有人說這是一條祥和的街。」[86]

84　溫吉言：〈樂山斑竹灣尋古〉，溫吉言：《歲月留痕》，2010年，第244—245頁。
85　陳敬容：〈街〉，羅佳明、陳俐編：《陳敬容詩文集》，復旦大學出版社，2008年，第626頁。
86　章心綽：〈武大樂山見聞〉，臺灣《琺珈》（1994年7月）第120期。

　　顧煥敏填有〈蝶戀花・白宮〉專詠女生宿舍曰：「有樓聳立白塔中。雞群鶴立，名與總統官邸同。近依大渡沫水凶，遠眺巨佛烏尤蕙。自從淑女進入官，姹紫嫣紅，俊男獨鐘。莫道舊貌今未改，長留心扉情意濃。」並自注：「（女生宿舍）由於門禁森嚴，儼若宮廷深院，而住在裏面的多是男士們愛慕、崇拜、追求的倩女，在眼目中，高貴得猶如帝王公主，又位於白塔街，故好事者稱之曰『白宮』，以示其神貴難進，深得同學們喜愛，故不脛而走。」[87]不過當時也有人曾戲說，「其中綽約多仙子，與其叫白宮，不如叫仙宮。」[88]外文系畢業的齊邦媛回憶女宿舍，「因在戰時無力修繕，已頗老舊，既不白也非『宮』，但比借住在寺廟或祠堂的六處男生宿舍好很多，大約因為座落在白塔街而得名吧（我也始終未見白塔）。」[89]其實，珞珈山的武大女生宿舍也被譽為「白宮」。

　　張翼伸〈回憶白宮女舍片斷〉對宿舍有詳盡介紹：「女生宿舍是由一棟西式四層樓（教會的房子）的三、四層與其毗連的幾間普通平房和飯廳的二樓組成，當時女同學有百餘人占在校同學的十分之一。西式樓的一、二層仍歸教會使用，三、四層質量好，每房住六至八人，均單鋪，要到三、四年級時才能住進，飯廳樓上及幾間平房大都為木質結構冬冷夏熱，雙層鋪，房間大小不一，質量較差，住的是一、二年級的同學，新入學一般住最差的房間和床位。到二年級就能換一較好床位，或從上鋪搬到下鋪或從房門口搬到房內較好位置。四年畢業離校騰下洋樓內的床位就能讓三年級的同學搬去住，一般快要到畢業時，就有低年級同學來預訂床位，同房間居住的同學偶然性組合較多，基本是三、四年級不同系的同學雜居一室，洋樓宿舍光線充足是冬暖夏涼，抗戰時期能住上這樣的宿舍確是不錯的了。」[90]1941年考入外文系的楊靜遠認為，一二年級學生所住洋樓腳下的中式平房，「潮濕、破舊、骯髒，像王宮下的雞窩」；而四樓寢室比起下面的來「真是天堂」，「尤其是王夢蘭的小房，只有兩人睡，靠窗放兩張小桌子，鋪了白臺布，光線好極了。坐在桌前，可以眺望整個嘉定城，望到對面的江、峰，眼界很廣。往下看，就是我們那可憐的睡房，黑壓壓一片破瓦，吞聲忍氣地俯在這高樓的勢焰之下。」[91]

[87]　顧煥敏：〈樂山拾景(五)〉，臺灣《珞珈》（1994年7月）第120期。
[88]　張其名：〈樂山六憶〉，臺灣《珞珈》（1997年7月）132期。
[89]　齊邦媛：《巨流河》第四章，生活・讀書・新知三聯書店，2010年，第102頁。
[90]　張翼伸：〈回憶白宮女舍片斷〉，臺灣《珞珈》（1997年7月）132期。
[91]　楊靜遠：《讓盧日記》，武漢大學出版社，2003年，第19頁。

　　臺灣文壇人稱「永遠的齊老師」的齊邦媛晚年所記得的大學生活，「不是從美麗的樂山城開始，而是由女生宿舍開始。」她在曾獲得華語民間第一文學大獎——第二屆（2010）在場主義散文獎的《巨流河》第四章中這樣寫道：

　　　　我跟學姐們帶著那些可笑的鋪蓋卷進了宿舍大門，似乎是向老姚報到的。他告訴魯巧珍她們到二樓，領著我過一個小小的天井，左邊角落一間屋子，指著最裏面的一個上下鋪床位的上鋪說，「你住這裏。」那床靠著屋子唯一的窗子，我原有些慶幸，但很快發現，這窗開向白塔街，為了安全起見，由外面用木條封住了。這一夜，天一直沒有亮，亮了我們也不知道。

　　　　住在我下鋪的趙曉蘭是數學系的，比我早來三天。她帶我到廁所和咫尺之外的餐廳；小天井的右邊是一排木板搭蓋的浴室，隔成八小間，水泥地上有一個木架放臉盆。往門口走有一個架高的巨大鐵鍋，每天早上開了門就有水夫由水西門挑水來裝七分滿，在鍋下燒煤，我們拿臉盆走小石階上去舀水。

　　　　我們那間房是全宿舍最後的選擇（如果可以選擇的話），上下鋪木床相當單薄，學校倉促遷來，全市的木匠都忙不及做課桌椅和床，但相較於男生，女生已得了很多優待。我們兩人都瘦，但是翻身或上下，床都會有些搖動。上鋪沒有欄杆，我總怕半夜會摔下去。有一天半夜，我突然發現床微微顫動已許久了。便向下問：「你也睡不著嗎？」趙曉蘭說，「我每晚聽你躲在被裏哭，我也好想家……」從此，我和她有一種相依為命的感情。[92]

　　樂山時期的武大，學風嚴謹，讀書空氣濃厚，但是男女社交風氣還是相當閉塞。白塔街女生宿舍每年只有10月31日校慶日才對外開放一天，平時不能入內不免令人有些神秘感。平時要會女生，只能在傳達室。傳達室有兩重門；進大門是一間簡陋的會客室，裏面有兩、三張長木靠椅，是女生接見男生的地方。會客室左邊有一條約兩米寬的水泥通道；有時來的男生多，會客室坐不

----

[92] 齊邦媛：《巨流河》第四章，生活・讀書・新知三聯書店，2010年，第102—103頁。

下，就站在這條通道上講話。通道左邊有一道圍牆，圍牆裏面是女生住的四層樓房。這道圍牆對著會客室開了個門；實際上並沒裝上門，只是圍牆開了個長方形門洞。這個並未裝門的門洞，竟是個不可逾越的「雷池」。真奇怪！當時並無明文規定，也未貼「告示」，可男生除每年「法定」的校慶開放日外，都自覺不進第二道門，也不從門洞窺探內情。[93]

其實，「住在洋樓的三、四年級女生，大多願意開放，一方面和男生各方面交往已較多，認識人不少，居住條件好，也願顯示一下。大多把房間打掃乾淨，佈置一新，展示出最好的桌布、床單，最好的照片，擺上鮮花，甚至準備一些糖果歡迎來參觀的人，並在房間恭候。男生來參觀者，有的出於好奇感，有的是被邀請而來（女朋友、女同鄉、同系同班女同學等的邀請），他們依次到各房間參觀，如遇到女主人是認識的則坐下片刻，如是事先被邀請的則將敘談較久或搞起小型聯歡會。女生宿舍開放日，都較熱鬧，好像是節日一樣。但當時住在平房的一二年級同學，因住房較擁擠條件較差而對宿舍開放比較冷淡，甚至有人在開放那天逃出宿舍不接待任何人。」[94]且看楊靜遠兩則這樣的日記：

> 1943年10月30日　下午整個花在做麻花上，因為明天宿舍開放。宜姐、金根德預備每人出100元買茶點招待。宜姐不要我加入，我只好自己做點吃的。
>
> 1943年10月31日　早上帶了麻花和窗紗趕到宿舍，我一拿出窗紗，她們都喜歡得亂跳。我們立刻把這些漂亮東西掛起來，桌上鋪起來，配上黃黃白白的小菊花，非常素淨風雅。9點鐘開放，男同學像河水一樣湧進來。同菁出門等英文會的人，沒想到錯過了。等再趕上樓去，我的麻花也完了，我很不快樂，因為沒有看到朱明，但我希望他吃了我的麻花。據說今天我們房裏最得好評。[95]

朱毅〈樂山記趣〉又說：「每年10月31日，白塔街女生宿舍對男同學開放。該日上午，我們同班數人前往女舍參訪，它是統鋪，內務整齊乾淨。同班

[93] 參見袁征益：〈追憶母校樂山時期的「哈哈」同樂會〉，臺灣《珞珈》（1993年1月）114期。
[94] 張翼伸：〈回憶白宮女舍片斷〉，臺灣《珞珈》（1997年7月）132期。
[95] 楊靜遠：《讓廬日記》，武漢大學出版社，2003年，第166頁。

摯友羅雲祥、馮家祿等女同學備好茶點、糖果、水果等熱情招待我們，我們一起吹口琴、唱歌、打橋牌，直到下午4時，才盡興而返。」[96]

現在說說女生宿舍的管理者。其「最高行政長官」為校方任命的女生指導。樂山時期，先後有顧如女士和朱君允女士出任這一職位。

顧如，字友如。就讀南開大學時，因其容貌出眾，有人冠名「南開皇后」。1935年3月進入武大，在擔任外文系教授的同時還兼女生指導。珞珈山有一棟女生宿舍樓，向東湖方向兩角伸開，像只蝶兒，所以有人稱為「蝶宮」。那麼統領「蝶宮」眾佳麗的「南開皇后」顧如，則為「蝶宮女皇」。當時武大人都評價說，顧先生精明幹練且勤勉敬業，人又和藹可親、風度優雅，深得女生敬愛，她擔任女生指導成績斐然。武大西遷樂山後，她管理樂山白塔街「白宮」，應該改稱「白宮女皇」才是，不過當時好像沒人這麼說。

顧如管理白宮女生，十分講情理。不像婆婆管小媳婦，也不像獄吏管囚犯，鬆緊有度，頗得口碑，就連不時枉顧「白宮」的男生也說她富於同情心，沒有把好逑的君子，一律看做是搶親的惡漢。比如法律系的一個男生，經常到外文系去「留學」，醉翁之意是想結交該班上一位女生。某天晚上，該生攜帶了三本古典名著之類的書，直奔白塔街求見該女生。據他回來報告的「災情」是：先是雙方面面相覷，無話可說，接著他就以三大本名著相贈，對方似乎是不知所措，芳容失色。連叫幾聲「我不能受你的禮物！」就從會客室奔到後面去了。這時顧如正從外面走進來，看到他一副喪家之犬的模樣，知道準是碰釘子了，問明原委，不免莞爾，「原來是這麼一點芝麻大的小事啊！好了，好了，把這三本書留在我這裏，我也是念文學的，我可以看；有時也有女同學向我借書看，說不定我還可以替你借給她！」後事當然並沒有照這種如意算盤發展，不過這位男生對顧如女士的雍容，真是感激涕零的，他說：「不但感情上不肯把這幾本書抱回來，體力上也真是抱不動了。」[97]

大概是1942年秋，戲劇家熊佛西的前妻朱君允來到武大，接替顧如出任女生指導。

[96] 朱毅：〈樂山記趣〉，《武大校友通訊》2007年第2輯。
[97] 吳魯芹：〈武大舊人舊事〉，劉雙平編著：《漫話武大》，武漢大學出版社，1993年，第360頁。

齊邦媛說，「我那時以為她是名劇作家熊佛西的太太，而且離了婚，大約應該是孤高神秘的女子，不必『涉入凡塵』，管些衣食住行的瑣事。」[98]事實上，離婚後的朱君允帶著三個幼小的女兒，生活十分艱難，教務長朱光潛便將她請來武大任外文系教授，並兼代女生管理工作。朱君允走上新的崗位後，挽起袖子，說幹就幹。她的工作很大一部分是事務工作。這是她始料不及、也是從未做過的。但她卻表現出一股務實精神，腳踏實地，絕不以教書先生自居而輕視這些繁瑣的行政工作。她以年長婦女、師長之心愛護著這群在艱苦環境下求學的女青年。她常去巡視平房宿舍的衛生，察看廚房清潔及夥食好壞，關心女學生的熱水供應如何等等。每逢有學生病了，她都親自去問寒問暖，囑咐同室的人多加照顧。

四川氣候潮濕，加上當時衛生條件較差，床上總孳生著許多臭蟲。朱君允自己身受其苦，常半夜睡眼惺忪地爬起來為捉臭蟲，不能不想到宿舍裏那一群背井離鄉的女青年。當時連「六六六」殺蟲粉也沒有，於是夏天一到，每隔一段時間她就囑咐廚房燒幾大鍋開水，要女學生們把床抬到室外日頭下，用滾開水澆，再曬乾，以消滅臭蟲。做這些事的時候，她總是跑進跑出，不辭勞苦，回到家中還津津樂道地講給孩子們聽，好像打了一場勝仗，痛快得很。

除了龐雜的事務工作外，朱君允還在女生中進行大量細緻的思想工作。當年的一些女生們，有時也會意氣用事鬧彆扭，個別的還會在宿舍裏大聲爭吵，影響他人的休息。這時朱君允就分別勸說：抗日戰爭時期，條件十分艱苦，大家離鄉背井出來求學很不容易。彼此不妨體諒寬容一些，顧全大局，對學業和自己都會有好處。

1944年的暑假是個恐怖淒涼的暑假。由於衛生條件差，人們營養不良，傷寒病在樂山肆虐流行。七名年輕優秀的女學生不幸罹染此疾，高燒不止。在缺醫少藥的情況下，朱君允日夜奔忙，心急如焚。她親自去同仁醫院請醫生，動員廚房煮米湯——這是病人當時唯一能進食的東西。一切可以想到的，她都盡最大努力去做——絲毫沒有考慮自己是否也會被傳染。不幸的是，在一個暑假內七名優秀的女學生竟無一人倖免，相繼去世。後來小女兒熊性淑回憶當時的朱君允說，「媽媽則是焦頭爛額，幾乎被焦慮與憂傷擊倒。但她終於堅強地挺

[98]　齊邦媛：《巨流河》第四章，生活・讀書・新知三聯書店，2010年，第102頁。

過來了。她熱愛這些如鮮花般的年輕生命，也感到自己身上責任的重大，但面對病魔，她卻無法奪回這些生命。在這段時間內，每送走一位同學，她都欲哭無淚，吃不下飯，睡不穩覺，最後自己也瘦了一大圈。」[99]

女生宿舍的幾個工友也值得一記，特別是「老姚」（也有男生稱他姚老爹、或姚爹爹）。他是珞珈山白宮之傳達也，隨武大一同遷來的，個子較矮，頭頂差不多全禿了；一口地道的武漢口音，話不多，但人很隨和；經常穿一些顏色較深的中山服，走路不快不慢，有時也用湖北口音傳呼一下女同學的名字。在齊邦媛看來，這個老姚「豈止是那每天晚上準時拿把大鐵鑰匙鎖大門，放下木門栓的鐵面無私的小老頭；他裏裏外外什麼都管，一切都瞭若指掌。那一百多個女生的資料全在他的腦袋裏，簡直是莎士比亞喜劇裏的厲害人物。」[100]

老姚的職責是給白宮姑娘們收發報紙、信件，還給來訪者通報，他工作認真負責，對人也熱情。每當女生家有掛號信來（一般就是匯款）他都立即去寢室通知帶私章取信；姑娘們的親屬來訪（如父母、兄弟姊妹），他也是馬上到寢室去呼喚，並熱情請來訪者在會客室等候，所以女生都喜歡他尊敬他，稱他為老姚。女生宿舍有嚴格的管理制度，男生不能入內，來找女生必須在會客室或宿舍門口等候，由老姚負責呼喊。由於女生宿舍房間較分散，節日或傍晚來訪者多，老姚得提高大嗓門高喊「×××有人會」，如果×××常有人找，常被老姚呼喊就會全宿舍聞其名了。有時有的女生不願出來會見，就答應說「不在」，老姚就對來訪者說「她說她不在」，弄得來訪者非常尷尬、悻悻而去。其實這種通過老姚呼喊的會見，常是初訪者多，如關係已較好時，都事先約好時間，按時出去，不勞老姚大嗓門了。但是，「對於頭一次去『搜秀』（Social）的男同學來說不免誠惶誠恐；加上傳達老姚他那喊人的高音不下於歌王帕瓦羅蒂，對著四樓大吼一聲，某某有人找，如雷貫耳能不心驚肉跳。」[101]老姚知道被拜訪者對拜訪者歡迎與否，女生不願接見某人時絕不會說「不見」，而是以其他理由作閉門羹。如遇體會不出的訪客，一趟一趟的跑，老姚就會以長者的語調開導幾句：「你才幾年級？何必急於找女朋友？好好念書吧！」日子久了，老姚的脾氣也逐漸為部分男生所摸透，於是他們來訪時就

[99] 熊性淑：〈永不熄滅的燈光——回憶母親朱君允教授〉，《北京珞嘉》1999年第2期。
[100] 齊邦媛：《巨流河》第四章，生活‧讀書‧新知三聯書店，2010年，第102頁。
[101] 張其名：〈樂山六憶〉，臺灣《珞珈》（1997年7月）第132期。

謊稱是女生的哥哥或表哥，老姚無法分辨，遂趕快跑到寢室去通報說：「某先生，你哥哥（或表哥）找你！」

樂山五通橋女孩盧秉彝，1938年憑藉優異的成績，被保送進入武大電機系。轉眼一個甲子過去了，耄耋之年的盧秉彝依然清晰地記得老姚，記得老姚對她的幫助：

> 老姚記性很好，而且警惕性也高，他對女同學住宿的寢室記得相當清楚。這一點我平常並沒感覺到，直到1940年7月7日那天下午接近黃昏時分，他走到我住的寢室來向我說，有一個員警模樣的人要會你。在此之前他從沒有用這種方式傳呼人，都是在外面高聲呼喊。但我當時腦子裏少了根弦，並未引起警覺，因為7月6日晚上我姐姐盧祥麟（讀武大時名叫盧貞）一夜未歸，我很著急，以為是有人來給我報信了，所以完全沒在意老姚通知我的方式，忽略了他的良苦用心，結果當晚我就懵懵懂懂地被抓走了。後來我才意識到這是老姚在暗示我不能去見那人，因為我姐姐就是在女生宿舍門外和我未來的姐夫楊博文一同被抓的，也許老姚當時見證了那一幕。這件事雖然已過去60多年了，但直至現在，每當想起此事我都還在埋怨自己，為什麼沒有理解老姚的良苦用心，同時我也還要向老姚的英靈由衷地說一聲：「謝謝你！」[102]

在盧秉彝的記憶中，還有一位不知名的女工友（人呼「見缸倒」婆婆），是專門負責宿舍的清潔衛生，送開水等工作的。因為當時沒有人有溫水瓶之類的用具，學校也沒有開水桶，而開水要等吃完早飯後才燒，等水燒開時宿舍裏幾乎沒人了。當時宿舍裏也有一些桌子，供學生們放生活用具，女生嘛，梳子、鏡子、漱口用具以及飯碗等都亂放在桌上，而漱口的杯子就可以來裝開水。所以每當水開後，那個女工友就會把開水倒進每個人的漱口杯裏，她只要看見有空杯子，總要把開水倒進杯內，時間久了，人們已記不起她的名字了，就叫她「見缸倒」婆婆。她人真好，要是哪一天你沒有準備杯子，她發現了你的飯碗也要給你倒上，如果連你的飯碗也沒找到的話，過後她會很關心地用責

[102] 盧秉彝：〈難忘樂山四年的大學生活〉，《武大校友通訊》2007年第2輯。

怪的口吻說：「你這人忘性真大，啥都沒準備，找也找不到其他東西給你倒水，你昨天喝到水沒有？」[103]

八、學生自己在外租房

武大學生中有不少是樂山當地人，就住自家中。還有一些學生由於各種原因，在外面租房子住。方大川是1938年武大第一批遷川的電機系學生。看到學校宿舍條件十分困難，就在校外自找住處。他們十幾個江浙一帶的窮學生湊在一起組成一個小團體，東問西訪，在城中心終於找到一家沿街的新改造的二層木屋。木屋有一個前房可以作店面，後面樓上樓下恰好能住十二三個人。真是無巧不成書，那時開明書店也有人在找店面，大家碰到一起，就聊起天來，原來那人也是從江浙來的，希望與他們合作，找一個店面，而且希望夜間關店後有人能替他看管店鋪。啊，這事多美，既有了合租夥伴，又可以接觸新書，因為看管店鋪，可以翻閱各種新書。他們喜出望外：「太好了，看店的事，我們全包！」於是，雙方很快就達成了協議：夜間看管店鋪的事，由學生方負責，店內一切物品保證不會遭受損失；店中的所有書籍，只要需要，學生方都可以自由閱讀，讀後放回原處；學生方僅須支付極少量的房租，主要由書店方承擔；作為房客，書店方按時付費。天上掉下餡餅。方大川這幫窮學生找到了廉價的住處，解決了學習的大問題，心中的高興難以形容。

1939年大轟炸之後，化學系丁惟培一家搬到城外斑竹灣住。這是一幢當地農民新建的二層樓房，依山而建，丁家和經濟系韋從序教授共同租下。韋教授家人口少，僅一子韋仁民與丁惟培同學，丁家有 6 口人，住的面積大些。文廟月咡塘附近有條小巷名鐵門檻，巷中有一幽靜的木結構建築小院，門前可遠望滔滔東去的岷江和青翠的凌雲諸峰，好一個讀書地點。小院的主人因避空襲下鄉去了，把空下的屋子出租。有三位學生共租一間大屋子作寢室，即歷史系（民36 級）陳惠、經濟系（民36 級）葉雲、法律系（民37 級）梁多齡，他們三人白天下課回寢室共案自習，晚則聯床而眠，十分親熱。法律系朱士烈和家人到樂山後，在陝西街王宅租屋寄宿，王家先人在清朝有過功名，大門梁上掛有

---

[103] 盧秉彝：〈難忘樂山四年的大學生活〉，《武大校友通訊》2007年第2輯。

「文魁」匾額，房子很寬大，四合院有許多房間，朱家租住一部分。另有法學院邱坤鎔、理學院吳經聲同住。

　　電機系歐陽一入學後覺得新生宿舍裏燈光不好，晚上學習很不方便，就想到校外租房子住，同住地字齋的彭惠生（電機系）、陳雨霖（土木系）、彭直鈞（礦冶系）也有這個想法。恰巧叮咚街亞西醫院停辦後房子空閒著，他們去看了一下房子的情況。房子很好，院內還有很多花木，環境優美，而且離他們上課的文廟很近，來往方便，只是租金較高。經過多次與房東商量，最後確定每月租金24元，每人只要負擔6元。後來，總務處知道他們在外面租房子住，就停發了貸金。

第四章　物質與物價

煮字難充眾口饑——從福地到煉獄

　　假如要問一個地方的幸福生活指數包括哪些？這幾個指標應該不可少：人身安全、交通便捷、商業繁榮、物價低廉、環境優美等等。

　　你如果同意我的答案，那麼對於剛剛遷徙到樂山的武大師生來說，他們的生活應該是幸福的。事實上也是如此。看看隨父母來嘉的楊靜遠是怎麼描繪樂山第一印象的：

> 　　那時的樂山，是一個寧靜安逸的小城……由於地處偏遠，又沒有重要的軍政設施，迄未受到敵機的騷擾。城中房屋整齊，街道清潔，物質相當豐富。最熱鬧的商業區玉堂街，綠陰夾道，店鋪林立，呈現出一派古樸和煦的興旺景象。出城有烏尤寺、大佛寺等清幽無比的佛教聖地，真是一塊遠離戰火的樂土。自武大遷來，一千多師生的湧入，又給它添加了文化氣息和青春活力，更加刺激了它的繁榮。[1]

　　隨校而來的中文系蘇雪林教授也在一篇文章裏讚譽樂山，「以商業隆盛，交通便利著稱，而風景之優美，尤其膾炙人口。……試問南方炮火喧天，我們還能在這樣環境裏自自在在的讀書求學，難道不是幸福？」[2]

　　1938年11月，葉聖陶致信上海友人談初到樂山的印象：「城區狹小，而街市整潔（因武大遷來之故，縣政府為要面子，令員警督促居民掃街，叫花子不許入城）。」「街道亦柏油路。有街樹，不甚修剪。無上坡下坡之麻煩。無汽

---

[1]　楊靜遠：〈我所經歷的1939年樂山大轟炸〉，《武大校友通訊》2008年第1輯。

[2]　蘇雪林：〈樂山慘炸身歷記〉，《珞嘉歲月》，2003年，第721頁。

車奔馳，僅有少數人力車往來，閒步甚安靜。人口五萬，現在多了一萬，不見擁擠。除抽壯丁外，全無戰時氣氛。說不好固然不好，說好亦有理由。」[3]

不好的理由是，有電燈而電費貴，只有點菜油燈；資訊閉塞，沒有地方報紙，成都的報紙第二天才能看到，重慶的報紙則要隔五六天才能收到。

好的理由是，「此間生活便宜，肉二角一斤，條碳二元一擔，米七元餘一擔。蜀中魚少，惟此間魚多，近日買小白魚三條，價一角八分，在重慶殆須六角。昨與兩位書店朋友吃館子，宮保雞丁，塊魚，鴨掌鴨舌，雞湯豆腐，大麵半斤，飯三客，才一元八角，而味絕佳，在蘇州亦吃不到也。大約吃食方面，一個月六十元綽綽有餘矣。……水二百文一擔，等於上海三個銅元不到一點。重慶購自來水，一元僅十一二擔。」「以生活情況而論，誠然安舒不過。」[4]葉聖陶對樂山有彈有贊，但總的來說還是滿意的，尤其是物價。

1939年1月份，中文系教授朱東潤初到樂山，在安居旅館包了長期的房間，「夥食就包在玉堂街的一家飯店，每月十二元，中晚兩頓，價錢不算貴。」「1939年四川的物價很便宜，因此學校的工資是按六折發的，即使如此，大家總感到生活很安定。重慶的官方報紙，把功勞掛在重慶政府的名下，甚至提出別的國家，在戰爭中，特別是發行不兌換紙幣的國家，一般都飛騰物價，惟有中國，不但不飛騰而且還在下跌，可見國民政府領導有方，財政措施基礎鞏固。」[5]朱東潤還指出，「當時物價便宜是事實，但是和重慶政府、財政部沒有關係。抗戰以前，紙幣只流行在長江中下游，及至戰事爆發，南京政府搬到重慶，紙幣在大面積的西南地區全部攤開，廣泛流行，所以一時的現象不是紙幣價值低落而是堅挺，甚至有時因為便於攜帶的關係，不但不比硬通貨跌價而是比硬通貨吃香。表面的現象常常有深刻的原因，倘若我們把這一層忽略了，就不但會搞錯因果關係，甚至還會為日後的大量膨脹鋪好平坦的道路。」[6]他還看到了物價便宜的另一面：「物價低落，為當時的生活提出若干便利條件。1939年春初，在岷江和大渡河兩岸，每天都有成千上萬，甚至數萬人在那裏淘金。每人淘到的很有限，但是這有限的金沙，只要能夠換到一兩斤米，總是有人在

[3]　葉聖陶：《嘉滬通信》第二號，《我與四川》，四川人民出版社，1984年，第82頁。
[4]　葉聖陶：《嘉滬通信》第一號，《我與四川》，四川人民出版社，1984年，第79頁。
[5]　《朱東潤自傳》，《朱東潤傳記作品全集》第四卷，東方出版中心，1999年，第233、235頁。
[6]　同前註，第235頁。

那裏淘、淘、淘。這個現象到1940年便沒有了，因為每天淘到的金沙已經換不到這些米，米是有人囤積了。戰爭在繼續，國民黨的大官們也在拼命地做囤積的生意，樂山是出白蠟的地方，儘管是在抗戰，但是發國難財的軍政大員並沒有忘去發財的機會。山西的閻錫山就曾派人到樂山來調查，後來聽說每年只有一兩百萬元的出入，因此沒有進行收購。上海儲蓄銀行看上了木材囤積的生意，派人經營，從樂山的瞻峨門直到蘇稽，一路都是上海銀行的木材。一切都為日後的幣值暴跌準備了條件。」[7]

可惜好花不常開，好景不常在。武大到樂山大概一年半，尤其1939年8月19日日寇轟炸樂山之後，一直到抗戰結束，師生們的生活就一落千丈了。《大公報》曾刊載一篇文章說到武大，「沒有過三年，大學裏的先生們的生活水準就降低了，他們的衣服破了，自己買柴買米了。普遍地泛在臉上的紅潤沒有了，代替那種美麗的顏色是一種蒼白。」[8]黃方剛教授的學生劉君照去醫院看他，「他已不似以前那樣心廣體胖、健壯樂觀的神態，而是顏色憔悴，形容枯槁，萎頓頹喪，舉步維艱，曾幾何時，一位體質十分健康的教授，竟在法幣貶值聲中病得如此瘦削。」[9]

當初感歎樂山生活便宜的葉聖陶，在其日記中有大量真實的記載——

> 1939年7月31日：近來物價大貴，製造品皆然，布匹每尺五六角，毛巾每條至一元，牙刷亦在一元以外。幸川省去年大熟，今年亦可豐收，故米價尚平。聞昆明米價每石至卅元，肉價每斤一元以上。西安之寄居者，包飯每月卅元，尚不得吃米飯，只吃麵糊而已。後方各省，川省以各物都有，生活較易，而川省各地尤推樂山，然樂山亦不易生活矣。今時蓄錢不如備物，錢存於銀行幾每日減損其價值。然大家備物，物價必突漲，況我人又無錢也。總之將來生活必大艱難，惟有咬緊牙關以度之耳。
>
> 11月9日：傍晚與二官出外，購得受汙之皇后牌毛線四分之一磅，價四元，每磅價十六元矣；如非受汙則每磅二十四元也。近來物價刻刻增高，肉已至四角，菜油至六角六分，比諸去年此時漲一倍矣。

7　《朱東潤自傳》，《朱東潤傳記作品全集》第四卷，東方出版中心，1999年，第236頁。
8　劉盛亞：〈一個大學校長〉，《大公報》1946年9月20日。
9　劉君照：〈法幣貶值與黃方剛教授之死〉，《樂山市志資料》（1982年11月）第3期總4期。

　　12月25日：日來物價又漲，肉至五角半，白糖至九角，米三元二角一大斗。諸人相見，惟聞談物價耳。

　　1940年8月27日：日來米價大漲，每斗至十六元（此間之斗，他處為二斗），且市上不多見米。各物及工價以米為標準，亦隨而增漲。

　　9月15日：今日買米三斗，每斗價十四元二角，尚不夠一個月之食用。下次再買，當又超此數，真感到生活之壓迫矣。

　　10月1日：物價又飛漲，米每斗至十六元，油每斤至一元九，藍布每尺至三元。墨以余與小墨之絲綿袍交縫工做，縫價每件為十四元，亦駭人聽聞也。絲棉袍之面子係紅蕉送我們之美亞綢，絲綿係前此買入者。若以時價計，一件之材料將在百元以上矣。

　　10月5日：今日又買米一斗，漲至十九元二角矣。燈下聚談家庭經濟情況。開銷益大，收入有限，即吃食一項，已不能與收入相抵。[10]

　　楊端六袁昌英兩位夫妻教授的女兒，一個外文系大學生，也在日記中多次提到物價——

　　1942年1月4日：媽媽、弟弟和我走到半邊街，給我買了一雙皮鞋，150元。真沒想到這麼貴，可是不得不買，如果再挨挨，也許又漲上一倍了。

　　1943年1月19日：早上跟爹爹去買魚，買了四條青波，261元，14、5元一斤。

　　5月7日：中午吃飯時爹爹說：「現在米漲成8元一斤，外面很不安靜，搶劫的事出了不少。……」

　　1944年5月6日：媽媽告訴我這兩天米價突漲，每天漲5元，今天已55元一斤了。形勢非常嚴重，叫我少做些夢，多看看現實生活的艱辛。[11]

　　外文系錢歌川教授才到樂山不足兩周時間就趕上日寇轟炸，所以在他的筆下的生活如同「煉獄」。他印象中的好生活是在抗戰之前，「從前北平的教授

[10] 葉聖陶日記均據商金林編：《葉聖陶抗戰時期文集》第二卷，人民教育出版社，2005年。
[11] 楊靜遠日記均據《讓廬日記》，武漢大學出版社，2003年。

固不待言，就是我們武漢大學的先生們，在武昌珞珈山的時候，環境優美，住的是洋房，吃的是盛饌，居常雇四、五個僕人，出外用汽車代步，我敢說，也就確是夠舒服了。不過彼一時，此一時，現在就大大不相同了。你如果以抗戰前的眼光，來看抗戰中的教授，那簡直是時代落伍，相差太遠。猶如一個十八世紀的武士，做夢也不會想到現代戰爭的厲害呢！」他在給一個朋友的信中，提到其生活情況有這樣幾句話：「出無車，食無魚，夜無明燈伴讀書，一年來習以為常，無足驚異。此間物價之飛漲，使我不敢以實價相告，因早晚市價不同，恐信到時價又高漲幾倍矣。」

錢歌川初來樂山的時候，「米價只有一元六角一斗，豬油只賣到二角二分一斤，我們節衣縮食，每月薪俸剛夠一家人吃」。一年之後，「米價漲到二十五元一石，豬油四元一斤，較以前漲了一二十倍。而我們既無津貼，薪俸不僅分文未加，而且仍要打七折，所以每月二百餘元的收入，領回家來，不到半月就用光了，出入不敷得遠，非舉債無以為生。原來一個七八口之家，每日吃六七石米，也是尋常事，照現在的米價，月薪所入；不夠買一石米。其餘百物，無一不貴，即是幾根尺多長的柴，也要一元以上的代價。衣食住行，單維持一個食字，已不可能了。」「每次朋友來信勸我努力加餐，就使我感著一種隱痛，現在當教授的，誰不是一飯一粥在過日子呢？佣人不消說，是早已雇不起了。我並不是吝惜那七八塊錢的工價，她每月吃我兩斗米，我實在負擔不起呀！」[12]

錢教授是怕人問他借錢，還是故意向人訴苦呢？看看當時樂山出版的《誠報》[13]新聞就明白了——

1943年4月7日報導：「奉准可折價繳交，稻穀每市石1550元，以便向瀘州、宜賓採購」。4月25日，該報「樂山點滴」欄又報導：「日來糧價有波動，米每斤售34元；土麵由30元陡漲到56元。」5月17日該報「樂山點滴」欄又報導：「今日物價，蘇稽米每雙市石2700元；上河來及雅河米每雙市石價2400

[12] 錢歌川：〈救命圈〉，《錢歌川文集》第一卷，遼寧大學出版社，1988年，第542-544頁。

[13] 《誠報》：抗戰時期樂山的第一家地方報紙，創刊於1942年1月1日。日刊，每天上午七點出版。鉛印，四開四版。該報第一版為國際國內新聞，刊登中央通訊社電訊；第二版上半部分是地方新聞，下半為廣告；第三版上半為副刊（副刊名「嘉州公園」，是綜合性的），下半為廣告；第四版為本埠新聞。該報有收報機及譯電員，每天收譯中央通訊社電訊稿，次日刊出。報社社長先後有韓文源、劉仁庵、李至剛、黃冑，總編輯先後有王華錦、羅潤芝、駱星一、陳雪年、莫劍農、黃冑。該報周年紀念時，王星拱題字：「發揚光大」。

元，如能及時下雨，有下跌之勢」。9月30日，米價下跌，奸商乘機囤積，糧食部通令禁止，樂山縣政府奉糧食部命令。將通令「嚴禁囤積米穀，違者將依戰時法規第四條懲辦。」

1944年10月7日「樂山點滴」欄報導：「本市菜油價格昨日突飛暴漲，每市斤已漲600元，食米（蘇稽）昨日每包（6爭）上漲1000元」。

1945年8月8日，該報載文談樂山商情：「樂山物價近來波動甚烈。菜油、糧食價格亦以遊資充塞，購囤者日益增加關係，復由疲而轉入上漲現象，蘇稽上熟米每雙市石由17000元上提至19000元，城內零售米每市斤為63元，猶有續漲之勢。」9月1日，「本報訊：值此抗戰勝利，百物價下跌聲中，本縣米價上漲，前數月上熟米每雙市石米價16000元，昨日竟漲至20500元，零售每斤亦提為60元。」12月1日，上熟米雙市石為20000元、中熟米14000元，碛米11000元，公教人員私米每石價4000元亦無人收購。[14]

抗戰勝利之後的那幾年更是物價暴漲、貨幣貶值、民不聊生。當時，有一個青年在給家人的信中寫道：「渴望勝利、勝利來了，這裏沒有歡笑，沒有狂喜。與勝利一並降臨的，是更沉重的生活壓力，是經濟的破產，生活的歎息。……人們手裏的票子變成了廢紙，在酒館，餐廳、娛樂場，巨額的法幣從滿天飛的『高貴』者手中流放出去，物價像不可預測的天氣，一天要起幾次變化。」最後他發出了強烈的心靈呼喊：「唯願我內心的烈火能點燃大地，讓這萬惡的社會有一次死亡，重來一個新生吧！」[15]

1946年樂山《誠報》上載有關於米價暴漲的典型材料。在不到十天的時間內，特別是後三天，米價漲的速度確是懾人心魄。該報在第三版上關有「商業場」一欄，專門報導每日市場行情，請看：

3月27日報導：食米已因前日降下甘霖而趨疲軟，目前暫時不致上漲。蘇稽上熟米每雙市石（相當於280斤）為三萬八千元。

4月2日報導：米飛漲！蘇稽來每雙市石竟陡漲至四萬大關。

4月5日報導：米暴跳！本市米價竟突破四萬大關，一般咸感生活困難，甚望當局採取有效辦法，予以抑止。（按：每雙市石比上月27日上漲二千元以上）

---

[14] 物價資料據王德才：〈民國時期樂山的糧食市場與價格〉，《樂山市中區文史資料選輯》第七輯。
[15] 余慕街：〈念水火深處〉，樂山《誠報》1946年5月3日第4版。

4月6日報導：米再漲！蘇稽米每雙市石四萬二千元。（按：每雙市石比上月27日上漲四千元）

4月7日報導：米如珠！昨日本市米價，又趨狂漲，蘇稽上熟米每雙市石四萬五千元，大有突破五萬大關之勢。一般貧民咸感生活艱難！天久不雨，影響收成，固為米價暴漲原因之一，但各富商趁機囤積，亦不無關係。（按：每雙市石比上月27日上漲七千元）[16]

蘇雪林對物價也是深有體會，「柴米油鹽的價格，隔幾天便上漲一倍，大量收買囤積，固不失為良好辦法，但教書匠只有那點薄俸，又非到期不能領來，薑買物資，當然不可能，過了幾天，便須盡一次『跑街』的職務，幾兩鹽要走幾個鹽攤，幾掬乾豆要拜訪幾家糧食店，拈斤播兩，瑣瑣論價，然後在店夥極端鄙薄的神色下，大籃小包，汗流氣喘地自街市提回家中。」[17]

物價昂貴人工費也漲價，所以請不起奶娘，「在這兒大學教授的家裏，早已有小孩子餓死的事。至於無錢送兒女上學，那更是普遍的現象。教書匠的兒女竟至失學，不僅是人間一大笑話，而且是教育史上一種汙點。」[18]錢歌川說的教書匠兒女失學之事，我可舉個例子。武大外文系的日語教授陳堯成，無法負擔自己子女的學費，首先輟學的是兒子華安，他被送到武大實習工廠去當學徒，除了學手藝還有飯吃，減輕家中的負擔。（西南聯大經濟系教授蕭蘧曾哽咽地對學生們說：「今天我教你們，可是我卻沒錢給自己的子女念書，你們還不好好念？」[19]真讓人動情。）再看葉聖陶當時的幾則日記：

1940年10月3日：又接二官（指女兒葉至美——引者注）信，言本學期將補繳飯食費八十元。數目之大可駭。不知夾江地方何以特別貴。二官說或可以戰區學生名義請求貼饋。余意如請不准，只有退學而已。即以此意覆二官，胸中頗不快。

10月8日：三官（指小兒葉至誠——引者注）以三時回來，精神似比上次回來為佳。云校中須補交膳費八十元，合前交之八十元，一學期

16　物價資料據舒仁權：〈米飛漲！米暴跳！米再漲！米如珠！〉，《樂山市志資料》1983年第4期。

17　蘇雪林：〈抗戰末期生活小記〉，李家平選編：《蘇雪林文集》，北京燕山出版社，1998年，第352頁。

18　錢歌川：〈救命圈〉，《錢歌川文集》第一卷，遼寧大學出版社，1988年，第544頁。

19　易社強著、饒佳榮譯：《戰爭與革命中的西南聯大》，傳記文學出版社，2010年，第200頁。

一百六十元矣。與二官之膳費合計，即為三百元，如何得了。

　　10月14日：錢被二官取去補交膳費，手頭已無錢。惟母親在銀行尚存有二百元耳，因入城，取其一百元應用。[20]

　　國畫家關山月當時曾作了一幅畫描繪數學系教授李國平的窮困生活，題名《今日之教授生活》：一位身著破西服的學者坐在爐子旁邊，嘴裏銜著煙斗，一手捧著書本在凝神閱讀，身邊一堆書旁，蜷縮著一隻小貓。此畫真實地表現了當時高級知識分子所過的窮困潦倒生活。據說一天李國平只顧忙活工作，沒有及時將剛領得的薪水「金元券」（幣值「一落千丈」）兌換成大米，當月竟出現教授家中揭不開鍋的「奇聞」。

　　為了維持生計，武大很多教師不得不在課餘從事各種「副業」活動。副業形式概括起來主要有三種：第一，翻箱倒櫃，變賣舊物。為了填飽肚皮，一些教師將暫時不用的衣物、書籍找出來變賣和典當。據說有位教授家無長物變賣，竟將破布鞋和自種的白菜擺在家門口出賣。貴為一校之長的王星拱，在最困難時夫人甚至將保存多年的四隻大樟木箱子和一些衣物變賣了。錢歌川有詩道：「兵亂連年事事非，書生脊瘦販夫肥；謀身自悔攻儒術，點檢行囊鬻舊衣。」石聲漢有詞句：「寄賣行前低問訊，舊書攤畔再巡邏，近來交易有成麼？」[21]

　　第二，寫字作畫，做小生意。石聲漢教授「書法功底極好，獨創一格，就嘗試賣字，可廣告貼出，反映毫無。這不算意外，抗戰已將及五年，樂山一隅，不能期望有多少人有閒情逸致欣賞書法藝術，何況聲漢還不是書法名家。」[22]文學院長劉永濟教授也曾在城裏一家裱畫鋪裏掛牌代客寫字，至於生意如何，看看他填的一首〈浣溪沙〉吧：

　　　煮字難充眾口饑，牽蘿何補破殘衣，接天兵襫欲無辭。

　　　一自權衡資大盜，坐收贏利有儈兒，一家歌笑萬家啼。[23]

---

[20] 葉聖陶日記參見商金林編《葉聖陶抗戰時期文集》第二卷，人民教育出版社，2005年，第110—112頁。

[21] 石聲漢：〈浣溪沙·嘉州自作日起居注〉，《荔尾詞存》，中華書局，1999年，第38頁。

[22] 吳大任：〈懷聲漢〉，《石聲漢教授紀念集》，1988年，第52頁。

[23] 劉永濟：《劉永濟詞集·鶩燕集》，湖南人民出版社，1984年，第28頁。

經濟系戴銘巽教授，曾創辦「戴靖會計師事務所」，掛牌營業。但他性情倔強，不會交際應酬，不願向地方士紳和富商大賈低頭，因而業務情況不佳。哲學系教授黃方剛的美國太太，會做洋點心，於是做了許多炸麵卷，要三個小兒子在街上設攤零賣，每個定價一角，名叫救命圈。「街上的人都叢著看，但沒有人買，知識階級都吃不起零食，勞力的人早吃飽了，結局是購買者既用不著這個去救命，而大學教授也就不能賴此來救命，眼看著商人利市百倍，教授徒然枉費心機，此情此景：豈一個『慘』字了得！」[24] 難怪樂山當時流行過這樣的一首歌謠：「天子重銀行，待遇特別強，萬般皆上品，餓死讀書郎。」

第三，托人求情，兼職代課。更多的教師沒有舊物可賣了，也無長技做生意，便想方設法，托人求情在樂山城裏各中小學甚至私人家裏謀得個代課的差事。城裏找不到兼職代課的位子，便到城外幾十里遠的偏僻鄉鎮尋找門路。吳熙載〈兼課記〉一文說：「抗日戰爭期間和抗戰勝利以後，直到全國解放以前，以武漢大學而論，教師到校外兼課的頗不乏人而且與年俱增。年富力強的教師用不著說了，就是當時年事較長的教師，例如歷史系的楊人楩、外文系的陳殿成、政治系的楊東蓴、法律系的李浩培、物理系的江仁壽、化學系的鐘興厚、生物系的石聲漢等教授，都曾先後去專科學校，更多的是去中學兼課度著舌耕的生活。」吳熙載1941年在武大生物系畢業後留校任教，1943年春天的饑寒迫使他到一個離樂山縣城30多里遠的牟子場縣立中學兼課。「每個星期都必須來回奔走於樂山縣城和牟子場之間。一到縣中，便連珠炮式地上課，20節課連續三天全部講完，晚上是備課和看學生作業的時間。三天之後，又風塵僕僕地趕回武大準備實驗，寫講義和上堂講課。」[25] 這就是樂山時期武大教師生疲於奔命的兼課生涯的真實寫照。

不過我們換個角度來看，中小學生就可以享受名牌大學教授的講課，這無意中極大地促進了樂山的文化教育水平。

[24] 錢歌川：〈救命圈〉，《錢歌川文集》第一卷，遼寧大學出版社，1988年，第544—545頁。
[25] 轉引自吳貽穀主編：《武漢大學校史》，武漢大學出版社，1993年，第148頁。

教授們的吃食與飯局

1938年11月29日，這是葉聖陶到樂山滿一個月的日子。他致信上海友人，談及樂山的吃食，說「小墨[26]正在大增食量，喜吃肉，肉價不貴，日買一斤或十二兩。流竄經年，頗思魚鮮，此間魚多，間日購之，八九角可買一雞，五六角可買一鴨，亦偶一奏刀。大約每日買菜，七八角錢已吃得很好，與在漢口，在重慶，迥然不同。」[27]

抗戰初期的樂山物價的確低廉，所以朱東潤說一些教授們下館子出手闊綽，往往要最豪華的酒席：

> 「每席什麼價錢？」
> 菜館掌櫃口氣放大一些：「是十二元。」
> 「是十二元一席嗎？太便宜了。好好的掌握一下，要十六元的。」
> 菜館連忙漲價，物價又提高了。[28]

1939年「八·一九」大轟炸之後，由於通貨膨脹，工資不變，教職工的生活水平下降很快，入不敷出，吃食也簡單。殷正慈在崇聖祠會議室，「常看到在那張古樸的長方形桌旁，環列著幾張未髹油漆的木靠椅上，校長端坐中央，正在默然獨進早餐。舉目望去，通常是兩片烤麵包和一杯飲料——不知是牛奶還是清茶。偶然加上一碟煎蛋。中午多半是一碗湯麵。如此簡單的飲食，尚不如我們學生輩的享受。」[29]王星拱次子王煥晰回憶，「我記得都靠每月的一袋平價米生活，米中有老鼠屎、沙粒，黴變成灰色，難以入口。我家在門前籬笆外種菜養豬，母親還打豬草，日子過得艱難辛苦。」[30]偶爾，王星拱校長會改善下

---

26 小墨：葉聖陶長子葉至善小名。
27 葉聖陶：《嘉滬通信》第二號，四川人民出版社，1984年，第82頁。
28 《朱東潤自傳》，《朱東潤傳記作品全集》第四卷，東方出版中心，1999年，第238頁。
29 殷正慈：〈我所知道的王撫五先生〉，《學府紀聞：國立武漢大學》，臺灣南京出版公司，1981年，第64─65頁。
30 王煥晰：〈憶先父王星拱〉，《武大校友月刊》2008年第9期。

生活，「在城門口一家牛肉店停下來買四兩牛肉」，店主人也總是用一根短繩子拴好交給他。[31]

　　1940年之後，住在陝西街的蘇雪林利用房前屋後的空地，種菜養雞，自給自足，不亦樂乎。其實她們一家人也吃不了多少菜，又不可能挑到街上去賣，只能送給武大同人。別人吃了蘇雪林的蔬菜，也回贈點蒸饅烤餅什麼的。後來，蘇雪林的菜園經常被附近的軍人、市民，甚至什麼野獸光顧，不久就荒廢了。於是，又開始上街買菜。但是，「初上市的與將下市的都不敢買；豌豆、筍子、包心菜、韭黃，那類比較名貴的菜蔬，也從不敢問津。」1941年夏季，蘇雪林一家人「整整吃了四個月的豇豆和茄子，現在則每天上桌的無非是胡蘿蔔和芥菜。」她說，「我本是『寧可居無竹，不可食無肉』的俗人，所以經濟形況無論如何窘迫，每天午餐還有享受一二片肉的口福，當然不由教書而來，是我別以一種『神通』而致之的。南貨店裏『海味』雖不多見，『山珍』卻確不乏，冬菇、香菌、木耳、金針、雲南火腿、下關沱茶，一樣盈筐溢簍；臘肉鋪當簷掛著一串串醃雞薰肉，香腸臘魚；水果店桃李梨橘，涪州的荔枝，瀘縣的龍眼，紅的黃的，青的白的，璀璨滿眼，閃耀寶石的光芒；西式糕點鋪各色精緻糖食如朱古律、咖啡、可哥、奶油、各色土司，各色蛋糕，也五光十色引人垂涎，無奈都貼著無形的封條，禁止我們一染食指。」[32]

　　楊靜遠撰文說，總看見蘇雪林提著菜籃，微弓著背，吃力地走在通往廚房的甬道上，那麼疲憊，可又那麼頑強。她是個重視精神生活的人，把物質享受看得很淡。她一貫自奉甚儉，慷慨待人。「蘇先生做了許多菜，多半是她自己的『產品』。她又生怕我們吃少了，拼命把菜塞在我們碗裏，可是她自己卻吃得很少，她的身體那麼壞，卻只管刻苦自己。」[33]

　　大環境下，拿兩份教授薪金手頭闊綽慣了的楊端六、袁昌英夫婦，不得不為柴米油鹽精打細算。在石鳥龜居住期間，楊端六也種了一塊菜園，有西紅柿、南瓜什麼的，一有空就去園子裏除草。袁昌英為了能做出美味可口的菜肴，她用一個小筆記本，端正整齊地抄記了十幾種菜肴的烹調方法。以前她從

---

[31]　劉盛亞：〈一個大學校長〉，《劉盛亞選集》，四川人民出版社，1983年，第531頁。

[32]　蘇雪林：〈抗戰末期生活小記〉，李家平選編：《蘇雪林文集》，北京燕山出版社，1998年，第353頁。

[33]　楊靜遠：《讓廬日記》，武漢大學出版社，2003年，第81頁。

未拿過鍋鏟把，一旦需要，她擱下書和筆，下廚房也興趣盎然，而且盡力把它做好。楊靜遠日記裏有不少相關的記載：

> 1941年11月28日：回家後媽媽大吃一驚，沒想到我回得這麼早。她沖了一碗雞蛋阿膠給我吃。[34]
>
> 1941年12月4日：媽媽給我看她做的羊凍，樣子好看極了，美味無比。還有一碗和菜，也好吃極了，是紅蘿蔔、楠菜、芋頭、羊油幾樣合起來的，還有一碗油渣炒豆豉，冬莧菜湯，都非常好吃。[35]
>
> 1941年12月7日：媽媽用油渣炒豆腐乾和豆豉，裝了一罐給我帶到學校去吃。[36]

除了抱怨家務侵佔了從事學術的寶貴時間，袁昌英似乎並不以此為苦。她從一個大小姐、大教授、大作家，陡然下降，加入到戰時窮公職人員的行列。

有一次，經濟系學生袁征益碰上戴銘巽教授吃飯，看見除米飯外，只煮了四個雞蛋，去殼後沾點醬油下飯，再無其他蔬菜。他還對學生說：「吃，我是從不苛刻自己的。」[37]其實這樣的生活已經夠簡單的了。哲學系的詹寰回憶萬卓恒教授說，「萬先生年輕時過度用功，身體羸弱，瘦削的身材，滿臉的病容。……直到壁鐘敲響十二點，他雇的女工端進午飯來，我們才叫醒他：『萬先生，十二點鐘了，吃午飯吧。』他生活簡樸，午飯多半是半碗麵條加兩個雞蛋。」[38]生物系教授石聲漢始終以樂觀、豁達的態度笑對人生的艱難和生活的重負。他以幽默的筆調寫下一組〈浣溪沙〉（嘉州自作日起居注甲申夏末），共六首，描寫了他當時一天的生活，充分表現了他窮困而絕不潦倒的硬骨頭精神。其中一首這麼寫的：

> 白足提籃上菜場，殘瓜晚豆費周章，信知菰筍最清腸。
>
> 幼女迎門饞索餅，病妻揚米倦憑筐，鄰廚風送肉羹香。

---

[34] 楊靜遠：《讓廬日記》，武漢大學出版社，2003年，第20頁。
[35] 同前註，第21頁。
[36] 同註34，第22頁。
[37] 袁征益：〈懷念恩師戴銘巽教授〉，臺灣《珞珈》（1991年1月）第106期。
[38] 詹寰：〈漫畫當年武大〉，《新語文學習：高中》，2009年第6期。

石聲漢之子石定枎注：「抗戰時樂山菜市場上野生的竹筍、蘑菇價格便宜，是我家餐桌上的主要菜肴。」[39]

1938年武大初遷樂山，哲學系教授高翰暫時下榻在城內公園斜對面當地一家最像樣的旅館裏。一幫學生聽到老師抵達的消息，便相約前去探訪。到了那裏，高翰湊巧不在，大家便在客廳裏等候。大約過了個把鐘點，只見高翰喝得東倒西歪、醉醺醺地從外面回來。他看到自己的學生，興奮不用說，還連聲說：「坐下來，多談談，我沒有醉。」隨口交談了幾句，大家看高翰眯起了眼，便一面勸他休息，一面七手八腳把他推進房，安置在床上，才悄悄地離去。過了不久，一幫學生在岷江對岸大佛寺一所小別院裏，宴請高翰。吃的是精緻素菜，喝的是上等好酒。在座的又都是學生，是學生高翰都喜歡，所以他顯得特別高興，不免開懷暢飲。從此，一些學生私底下都認定高翰是個貪杯而沒有節制的人。日後才有人瞭解，高翰有酒量是不錯，懂得酒的好壞也是真的，可是他並不愛酒。不是那種場合，不遇上合適的對手，他是絕不會開懷暢飲的。通常的情形，他只是禮貌而已。高翰在家裏，或是普通飯局，常常滴酒不嘗。[40]

1939年6月3日，這天是葉聖陶長子至善與夏丏尊之女滿子結婚的大喜之日，自然要熱鬧一番。葉聖陶將兒子的喜筵設在皇華臺的紅十字會，因這裏風景不錯，「憑闌則岷江浩浩，淩雲、烏尤如列翠屏。」一共擺了六桌席，武大同仁兩席，武大學生一席，至善、至美的同學各一席，此外還專為女賓設立一席，包括袁昌英、蘇雪林等。「劉南陔、朱孟實、方欣安、賀昌群、李儒勉、陳通伯幾位先生皆鬧酒，新郎、新娘向不吃酒，居然各吃五六杯。並且鬧到我們老夫婦頭上，墨林亦飲二三十杯，弟則四十杯以上，醺然矣。」[41]

真正愛和學生吃喝的是外文系的英籍教授李納。學生王陸回憶說，「李納先生非常喜歡飲酒，每次至少飲四兩，我雖不善飲酒，但總是陪他喝個痛快。」在葉聖陶日記裏也有李納嗜酒的記載：「（1940年5月15日）午刻至東潤所，承招吃午飯也。同座有英人李那，此人嗜酒，諸友慫恿余與之並飲，各飲

[39] 石聲漢：《荔尾詞存》，中華書局出版社，1999年，第38頁。

[40] 劉守宜：〈誠心的祝福〉，《學府紀聞：國立武漢大學》，臺灣南京出版公司，1981年，第89—90頁。

[41] 葉聖陶：《嘉滬通信》第十一號，四川人民出版社，1984年，第123—124頁。

黃酒兩斤餘。」[42]丁宗岱則回憶說，「外語系助教吳志謙同李納交往較多。但兩人並非教學工作中的結合，而是輪流作東到飯館『打牙祭』的夥伴。當時師生生活清苦，每週難得吃頓肉菜。有個時期，我也打破師生界限，被邀參加到他們輪流作東到飯館『打牙祭』的行列。生活上增加不少樂趣。」

中文系教授高亨與歷史系教授吳其昌是清華研究院的同學，高亨常到吳家喝酒長談。吳的女兒吳令華記有他們的一段逸事：

> 第一次見高亨，大約是1939年秋冬在四川樂山。那天下午，我放學回家，聽見客廳後的小餐室裏有客人說話，這在我家是少有的事，便扔下書包進去看個究竟。見父親和一位伯伯正在逼仄的小屋裏喝酒，兩人的面孔都紅紅的，看來已喝了好一會兒了。見我進去，父親對我說：「過來，見過高伯伯。」我靦腆地叫了一聲，剛要退出，父親又說：「告訴媽媽，酒菜不夠了，再拿點來。」於是媽媽又切了些鹵雞蛋什麼的，還夾了一碟醃青菜頭，說：「在北平時，你爸爸的同學都愛吃我醃的菜。」[43]

1942年，樂山嘉樂紙廠董事長、作家李劼人偶得幾瓶佳釀美酒，特邀武大朱光潛、葉石蓀、劉永濟和當地一些名流會飲，並談詩論文。李素豪放喜飲，要一一與來客碰杯對喝，輪到劉永濟時，因患胃病不能飲酒。李劼人不悅：「劉君不飲，當填三詞抵償。」大家隨聲附和。他當即鋪紙寫下〈浣溪沙〉三闋，「以為笑樂」：[44]

一

不見泉明漉葛巾，喜君豪飲氣輪囷，相逢寒穀變春溫。

好築糟邱聊作長，儻封酒國定稱臣，不須持盞唱橫汾。

二

三載江城似夢過，今宵風月足婆娑，且將酒盞壓金戈。

[42] 葉聖陶：《西行日記》，《葉聖陶集》19卷，江蘇教育出版社，1994年，第256頁。

[43] 吳令華：〈胸有千秋史的高亨〉，網祭網。

[44] 劉永濟：《劉永濟詞集・驚燕集》，湖南人民出版社，1984年，第49頁。

高點銀燈看醉舞，漫憑鶯管寫哀歌，只愁無計奈醒何。

三

止酒誰言慘不歡，我看人醉亦陶然，莫將醒醉作方圓。

獨把空杯原有味，得知天籟本無弦，泉明應識長公賢。

李閱罷，翹著大拇指，笑道：「昔人寫文章有倚馬可待的傳說，我未親眼見過。今天劉君即席成章，我算大開眼界了，佩服、佩服！」引起一陣哄堂大笑，共欣永濟填詞之敏捷。

1944年12月16日，經濟系戴銘巽教授邀請楊端六全家人去他那裏吃中飯。楊端六之女在當天日記中記載：「（戴先生）他太太在五通橋，他現在還是和趙師梅、陳登恪合夥。今天陳家出城，他又燒了三斤肉，正可以請我們。他們這三家合辦夥食說起來真是個笑話。戴是單身，趙是單身，陳一家三口，三家卻作三份平分。再看他們那買菜值日表，趙四天，戴兩天，陳一天。我笑著說：『成等比級數。』今天戴請客也有一段由來：他和董先生打賭，說董的薪水一定超過300元，但一查證明他輸了。」[45]

青衫布鞋，自得其樂

「衣食住行」裏面「衣」是排在第一位。大概因為衣著是人類區別動物的最大標誌吧。

現代社會裏，衣著是人們展示自我的第一品牌。試看滿街的男男女女，誰不穿得體面，甚至光鮮照人。不過在山河破碎的非常歲月，後方人士的那份樸實無華的生活，更令人慨歎。雖然是布衣青衫，卻人人都自覺心安理得，精神上永保持著一份「明誠弘毅」的朝氣。這麼說只是覺得，倘若只滿足物質上的浮華與虛榮，而失去了精神上的平衡與支持，那寧可取其「精神」的內涵，而捨棄物質。「徒有其表」者，往往是一具沒有生命與靈魂的軀殼而已，而氣質的高貴優雅乃是從精神的力量而來。

---

[45] 楊靜遠：《讓廬日記》，武漢大學出版社，2003年，第298頁。

　　1941年7月，西南聯大的羅常培教授遊歷蜀地，路過樂山，到文廟看望了王星拱等朋友。當時，王校長「穿著一件灰色羅衫，頭髮全白了，臉下還有好些黑痣」。羅常培不由感歎，「回想二十年前，我在北平漢花園的紅樓裏聽他講科學方法論的時候，他正革履西裝，精神飽滿，那是何等少壯英俊！」[46]作家劉盛亞描繪王星拱：

> 　　除了冬天，他的腳上總是穿著黑色尖頭皮鞋，而且總是擦得很光亮的。在冬天，大約是因為年紀太大了，怕冷，才換上氈靴子。成年他都是穿長衫的，秋冬季加上馬褂。他唯一的隨從用品是一個黑色的大皮包。[47]

　　關於王星拱的「行頭」，另有一種說法。曾有學生問道：「我國的傳統禮服，為長袍馬褂，校長為什麼只愛穿長袍，而不穿馬褂呢？」王星拱答道：「馬褂帶有封建官階之意，過去帝王賜『黃馬褂』就是一種官職，我是搞教育的，不是來做官的；我只穿長袍，既簡便，又保暖，也表示我們為人處世，要『一身正氣，兩袖清風，剛正自立，不卑不亢』之意。至於西裝，又要硬領襯衫，又要佩領帶，既麻煩，也不保暖，還有幾分洋氣，所以我也不愛穿它。」[48]王星拱到底穿不穿馬褂已無從考證，但其生活儉樸，卻是有口皆碑。乃至有一次白崇禧到文廟大禮堂給學生訓話，其衛兵阻擋王星拱不讓進去，甚至掀翻了他的車。因為他的穿著過於樸素，衛兵不相信他是校長。至於王星拱之後的周鯁生校長，也是極其普通，「他不論是在小縣城樂山還是山城市武漢，總是身著不顯眼的舊西服，穿著舊皮鞋，手提舊皮包出現在校園內外。」[49]

　　武大教務長朱光潛，「平時他也是一件布衫，腳上穿的是皮鞋，夾著一個大皮包，執著一條手杖，總是形色匆匆，埋頭望地，朝辦公室走去。」[50]訓導長趙師梅工資相對豐厚，但生活十分簡樸，終年總是穿一套半舊的毛呢西服，在白土布的中式汗衣上打一個蝴蝶結，足履一雙破舊的布鞋，顯得十分輕鬆、愉

[46] 羅常培：《蜀道難》，河南人民出版社，2008年，第28頁。

[47] 劉盛亞：〈一個大學校長〉，《劉盛亞選集》，四川人民出版社，1983年，第531頁。

[48] 吳驍：《王星拱：嘔心瀝血，流亡興學》，武漢大學校友網。

[49] 王孔旭：〈回憶周鯁生校長二三事〉，臺灣《珞珈》（1992年1月）第110期。

[50] 伍一民：〈回憶在樂山的日子〉，臺灣《珞珈》（1998年1月）第134期。

快。他在數九寒天也不戴帽子。1943年50壽辰之際，幾個學生湊錢在成都買一頂呢禮帽，送給他表示祝賀。他說：「何必花錢買這個。」以後也未見戴過。

羅常培教授在《蜀道難》裏還提到已卸任文學院長的陳源，「那位好說『閒話』的西瀅，雖然唇有黑髭，鬢雜白髮，背部也稍微有些拱起，可是一穿起亮紗的藍衫來，還依稀有點兒當年住在北平東吉祥胡同時候的風度。」[51]1941年外文系畢業的袁望雷在〈懷念吾師陳源教授〉中說：「他背微駝，上課時常穿長布衫，戴金絲眼鏡。」[52]另一位外文系學生王陸回憶，「陳源教授是位饒有風趣的學者。……冬天，他總是身著棉袍、頭戴棉帽上課。他說：『教室裏和外面一樣冷，對不起，我就不脫帽了！』」[53]接替陳源文學院長一職的高翰，卻是豐神飄逸，衣冠楚楚，服飾整潔，有時是西服革履，有時是長袍馬褂，儒雅瀟灑，儼然一派佳公子模樣也。高翰之後的另一位文學院長劉永濟和中文系主任劉賾，「這兩位教授年齡均在五十開外，身著藍布長衫，腳履朝圓布鞋，身材修長，頭髮蓬鬆，精神矍鑠，態度安詳，一時分不清誰是劉博平，誰是劉永濟。隔了一段時間，才分清楚前者面部稍微黝黑一點，任系主任；後者身材略高一些，任文學院長。」[54]

有「東方黑格爾」之稱的哲學系張頤（真如）教授，其衣著形象在諸多學子心中都留下難以磨滅的印象。伍一民回憶，「他身著一件深灰色布長衫，腳上一雙布鞋。他身軀肥大，面色微腫，踱著方步，慢步上文廟的石級。如果張教授行走在街上，不識者一定以為他是市井中人，一點也沒有名教授的風範氣度，他確確實實是著作等身。」[55]於極榮印象裏的張頤，「平時衣著，長衫一襲，或長袍黑褂，步履白襪，四季如一。」還說：「從先生遊，數年以還，從未見先生穿西服，結領帶，著革履。蓋先生雖治西洋學術思想，而生活修養則純粹為一東方學者典型。」[56]詹簧在〈漫話當年武大〉中寫到張頤，「他五短身材，身體有些發福，平時總是一襲布料長袍，秋冬季則加上一件玄色馬褂，

[51] 羅常培：《蜀道難》，河南人民出版社，2008年，第28頁。
[52] 袁望雷：〈懷念吾師陳源教授〉，《珞嘉歲月》，2003年，第222頁。
[53] 王陸：〈樂山時期的武大外文系〉，臺灣《珞珈》（2000年4月）第143期。
[54] 陳達雲：〈記劉永濟師二三事〉，《老武大的故事》，江蘇文藝出版社，1998年，第83頁。
[55] 伍一民：〈回憶在樂山的日子〉，臺灣《珞珈》（1998年1月）第134期。
[56] 於極榮：〈張真如先生二三事〉，《學府紀聞：國立武漢大學》，臺灣南京出版公司，1981年，第120頁。

腳穿軟底皮鞋，舉止雍容大度，優雅端方，但卻平易近人，沒有絲毫洋學者大名人的架勢，一望而知是傳統士大夫學人的本色。」詹宴的文中還提到哲學系的另一位教授胡稼胎，「他的外表古樸，布袍布鞋布襪，偶爾還戴一頂瓜皮帽……活像一個鄉間的老學究，是道地的『土教授』。」[57]

1943年，楊東蓴來到武大政治系任教，「那時他僅43歲，春秋鼎盛，精力飽滿，而在儀態上卻頗衰萎。夏天穿一身白土布唐裝，冬季著深灰色精布棉袍，頭戴瓜皮氈帽，腳上穿的則是他夫人馮愛瑩親手做的布鞋布襪，一年四季剃個大光頭，左手夾一個用黑布包裹的書包，右手挂一根拐杖，龍鐘老態，酷似衰翁。抽的煙則是地攤上擺的五十支一紮、質劣價廉、一擦火柴就燃旺火的『紙煙』。他這種形象與其當時年齡比較是很不相稱的，反映出他當時的心情。」[58]外文系戴鎦齡提到楊東蓴，「每當寒季到來，總是披掛一件破敝不堪的舊布袍，在街道上大搖大擺，自得其樂。」學生丁宗岱回憶，「一次偶然的機會，我在文廟學生壁報欄前，看到一位陌生的教師，在認真閱讀壁報上的文章。他五十多歲（按，楊東蓴實際只有43歲），穿舊藍布長衫，布鞋、綁腿，腋下夾個舊布書包，是當時一般教師的裝束。」[59]

數學家吳大任回憶生物系石聲漢教授，「一天，他買完了菜，去看個朋友，開大門的朋友同居者，見他衣冠不整、瘦骨嶙峋，面有菜色，又挎個菜籃，便以僕役相待，他也將錯就錯，恭謹有加，略不辯解。」[60]剛強的石聲漢始終以樂觀、豁達的態度笑對人生的艱難和生活的重負。他以幽默的筆調寫下一組〈浣溪沙〉（嘉州自作日起居注甲申夏末），其一云：

> 雙袖龍鐘上講臺，腰寬肩闊領如崖，舊時元是趁身裁。
>
> 重綴白襕藍線襪，去年新補舊皮鞋，羨它終日口常開。[61]

再看工學院的幾位教授。機械系主任郭霖教授「身材瘦小，留著一撮小鬍子，頭戴禮帽，常穿燕尾服，手中不時的揮動著斯蒂克，總是精神抖擻，一副

[57] 詹宴：〈漫話當年武大〉，臺灣《珞珈》（1994年1月）第118期。
[58] 廖有為：〈和楊東蓴同志相處的日子〉，《民進會史資料選輯》第四輯。
[59] 丁宗岱：〈懷念先師楊東蓴教授〉，《珞嘉歲月》，2003年，第150頁。
[60] 吳大任：〈懷聲漢〉，《石聲漢教授紀念集》，1988年，第52頁。
[61] 石聲漢：《荔尾詞存》，中華書局出版社，1999年，第38頁。

英國紳士風度。」[62] 土木系丁人鯤教授「身穿藍色陰丹士林布長衫，頭戴禮帽，腳穿布鞋，手裏拿著文明棍，樸素而瀟灑，完全是一派教授學者風度。」[63] 而電機系葉允競教授留給學生印象最深的，是他安貧樂道、勤勞敬業、簡樸無華的精神風貌。周克定回憶他，每天穿著一套舊西服和一雙舊布鞋，但總是面帶笑容情緒樂觀，不停地研究學問，並以滿腔熱情教書育人。

　　天性最愛打扮的女性，在艱苦歲月也不得不有所收斂。楊靜遠日記裏提到年僅28歲的女教授孫家琇，「非常男性化，衣服穿得像個醫生。」蘇雪林於1941年所寫《抗戰末期生活小記》云：

> 　　說到衣，本城綢莊布店多的是。但陰丹士林賣到每尺一百廿元，門面極仄的土布也賣到每尺三四十元，我們想添補衣服也就難了。至於那些嗶嘰花呢綢羅綾緞之類，何嘗不是應有盡有，可是我們不但不敢問價，連在店門佇一佇腳的勇氣都沒有，為的懼怕那些頭髮梳得光光，西裝穿得筆挺的店員們的眼光。幸而我還沒有遭過敵機轟炸之災，尚保存得幾件比較體面的章身之具，又學校發過幾次平價布，抗戰若能於兩年內結束，我的穿衣問題或者不致於怎樣恐慌的。[64]

　　當時武大有一位英國籍的語音教師李納，黃髮碧眼、滿面長鬚，又瘦又長，可是他照樣喜歡穿一身廉價的灰布長衫，颼颼然地，像個竹杆架，臨風欲倒地，常常被市民圍觀。有人問他為何喜穿中國長袍，他說：「長袍一穿，不但舒服，而且帶點東方神秘性的仙氣。」不過是一種玩笑話而已。經濟系王家佑云：「大一基礎國文教授是葉聖陶（紹鈞），長袍布鞋，一口蘇州官話，儒者風範；基礎英文教授是錢歌川，西服筆挺，口銜煙斗，一派Gentleman風度；一中一西，正體現武大相容並包自由學風，情景難忘。」[65]

　　在物價上漲，生活艱難的時期，各位教授們清貧自守，默默地耕耘著武大這塊良田，布衣粗食居陋巷，保持著孔門弟子顏回、子路的遺行，自得其樂。

---

[62] 蕭正：〈悼念郭霖教授〉，《學府紀聞：國立武漢大學》，臺灣南京出版公司，1981年，第181頁。
[63] 蔣士滔：〈網球場上的往事〉，《北京珞嘉》1998年第2期。
[64] 蘇雪林：《抗戰末期生活小記》，北京燕山出版社，1998年，第353頁。
[65] 王家佑：〈回憶峨嵋戲社往事〉，臺灣《珞珈》（1998年1月）第134期。

他們的節操，他們的風範，潛移默化，對莘莘學子是無形的教化與薰陶。學生每天站立兩廂，不僅是來瞻仰他們的風采，更是來接受教誨。

　　說說學生們的衣著吧。「在嘉定那個山城裏，男同學們，不是布袍一襲，瀟灑揚逸，就是中山裝一套，活力充沛；女同學們，則百分之八十是『陰丹士林』或安安藍布旗袍一件（冬天再加上一件粗毛線衣），鉛華不事，素雅大方；這種布袍青衫，任何場合都可以去得，出席會議是它，上課是它，坐茶館寫論文，也仍舊是它，從來沒有誰批評過誰的服裝太『poor』。」[66]

　　丁仲昆〈樂山瑣憶〉提到，當時男女同學穿長袍的不少，男同學一件藍布大褂常常是穿了洗，洗了又穿，經月累年，很少改換。不過，外穿這種長褂，裏面的衣服雖然破爛一點，也無大礙。同學中很難見到西裝革履的，一般都很樸素，不少人身上的衣褲還補丁加補丁，大家習慣了，也就不覺得奇怪。「記得有一次，一位四川新來報到的女生，她出身於一個富有家庭，初次見到校園內這麼多身穿破破爛爛衣服的人，她驚奇地問旁邊的人。武大哪來這麼多的叫花子？這話被附近的同學們聽到了，氣憤不已，紛紛質問她是哪個國家的人？為啥對來自淪陷區的同學一點同情心都沒有？為啥這樣狗眼看人？嚇得她一句話都說不出來，只是連聲向同學們道歉。以後校園內再也沒有聽到過類似的論調了。」[67]

　　生活在寶島臺灣的鄧先掄說，「在那時侯，也並非沒有穿西裝的，但是，那時侯的風氣——尤其在學校圈子裏，對於穿西裝的同學，並沒有特別覺得神氣的觀念。因為，『下江』同學帶來的西裝，經不住年月的磨損，已跡近破舊，穿出來反而更難看。四川當地同學的西裝，倒是新制，然而，也只有少數『紳糧』子弟，才做上一套兩套。四川同學，儉樸好學，多半寧願買書，不肯繃這個『虛場面』，猶記得樂山城中首富——有半城綽號的千金，也在武大讀書，初時還打扮得花枝招展，錦繡滿身。然而，未有多久，馬上洗淨脂粉，卸換繡衣，老老實實地也穿上陰丹士林旗袍上學，連『叮叮當當』的私用包車（人力車）都不敢坐；由此可見，當時我們的樸實校風，感染之力是如何大？」[68]

[66] 鄧先掄：〈青衫布服學士裝〉，《學府紀聞：國立武漢大學》，南京出版公司，1981年，第321頁。
[67] 丁仲昆：〈樂山瑣憶〉，《武大校友通訊》2010年第2輯。
[68] 鄧先掄：〈青衫布服學士裝〉，《學府紀聞：國立武漢大學》，南京出版公司，1981年，第322頁。

　　1942年秋天，內遷樂山、峨眉的幾所高校舉行體育運動會。武大代表隊出席開閉幕式還穿著禮服，男生上身著藏青或黑色西服，下身著白色帆布長褲，運動服男女一律都是白布翻領短袖襯衫。男女生白色短袖運動服都是自己出錢縫制的，而青、黑色西服上裝，自己有的不多，多半是向其他人借的。比如，經濟系學生顧煥敏穿的一件上裝就是向江蘇老鄉、電機系陳錫懷所借，「他的一套在上海做的黑色雙排扣純毛華達呢西服在當時很吃香，由於質地好、做工細、式樣新，曾借給許多同學於畢業時作為拍學士照的禮服用，十分走俏，應接不暇。至於女生穿的禮服式樣已記不清楚了，可能是淺藍色陰丹士林布做的短袖旗袍。」[69]

　　徐博泉的回憶中提到，抗戰末期，美國總統羅斯福捐助中國一批布匹，以救濟困難，稱為「羅斯福布」。這批布配發到武大，殊不知學生拿到的，竟是當時一般中國士兵穿的灰色平價布，只有教師和職員們才得著真正羅斯福布。據說有人大膽反映到當時的中央政府，結果還是石沉大海。[70]

　　總之，在當時學生看來，武大的「布衣」格調，是多麼「高雅可貴」了。因此，「你若在那時的樂山城中，遇到個穿藍布大褂的年青人，千萬不可低估輕視，九成九是武漢大學的學生呢。」[71]

陳立夫首創貸金制

　　為了保證高等教育在戰時的平穩發展，國民政府除要求淪陷區的高校內遷之外，還考慮到內遷高校學生在經濟來源斷絕的情況下個人生活的實際困難。在此背景下，新上任的教育部長陳立夫首先建議設立貸金制度。

　　1938年2月，教育部頒布〈公立專科以上學校戰區貸金暫行辦法〉11條，規定公立專科以上學校學生家在戰區，費用來源斷絕，經確切證明必須救濟者，得向所在學校申請貸金。貸金分全額、半額二種，按當時膳食價格、全額每月8

[69] 顧煥敏：〈1942年樂山大專院校運動會拾遺補缺〉，臺灣《珞珈》（1994年10月）第121期。
[70] 徐博泉：〈抗戰時期樂山武漢大學師生生活一瞥〉，《樂山文史資料》第三輯。
[71] 同註68，第323頁。

元或10元，半額每月4元或5元，以所在地生活費用及學生之實際需要定之。如西南聯大畢業的劉重德回憶：「我們每人每月只靠政府發得8元貸款維持生活。其中6元學校留作伙食費，發到我們手上歸我們自己支配的僅有兩元。儘管抗戰第一年『法幣』尚未貶值，但只能滿足日常生活最起碼的需要。」[72]

1940年各地物價上漲，膳食貸金辦法也隨之重新修正，「以每月每人食米2市斗1升市價，另加燃料、油鹽、菜蔬、廚工工資等費用為計算標準，全貸者月給全數，半貸者月給半額。同時對自費生亦補助膳食貸金，其辦法視學生家庭經濟狀況分為全補半補兩種，全補者除學生自繳18元外，補助其超額之全數，半補者補助其超額之半數。此外又訂零用貸金、特別貸金辦法，前者規定每名3元，經濟較困難之學生可以申請此項貸金，但名額不得超過戰區貸金學生總人數69%，後者分服裝、書籍兩項，全額每名每學期20元。半額10元，經濟特別困難之學生於膳食貸金外，尚可申請此項貸金，惟名額不得超過戰區貸金學生總人數10%。」[73]

1941年度第二學期起，國民政府教育部又頒發〈國立中等以上學校學生貸金暫行規則〉，其要點如下：

1、戰區學生膳食分為甲、乙兩種，以每人每月食米二市斗一升，照學校所在地中等熟米市價，另加副食費（即燃料油鹽菜蔬工資等）為計算標準。凡屬戰區生經濟來源斷絕者視其生活情形，分為甲種或乙種貸金生、甲種貸給全額，乙種除由學生自繳18元外，貸給其超額。

2、自費生補助膳食貸金，亦分甲乙兩種，甲種與戰區乙種貸金同，乙種除學生自繳18元外，貸給其超出額之半數。

貸金之請領與償還亦均訂有辦法，貸金學生平時每週並應為學校服務3小時。

貸金之設，意在救濟，但各校核發不免寬泛過濫，且一般學生因有此待遇，亦群趨於普通中學，致師範、職業兩科招生不易，我國師資人員本已不敷，若貸金制度不予限制，則影響所及勢必更甚。教育部為求補救起見，特頒發〈非常時期國立中等以上學校及省、私立專科以上學校規定公費生辦法〉，以科系之分別，定公費之比例，自1943年度開始實施，對學生待遇作了較嚴格的規定。

---

[72] 劉重德：〈跋山涉水赴聯大，讀書寫詩為中華〉，葛興純主編：《西南聯大在蒙自》，雲南民族出版社，1994年，第35頁。

[73] 申曉雲主編：《動盪轉型中的民國教育》，河南人民出版社，1994年，第248—249頁。

　　1944年冬至1945年春，日寇在豫、湘、粵、桂、黔等省連連進犯，戰區擴大，需安插救濟的學生日益增多，原有公費生辦法不盡適用。於是，教育部頒發〈修正非常時期中等以上學校及省私立專科以上學校規定公費生辦法〉，自1945年8月份實施，以戰區生及經濟來源斷絕之學生為盡先核給公費之對象，不分科系。

　　公費制度，原以救濟戰區流亡青年為目標，1943年度訂頒之時，曾規定至戰事結束或學生畢業時為止。抗戰勝利，本應即予廢止，惟以時局尚未平靜，國民經濟尚未好轉，因規定凡已享受公費待遇的學生，仍維持至畢業為止。

　　戰時對內遷學生實行貸金、公費制度固然對學生就學、生活起了重要的保證作用，在具體實行這項制度時，也有許多問題。1938年以前教育部雖對戰區學生予以救濟，為數不多，且當時物價不高，救濟費用有限。據統計，截至1938年止，受救濟之學生不過2.9萬人，1938年至1942年，四年間亦不過增了一倍。而至1942年以後人數陡增，到1943年即有5萬人，以後人數愈多。加上物價高漲，公費貸金之數日見膨大，甚至超過全部教育費用數倍，教職員的基數倍數也逐年增加，因而各級學校膳食發生困難，從而影響學生的營養狀況。

　　但我們不能因此抹煞貸金制度、公費制度的作用。戰時學生大部分得了全部或部分貸金或公費。據1939年統計，「現有全國學生有70%以上是拿貸金的。」最初名曰貸金，原期學生就業後償還。後來因清償不易辦到，且法幣貶值，償還幾乎等於不還。此項支出費用浩大，幾乎超過國家文化經費二分之一。根據戰時任教育部長的陳立夫所著《戰時教育行政回憶》一書稱，「戰時由中學以至大專學校畢業全賴國家貸金或公費以完成學業者，共達十二萬八千餘人之多。」[74]

　　從小處看，貸金制度和公費生制度是確保內遷學生能夠繼續求學的必要保障，從大處看，卻是保障延續中國文化教育血脈的重要舉措。

---

[74] 轉引自申曉雲主編：《動盪轉型中的民國教育》，河南人民出版社，1994年，第251頁。

貸金制度與武大學生

其實，武大早在創立之初，於1929年9月24日在第47次校務會議議決公佈實施了〈國立武漢大學貧苦學生免費規則〉，規定：一、家境貧苦；二、入學滿一年以上；三、全學年總平均成績在七十五分以上的學生，可請求免繳本學年學費、體育費、雜費。此項規則一直執行到抗戰遷校時。西遷後，戰亂阻隔，物資匱乏，學生無論家境貧富一概生活艱苦，大部分學生（主要是戰區學生）靠政府貸金度日。這是當時所有內遷的中國大學的共同寫照。

據涂上飆主編《樂山時期的武漢大學》介紹：戰區學生貸金基金屬於非營業循環基金，基金定額50000元，由教育部撥發，存於中央銀行。該基金由武大貸金委員會核定先行墊付，後再呈送教育部核准後撥發歸墊。貸金主要用於資助品學兼優的寒門學子讀書，如1945年，校方向496名公費生發放了貸金，又向193名自費生發放了補助膳食貸金，還向389名戰區生發放了貸金，三者共計1078人，而當時武大學生總數1364人，可見其比例之高。高比例貸金的發放，對於保證眾多寒門學子維持日常基本生活，完成學業，起到了一定的作用。

據1941年考入武大的王滋源回憶，「抗戰時期的武大，學生來自全國各地，不少人是從淪陷區來的，沒有經濟來源，學校為此有貸金證的頒發。貸金分四種：戰區甲、戰區乙、非戰區甲、非戰區乙。一般來自淪陷區的學生都可領到前兩種貸金。前者除了吃飯，還可以領一點生活補貼；後者只管吃飯。貸金由學生申請，貸金評審委員會評定，訓導處審批。新生一入學，報了到安排好住處之後，第一件事便是填表申請貸金。特別是來自淪陷區的學生是有求必應，這似乎是習以為常的例行公事了。」[75]另據1938年轉入電機系借讀的江西人歐陽一回憶：「我們到樂山的那天已是11月27日，渡過岷江後就直奔文廟辦理入學手續。學校不但不收戰區學生的任何費用，而且為解決戰區學生的生活問題設置有貸金制度，發給學生的貸金分甲、乙、丙三級，甲級每人每月6元（除吃飯外，每月還可有1元零花錢），乙級每人每月5元，丙級每人每月4元。我報

---

[75] 王滋源：〈回憶趙師梅的故事令人感動〉，臺灣《珞珈》（1992年1月）第110期。

到時身邊所剩的錢不多，乃申請貸金，被批准給予甲級貸金。」[76]後來，歐陽一嫌新生宿舍燈光不好，不利於晚上學習，於是聯合其他幾位同學在外租房住。總務處知道他在外面租房子，就停發了他的貸金。足以說明武大即使在抗戰大後方治校也是極嚴的。下面再舉一例。

訓導長、電機系教授趙師梅曾兼任貸金評審委員會委員長。他十分關心青年學生，一般申請都能得到批准，只是根據具體經濟情況有等級高低之分而已。但是有一位來自戰區的新生的申請未得批准。原來在來校途中，這個學生和趙師梅同乘一船，川江船小，乘客朝夕見面。他花錢大方闊氣，趙師梅都看在眼裏。在互道姓名之後，見趙師梅衣著樸素，毫無教授氣派，以為是武大普通職工，乃直接稱呼「老趙」。交談中他還誇耀自己的家庭如何富裕，神奇十足。入學之後，他卻編造家境如何不好、缺少經濟來源之類的假話，作為申請貸金的理由。不料未被批准。他一怒之下去找訓導長說理，走近辦公室門口碰到一個人竟是船上認識的老趙。他像遇到了親人：「老趙，你給評評理，為什麼淪陷區的人都有貸金，我卻沒有？」「我有事出去」，趙師梅微微一笑就走了。他一進辦公室便喊：「訓導長在不在？我有急事找他。」「剛才出去的人不是嗎？你剛才還在和他說話呢。」「啊，原來老趙就是訓導長！」「對！他就是訓導長，趙師梅教授。」這個學生吃驚不小，半天說不出話來，趕緊溜了。

學生貸金從理論上說，並非白給。魏懷樞〈母校生活雜憶〉就說，「貸金是要歸還的，每個學生貸金的數目和歸還時間都是列印在畢業證書（或結業證書）上的。可是到了該歸還的時候並沒有還，沒有還的原因是學校沒叫還，學校沒叫還的原因，大概是在當時，不論是金元券還是銀元券，幾百元面值的鈔票落在地上，已沒有人有興趣彎一下腰了。」[77]張肅文〈樂山武大雜憶〉又說，「學生依靠貸金，繼續讀書。畢業工作後，再償還貸金（實際上，由於通貨膨脹十分迅速，因而畢業後，所欠的貸金嚴重縮水，幾乎已無償還的必要了）。不久又推行了公費制度。筆者即是公費受益者之一。公費卡片是64開本大小的紅色卡片；貸金則是同樣大小的綠色卡片。每月末，將卡片交給夥食自辦（由

---

[76] 歐陽一：〈樂山雜憶〉，《武大校友通訊》2005年第1輯。

[77] 魏懷樞：〈母校生活雜憶〉，《武大校友通訊》1997年第1輯。

學生推定的夥食自辦經理）。下月結尾時，由夥食自辦公佈帳目。有時還可有少量節餘，可以作為零用錢。」[78]

　　戰亂日久，通貨膨脹，法幣日益貶值。學校通常的做法是：對享受貸金的學生，按每人每月2斗3升米折合為法幣，每月「公共食堂」將夥食費之餘額發還學生。負責發放學生貸金的政府部門工作不力，常常延誤貸金「到戶」的時間，而戰時四川物價異常波動，昨天還能買一隻雞的錢，今天可能就買不到一個雞蛋了，延遲到達的貸金肯定大為「貶值」。為此，校長王星拱不辭勞苦，舟車勞頓，親赴重慶，到教育部領取貸金後馬上趕回樂山將貸金發放給學生，確保學生貸金使用時的「含金量」。1942年11月18日，教育部派周思漢來武大視察，瞭解學生生活狀況，學生反映物價增長三四十倍之多，而貸金不能隨物價指數增加，要求國民政府採取措施，改善學生生活。

　　1942年，抗戰已進入第五個年頭，戰區擴大，軍用浩繁，物質短缺，法幣貶值，物價上漲，戰區學生經濟來源斷絕，靠政府發放貸金過活以維持學業。非戰區學生特別是川籍同學，由於地處大後方，徵兵征糧的重擔皆落在川民肩上，大部分川籍學生的經濟情況也不好，也希望像戰區學生那樣能得到政府的貸金來維持學費。但這一要求如何能上達川省當局，卻感到計所難出。當時武大同學會負責人之一的法律系伍一民，一日忽聽說王星拱校長要上成都開會，他和另一負責同學同去見校長，說明來意與請求，王星拱答應向當時省主席張群提出來。事隔不久，川籍學生得到了助學貸金，數額較戰區同學少三分之一，他們能享受貸金應該說是王星拱促成的。[79]但是，王星拱對自己的孩子卻又是另一回事了。樂山時期，他的兩個女兒都在讀書，都屬於戰區學生，理應享受學生貸金，但王星拱堅持不允申請，認為那些遠離家鄉的學生更為困難，應優先把名額讓給他們。清華梅貽琦校長也是，從不允許發給當時同在聯大念書的四個孩子一分錢。

　　通過大量史料我們可以看出，戰時貨幣貶值，物價飛漲，貸金往往成了杯水車薪。比如1940年考入武大的高峻嶺報到後，安排住進第一學生宿舍。他說，「我們在附近的大食堂裏吃飯，由於物價飛漲，學校發給的貸金，只夠

[78] 張肅文：〈樂山武大雜憶〉，《武大校友通訊》2008年第2輯。
[79] 伍一民：〈回憶在樂山的日子〉，臺灣《珞珈》第134期

維持每天的二飯一粥，小菜必須自備。我因家鄉淪陷，經濟來源斷絕，無錢買菜，只得買瓶醬油，充當小菜下飯，可以填飽肚子。日子一久，由於長期缺乏營養，兩條腿發腫了，心臟也不大好。」[80]楊端六教授的女兒、外文系學生楊靜遠撰文說，「武漢大學的學生，除少數當地富裕家庭的子弟，絕大多數是外省流亡學生，他們基本上靠政府發放的貸金維持四年的生活和學業。所謂貸金，就是每月以2斗3升米（相當於34.5市斤）折合成的法幣，除大部分作夥食費交了宿舍食堂，還要餘點買書和零花。所以，食堂供食之差可以想見。」[81]

又如1943年秋冬，讀到經濟系大三的顧煥敏經濟也發生了恐慌，「雖然享受甲種貸金，只夠吃點辣豆瓣、鹹菜之類佐飯，時年方弱冠，正值長身體、增智力的青春年華，沒有適當的營養，難以維持身體健康，完成學習重任，還有，學習和生活的必需用品，如筆墨紙張、牙膏肥皂也要自備。」[82]他從上海帶到四川來的稍為值錢的衣物、手錶等早就拿去寄賣行變現了。其時家在敵戰區南京，糧草早斷，樂山又無親無故，告貸無門。正在為難發愁之際，有人介紹他去樂山《誠報》當兼職記者，幹了一年多。當然，那時當記者的月薪絕對不夠養家活口。可能只能貼補點夥食，或買幾條中下等香煙，或去館子打一頓大牙祭。1939年考入經濟系的王家佑回憶說，「抗日戰爭時期，學生生活較苦，不少同學在外兼差，我曾在當地稅局『打工』，在該局『打工』的還有金力平、劉珍寶等同學共十多人，局長鄭家祜是武大前期學長，還有幾位都是武大前期畢業，對我們這些『打工生』很是照顧，實行『彈性工作制』不影響上課和其他活動。」[83]

在勤奮讀書之外，兼職賺點兒錢貼補生活，是樂山時期武大多數學生的生活寫照。據說有些神通廣大的學生，兼職竟然到了五通橋甚至宜賓，「莘莘丘九，遠戍異域，情非得已，學校也就只好睜只眼閉只眼了。臨到期末考試前夕，就像那天涯遊子得趕回家吃年夜飯似的，風塵僕僕的這批兼差人兒都紛紛趕了回來，但見一干半生不熟的面孔，兀自也穿插在試場裏的座位上，大咬其筆杆了。至於那份膳食貸金，自然是托人按月照領不誤，只以其人長遠不在樂

[80] 高峻嶺：〈艱苦的樂山學習生活〉，《武大校友通訊》2002年第1輯。
[81] 楊靜遠：〈吃在戰時的樂山〉，《北京珞嘉》2002年第1期。
[82] 顧煥敏：〈追憶樂山《誠報》〉，《武大校友通訊》1995年1輯。
[83] 王家佑：〈回憶峨嵋戲社往事〉，臺灣《珞珈》（1998年1月）第134期。

山，而是遠在敘府或其他什麼地角，故曰『遙領貸金』。」當然啦，「此路英雄為數非多」。[84]

學生夥食堂的「八寶飯」

1940年12月23日。國民政府教育部長陳立夫視察武大，在他作報告的過程中，學生紛紛寫小條提問。有人提到了「八寶飯」問題，陳立夫說：「現在就要吃飯了，你們第一件事就是這個問題，『民以食為天』，可能有些人要吵罵，說政府不關心你們的生活，武漢大學師生來川避難，堅持教學，經歷千辛萬苦，實非易事。你們的貸金是以糙米為準。四川父老子弟支持抗戰，深明大義，獻糧出人，作了很大努力。政府發放貸金，以米為準，很不容易，至於米內滲水滲砂，以劣易好，實乃奸商發國難財所為，並非政府本意。政府雖三令五申禁止，但地方勢力把持，政令有禁難止。中國有句名言『雖鞭之長，莫及馬腹』，萬望諸生體意諒解。」[85]

不良奸商大發國難財，引發了學生結夥打米廠事件。1944年秋天的一個上午，經濟系學生劉悟帶領各個宿舍的學生一百多人高聲呼喊：「政府配給我們同學尚好的白米，既經樂山碾米廠摻入大量的砂石、稗子子成為五花米給我們吃，欺侮窮學生，無恥為甚，大家一起到米廠找老闆算帳！」於是又一些學生跟隨隊伍到達米廠。只見房內桌椅板凳齊飛，學生抓到老闆就一擁而上，拳打腳踢，打的老闆躺在地上直喊救命。不一會兒，兩位員警及一位警備部軍官到來，好言勸解並要米廠老闆答應即日改善，並向學校道歉，學生們立即散去。但當天下午，訓導處宣佈參與事件的學生在大禮堂集合，數百人靜坐等候處分。沒想到王校長上臺後只說這樣幾句話：「這是一件不幸的事情，你們應該報告訓導處，由學校來處理，聚眾打人是不對的。好在人沒有被打死，以後不可再犯，此次參與肇事者不予追究。」[86]

再回到上面提到的「八寶飯」。它對於每一個樂山武大學子都不應該陌生，即使沒吃過，也見過聽過。1944年石澤鬱入校時，生活日益艱苦，吃啥

[84] 白侯：〈樂山野憶〉，《老武大的故事》，江蘇文藝出版社，1998年，第211—212頁。
[85] 王良瑜：〈追憶一代師表王故校長星拱先生〉，臺灣《珞珈》（1994年10月）第121期。
[86] 姚舜：〈我的大學生活〉，《武大校友通訊》2006年第1輯。

呢？「早上稀粥黃豆，加上一碟老菜，令人難以下嚥。中午飯依然，雖是乾飯，但鼠屎、沙子、骨塊、稗子、碎石充斥飯裏，我們名之為『八寶飯』。擇去其中『雜物』，飯已不到半碗，且已涼透，只得就茶桶開水沖入米飯，伴上一碟鹹菜充饑。」[87]不過一些離家較近的四川學生還算有幸，每逢週六回家帶上一些酸菜，一瓶辣醬，已算是美味。哲學系的詹寰回憶1943年遷入興發街第五宿舍後的夥食，「每餐多是豆芽、青菜、蘿蔔等小菜，大約兩週之久才打一次『牙祭』，嘗一點肉味。米飯質量更糟，倒摻了一小半穀子和砂子，有時還有黴味，大家叫它為『八寶飯』。身體弱的同學常有胃痛嘔吐發生。有的因此得了腸胃病。」[88]

當時武大的每個學生宿舍都有兩個夥食團：一個是公辦夥食團，一個是自辦夥食團。很多來自淪陷區的學生，經濟來源斷絕，生活要靠國家，因此武大設立公辦夥食團，由國家撥款補貼。公辦夥食團吃的是平價米（當時所有教職員，也享受供應平價米），米質粗糙，每天一粥二飯。吃粥時有蘿蔔乾或泡菜各半碟；吃飯時，則有素菜一缽供八人吃。一桌人很少會齊，所以習慣是誰先到誰就分菜，各自吃自己一份，不必管他人。自辦夥食團則只管飯不管菜，飯金按週繳納，菜則由搭夥人分別自由組成若干個小夥，自買自炒。因此，開飯前廚房中各個小夥都要做菜，一時擁擠不堪。兩個夥食團一餐飯總要拖一個多小時才開得完。照規定，自費學生，無權吃公費；公費的也不能吃自費，除非放棄公費。公辦夥食團因付食費少，不興「打牙祭」，想吃肉只好到外面館子去吃一頓壓饞。[89]

龍神祠第二男生宿舍的夥食情況，據1943年政治系畢業的伍一民介紹：「膳食是兩乾一稀。早餐是稀飯，從來沒有供應饅頭，菜是油酥豆腐乾，後來改善為鹽漬黃豆和榨菜皮碎片。中餐的菜肴是一葷一素，用瓦盆盛菜。葷菜是百吃不厭的回鍋肉，後來回鍋肉也發生了質變，裏面加入蔬菜，且由以肉為主漸變為以菜為主了。這樣的膳食對我們來說營養是很不夠的。於是有的飯桌上興起了加菜的辦法，由同桌的成員輪流去菜市買肉一斤和幾分錢的豆瓣醬，在宿舍夥房買一張編了號的炭火券交到廚房去處理。開飯時菜肴熱氣騰騰上桌，香味四溢，大家吃得津津有味。」[90]

[87] 石澤鬱：〈在樂山讀書時的點滴回憶〉，《武大校友通訊》2007年2期。
[88] 詹寰：〈漫話當年武大〉，臺灣《珞珈》（1994年1月）118期。
[89] 徐博泉：〈抗戰時期樂山武漢大學師生生活一瞥〉，《樂山文史資料》第三輯。
[90] 伍一民：〈龍神祠的雜憶〉，臺灣《珞珈》（2001年7月）第148期。

對於很多考入武大第一次出遠門的北方人來說，每天吃飯面對「八寶米飯」就落淚。四川的米貴，麵更貴，北方學生想請求校方成立麵夥。但學校經費有限，無法負擔，北方各省同學聯合商議推舉代表向王星拱校長陳情。王校長與總務長商酌後決定，籌劃經費試辦麵夥以午飯為限。這使習於麵食的北方籍同學得救了。胡連璋回憶在斑竹灣六宿舍住時，「一部分北方同學，在北山坡成立了一麵食食堂，每個人早晨有兩個小饅頭還有稀飯。」[91]

白塔街女生宿舍是住宿條件最好的學生宿舍，那麼夥食呢？1940年考取武大經濟系的楊宜福（按，楊端六侄女、楊靜遠堂姐）對半個世紀前的生活記憶猶新：「……後來由於物價不斷上漲，規定的夥食貸金已不敷支用，夥食標準逐漸下降，不僅每月月底一頓紅燒肉的牙祭早已停止，而且每人每餐一份小菜，也只是勉強蓋過碗底，份量少得可憐，常常是核桃大小的芋頭或蘿蔔不過七八片。炒綠豆芽也只有三、四條，一碗飯還沒有吃完菜碗便碗底朝天，剩下一小口不見油珠的菜湯。身邊尚有零錢的同學，便放下筷子，去食堂近傍的傳達室老姚那裏買一小包玉香花生米。別看每小包花生米只有數十粒，但粒粒香脆可口，實為當時女舍既方便又經濟的佐餐佳品。」[92]

楊靜遠是1941年考入外文系的，她本可住在家裏，卻要住進宿舍。因此對宿舍食堂生活深有體會：「除了那摻有沙子、稗子、穀殼、蟲子、甚至玻璃碴戲稱『八寶飯』的劣質大米飯，八人一桌的副食只是兩碗缺油寡鹽的蔬菜。偶爾打『牙祭』，差不多總是一碗肉末燒豆腐。至於整碗的燉肉燒魚，非逢年過節別想吃到。夥食質量差，使正在成長的年輕人普遍健康狀態不佳。在女生宿舍，患肺病、貧血和婦女病的女同學不在少數。流行傷寒那年，七位風華正茂的少女被奪去了生命。為了添加飯食中的油水，一些人自己去菜市買回生豬油，熬熟了，合著醬油拌飯吃。那油多半是豬大腸上的網油，出油率少，且有一股髒氣味。因為優質的板油太貴了。也有人買回少許肥瘦肉剁碎，與黃醬一起炸成肉末醬，裝在小瓶裏，每飯往碗裏撥拉一點，藉以助餐。至於雞蛋，沒有人捨得把它當營養品來補養身子。它的功用只在於每週一次打一隻生蛋用來

[91] 胡連璋：〈終身難忘的兩個號碼〉，臺灣《珞珈》（1995年7月）第124期。
[92] 楊宜福：〈回憶樂山二三事〉，臺灣《珞珈》（1991年1月）第106期。

洗頭，或者在開音樂會之前生咽一枚，據說可以使嗓音圓潤。女孩子們普遍缺少天然健康的紅顏，一些人就靠胭脂（多用口紅代替）來為自己添色。」[93]讀楊靜遠《讓廬日記》，有這樣一些記載可反應當時的真實情況：

> 1941年11月14日：第三、四堂論理課。第四堂沒上，和年芬、蘊在縣街買豬油、蔥和鹽，回來在廚房等了一個多鐘頭，才得機會煎油，用油渣炒飯吃，每人吃了三大碗。[94]
>
> 1943年12月27日：這一向宿舍裏飯壞極了，盡是稗子，每餐飯要吃40分鐘，一碗熱飯挑到後來變得冰冷，而餓著肚子也不想吃了。可是不得不耐下性子挑，因為不挑有得盲腸炎的危險。[95]

楊宜福還說，「當年女舍學生的夥食，是包給一位廚師，為了加強管理，改善夥食情況，決定每天輪流派兩位同學與廚師一道去市場買菜並監廚分菜。只是我們過去在家中，很少管理過家務事，走進菜場，只見擺滿了菜擔子，既弄不清蔬菜的價格，也分不出菜的質量孰好孰壞，手中緊緊握著那有限的菜金，真不知該買什麼菜，買多少。和買哪一個菜擔子的菜為好，實際上不過是手執紙筆，聽憑廚師買這買那代為計算金額而已。」[96]楊靜遠《讓廬日記》裏有相關記載：「（1942年4月21日）早上和年芬（為食堂）買菜。中午的菜是四樣『豆』：豆腐、豆渣、蠶豆、豆芽，大家都笑我們買的菜。」「（1943年10月14日）今天輪到我和郝桂芳買菜監廚。我才知道女舍一百多人每天只吃100元錢的菜。」「（1944年3月9日）在床上被女工喊醒，因為輪到我買菜，現在只有一個人買。公菜錢每天640元，有三斤肉。」

至於監廚，同樣是「形式」而已，大多數的女生卻不喜歡那股油煙味，只要聽到滿筐蔬菜傾入燒紅的油鍋，發進嚓嚓爆炸聲時，便站離灶臺遠遠的。《讓廬日記》云：「廚房又濕又髒，廚子油膩膩的，穿來穿去，油煙嗆得喉嚨痛。我一面監廚，一面看戲劇講義，等飯菜做好了，我就回家。」[97]因此，女生

---

[93] 楊靜遠：〈吃在戰時的樂山〉，《北京珞嘉》2002年第1期。
[94] 楊靜遠：《讓廬日記》，武漢大學出版社，2003年，第17頁。
[95] 同前註，第181頁。
[96] 楊宜福：〈回憶樂山二三事〉，臺灣《珞珈》（1991年1月）第106期。
[97] 同註94，第160頁。

們輪流買菜監廚，並沒有起到什麼作用，幾個月以後便停止了。《讓廬日記》裏還有這樣一則記載：

> 1941年12月7日：媽媽用油渣炒豆腐乾和豆豉，裝了一罐給我帶到學校去吃。因為我們現在已經分桌，私菜公添的一桌，私菜私添的一桌。我們私菜私添的一桌有煥理、煥葆、楊令如、劉曼青、仝俐春、張筱穌、年芬和我。[98]

對上一則日記有必要作兩點解釋：其一、裏面提到的煥理、煥葆是校長王星拱的兩個女兒，均住學生宿舍，但不參加宿舍炒菜包夥，而是每星期六回家帶一罐醬炒黃豆當菜用。其二、「私菜公添」和「私菜私添」是怎麼回事呢？原來，由於食堂公菜量少質次，一些家境較好的女生提出停辦公菜制，改為白飯夥食團。廚房只供白飯，菜則由自願結合的各桌自辦。實行一段以後，發現有諸多不便，一部分學生主張仍恢復公菜制。形成針鋒相對的兩派，互不相讓，爭論激烈。楊靜遠在1943年12月3日日記中寫道：

> 晚上忽然召集同學到食堂開夥食會議。因為11月吃白飯夥食團，大家覺得不方便，而且煤費比前月超出兩千多元。於是有人提議恢復有菜夥食團，每人交200元，讓老姚經理。可是有一部分人反對，仍願維持白飯團，因為她們吃不慣公菜。於是大打其仗。我可是除外，我站在白飯團一邊，因為我不願交錢。但客觀地評說，的確有菜團的理足。戰線是這樣劃分的：有菜團以蕭銀娥、楊俊賢、楊安祥言論最激烈，新同學站在這一邊。反對派就是我房裏那幾個，還有劉珍寶、葉學文、常紹溫等。主席邱泰寧是好好先生，沒有威嚴，鎮不住爭吵。起先是辯論，後來變成吵架。楊俊賢一開始就給主席聲明的理由補充一點，說起集團生活精神的重要，劉珍寶立刻打她一炮。葉學文脾氣暴躁，和蕭銀娥直接衝突，但蕭的話顯然是清楚明白的，而葉根本不合邏輯。所以表面上似乎反對派勢力雄厚，實際不理虧。最後鬧得不可開交，正面派提出表

---

[98] 楊靜遠：《讓廬日記》，武漢大學出版社，2003年，第22頁。

決，反對派堅決不肯，會場亂哄哄的，人聲鼎沸。有人（自然是反對派）提出組織兩個夥食團，明天票決，這才散會了。[99]

最後只得請訓導長出面調停。訓導長分析後提出四個解決辦法：一是白飯，二是公菜，三是公菜私添，四是維持兩個夥食團並存的局面，公菜團每天炒四鍋菜，私菜團也是每天四鍋菜，互不侵犯。第四方案得到一致贊同，於是各得其所，皆大歡喜。

當年還有一種情況是，少數學生沒有住學校宿舍，也就不在宿舍食堂吃飯，而是自辦伙食團。比如法律系的朱士烈，租住陝西街王姓宅院。為求飲食方便，乃發起組織伙食團，以他家為主辦中心，另邀同學參加，計有十餘位男女同學入夥。後居臺灣的他回憶：「伙食團成員，每天見面多次，非常熟悉，飯後茶餘不免閒聊，高談闊論，上下古今、風花雪月，實為歡樂的聚會。今六十餘年，仍堪回味，可惜時光飛逝，人事已非。」[100]

說起學生在外租房開夥，還有這麼一則趣話：峨眉劇社社長、哲學系陳顯侗家庭富有，便帶著老婆孩子租住九龍巷。他班上一個湖北同學胡傳藩，也攜帶個很有西洋女人風韻的漂亮妻子汪維立來樂山住下伴讀。小夫妻倆租一處民房，無應門三尺之童，便請一個高壯的混血兒同學華以壽入住做伴。從此，華以壽續柴燒火，汪維立掌勺主廚，胡傳藩被冷落在一邊，因而產生了芥蒂，提訴到社長陳顯侗跟前理論。陳顯侗善作和事佬，教華以壽退出了事。[101]

回味無窮的樂山吃食

儘管武大食堂的飯菜讓人難以恭維，但樂山街上的吃食卻別有風致，令人回味無窮，是戰時大學生活一個值得追憶的話題。

客居樂山數年，當地朋友最愛邀請我去吃豆花飯，這與武大學生最懷念豆花飯可不一樣。當時去下館子吃豆花飯的學生多是窮學生。窮學生下館子只

[99] 楊靜遠：《讓廬日記》，武漢大學出版社，2003年，第174—175頁。
[100] 朱士烈：〈樂山生活雜憶〉，臺灣《珞珈》（2001年4月）第147期。
[101] 宋光遠：〈雜憶雜感四則〉，《北京珞嘉》2002年第1期。

好吃一頓豆花便飯。「所謂豆花便飯只是一碗豆花，外加一小碟『拈子』（有蔥花、辣椒、豆瓣醬、花椒等混合物），另加油炸花生米一小碟，再加上『貓兒頭』兩飯碗（貓兒頭是形容剛出蒸籠的白米飯裝入飯碗內酷似貓頭，因此名為貓兒頭）。」[102]這種豆花飯是否滋味鮮美、營養豐富不好說，但經濟實惠倒是事實。涂允綏晚年在美國對叮咚街的一家豆花店懷念不已，「想來到過樂山的校友們都嘗過此一『麻』、『辣』、『燙』的豆花。店裏貼有名言數幅：如『羊有跪乳』、『鴉有反哺』、『飲食不貪顏色好看』……等格言。聽說老闆曾做過縣太爺，斯人脾氣頗大，那副聲容和臉色很不大好看，他店裏的豆花則頗為好吃。」中文系主任劉賾教授的女公子劉敬黃謂「叮咚街口的豆花，百吃不厭，店堂牆上寫著『涼水自理』，給人以輕鬆隨意感。」

在伍一民的記憶裏，樂山挹江門旁邊一家名叫「城邊豆花」的豆花店，門面雖小，卻有特色。「除供應豆花外，還備有自製川味臘肉與香腸，另有幾樣家常泡菜。更吸引人之處，是在城牆上安置了二、三張小桌，乾淨整潔。上有藍天白雲，視野廣闊；城牆外面是波濤洶湧的大渡河，對面是杜家祠。深秋時節，約上三二知友，叫來豆花、臘肉與香腸，每人面前一碗白飯，邊吃邊聊，指點江山，評說人物，還可即興賦上幾首打油詩，頗有寵辱皆忘之感。」[103]堪與豆花飯媲美的則是豆腐腦。叮咚街口也有一家賣豆腐腦的小店。「店家是一個胖胖的老頭，慈眉善目，頸上繫一條白圍裙，洗得乾乾淨淨。店內靠壁安放了三張木桌，桌面打磨得甚光滑整潔。牆上貼著花花綠綠的紙條。其中還有一幅楹聯頗引人注目。楹聯上寫著：『飲食關係生命，休貪顏色好看』。龍神祠的同學下課返回宿舍，若繞街走，這家豆腐腦店是必經之地。豆腐腦是小吃，一般都用小碗，這家店卻用盛湯的大碗，而且是滿滿的大碗，色彩斑斕。白色鮮嫩的豆腐腦上面有油酥黃豆、榨菜碎末、花椒粉，淋上紅辣椒油，再灑點綠色蔥花，色、香、味俱全。路過此店，常常是抵擋不住它的誘惑，情不自禁地走了進去吃上一碗。吃這種豆腐腦，冬天好受，紅油辣子會使你全身發熱，但在夏天會使你滿頭冒汗。」[104]如果是外省怕辣的學生，一進店便向店家打招呼「辣油少放」。張其名說到叮咚街賣的豆腐腦，「除一般作料外，還加油炸花

---

[102] 涂允綏：〈「武大的食」與「吃在紐約」〉，臺灣《珞珈》（1993年1月）第114期。
[103] 伍一民：〈龍神祠的雜憶〉，臺灣《珞珈》（2001年7月）第148期。
[104] 同前註。

生米、麻辣之外，越嚼越香，也該說是一絕吧！」由於物美價廉，住在高西門外理工學院的學生也常結伴前來，女生更是喜歡。

張其名《樂山六憶》之一是「憶樂山小吃」：「四川棒棒雞，要數樂山最好，而以某家老店（我忘記招牌了）尤其好。記得一年級時，有一天晚上我到這家老店，昏暗的店堂，老舊的桌凳，留著幾代人上百年經營的痕跡，一盤雞肉，配上四小碟紅的辣油、黃的胡椒、黑的醬油、白的綿糖，真是色香味俱佳，叫人饞涎欲滴。加上店家自配的佛手酒，雖然不幾口就額頭冒汗、舌頭髮麻，但鮮嫩美食確實不凡。當我重回樂山時，再也沒找著這家老店，街旁棒棒雞攤點雖多，但已無雞自養、作料（除糖外）自製的原汁真味了。」[105]

說到甜食，楊靜遠認為叮咚街的雞油湯圓和紅苕（薯）是樂山的著名小吃。「雞油湯圓大概近似成都的賴湯圓。紅苕是精選的細長紅瓤品種，煮得溶溶的，一咬一口綿軟的淌著蜜汁的瓤肉，連薄薄的皮都捨不得丟掉。但這兩樣甜食都由正規鋪子出售，價格也稍高。」「有一樣非常大眾化的甜食，是縣街一個攤位出售的葉子饃饃，或叫葉兒粑。糯米粉團內包著豬油白糖拌好的細豆沙，用粽葉裹成長方形，煮熟即食。剝開葉子，托著被粽葉和豆沙染成瑪瑙色的糖米粑粑，咬一口，熱騰騰，甜膩膩、粘乎乎，油汪汪，軟綿綿，最是解饞，且能解饑。吃兩只，就頂一頓飯。」[106]由於價廉，楊靜遠和同學中午從文廟下課回來，經過縣街，有時駐足買上一隻，大大方方一路咬著回白塔街，卻不怕男生們取笑。

還有幾種土產小吃值得一提。「一是小籠蒸米粉牛肉，這多半是街頭推車子賣的。車上一個大蒸鍋，蒸著幾籠擺得高高的飯碗口大的小蒸籠，每籠裏松針墊著五香米粉裹著五六塊牛肉，麻辣，極香極爛。一是甜水麵，這只在晚間出來賣。暗暗的街角擺著一付挑子，一頭是小火爐和鍋，另一頭是小櫃，備有碗筷、麵條和調料，現吃現煮。這麵的特色是每碗只盛一根粗、長而十分筋道的麵條，微辣而甜，故稱甜水麵。隨著小販那略帶淒涼的拖腔：「五香——甜水麵」，就著街燈的昏光，紅紅的爐火，手端著碗靠牆站立，把整根麵條徐徐嘬進嘴裏，慢慢咀嚼，真是風味十足。再一種是白糕（用紅糖做的是黃糕）。

[105] 張其名：〈樂山六憶〉，臺灣《珞珈》（1997年7月）第132期。
[106] 楊靜遠：〈吃在戰時的樂山〉，《北京珞嘉》2002年第1期。

每天清晨，由一名小男孩沿街叫賣。男孩背上背著一個小木櫃，裏面裝著豆漿和一塊塊海綿般雪白鬆軟的米糕，大概是用醪糟發酵的，散著酒香。」楊靜遠說，那男孩叫賣聲嘹亮而有腔有調，時隔半個多世紀，那調調兒依舊在她耳邊迴響，譜寫下來就是一首歌：「白啊熱白糕啊，豆漿熱白糕啊——」

抗戰期間，劉敬黃家一直在樂山度過。她晚年回憶說，「離開這撫育過我的小城已整整半個世紀了，回首當時情景，仍無限眷戀，……華燈初上，玉堂街口的怪味雞已經飄香。縣街上的三合泥、雞油湯圓是我以前從未吃過的，至於路邊清香的葉兒粑、『鍋盔』（燒餅）夾小籠粉蒸麻辣牛肉、荷葉稀飯、紅油擔擔麵等，各有特殊風味。而我最愛吃的是烤紅苕，烤成了金黃色，糖油四溢，特稀軟又特甜特燙特香。俞忽老師的女兒俞寶貞和我中學、大學同學。課後，我們往往兩、三個同學一起，買它一堆紅苕，就坐在我家門口坡上，月兒塘邊吃個夠，談笑個夠，痛快極了。另有一小吃值得提及：白塔街離女生宿舍很近處，有位曾做過洋傳教士廚師的老展師傅賣『pie』，是一種水果夾心餅，甜甜的小點心，味道自然與當地『土』點心有別，頗受青年學子的青睞。」劉敬黃還說，她和同學們星期天跑到蘇稽聞名遐邇的米花糖作坊看製作，然後帶回來極為新鮮香甜的米花糖。「製作米花糖過程很有點意思：一口大鍋熬著豬油，香噴噴的，在冷透前把米花、飴糖放入其中，不斷攪拌，火候適宜，取出放在案板上壓平，切成長方塊，最後用紙包封好。看工人們熟練自如地操作，給人以韻律感，這本身也可算是一種享受。」[107]

大轟炸之後，有位北方老鄉在一片廢墟上用毛竹搭起一間食店。門前兩邊各砌起一口灶，一邊灶上安上一口大鍋，煮的是牛肉湯，湯面上浮起一層黃澄澄的牛油在翻滾。另一邊灶上有一隻烤鍋在烤大餅。這是樂山當時唯一的一家北方風味小吃店。一角大餅，一碗牛肉湯，收費低廉，生意火紅。武大的北方學生趨之若鶩，特別是在星期天，多去光顧改善生活。[108]

每到晚自習時間，白塔街宿舍的女生肚子就開始咕咕叫了。用什麼填補肚子呢？楊靜遠在1941年11月24日的日記裏寫道：

---

[107] 劉敬黃：〈樂山散憶〉，《北京珞嘉》1997年第2期。
[108] 伍一民：〈龍神祠的雜憶〉，臺灣《珞珈》（2001年7月）第148期。。

晚上沒事做，疲倦極了。一會兒鐘慧提議出去吃東西，我也想吃糍粑，於是殷、謝、俊和我四人就一窩蜂出去了。街上很黑，我們挽手走到白塔街盡頭，到糍粑攤上，一人吃了一個五角錢的白糖豆粉糍粑。還不滿足，又走回來到湯圓攤上，一人吃了五角錢一碗的湯圓。因為怕人看見，就面牆坐在一張條凳上，那樣子簡直笑死人了。回宿舍又買了兩塊錢的花生吃。[109]

她在12月8日的日記又說：「因為吃得不過癮，又畫欄買花生米和桔子回來。」「畫欄」是什麼意思呢？這是當時女生中流行的一種熱鬧有趣的集體採購方式。用一張紙對折開，背面寫該出的錢數，其中有一個大頭，一個白吃，用曲線連到正面，各人在線端簽名，看該出多少錢，有點像抓彩。這是當時最普遍的一種攤錢買吃食的辦法。

如果嫌花生米太乾，那就吃點「水果」吧，多半是地瓜（涼薯）。地瓜是樂山最大眾化的「水果」，其次是川桔。劉敬黃《樂山散憶》說，「樂山的水果、小吃實在誘人，至今忘記不了，提起來還口角生香。常見的水果，除香蕉、菠蘿沒有之外，什麼都有。連品位高的荔枝、龍眼都可嘗到。而最多的是那小柚子和桔子。秋冬之際，大紅桔子壓斷了街，到河邊去買，『一稱十市斤』一賣，價錢便宜極了。」[110]

樂山是三江匯流之地，不能不說魚。樂山魚多，但最名貴的的特產是江團魚。江團魚肉特別細，鮮嫩可口，但那不是一般窮教員和學生可以多嘗的。楊靜遠父母都是武大教授，她在樂山八年，都從未得品嘗，成為一大遺憾。涂允綏說，「有時看見飯館門前擺出『開堂』和另一塊畫有魚形招牌，魚內寫一『活』字，那就是有名氣的『活江團』上市開堂了，惜乎當時是一個窮學生，常常只是可望而不敢吃。」張其名回憶，「（江團）味絕鮮美，鱘魚是比不上的，不知河豚是否堪能匹敵？靠貸金讀書的學生，難得大家去吃一回。進得門去，麼師就會問你一聲『幾條人』，初聽不覺有些膽顫心驚，難免聯想到有誰會變條魚開膛破肚的。但江團一上桌，美味進嘴當然忘掉開膛了。」[111]機械

[109] 楊靜遠：《讓廬日記》，武漢大學出版社，2003年，第19—20頁。
[110] 劉敬黃：〈樂山散憶〉，《北京珞嘉》1997年第2期。
[111] 張其名：〈樂山六憶〉，臺灣《珞珈》（1997年7月）第132期。

系高載壽回憶：「生活艱苦，夥食不好。我們幾個要好同學有時打平夥（ＡＡ制），到水西門街上一家飯館吃魚。江團味美，不願捨其烹汁，我們總是帶些饅頭去，把盤中湯油蘸著吃個乾淨。」[112]

　　說了這麼多吃的，該說說喝的。我知道西南聯大文法學院遷到雲南蒙自後，越南人開設的咖啡館甚多，把聯大師生紛紛吸引進去。可惜那時的樂山，既無咖啡館，也沒有啤酒屋，更沒有可樂、雪碧、王老吉等五花八門的飲料。有的只是遍佈全城的茶館：露天的，室內的，連同它的長嘴銅壺、蓋碗、沱茶、菊花、「玻璃」（白開水），清談、開會、獨坐讀書，哪怕坐上整天也沒人趕。但那是另一段說也說不盡的故事，將專文詳述，這裏就不說了。

---

[112] 高載壽：《武大校友通訊》2008年第1輯。

第五章　休閒與娛樂

烏尤聳翠接凌雲

　　1938年的一個晚上，陳源夫人凌淑華帶著女兒小瀅來到了樂山。一尊大佛正用似閉非閉的眼睛注視著她們，一雙大手放在膝上，安詳地坐在懸崖一側。遠處茂盛的樹木襯映著他沉思的臉龐，長長的耳垂墜下來，頭上滿是雕成螺紋形的黑色髮卷，束腰外衣上長滿了蘇苔。他的腳幾乎接到岷江的邊緣，比他們坐的船還要大。一千多年來，這座彌勒佛像一直注視著奔流不息的大江，笑看人世滄桑，任憑風浪，依然故我。後來，凌淑華寫到了這一刻的美景：

> 江面略帶著橙紅色。夏天冰雪融化的時候，江水裏全是從峨眉山和西藏大雪山上流下來的泥沙。夜空下，那些暗綠色的山嶺顯得輪廓分明。兩岸都是山，山上綠樹蔥蘢……整面懸崖粉白的石壁上雕著一尊佛像。（〈在嘉定的快樂歲月〉）[1]

　　來到江山如畫的古嘉州，葉聖陶發願要侍奉老母去一趟凌雲。抵達的第六天下午，即1938年11月3日，就忙不迭地出遊。「渡江訪凌雲寺，觀大佛，登東坡樓。山深秀，多樹木。大佛雕刻殊平常，而其大實可驚，以弟目測，其耳朵等於二人之身高。」[2]

　　蘇雪林九十多歲時還記得當初西遷到樂山，「上課不到幾時，寒假便已來到。」於是，帶著家姐、侄兒們一幫人去遊凌雲，「去參觀高高三百二十尺高的大佛。那大佛位置於岷江、青衣江、大渡河三水匯流處，是為鎮壓悍流而雕

---

[1] 轉引自魏淑凌著：《家國夢影——凌淑華與凌淑浩》，百花文藝出版社，2008年，第228頁。
[2] 葉聖陶：《嘉滬通信》第一號，《我與四川》，四川人民出版社，1984年，第80頁。

琢的。以前大佛上面有樓閣遮蔽，後毀於兵燹，那座大佛雨淋日曬，也就敝敗不堪，佛雖巨大，也無甚莊嚴了。」[3]

對於樂山人最為自豪的大佛，兩位大作家一個說「雕刻殊平常」，一個說「無甚莊嚴」。似乎只有錢歌川在文章中贊歎了一番：「淩雲山的大佛，大得難以想像，腳在河邊，頭在山頂，整個懸崖峭壁，只雕成一座佛像。佛身高達七十一米，一根小指頭就比一個人還大，在佛頭上可以大開筵席，一隻腳上可以站立一百個人，其雄偉可想。這座大佛是從唐玄宗即位的西元七一三年開始，直到唐德宗末年的西元八○三年為止，足足地花了九十年工夫才開鑿出來，全身配合均勻，遠望栩栩如生，不但是世界最大的佛像，也是藝術上的傑作。」[4]

史學系教授吳其昌帶著夫人諸湘、小女令華來到美麗的樂山，淩雲寺的大佛，烏尤寺的綠蔭，使喜愛文物和旅遊的吳其昌留戀不捨。第一次逛大佛寺，吳其昌領著女兒「從佛身後爬上大佛的頭頂，還拍了一張照。」事後有當地人告訴他們，此舉太冒險，有不少人因此喪命，而其時他們卻渾然不知。[5]當時的大佛疏於管理，所以頻頻有人爬到佛頂玩耍。這還可從武大學生陳植棻《憶樂山》詩中看出：「四年負笈此樓遲，學愧無成未成悲。好水好山看不盡，難忘攀上佛頭時。」[6]朱毅〈樂山記趣〉甚至還說：「大佛頭頂上可放方桌，供遊人打橋牌或麻將。淺水時可行走過河，我們同班四人（吳世隆、吉祥龍、陳奇和我），每逢假日都要前去玩耍，在方桌上看書或打橋牌，充滿年輕的朝氣，其樂融融。」[7]這在今天看來是不可想像的。

1938年，即將畢業的中文系學生李健章，隨校西遷樂山寫下〈樂山大石佛〉，曰：

> 佛高與山齊，一坐千年久，面江塵不到，負山得所厚。臨流垂雙趺，當
> 陽疊兩手，修眉三丈餘，珠髻粗如斗。佛眼觀自在，無言長緘口，法性
> 寂而定，垂跡自不朽，守一永不移，乃與天地友，彭祖以壽聞，方之一
> 何醜。世衰道中喪，群小徇物誘，猖披競貪婪，厚顏甘忍垢，象齒卒焚

---

[3]　蘇雪林：《浮生九四──雪林回憶錄》，臺灣三民書局，1993年，第121頁。

[4]　錢歌川：《苦瓜散人自述》，中國華僑出版社，1994年，第180頁。

[5]　吳令華：〈懷念父親吳其昌教授〉，《珞嘉歲月》，2003年，第193頁。

[6]　陳植棻：〈樂山憶舊〉，臺灣《珞珈》（1992年4月）第111期。

[7]　朱毅：〈樂山記趣〉，《武大校友通訊》，2007年2輯。

身，孤丘失所首。矧今逢浩劫，寇患毒腋肘，倭騎躪神州，千里絕雞

狗，哀哉華夏國，淪作蝦夷藪。願佛憫眾生，一作獅子吼，旋轉大法

輪，倒海淨九有！[8]

關於詩中「疊兩手」，李健章於1993年8月致信毛西旁云：「〈樂山大石

佛〉，是我初到樂山時寫的第一首。當時在小輪船上，只急於想看看樂山縣城

是啥樣，對大佛並未細看。後來雖多次登山，但從上只看到佛頂，所以對佛手

擺法，一直沒看清。」[9]

不過在葉聖陶看來，烏尤之景更勝。他在1938年11月29日致上海友人信中

寫道：

> 嘉定名勝，首推烏尤，次為凌雲。……烏尤土名烏牛，像形也，黃
> 山穀嫌其不雅，改為烏尤。然烏尤何義，迄今尚未之知。是山亦見於
> 《史記・河渠書》，名離碓，及《漢書・溝洫志》，名離堆，為蜀守李
> 冰所鑿，兀立大渡河與岷江交會處，四面環水，秋冬水落，則有一灘與
> 凌雲相連，可由此而之彼。全山蒙密樹，尤多楠木，大者五六圍。（此
> 間楠木不以為奇，尋常傢俱多用楠木制。棺材則貴杉木，不似下江之侈
> 言楠木棺材也）從樹際外窺，則江水安瀾，峨眉隱約雲表。山頂有郭璞
> 注《爾雅》處，云實出附會。弟雖為登陟，實無遊眺之佳興，不過到過
> 了一趟而已。惟年老如我母，衰弱如墨林，而亦得賞此蜀中佳景，不可
> 謂非寇之賜也。[10]

後來葉聖陶作七律〈遊烏尤山〉，曰：

> 烏尤聳翠接凌雲，石磴虛亭並出塵。差喜名山侍老母，可堪美景非良辰。
> 江流不寫興亡恨，雲在自憐漂泊身。木末夕陽淡無語，歸樵漸看下前津。[11]

[8] 李健章：〈樂山大石佛〉，《居蜀集・東西集》，武漢大學出版社，1994年，第23—24頁。
[9] 李健章致樂山市中區史志辦毛西旁信箋，原件為毛西旁之子毛郎英收藏。
[10] 葉聖陶：《嘉滬通信》第二號，《我與四川》，四川人民出版社，1984年，第83—84頁。
[11] 前同註，第380頁。

　　殷正慈較為公允地評說烏尤淩雲，認為「烏尤寺的名氣，不如大佛寺之著，但山深竹密，曲徑通幽。修禪養性，似以此處為佳；祈福禧子，則推大佛擅揚。若以人為喻：烏尤寺頗似那幽居空穀的絕代佳人，一任她『天寒翠袖薄，日暮倚修竹。』知音者何其太少？大佛寺則似那金馬玉堂中的風雲人物，『炙手可熱勢絕倫，慎莫近前丞相嗔。』威儀又嫌其過盛。」[12]

　　抗戰時期的樂山生活儘管「日裏鬧得是柴米油鹽，夜間受老鼠小偷的擾亂，可謂日夜不安，但在國家這種爭自由的奮鬥中，誰也不會像李後主以淚洗面」，武大師生都是咬緊牙根，艱苦度日。錢歌川在〈偷青節〉中寫道：「我們的事業並不因艱難而停頓，就像自然的風景不因世亂而改觀一樣。而且生活之苦，也沒有使我們忘記山水之美。樂山的淩雲、烏尤、竹林、漢墓，還是時常有我們的足跡。」[13]錢歌川說他剛到樂山之時，「震於蠻王洞的高名曾去遊過一次。」後來又在一個晴和的下午，全家人和湖南老鄉、武大機械系教授楊先乾（號君實）夫婦同去遊洞，「初冬的太陽溫暖地照遍了田野，蒼松翠竹，桑園菜圃，全是一片綠色，配上一條黃泥馬路，就像一根金帶纏在一塊翠綠上，顯得格外好看，我們好像春遊一般，談談笑笑，不知不覺就到了白岩山了。」[14]他認為，樂山最著名的蠻洞是在竹公溪邊的白岩山，「白岩山前大小蠻洞很多，而以高處的白雲，清風和朝霞三洞，最有歷史價值，地方上人俗呼之為蠻王洞，正確地應稱之為程公洞。所謂程公者，原指宋朝逸民程公望，他曾在這朝霞洞中，注過易經，所以此洞又叫治易洞。……三洞之中，以白雲洞的風景為最。」[15]葉聖陶日記裏也有遊洞記載：「（1940年2月14日）飯後，與小墨二官遊白崖，觀蠻王洞，一路行於菜花豆花香中，如江南三月時也。於諸洞觀其大者，返循樂西公路行。」[16]

　　葉氏還一則日記是遊龍泓寺：「（1940年2月24日）天氣大好，溫暖如江南之季春。午後，與墨及小墨出外郊行。自浮橋過江，沿對岸行，見新築草屋頗不少，皆城中人避難之所。至龍泓寺，觀山腳石刻佛像。渡江而返，計步行兩

[12] 殷正慈：〈閒話大佛寺〉，《蕭然回首》，臺灣文史哲出版社，1983年，第73頁。
[13] 錢歌川：〈偷青節〉，《錢歌川文集》第一卷，遼寧大學出版社，1988年，第492頁。
[14] 錢歌川：〈蜀道〉，《錢歌川文集》第一卷，遼寧大學出版社，1988年，第528頁。
[15] 錢歌川：〈樂山的蠻洞〉，《錢歌川文集》第一卷，遼寧大學出版社，1988年，第535頁。
[16] 葉聖陶：《西行日記》（上），《葉聖陶集》第十九卷，江蘇教育出版社，1994年，第238頁。

小時。」[17]無獨有偶。1941年10月8日，朱自清搭小船從成都順岷江而下，到樂山耽擱一天，朱光潛全程陪伴。10月26日，朱自清致信朱光潛：「在樂山承兄帶著遊烏尤大佛，又看了蠻洞龍泓寺。烏尤大佛固然久在夢想，但還不如蠻洞龍泓寺的意味厚。」[18]

關於龍泓寺，梁思成《中國建築史》有記：「四川多處摩崖，則有雕西方阿彌陀淨土變相，以樓閣殿宇為背景者，如夾江縣千佛崖，大足縣北崖佛灣，樂山縣龍泓寺千佛崖皆其例也。其中尤以龍泓寺為富於建築趣味，其龕內所刻建築，中央為殿堂二層，具平坐，上覆四注頂。」[19]梁思成與營造學社同仁為考察古建築，於1939年10月到過樂山。

1939年考入武大礦冶系的劉先覺，半個多世紀後回憶樂山時期的業餘生活，說：「二年級時，每逢星期日午後，我們常去遊山玩水，大渡河邊、青衣江畔、凌雲九峰、公園茶館時有我們的足跡。每值冬令，江水平靜，尤喜去大佛、烏尤之間的麻浩兒租漁家小船劃遊於大佛、烏尤之間江面，槳聲與歌聲應和、天光與綠水輝映，微波蕩漾、浮光耀金，置身此景，真是心曠神怡。」[20]石澤鬱〈在樂山讀書時的點滴回憶〉說：「大佛寺、烏尤寺道上，節假日成了學習的亮麗風景。武大學子刻苦學習，不怕困難的學風形成了一條不成文的規定。每到節假日，約上三五個志同道合的同學，在樂山秀麗幽雅的處所——樹蔭下、走廊上相聚，既能欣賞大自然風光，又能進行學習交流，談論心得，發表學術上的不同意見，往往爭得耳紅面赤之後，一笑了之。」[21]陳植棻〈凌雲山〉詩云：「山號凌雲有佛宮，晨鐘暮鼓響長空。讀書寫字清靜地，願長作守是蘇公。」[22]

錢歌川晚年僑居美國，84歲時在香港出版回憶錄說，「武漢大學人事複雜」，「離開那是非之地，並沒有什麼留戀，倒是離開樂山，不免有些依依難舍。那裏的自然風光，是很迷人的。」[23]

---

[17] 葉聖陶：《西行日記》（上），《葉聖陶集》第十九卷，江蘇教育出版社，1994年，第241頁。

[18] 轉引自吳泰昌：《我認識的朱光潛》，上海文藝出版社，2008年。

[19] 梁思成：《中國建築史》第五章「隋唐」，百花文藝出版社，1998年，第117頁。

[20] 劉先覺：〈緬懷楊烈宇學長〉，《武大校友通訊》1997年1輯。

[21] 石澤鬱：〈在樂山讀書時的點滴回憶〉，《武大校友通訊》2007年2輯。

[22] 陳植棻：〈樂山憶舊〉，臺灣《珞珈》（1992年4月）第111期。

[23] 錢歌川：《苦瓜散人自述》，中國華僑出版社，1994年，第180頁。

峨眉山勢接雲霓

　　起筆於1977年，定稿於1982年的《師友雜憶》，是錢穆先生晚年在臺灣所著回憶錄。他在書中批露了抗戰末期在四川幾年的三大遺憾。入蜀離川都是坐飛機，因此水路未經過長江三峽，陸路沒走劍門關棧道，再加上在樂山武大授課時沒能上峨眉山，儘管「嘉定距峨眉僅一日程」。本來他是有計劃去峨眉的，不巧收到教育部電報，要趕赴重慶開會，於是臨時決定離開樂山。想到抗戰沒有結束，以後時間多的是。誰知後來赴臺，再也沒有機會了。[24]

　　「蜀國多仙山，峨眉邈難匹……」李白自從寫下歷史上第一首正面描寫峨眉山的絕唱之後，又寫下「峨眉山月半輪秋」、「峨眉山勢接雲霓」等千古名句，世代傳誦。也使得後人對峨眉仙山嚮往不已，趨之若鶩。從這點上說，武大師生西遷到「距峨眉僅一日程」的嘉定，也算是一大福氣，無不利用閒暇去一睹「仙容」。

　　電機系教授兼系主任趙師梅的業餘喜好爬山。1938年暑假，他和堂弟趙學田（時為工學院講師、實習工廠籌辦人），以及蔣思道、戴銘巽、普施澤、丁人鯤、笪遠綸及方重等教授一行八人到峨眉山旅遊。大家推舉他作領隊。他為此事作了充分的準備。借到縣誌，抄繪峨眉山地圖，記出景點和里程，並為不能步行登山的同仁雇好滑竿代步。出發後他走在最後，每到一處，他就其所知告訴大家，如同導遊。當先行的同仁到達金頂主峰向廟宇主事和尚求宿時，勢利的和尚不願意為他們打開上房。有人戲稱「我們的團長在後頭」。和尚以為是軍隊的團長到了，連忙打開上房，請他們住進。待到趙師梅到達，才知他是旅遊團團長，也是一樣的平頭百姓，和尚方知上當。[25]後來有心的趙學田特把這次遊山經過，作文記之。

　　1939年暑假的一天，也就是8月15日，中文系教授朱東潤和留英同學、外文系教授陳源同遊峨眉山。上山的時候，在牛心石、洗象池各休息了一晚。從洗

[24] 錢穆：《師友雜憶》，《八十憶雙親・師友雜憶》，嶽麓書社，1986年，第207頁。
[25] 參見俞大光、陳錦江：《無私奉獻一生的趙師梅先生傳略》，華中理工大學出版社，2000年，第30頁。

象池向上，直到山頂是下午二點。朱東潤說「峨眉山頂的三件奇觀：1、佛光，2、佛燈，3、雪山」，他們當天都看到了。（其實，如今的峨眉山有四大奇觀：日出、雲海、佛光、聖燈。）他還說蘇雪林也曾去過峨眉山，在山上待了一個星期，因為陰雨，幾大奇觀都沒看到。朱東潤在自傳中這樣描寫三大奇觀：[26]

> 佛光最引人注意，但是要看到佛光，有兩個條件：1、上午必須小雨，雨後水蒸氣騰上，成為山穀間的雲霧。沒雨不行，但雨太大也不行。2、下午必須放晴。陽光把人影倒射到雲霧裏，那時你看到自己的影子放得特別大，四邊單上幾道不同色彩的光圈。這就是佛光。峨眉山有三個頂峰，相去各二三里，成為金頂、千佛頂、萬佛頂。我們三處都看到了自己的影子，這一下午是很有意義的。
>
> 其次是佛燈。夜晚的燈光，忽明忽昧，忽聚忽散，忽多忽少。這個我們也都看到。其實這是遠山的燈火，因為山峰和山峰中間，隔著濃淡聚散的陣雲，雲動蕩不定，也就形成燈火的動蕩不安。看來非常神奇，其實一點神奇也沒有。
>
> 最後是雪山。白天是看不到的，必須在下半夜起來，趁著夜色已散，晨光未動的時候，可以看到遙遠的瓦屋山、二郎山，雪色皚皚，矗立在半空裏。不但這兩座山，四望都是雪山，遠近高低完全不同。天色可是冷的很，在盛夏的清晨必須著了棉衣，最好把棉被也披在身上。

山頂空氣稀薄，寒氣逼人，飯都煮不熟，房間裏還得經常燃著炭火，所以登頂後的第二天的上午朱東潤和陳源就下山了。

陳源在樂山時期至少二上峨眉。上面說的是第一次。第二次是1940年的5月。據葉聖陶日記載：「（1940年5月8日）通伯為言明日將附乘人家汽車至峨眉，兩宿而返，不登山頂，唯看山花，招余同行。余以四肢無力，恐不得登陟辭之。失此良機，殊可惜也。」[27]

1939年初秋，四川大學遷往峨眉山下。武大的朱光潛和黃方剛邀請川大圖書館主任桂質柏去樂山遊玩。不到半個月，桂質柏回邀武大友人們去峨眉山遊

[26] 《朱東潤自傳》，《朱東潤傳記作品全集》第四卷，東方出版中心，1999年，第242—243頁。
[27] 葉聖陶：《西行日記》（上），《葉聖陶集》第十九卷，江蘇教育出版社，1994年，第255頁。

玩。楊端六和袁昌英夫婦也去了，但只在海拔1000多米的山下幾個景點遊玩。時值川軍劉湘和鄧錫侯軍長下面的一支部隊正在此整訓，當值的副官將此事報告了鄧錫侯，鄧軍長要副官盡量提供方便，朱光潛和桂質柏都是四川大學委任的川軍抗戰史料收集整理委員會委員。參加遊玩的共有八人，其中有兩個小孩，副官挑選了十多個官兵和兩名和尚做嚮導，以及滑竿若干，遊程三分之二的景區，遊時三天。山上山下猴子多，一路上笑聲猴聲不絕於耳。當時桂質柏還帶了用宣紙手繪的大峨眉山勝景全圖，上面景點都有一百多個，諸如寺廟、殿堂、樓宇等。這次遊玩主要是工作性的，作為東道主，最後桂質柏給了30塊現洋，副官怎麼也不肯收，只好給了景區整修機構作為善款了事。時值戰亂，多年大家都未談論這次遊玩之事。也許通過這次遊玩加強了感情，不久桂質柏到樂山任武大圖書館任職。[28]

1941年8月，礦冶系教授王進展帶領二年級學生到峨眉山作地質調查實習，同時也是遊覽觀光。到金頂後，但見黑色巨大岩體聳立在雲氣騰騰的茫茫世界中，前無去路。山頂岩石全係黑色，表面很多裂紋，科學上稱為「玄武岩」。玄就是黑色。是熔岩噴出後冷凝而成。峨眉山有此獨特的地貌，形成海拔三千多米的高峰，真是「天下名山」，當之無愧。學生薑期源不禁詩興大發，口吟一絕：「金頂堪為擎天柱，撐開天宇出雲頭。目斷岷山西嶺雪，看盡滇黔數十州。」幾天之後便結束了峨眉之行。

姚舜〈八十五自述〉云：「三年的大學生活過得很艱苦，但精神上覺得很愉快而瀟灑。作為一個流亡青年，加蓋了一頂大學生的帽子，就成了天之驕子；每天除了讀書還是讀書，唯一的休閒活動是泡茶館，打橋牌，偶爾亦有結伴旅行爬鄰縣海拔四千公呎的峨眉山。」[29]中文系殷正慈和系主任劉賾的兩位女公子，「結伴偕遊，笑傲山林，跑遍了風景甲四川的樂山縣城郊；且曾聯袂攀登以『秀』誇天下的峨眉山金頂。」[30]

葉聖陶到樂山後一直對峨眉嚮往不已，頻頻在給友人的書信中流露。[31]1939年1月30日致範洗人信：「又，峨眉密邇，不可不往一遊，晚雖有校課，亦必請

28 桂裕民：《父親與楊端六和袁昌英的關係》，桂裕民新浪博客。
29 姚舜：〈八十五自述〉，臺灣《珞珈》（2005年1月）第161期。
30 殷正慈：〈憶劉博平先生〉，《學府紀聞：國立武漢大學》，臺灣南京出版公司，1981年，第157頁。
31 葉聖陶書信，均據《嘉滬通信》，《我與四川》，四川人民出版社，1984年。

假同往，一賞勝景。聞人云，上下雖可乘滑竿，而領略佳趣究宜徒步，不求速步，少進即止，遇寺而歇，亦不過七八日之程耳。」6月19日致王伯祥等人信：「弟於三星期後即放暑假，峨眉之遊或且為擔心空襲所阻。」8月6日致範洗人信：「峨眉仍可以去，封鎖之事不確，但牽於他事，未能即往。或者將延至中秋。十日後將往成都，有十日勾留。成都市面因避空襲而異常蕭條，想無佳趣。惟擬一遊青城山耳。」8月16日又致諸翁信：「返嘉定後，擬與墨林往遊峨眉，作七八日之計劃。然果往與否未可必。」三日之後，日寇轟炸樂山，葉家老小死裏逃生，峨眉之遊就此作罷。也算是居蜀之憾吧？近年有人偶然間發現葉聖陶的一首佚詩：

> 小隱效鴟夷，葛居沫水湄。開窗何所事，晨夕望峨眉。[32]

此詩如果真是葉氏所作（人教版三卷本《葉聖陶抗戰時期文集》未見收錄），應是轟炸之前居較場壩時所寫。不過以現實地點看，是不可能望見峨眉的。「雖不能至，然心嚮往之。」

採石江邊知幾回

2011年新年第一天，樂山泌水院步行街奇石根藝交流中心正式開幕，近百名藏友蒞臨現場展示光怪陸離、神形各異的奇石。

樂山奇石，亙古久遠，文化厚重。《漢書·禮樂志》載：「成帝時犍為郡得寶磐十六枚於水濱。」兩漢時的犍為設郡、實為嘉定府前身。辭源解釋「磐」為大石，層迭的山石。寶磐，就是寶石，是指硬度大、色澤美麗、稀有貴重的礦石，如鑽石、瑪瑙、水晶等。這十六枚奇石能寫進《漢書》，說明當時樂山奇石已是貢品，成為皇家收藏玩物，亦成為「禮樂」的部分。隋朝開皇初年，改武陽縣為犍為縣。隋朝末年又分縣地置玉津縣，屬嘉州。《文選注》，「玉津者，以江出璧玉」，故名。這裏說的「璧玉」，又稱粗玉。以石頭的名稱置縣命名，可能與隋唐時期我國觀賞石藝術發展的昌盛分不開。

[32] 轉引自高緩：〈晨夕望峨眉〉，《風景名勝》2001年11期。

　　宋代為觀賞石藝術的鼎盛時期。大文豪蘇東坡寫的〈題醉道士石〉，繪聲繪色地描述了醉道士石的形態，讓觀賞石插上翅膀，名聲大振，不僅深化了這件石藝品，也使其成了歷史文物。坡翁以竹石為主的繪畫作品亦得益於石頭的靈氣。宋《太平清話》記載文人範成大喜愛玩石，曾為石題名「小峨眉」。這是他客居嘉州，對峨眉山美石鐘情的佐證。

　　樂山產石是有原因的。「岷江從北來，繞出郡背，青衣、涼山諸水自西來會之。縈回沖激，郡宛中央。」（萬曆《嘉定州志》）淩雲山下湍急江流，滾滾波濤把沿江不同地域臨河的金、銀、銅、鐵、水晶、瑪瑙、粗玉、化石等各類礦石、岩石沖洩而下，爭流觸山，夾石以趨，逐浪互擊，撞碎再造，石琢水磨。「湍急江流把它們推滾琢磨，慢慢變成大大小小的鵝卵石，蜿蜒的三江把不同地域晶紅、鵝黃、深絳、藻綠、雪白、墨玉等光澤細膩卵石帶到樂山城旁、大佛腳下。」（吳昌偉《漫話嘉州石》）

　　抗戰時期，西遷樂山的武大教授中，無論先生還是女士，不少人對樂山頑石愛不釋手。葉聖陶1939年3月11日致信上海友人王伯祥，提到他在樂山週末的消遣時說：

> 偶得晴明，則往對江閒步，或往江邊拾石子。此間石子至可愛，勝於前往子陵釣臺時江中所見者。凡色澤、紋理、形狀有可取者則撿之，歸來再為淘汰。如是者再，可得若干佳品。蓄於盆中，映日光視之，燦爛娛心。[33]

　　讀葉聖陶日記，還有這樣一條：「（1940年1月2日）晉生近由淩雲寺遷往塔旁之姚莊，與王獻唐同居……晉生獻唐所撿石子陳二十餘盆，彩色花紋出人意表，人必不信此江中石子乃有此大觀也。蘇袁二女士爭向主人索取，各得數十枚。」[34]中文系教授高亨（字晉生）和史學教授王獻唐撿拾了很多美麗的石子，居然讓蘇雪林和袁昌英兩位女教授爭著搶著討要了一些。好東西誰不想要呢？

　　有一年暑假，中文系女教授馮沅君正在外地，聽說樂山遭到日寇的轟炸後，寫下〈聞嘉州被炸〉一詩：

[33] 葉聖陶：《嘉滬通信》第七號，《我與四川》，四川人民出版社，1984年，第107頁。
[34] 葉聖陶：《西行日記（上）》，《葉聖陶集》第十九卷，江蘇教育出版社，1994年，第231頁。

灘聲日夜盪離堆，採石江邊知幾回？誰道年時遊賞地，而今城郭半成灰。[35]

　　馮沅君也就因轟炸而辭別武大離開了樂山。但她對在三江邊上撿拾彩石的歡樂情景念念不忘。但直到她1974年孤苦離世時，再也沒有踏上過樂山的土地。但年復一年水沖浪擊的樂山奇石，是否還記得這位學者當年曾在江邊徘徊尋覓的身影呢？

　　不過半個多世紀之後，年邁的吳令華依然記得父親吳其昌帶著她和母親諸湘一起撿拾石子的情景——「遊大佛、烏尤，在河灘拾彩色鵝卵石，是那幾年全家最大的娛樂。」[36]

　　生物系教授章韞胎，抗戰期間居大渡河畔，名其居為「待渡廬」，更方便他去撿拾石子。甚至還將在樂山河灘撿到的奇石歸納分類、整理賞析，寫出了情趣盎然的妙文〈嘉陽拾石記〉[37]，對「嘉陽石」讚美有嘉，並歸納為「八采」、「八品」。現將其文節錄如下：

　　　　戊寅（1938）之夏，隨校來嘉。秋末，遊於凌雲山麓，經烏尤山，澗溪水將枯，石子初出，喜而收之。既冬，銅河水落，城南之外，沙洲漸出，遠近岸渚，無處無石，晴明暇日，輒攜巾杖出遊，撿拾之而歸。積之半歲，物品日豐。考石子之成也，原於急流觸出，夾石以趨，逐浪互擊，碎至於沙。結晶礦品，由於碎面不同，文理異致。同種礦石，破碎之後，形色各殊。沖至下遊，石子漸小，形色愈奇。逐一較之，有相似者，無相同者。加之川流之刷滌，彼此之礑磨，光澤文采，皎然煥發。惟體質堅實，出水暗然，永宜植於清泉之中。天然礦品，成於單純之質料者少，每與他質團結，或相錯為塊，或相間為層，或此附於彼，晶式各別，團結異趣。礦品破裂，頗有常則；斷面文理，多有成規。故石子色采雖繁，不無條理可尋。日經流浪切磋，破觚為圓，通稱鵝卵石，此常狀也。然其他形態，不勝枚舉。予略加識別，列其尤者為八品。其文理之常見者，又列為八采，以概示之。嘉石別致：

[35] 袁世碩、嚴蓉仙編：《馮沅君創作譯文集》，山東人民出版社，1983年，第213頁。

[36] 吳令華：〈懷念父親吳其昌教授〉，《珞嘉歲月》，2003年，第193頁。

[37] 周文華主編：《樂山歷代文集》卷十五，樂山市市中區史志辦，1990年，第286頁。

八采──①純全：純色難全；②合好：兩合為好；③韭葉：散同剪韭，簇似落花；④珠璣：小如粉米，大如花瓣；⑤錦藻：三采六等，水機浪織；⑥雲根：飄如雲影，隱若浮雕；⑦羅紋：粗則帆影，細則蛾眉；⑧環帶：九環照地，一衣定天。

八品──①柿核：斜方；②菱仁：三棱；③螺髻：螺形；④龍骨：骨形；⑤水鏡：扁圓；⑥天球：正圓；⑦雷斧：鏈狀，圭狀；⑧浪椎：槌狀，鑿狀。

八采中，①純全：石子竟體一色，如雪白、晶白（半透明）、灰白、淡青、淺藍、赤紅、紫紅、淺紅、暗紫（豬肝色）、深絳（玄）、枯黃、正黃、嫩黃、泥黑、深黑、菜綠、茶褐、老蒼；②合好：每石兩色，分區割據；③韭葉：石體為褐、黑、黃各色，上布結晶鱗片，狀如韭葉細斷，偶有簇集如花。鱗片寬狹長短不一。其色淺黃、深綠、淡青者多見，亦有為黑為紅者；④珠璣：石上晶片，碎小者作粟粒狀，或大如花瓣。星點一色或數色。晶粒若有脫落，石上乃現細孔。初置水中，孔間浮出水珠，亦美觀也；⑤錦藻：石之體質為兩三種晶片交錯而成，或紅綠相間，或紅白相間，或綠質黃章，或黑質白章，儼有黼黻之美，花樣甚多，錦織藻繡；⑥雲根：石上附合之晶質，磨洗將盡，尚留蹤跡，幻成雲霞、網絡、草、木、蟲、鳥諸態，有若浮雕者然；⑦羅紋：紋之粗寬者，每石只具數道；其細膩者，密若肌理。通由兩種晶質層層間列。紋色為黃為白者常見。其為紫、為紅、為綠、為青、為黑者，莫不有之。石黃紋細者，觀若朽木；⑧環帶：乃羅紋之別派，不過每石只具帶紋一兩道耳。就石之姿勢觀之，帶或橫繞如束腰，或斜繞如籠肩，若今之武裝帶然。

八品中，⑦雷斧⑧浪椎兩例，所納石品甚夥。其為斧狀、槌狀、鑿狀、鏢狀者，頗似近代發現初民之用具，所謂新石器是也。此項石器，在中國早已知之。宋人謂之雷斧，拾之岡陵，疑為霹靂火灼者也。人類造作工具之改進，近時分為舊新石器、銅器、鐵器四期。舊石器粗糙，新石器已經雕琢圓潤。《越絕書》中《寶劍篇》風鬍子對楚王問，意旨相同，以為自古工具，由石兵而玉兵而銅兵而鐵兵。故新石器時代，若謂之玉器時代或玉兵時代，意更適宜。按：舊新石器兩名乃以西文意

譯而來，不甚妥當。舊石器之西文原意為粗糙石器；新石器之西文原意
為磨制石器，實玉器之謂。今之嘉定民間，每取石子為權，為杵，為研
石，為鎮紙，凡就其形象而利用之處甚多。想初民之居水濱者，安有不
知採用石子為工具，略治鋒刃，即同新石器中之物。新舊兩代石器之改
進，謂為必經數萬年之久者，其豈確論乎？再者，石子之中，狀似古玉
者，亦不鮮見。琬琰之圭，大小之璧以及璧羨諸品，不難俯拾。陳之案
頭，亦殊清雅。

……如今的泌水院步行街已形成了一條規模大、檔次高、品種全、內容豐
富的收藏品市場，其中聞名於全國的樂山奇石成為了一大亮點。

一碗喝到夕陽西

武大遷到樂山，物質條件極端困難。乃至當時外文系學生吳魯芹在〈我的
大學生活〉中寫道：「到了嘉定，似乎發現生活退回到了19世紀，用慣自來水
的人，改到要用臉盆去大木桶中取水，這一吃驚的認識，實在是非同小可。至
於校舍，當然更談不上了，文、法學院設在城內的文廟，理、工學院在城外，
都是破屋數椽，粉刷一新，尤其是粉刷工作大半是急就章，事先沒有修整過，
白粉牆高低不平，斑斑點點，就像半老徐娘匆忙中打扮，掩飾不了底細。」[38]當
時文廟內的圖書館沒有專門的閱覽室，十多張閱覽臺僅對高年級學生開放；學
生宿舍也十分狹仄擁擠，連桌子都容納不下幾張，個別有自習室的，也僧多粥
少；晚上用學校自發的電，幾盞15瓦的電燈，光線灰黃暗淡。硬體設施就是這
樣子，學習卻不能停止。

為了逃避干擾，加強抗拒交互感染的防病能力，到校外尋找一塊清淨寶
地，開闢學習的第二戰場就成為學生們的唯一出路。記得李為揚〈流亡隨校遷
滇箚記〉寫過聯大學生在蒙自泡咖啡館之事：「咖啡館開辦起來了，真是門庭
若市，座無虛席，連南湖濱的遊動學子，都紛紛被吸引到咖啡館來。因為花錢

---

[38] 吳魯芹：〈我的大學生活〉，臺灣《傳記文學》第26卷第2期。

不多，帶一本書可以消磨半天；尤其是寫畢業論文，需要思考，利用這裏是再好也不過的去處。」[39]樂山沒有咖啡館，好在有茶館。「頭上晴日少，眼前茶館多。」30年代，著名教育家黃炎培訪問四川時，寫了一首打油詩描繪成都人日常生活的閒逸：「一個人無事大街數石板，兩個人進茶鋪從早坐到晚。」出版家舒新城也寫到，20年代成都給他印象最深刻的是人們生活的緩慢節奏，茶客人數眾多，他們每天在茶館停留時間之長讓他十分驚訝，「無論哪一家，自日出至日落，都是高朋滿座，而且常無隙地。」其實，兩位名家的描寫放在樂山，照樣適用。

武大內遷後川籍學生所占比例迅速增加，四川人本來就愛泡茶館，「五步一摟，十步一閣」。淪陷區來的學生大多在抗戰初期入川，早已被傳染上泡茶館的習慣。可以說，男生大概都要泡茶館，茶館是他們的天下，茶館生活成為他們大學生活中不可分割的部分。當時武大的印度籍留學生沈蘇美（後任印度政府駐拉薩外交代表），同樣經常泡茶館。武大女生較為「保守」，加之宿舍條件較好，一般只在集體活動時光臨茶館。但白塔街上鄰近女生宿舍的基督教學生公社的茶園，則隨時可見女生身影。教授們因工作忙，有家小，泡茶館的不多。

茶館有多種功能。對於武大學生來說，不僅僅是休閒之地，更是學習場所。他們把學術文化藝術氣氛也帶進了樂山的茶館。應屆畢業生也在茶館內看數據、抄卡片，準備畢業論文的寫作。甚至有些學生在論文寫作階段也抱著一堆書和一包卡片，在茶館進行工作。一碟白糕，一盤瓜子，一碗清茶，就可以「泡」上幾個鐘頭。只要把蓋碗茶具放在桌子中心，表示人走了，還要回來再喝茶，因此可以「一碗喝到夕陽西」[40]。尤其是炎炎夏日，泡茶館是最佳選擇。中文系袁瓊玉〈擺龍門陣〉云：「泡茶一碗剝花生，夏日園林任縱橫。」[41]陳植棻〈竹林中茶館〉云：「竹椅幽篁入目涼，有奈何畏夏日長。『麼師』亦解吾心意，雙碗沱茶齒頰香。」[42]雙碗，即加倍茶葉，付兩碗之茶資。

儘管大轟炸之後物價上漲，但相對而言，再窮的學生還是勉強坐得起茶館的。袁瓊玉詩「二百文錢開話匣，四方雲集古今情」，是說茶座每位收二百

[39] 李為揚：〈流亡隨校遷滇箚記〉，《西南聯大在蒙自》，雲南民族出版社，1994年，第104頁。
[40] 胡德民：〈竹枝詞〉，臺灣《珞珈》（1994年4月）第119期。
[41] 袁瓊玉：《多麗集》，1993年，第11頁。
[42] 陳植棻：〈樂山憶舊〉，臺灣《珞珈》（1992年4月）第111期。

文錢，其實只一枚銅板，上鑄有「二百文」字樣，1938年西川仍用之。學生們也發揚互助精神，誰有錢誰開茶錢。有些人還常常三人一幫、五人一夥，過著太平天國所幻想的那種「有飯同食，有衣同穿，有錢同使」的生活。「有茶同飲」，自屬當然。學生們戲稱此種生活為「共產主義」。

　　一般「茶館」總象徵著「鬧市」，人頭擁擠，人聲鼎沸，是一塊十分嘈雜的天地！但是，有幾個武大學生集中的「窩點」，卻又是一派風光！比如嘉州公園的茶館，矮方桌、竹或籐靠椅，間距稀疏，在樹影婆娑、綠蔭覆蓋下，顯得份外清幽。使人感到清靜、舒適和富有新趣。在風和日暖的日子裏，要「麼師」端來一杯清茶或一盞「玻璃」（四川人稱白開水為玻璃）往靠椅上一躺，又可消磨課餘幾許時光；甚至舒舒服服的觀賞紅花綠葉、斑駁陸離的公園景色，使泡茶館又增幾許情趣。正由於這種園中茶室具有的靜、適、趣特色，成為文法學院學生課餘常駐的休息場所。經濟系蔣宗祺回憶說，「在叮咚街宿舍住的我同班同學湯護民就是和我各據一桌、遙相隔距、互不干擾，各啃書本的一對『茶室』常客。而互不相識，但有同一心願的同學就為數更多，很難指數。就在這個第二戰場裏，我啃完皮左（Pigue）的《戰時公債論》；摘詳了部份章節；參考了不少有關公債轉嫁，歸宿理論的參考資料；按指導教授的建議，編寫了論文提綱；用半年時間寫成了近三萬字的《戰時公債芻議》的畢業論文，獲致佳評。應該肯定，這個第二學習陣地的功績『功不可沒』！」[43]經濟系顧煥敏還仿劉禹錫〈陋室銘〉作〈公園茶館〉詩曰：

> 園不在美，有儒則名；苑不在幽，有彥則靈。斯是陋園，惟士德馨。槐柳頂上綠，池水入眼青。談笑有鴻儒，往來無白丁。可以玩棋牌，可以閱典經；無絲竹之亂耳，無商賈之擾心。南陽諸葛廬，西蜀子雲亭。

並附注解說，「樂山城中有嘉州公園（今名勞動人民文化官）內無奇花異草，也無怪獸珍禽。惟有槐、柳之類喬樹、冬青之類灌木；潺潺小溪、古樸石橋，十分簡陋。但樹蔭下、小溪旁，擺著小方木桌、靠背竹椅的茶館，卻是吸引同學們的一塊寶地。……同學們多以公園內茶館（還有高北門的洙泗塘、高

---

[43] 蔣宗祺：〈樂山憶舊〉，臺灣《珞珈》（1993年7月）第116期。

西門外的斑竹灣等處）為看書、備考、研討、寫作的理想場所。有些同鄉、院系、社團小會也常在茶館召開，茶水無虞，來去方便。書看疲了，文寫累了，圍聚三五，或打橋牌，或下象棋，或吹殼子，擺龍門陣，調劑腦筋，舒展身心，其樂融融。此處既無川劇票友打圍鼓、演清唱、胡琴鑼鼓的嘈雜，商人談生意的干擾，確是當時同學們一處讀書、休憩的桃源。日後，一大批校友們的宏文巨著、科技成果，說不定曾在茶館中吸收、鑽研、融會貫通而打下的堅實基礎，至今猶為校友們眷念。」[44]

中文系李健章1938年初到樂山就作有〈晚霽，坐嘉州公園品茗〉詩：「十畝園遊地，茗廬四五家。客來喧隔座，雨過礚閒牙。曲檻留餘日，飛煙動落霞。暫隨人共樂，不復計天涯。」[45]據李健章1993年9月12日致信毛西旁云，他初到樂山住在文廟對面「財委會」宿舍，「『財委會』大門外上坡，不到百米，就是公園後門……我們這些所謂『下江人』，初到四川，樣樣都覺新鮮，對於坐茶館，擺龍門陣，最感興趣。」「除在文廟上課外，只有兩個辦法打發日子：①坐茶館；②逛街。逛街，也多半從公園穿過。公園沿路兩旁，有四五家小茶館，全被我們佔用。因為來往的同學大半很熟識，所以打招呼，讓座，吹牛，隔座對話，大聲談笑，熱鬧異常。我那句詩，是最真切的寫照。」[46]

文法學院學生業餘學習和娛樂的還一個常去之地是醍醐茶社。醍醐茶社位於城中心鼓樓街與府街相交處，占地約60平方米，清潔幽靜。來客八成以上係武大文法學院學生。每到課餘時間，學校教室大多關閉。學生們便三五成群地挾上教材與參考書，帶上一副橋牌，紛紛向醍醐茶社湧去。去後四五人坐上一桌、泡上一杯清茶，慢啜慢飲，互不干擾。有時討論學習內容，交流學習經驗，均輕言細語，從不喧嘩。遇有外來茶客在茶社交談時，跑堂便笑著指指周圍，並指著牆壁上寫的「飲茶為上，休談國家」予以制止。以後形成無外來茶客、清一色是武大學生了，尤其是晚上，學子們借助其燈光學習直到晚上11點鐘散去，茶館才打烊關門。

理工學院學生就近到第六宿舍附近的斑竹灣茶座。斑竹灣並無斑竹，只有很多不知名的叢生小竹。在竹叢中有幾間茅舍，茅舍前有一個小院壩，茅舍

[44] 顧煥敏：〈樂山拾景(五)〉，臺灣《珞珈》（1994年7月）第120期。
[45] 李健章：《居蜀集‧東西集》，武漢大學出版社，1994，第25頁。
[46] 李健章致毛西旁信原件為毛西旁之子毛郎英收藏。

主人就在院壩中擺上竹椅矮桌，賣起茶來。晚上，第六宿舍的和第四宿舍的學生，多藉飯後散步之便，來茶館坐坐。土木系魏懷樞讀四年級時，「雖然每天課程仍然擠得滿滿的，但都是應用性質的，比照二三年級就輕鬆多了。在晴好的星期日，常約上一兩同好，在宿舍大門對面觀斗山腳下的店子稱上一斤炒花生，到斑竹灣去，一面喝茶，一面剝花生，漫談東西南北。有時約不到同好，一個人也挾本書去坐上半天，或者進城，到公園中的露天茶桌去找熟同學談天說地。」[47]

殷正慈晚年在臺灣最思念的乃是，隔江對岸的山頭上，在修篁叢竹之中的「陳莊」之茶。「當你和三五良朋，乘小舟，渡急流，攀藤援葛，爬上那數百級陡坡，正在滿頭大汗，氣喘如牛之時，忽地迎面綠竹漪漪，流泉淙淙，彷彿自紅塵中步入了另一個清涼世界。」「抵達後，照例各自拉過來一張竹椅，往上面一躺，有的翹起二郎腿，有的撲著芭蕉扇，真是快活賽神仙。」儘管阮囊羞澀的學生們但飲「玻璃」，坐熱竹凳，硬賴著不肯走，但茶館主人慷慨好客，始終執禮謙恭，從未下過逐客令。除此以外，尚有二大絕妙之處：「一為此地有崇山峻嶺，茂林修竹。遠瞻岷峨，近眺江流。昔有竹林七賢，吟嘯風月，今則人人皆在畫圖中，清風朗月不用一錢買，豈非可以步武昔賢，流連忘返？一為陳莊主人，膝下一位嬌女，生得豔如花，嫣然一笑，可以『惑陽城，迷下蔡』。有一天驀地驚鴻一瞥，姍姍而過，使得我們目注神移，久久不能自已。難怪『少年見羅敷』，便要『脫帽著帩頭』了。如此佳人，終於歸於法學院某位師長。美人兒既成『師母』之後，不知使得多少當代的少年維特，為之煩惱神傷哪！」[48]陳莊既然如此價廉而物美，難怪學生們總喜歡結伴前去，泡上幾個小時。

此外，武大學子還把茶館生活延伸到了樂山周邊鄉鎮。歷史系鄭春陽回憶：「一次是去大渡河對岸的安穀鄉郊遊。不用說，這同時也是去安穀鄉坐茶館，把樂山城的茶館生活延伸到郊區。一次是去樂山縣盛產其蠶桑的重鎮蘇稽郊遊。去時沿大渡河北岸西行，途中風景如畫。到蘇稽後即下飯館、坐茶館。下午盡興，買舟東歸。」[49]

---

[47] 魏懷樞：〈母校生活雜憶〉，《武大校友通訊》1997年1輯。

[48] 殷正慈：〈憶陳莊之茶〉，《驀然回首》，臺灣文史哲出版社，第76—77頁。

[49] 鄭春陽：〈憶樂山茶館生活〉，臺灣《珞珈》（1993年1月）第114期。

　　樂山茶館不僅成了武大學生的自習室、閱覽室。有組織的小型學術討論會常在茶館舉行。迎新、送舊、謝師之類的活動，更要在茶館舉行。武大各系級、各社團還在茶館舉行各種時事、政治方面的討論會、座談會。尤其是抗戰勝利到復員之際，最為活躍。在武大校內，各種政治力量通過社團或直接出面組織學生，頻繁地在茶館等處召開各種討論會、座談會。一向聲言不問政治和保持中間派政治態度的學生，也關注時局，活躍起來。特別是重慶政治協商會議前後，可以說整個武大都處於興奮狀態之中。茶館裏面討論和爭辯的空氣十分熱烈，茶館成為學生們學習政治的課堂。大多數學生本來關心國內外形勢，這是茶館談話的經常性的內容之一。「休談國事」，對武大學生是不適用的。茶館無疑是學生間交際的重要場所。茶館裏的思想交流，往往影響著甚至決定著一個人的生活道路或政治道路。數十年後，史學系民三十五級的鄧春陽感歎：「我們在樂山茶館生活中成長，在樂山茶館生活中得到了友誼。樂山茶館生活代表我們一生中朝氣勃勃的大學時代，的確是永遠找不回來了。」[50]

麻將、棋牌和書畫

　　四川茶館多，麻將更多。幾乎每個茶館都有若干麻將，當然更多。這好比茶杯數總比茶壺數要多。不只是茶館才有麻將，家庭也是不可缺少的。

　　我不知道葉聖陶在蘇州老家是否打麻將，但知道他應武大之聘來到樂山不過三個多月，就「以二元四角買得麻將牌一副，燈燭之下，不便預備功課，批改作文，則偶爾打牌四圈。」還說「無勝負之勞心，誠『衛生』麻將也。」[51]另據劉守宜〈誠心的祝福〉云：「當年在樂山，大家都鬧窮，師長之間，衛生麻將相當流行。」[52]

　　葉聖陶好像說麻將只是娛樂而已，並不賭錢。但看他日後的日記，[53]還是要小賭一下的：

50　鄧春陽：〈憶樂山茶館生活〉，臺灣《珞珈》（1993年1月）第114期。
51　商金林編：《葉聖陶抗戰時期文集》第一卷，人民教育出版社，2005年，第126頁。
52　劉守宜：〈誠心的祝福〉，《學府紀聞：國立武漢大學》，臺灣南京出版公司，1981年，第90頁。
53　葉聖陶日記均據《葉聖陶集》第十九卷〈西行日記（上）〉，江蘇教育出版社，1994年。

　　1940年7月11日：飯後，徐漢誠與其母來。余與墨、滿子、徐太太打牌，連續十二圈，在余為難得之事矣，且贏了兩元餘，尤為難得。

　　7月15日：午後，為三個孩子上課。徐太太來，余與墨、滿子同她打牌八圈，余大輸。

　　1941年1月4日：夜，打牌四圈。

　　1月9日：夜，打牌四圈，甚歡。

　　1月10日：夜仍打牌四圈。

　　我要補充一下的是，1941年的三則記載雖是樂山之事，但此時的葉聖陶已非武大教師了。他在1940年7月就辭別武大，到四川省立教育科學館做研究工作。

　　武大教授中打麻將者，大有人在。據圖書館主任桂質柏之子桂裕民博客所述：樂山時期，朱光潛和桂質柏都住在半邊街惠明宮山邊的巷子裏。桂質柏住的房子是新做的兩層磚木結構的紅瓦房，樓下樓上各三間地板房。天花板是淺黃色的木板，粉白的牆壁。朱光潛住的地方是老房子，沒有桂質柏這邊房子好。每到週末，朱光潛，楊人楩，戴鎦齡等教授就到桂質柏家打麻將。不料有一次，桂質柏的四歲兒子突然不小心從二樓掉到了一樓，沖散了正在打麻將的教授們，當時戴鎦齡抱起孩子就跑到學校醫務室檢查，居然沒事。[54]

　　凡在四川生活的人，要說不會麻將恐無人相信。真有那麼幾個不會麻將者，可能比大熊貓的數量還少。哲學系教授高翰即是一例。高教授不但不會麻將，甚至連看都不愛看，但是上課的時候，常愛引用麻將經解說書中的大道理，用麻將打比喻講笑話。舉個例子來說，當年有個女學生身材高挑並未引起人注意，但在一次高翰與學生閒聊中說某學生站著像「二條」，坐著像「三條」，雖然有點戲劇但無傷大雅。從此這個女學生便得到了一個雅號「×二條」。

　　比麻將更普及的娛樂是橋牌。很多學生帶著教材與參考書去茶館時，總不忘帶上一副橋牌。看書學習累了，就玩玩橋牌調節一下，其樂融融。陳植棻〈樹下茶館〉詩云：「茶館陰涼樹下開，一江似練晚風來。青年喜擺龍門陣，滿貫橋牌亦快哉。」[55]滿貫，即Grand Slarm。

[54] 據桂裕民：〈樂山舊事〉，桂裕民新浪博客。
[55] 陳植棻：〈樂山憶舊〉，臺灣《珞珈》（1992年4月）第111期。

　　不僅是學生之間玩橋牌，師生之間也用橋牌交流感情。數學系教授吳大任夫婦經常邀請學生去他家玩。因為當時沒有什麼娛樂活動，橋牌就變成很好的娛樂活動。據楊恩澤回憶，「我們的橋牌水平遠不能同兩位先生比，但是他們不嫌棄我們，從沒有因為我們打得不好或打錯了牌就批評我們，而是耐心教我們。從基本算分、叫牌、算牌、攻牌的方法教起。我現在還記得很多規定，例如出牌應『攻其強而引至弱』。有了橋牌理論的指導我們進步很快。但這就非常難為兩位先生，老是與低水平的人打牌，非有愛心與耐心是做不到的。」[56]

　　解放後曾任武大無線電系主任的張肅文，有一則下圍棋的往事：「另一位值得特別一提的老師是中文系的徐天閔教授。這還得從圍棋說起。我在高中時就迷上了圍棋，幾乎達到廢寢忘食的地步，但到了樂山，沒有了棋友。一個偶然的機會看到了中文系幾位同學在下圍棋，我忍不住在旁邊講了幾句這步棋應如何下才好之類的話。事實上我的棋藝並不高，但那幾位同學卻覺得我的棋藝還可以。經他們熱心撮合，1946年7月21日在嘉樂公園茶館我與徐教授下了一盤終身難忘的棋（我還保存著棋譜，並發表於《圍棋報》1996年1月7日，標題是〈我最難忘的一局棋〉）。對局時旁邊擠滿了同學，因此印象很深。後來我還常到徐先生家中下棋，成為忘年交。」[57]外文系學生楊靜遠日記有云：「（1944年5月14日）回到家，只見戴銘巽先生在和弟弟下棋……。」[58]

　　蘇雪林1943年第二次搬進讓廬後，一年多的課餘閒暇，全用在了畫國畫上。楊靜遠說這是蘇雪林的「一項半保密的精神勞作」，「躲在斗室裏作畫，只為自娛並藉以陶冶性情，從不示人。」在物質匱乏的年代，可惜顏料不齊全，幸好花青有一點，赭石卻缺乏。蘇雪林靈機一動，從後山岩石裏挖來泥巴，調水研細，居然可替代赭石。藤黃有一大塊，朱紅則是市場上買的胭脂棉瀝水。畫中國山水畫有這幾種就夠了。最苦的是沒有畫紙，市上宣紙絕跡，只好用四川產的一種川連紙湊合著用。孫耕《記抗戰中的蘇雪林教授》說：「（蘇先生）這幾年來也很少作畫，偶爾興趣來時，才提筆蘸色，雖然蘇先生已答應替我畫一幅山水，因為還沒有買到很好的宣紙，我便匆匆離開了嘉定。」[59]

[56] 楊恩澤：〈六十載教誨，音容尤存〉，《吳大任紀念文集》，南開大學出版社，1998年，第83—84頁。
[57] 張肅文：〈走向珞珈山之路〉，《武大校友通訊》1998年1輯。
[58] 楊靜遠：《讓廬日記》，武漢大學出版社，2003年，第227頁。
[59] 轉引自沈暉編選：《綠天雪林》，人民文學出版社，2001年，第36頁。

錢歌川在教學著述之餘，治印自娛。1939年畢業的劉玄一回憶說：「我記不起去錢家多少次……新奇的是筆筒內有刀子，長短不一，大小形式不一，當時我看了莫名其妙，後來才知是他用來雕刻治印之用的。」[60]這在葉聖陶日記再次得到佐證：「（1940年12月12日）三時，上山至歌川所閒談。觀其所作木刻工致有力。承示所用之各種刀子，有法國式者，有日本式者，皆用純鋼，煉鑄頗精。又承示早年所作印章數十方，尚不壞。此君癖嗜之方面甚多也。」[61]無獨有偶，生物系教授石聲漢也善治印。據其友人吳大任教授〈懷聲漢〉說，「他還善於刻圖章，並且能在筷子頭上刻一首詩，即現在所謂的『微雕技術』。真是多才多藝。他為我寫了一張行書條幅，刻了一顆名章。」[62]

電影、戲劇、音樂會

晚年在美國的姚應祿（武大電機系畢業）回憶樂山時說，「1937年我家由西安搬到樂山的那時……全城只有一個簡陋的電影院，在嘉樂門外。銀幕是一條白被單，放演時，觀眾也可以坐在銀幕的後面看，因為放出來的字都反過來，大家稱為看『反電影』。」[63]葉聖陶1938年11月29日致信徐調孚，云：「樂山只有一家川戲館，弟想往看看川戲規模，尚未得便。影戲館有一家，開映國產舊片，皆三官等所不欲看者。此間四個小孩子皆有影戲癖，而無從問津，未免使他們苦悶。」[64]

據童茹〈樂山電影小史〉載：樂山城區公開放映第一部有聲片是1939年農曆正月初一，片子是明星影片公司的《夜來香》，胡蝶主演。影片主要描述了一個賣花姑娘的悲慘遭遇，劇中死了二、三人。看後有的說：「不吉利，大年初一，第一次放有聲影片就死人。」有的讚揚胡蝶演得好，有的說「胡蝶開腔了」。聽說放有聲片，人們大為震動，更感稀奇，來觀看的人不少。童文又說，「武漢大學遷來樂山後，電影院放映進口片多是美國、英國的。當時的外

[60] 劉玄一：〈追念錢歌川老師〉，臺灣《珞珈》（1993年1月）第114期。
[61] 葉聖陶：《西行日記（上）》，《葉聖陶集》19卷，江蘇教育出版社，1994年，第327頁。
[62] 吳大任：〈懷聲漢〉，《石聲漢教授紀念集》，1988年，第52頁。
[63] 姚應祿：〈回憶樂山〉，《北京珞嘉》2002年第2期。
[64] 葉聖陶：〈嘉滬通信〉第二號，《我與四川》，四川人民出版社，1984年，第87頁。

國片，皆沒有譯成華語對白，也無字幕，於是就出錢請武大外語好的學生來當場作翻譯，介紹其對話和內容大意，邊看邊翻譯，通過擴音器播送出去。有時先翻譯好後，寫成幻燈片，邊放電影邊放幻燈片。」[65]

楊靜遠在1941年11月14日的日記中寫道：「同學們許多都去看電影（樂山唯一的一家岷江電影院），今夜放《戀之火》。我早就想看這片子，但現在我不要看電影。我不能再亂花一文錢。誘惑雖大，我應當學著堅定意志，抵抗誘惑。自己安慰著：『電影不看並不是什麼了不起的可惜事情。看了就如同吃了一塊糖，不看也就沒有吃糖，餓不死的。』」[66]

〈樂山電影小史〉又載：1942年由十七師參謀長汪載濤承頭，興辦「蜀嘉電影院」，在樂山公園內中山堂放映，每場可容800人，設有堂廂、樓廂，後來白天也可以放映了，有時一天放二、三場。由於日本的兩次狂轟濫炸，樂山經濟大傷元氣，百業蕭條，電影也不景氣。1943年大明星影院建成放映電影，地址在樂山老軍分區對門，城區稅務所內，場地約可容800人。由於種種原因，辦了一年多就奄奄一息，時放時停。後余寶凡又邀人重振旗鼓，興盛一時。但由於物價飛漲，法幣貶值，實在無力經營，股東紛紛要求退股，加之1946年因房子倒塌，大明星就垮了。

西南師大孫法理教授（1948年外文系畢業）在〈樂山時期武大文化生活〉一文中提到過樂山電影院：「1943年樂山利用一片瓦礫場建成了一個電影院。設備十分簡陋，但已能上映電影。武大師生四、五年來第一次能在樂山看到電影，自然十分高興。記得放映的有麗泰·海華絲主演的《蛇蠍美人》、神童薩菩主演的《月宮寶盒》，華爾特·狄斯尼公司的動畫片《格列佛遊記》等娛樂片。放映一段時間之後修了一個可以演話劇的舞臺。」[67]

楊靜遠在1941年的日記裏就提到當時樂山有電影院，可見孫教授說「武大師生四、五年來第一次能在樂山看到電影」顯然欠妥。但是，武大師生在抗戰八年中很少看電影應該是事實。更多的是觀看各種京劇、話劇和音樂會。

不必說武大學生自己組織編導的各種演出活動層出不窮（後面專文介紹），外地到樂山來演出的就有不少。

[65]　童茹：〈樂山電影小史〉，《樂山市志資料》1983年第1期總第5期。
[66]　楊靜遠：《讓廬日記》，武漢大學出版社，2003年，第17—18頁。
[67]　孫法理：〈樂山時期武大文化生活〉，臺灣《珞珈》（1992年7月）第112期。

　　首先有外地劇團來演出，當時路明、金山、張瑞芳等著名演員在重慶演大型話劇轟動一時，成為戲劇界盛事，他們竟來到樂山公演。劇目有《天國春秋》、《孔雀膽》等，使師生們得到了至高的藝術享受。學生們也無意中親睹了明星們的風采。據孫法理回憶，樂山1943年建成的電影院改為舞臺後，引來了從成都來的話劇演出。「第一個是中華劇藝社演出的陳白塵的《大地回春》（演員中有吳茵和張逸生）、楊村彬的《清宮外史》（似乎不只一集，舒適領銜主演；慈禧、珍妃和李蓮英都是名角扮演）和吳祖光的《牛郎織女》。不久後又演出了《天國春秋》，這在當時幾乎是一場盛典。多年闊別，票價又不高，看的人很多。」[68]

　　這個舞臺在1944年秋又來了一個京劇班子，有很出色的演員，有個女演員周惠如演旦戲受到很高的評價。「這回輪到武大的老師們著迷了。據說中文系的黃焯教授連線裝書也拿出來賣了（此說也許是經過誇張的謠傳）買票看戲，而且請人看，便於共同讚賞推敲。這個劇院後來也演過川劇，而且有著名的武生曹俊臣（外號曹黑娃）演出。曹黑娃曾經名盛一時，敢於跟川劇的康聖人（康芷林）較量。但那是他年輕時的事，到了1945年他年事已高，又加上窮愁潦倒，缺了牙沒有錢鑲，演《轅門射戟》的呂布，亮相起霸都威風凜凜，一開口卻露出了缺了的牙，難免令人掃興。」[69]葉聖陶1939年1月份的書信裏有陪友人「同看山東戲劇學院之京戲」的句子。楊靜遠的日記裏有多處觀劇記載，比如：「（1944年4月23日）晚飯後我們六個人（方薆、安祥、左敬睦、常、岫和我）去看《孔雀膽》（郭沫若劇）。我們不買票，隨中華劇藝社人員混進去，站在旁邊看。這個劇社在管理方法上真精練，每幕換景只要五分鐘，而且聽不到裏面笨重的聲音。演得非常好，比劇本本身好。最後使我感動得喉頭梗塞，眼淚要流出來。雖然是屬於一種melodrama（煽情）式的傷感，不過虧他們演得深入人心。我總覺得他們的能力超出劇本供給的材料以上，可惜得很，路明是電影明星，可是演得不行，除她以外都不錯。」[70]

　　其次，一些音樂家們先後來樂山舉辦音樂會。音樂名家到樂山來，地方上的《誠報》均會報導宣傳。1942年10月9日消息：「名聲樂專家蔡紹序將於十一

---

[68] 孫法理：〈樂山時期武大文化生活〉，臺灣《珞珈》（1992年7月）第112期。

[69] 同前註。

[70] 楊靜遠：《讓廬日記》，武漢大學出版社，2003年，第215頁。

月中旬來樂舉辦個人音樂演奏會，正托此間友人尋覓適當地址及租借鋼琴，按蔡氏曾為國立音樂學院教授，今在南虹藝專任音樂科主任。」1943年10月26日消息：「名聲樂家蔡紹序此次舉行獨唱會，因場地問題，甚為懊喪，決於日內返蓉。此間愛好音樂人士正熱烈挽留中。」1946年3月16日消息：「蔡紹序教授今晚六時半在中山堂舉行獨唱會，節目至為精彩。」1946年8月7日廣告：「新生幼稚園為籌募基金主辦歐洲返國國內第一流花唱（腔）女高音郎毓秀獨唱會。鋼琴伴奏馬革順。日期：八月五日六日七日。地址，嘉樂門浸禮會。票價，一千五百元。售票處：生活商店、新新食品店、開明書店、茂祥。」

劉敬黃回憶說，「管夫人喻宜萱來演唱，記得有《天倫》，哀婉動人；蔡紹序多半唱富有四川民間風情的歌，如《八十歲公公擔柴燒》歌詞有：『頭髮鬍子白飄飄，你看我，逢山過了坳，遇水過了橋。山高不怕有虎豹，水深哪怕有龍蛟』；郎毓秀是花腔女高音，則唱些外國歌曲，抒情與技巧並重，曲目有《夜鶯》。郎毓秀很接近群眾，武大愛好唱歌的學生，甚至向她借抄歌譜，她都應允。蔡紹序還熱情輔導學生唱歌，大家圍坐一室，同學輪流自動起立歌唱，蔡紹序一一作指點，融洽親密之至。」[71]孫法理在〈樂山時期武大文化生活〉中又說，「值得一提的是蔡紹序先生的獨唱會。抗戰期間來樂山開過獨唱會的似乎只有他一個。但是他吹進了一點新風，就是在傳統的學院派歌曲之外唱了一些民歌。歌名不記得了，有歌頌農民跟天鬥爭的『自造龍骨把水車』，歌唱抬滑竿苦力的憤慨的『世間若無不平地，咱們哥兒真快活』，還有氣勢磅礴的川江號子。他為1947至1948年武大的民歌流行作了開路先鋒。」再看楊靜遠日記[72]裏的相關記載：

　　　1943年10月23日：今晚是蔡紹序個人獨唱音樂會，我一直猶豫不決不知去聽還是不去聽。去聽就得買24元的票，我不願這樣花錢，終於沒去。

　　　1944年2月25日：晚上去聽音樂會，全部器樂，張舍之的小提琴，朱崇志的大提琴，×××的琵琶和南胡，俞雨辰太太伴奏。我喜歡大提琴比小提琴多，而且張舍之態度不好，倨傲矯矜，盛氣凌人。琵琶中有一

---

[71] 劉敬黃：〈樂山散憶〉，《北京珞嘉》1997年第2期總第4期。
[72] 楊靜遠日記均據楊靜遠：《讓廬日記》，武漢大學出版社，2003年。

段我很欣賞，真像跑馬（《十面埋伏》）。俞太太的鋼琴彈得實在好。

1945年4月6日：晚上聯合歌詠團去聽劉亞琴女士的女高音獨唱。劉女士是成都演《秋子》主角的。這場音樂會聽得相當滿意。劉的嗓子很高很圓，但顯見的是得力於訓練多於天然的，適於唱技巧曲，抒情不深。可是她那位先生，為了調劑她的疲勞，在中間插進來大倒其場。他是位作曲家，這大概是他們結合的原因。

1945年8月7日：飯後陳俊和陳維珊來約我去聽郎毓秀獨唱會。郎唱得很好，可是不如名氣之大。她態度隨和、親切、不矜持，但不夠莊重。

在抗戰後方，武大師生的物質生活是清貧的，但休閒娛樂、文化生活卻是豐富多彩的。

美術展覽

樂山人傑地靈，風景如畫。抗戰時期，各地書畫名家雲集樂山。他們暢遊凌雲峨眉之餘，順便在樂山作畫辦展。因此武大師生能有機會親睹一些名家的展覽。四十年代，諸如關山月、趙望雲、豐子愷、陳之佛、傅抱石、陸儼少等，都給武大師生、樂山人民留下了美好的記憶，為樂山的文化史增添了光彩。

安徽渦陽人丁學洙（1913—2002），1941年武昌藝專藝專畢業後，到峨眉旅遊寫生水彩百張。來年在樂山舉辦個展，獲武大教務長朱光潛欣賞，並題字相贈，「丁君學洙沉潛純篤，真性未離，其所作水彩小品，造境淡遠，而著筆平正，無時下粗獷浮滑之惡習，惟恐亦以此而不能投世俗之好者，則丁君之所不應介意者也。嘗謂藝術家之大戒者，隨俗沉浮，非甘寂寞者，不足以求深造自得，丁君亦以為然乎？」[73]

弘一法師1942年10月圓寂後，豐子愷「不遠千里，親自到嘉定來，請馬蹻叟先生替他老師作傳」（朱光潛語）。《豐子愷年譜》云：「（1943年3月）赴樂山，帶了工友連新同去。途經瀘州、自貢、五通橋。在五通橋即景畫了《長

橋臥波》一畫。」「在樂山舉行畫展。會見當時在武漢大學任教的葉聖陶、朱光潛。」[74]朱光潛特意寫了一篇〈豐子愷先生的人品與畫品——為嘉定豐子愷畫展作〉，說「我對於子愷的人品說這麼多的話，因為要瞭解他的畫品，必先瞭解他的人品。一個人須先是一個藝術家，才能創造真正的藝術。」[75]另據外文系畢業的孫法理回憶：「公園那幾間平房還展覽過豐子愷的畫。子愷漫畫從三十年代起就膾炙人口，大家都熟悉。這次展覽的有不少清新雋永的漫畫，還有不少山水畫，仍然是那種粗線條自然流暢的寫意風格，淺絳山水，設色單純，畫面清新。畫展時豐子愷本人也在場。他個子不高，國字臉，大鬍子。」[76]又據樂山《誠報》1943年5月15日消息，「名畫家豐子愷氏應此間浙江同鄉急請，以近作四十餘幅寄樂舉行畫展，提收入之二成捐賑浙災，現正籌備中。」豐子愷賑濟浙災畫展，於1943年5月29日至30日在公園圖書館舉行。

　　楊靜遠日記中有一些關於畫展的真實記載：[77]

　　　　1944年8月13日　星期日　今天姚賢鎬請我們去烏尤寺玩。回來後姚陪我去中山堂看畫展，趙少昂和黎雄才的。趙的畫非常好，有atmosphere（氣氛），我們都認為幾張桂林山水和魚最好。他是用西洋畫的方法來畫國畫。

　　　　1944年11月25日　星期六　……我飛快趕回家和媽媽看畫展。董伯伯先帶我們到中山堂。關山月新近從西北回來，畫了許多大漠風光，有幾幅祁連山牧場的畫我最喜歡。他的畫最好的是背景，那色彩的肉潤縹緲真能托出西北氣息。只是人物臉孔都是一型的，像香煙片上的美女。然後董伯伯介紹我們認識關山月，矮個子，臉型一看就是廣東人。他的朋友黎雄才也在，比較瘦長，有一對廣東人的亮眼睛。他們都很客氣，把我們領到嘉林公寓，因為我們要求看關臨摹的敦煌壁畫。他一共畫了一百多幅，只帶來幾十幅，可是已經夠我們欣賞好一會兒了。壁畫我非常喜歡，時代有隋、唐、宋等，題材總和佛教有關，可是藝術的坏胎質

[74] 據《上海文史資料選輯》2003年第3期總第108輯，第410頁。
[75] 朱光潛：〈豐子愷先生的人品與畫品〉，《朱光潛全集》第9卷，安徽教育出版社，1993年，第154頁。
[76] 孫法理：〈樂山時期武大文化生活〉，臺灣《珞珈》（1992年7月）第112期。
[77] 參見楊靜遠：《讓廬日記》，武漢大學出版社，2003年，第248、290—291頁。

地很高，筆法簡易，屬圖案型。我認為比中國正統古畫都好，實在值得
一看。黎先生也給我們看了幾幅他的畫。我最喜歡一幅《金頂積雪》，
簡直一塵不染。

　　嶺南畫派是海上畫派之後崛起的最成體系，影響最大的一個畫派，創始
人為高劍父、高奇峰、陳樹人。關山月、黎雄才、趙少昂等人為第二代嶺南派
畫家代表。關於他們在樂山辦展，孫法理也有回憶，「關山月的畫展比徐悲
鴻要早一些，展覽地點在土橋街南段。那時他剛從蘇聯開畫展回來。作品大多
是以揭露日軍暴行和抗戰為主題的大幅人物油畫，線條比較粗獷，國畫山水花
鳥並不多，跟他現在的風格很不相同──他現在似乎主要的興趣在山水和梅花
了。」[78]舒仁權〈四十年代在樂山舉行的畫展和音樂會〉又云：「關山月於1942
年與1944年，先後在樂山縣商會和五通橋川康平民商業銀行舉辦畫展。展出作
品二百件。」「黎雄才、趙少昂於1945年在公園中山堂舉辦國畫聯展。」[79]
　　孫法理〈樂山時期武大文化生活〉還提到徐悲鴻、趙望雲等名家畫展。
他說「樂山公園西廂的幾間平房裏曾開過徐悲鴻的畫展。現在在北京徐悲鴻展
覽館的幾幅大型油畫《田橫五百士》、《愚公移山》等都在那裏展覽過。當然
還有他那些神駿的馬、猛鷙的鷹，和他那些喜鵲、鴨子等花鳥小品。他的畫中
那熔西畫造型的準確和國畫大寫意的氣勢於一爐的特色很叫我傾倒，那是我第
一次看到他的真跡。在徐悲鴻畫展前後不久公園大禮堂還展覽過張書旂的畫。
張書旂的畫以花鳥為主，尤擅麻雀，人稱『張麻雀』。他和徐悲鴻所擅長的東
西一個小一個大，一個飛一個跑，功力都很深。他的麻雀之妙在有靈氣。滿樹
滿枝，飛鳴跳躍，俯仰向背，神態各不相同，給人一種生機盎然頑皮好鬧的印
象，極其可愛。」「趙望雲也在樂山開過畫展。他是陝西有名的國畫家，畫的
主要是西北的山水人物，溪山行旅，驟馬集市之類，有很濃厚的鄉土氣息。還
有個張悲鷺也在樂山公園開過畫展。關於他的畫只記得有一幅是贈送給郭沫若
五十大壽的畫的複本。據說共畫了五十一頭老虎（沒有功夫去數），五十頭是
五十大壽，剩下的一頭是他自己。他的這套辦法倒也有些成功，郭沫若為他的

---

[78] 孫法理：〈樂山時期武大文化生活〉，臺灣《珞珈》（1992年7月）第112期。
[79] 據《樂山市志資料》1984年第1-2期合刊。

畫展寫了幾個字，擘窠大書：『張悲鷺畫展』五字。那倒是筆者第一次見到郭沫若的親筆，印象很深。」（按，趙望雲畫展於1941年上半年在樂山縣銀行舉辦，張悲鷺畫展於1945年11月13日至15日在公園青年館展出）。

　　楊靜遠《讓廬日記》又載：「（1945年4月22日星期日）今天上午是值得記憶的。同顧耕去中山堂看新聞圖片展覽，引起無邊感觸。中山堂整個掛滿了，說明文字占的篇幅很多，可是解釋得真動人。從入場到出場，這長長的陣容是按題目排列的。開始有幾張關於延安的照片，接著是湘桂路難民車慘狀。再下去是Stilwell Road（史迪威公路）修成的經過，無限刺激，無限悲壯。中央一段是漫畫，右邊，正和左邊的陰霾成對照的光明世界，是美國的水利工程，附帶工人生活。最後以『世界和平巨星的殞落』羅斯福的生平結束。看完，我向顧耕說：『我只覺得更確定了我們平日的心願：中國的工業化與民主化的並進。』看了中國的難民那慘無人道的遭遇，再看美國工人的愉快生活，再看修公路的中美軍人工程師和勞苦人民的合作奮鬥，就知道我們將來怎麼做。」樂山《誠報》1946年1月26日消息：「萬有圖片社主辦周申甫先生主編之中國名山大觀圖展，定本月28日至31日在青年館預展四日。此為樂山第一次規模之照片展覽，集全國山水名勝於一室，琳琅滿目。諺云：秀才不出門，便知天下事。有識者當不失之交臂矣。」

　　種種美術展覽，不僅豐富了武大師生的業餘文化生活，更是有力的推動和促進了樂山古城的文化教育，一掃過去沉寂閉塞的空氣，開了一代新風。

第六章　盜賊與疾病

偉大的「地馬」

　　1938年的春天，武漢大學開始西遷樂山。一位遷校考察團的女教授寫信給準備撤離武昌的人們，告訴他們要帶來些什麼東西，要注意些什麼。十多年後，才女作家凌淑華在一篇文章裏提到了這位女教授曾經提醒的事項：

　　　　嘉定是個可愛的小城……昨天，我看見幾只黑貓似的動物慢慢地從街對面穿過來，等它們走進了，我才認出竟然是老鼠！真的算是碩鼠了！你們來時，要盡可能多地帶些金屬器皿來裝東西，不然，老鼠會把東西吃光的。（〈在嘉定的快樂歲月〉）[1]

　　在重慶、樂山等地生活多年錢歌川認為，外省人到四川來，最「惱火」的事情除了小偷就是老鼠。錢先生是這樣寫樂山老鼠的：

　　　　老鼠在嘉定叫做「地馬」，其偉大可想而知。每當夜深人靜，老鼠在樓上追逐，聽來真有百馬奔馳之感。它們可從一兩丈的屋頂上跳下來，摔在地板上，怦然發出巨響，可是並不跌傷，立刻就跑了。你睡在床上，它可以將你的衣被蚊帳齧破；辛棄疾所遇見的繞床飢鼠，決沒有這樣不擇食的。凡是能吃的東西，你就放在木櫃裏，也免不了被鼠咬壞。老鼠吃活雞，你若不到四川來，是怎也不會相信的。（〈風雨故人〉）[2]

---

[1]　轉引自魏淑凌著、張林傑譯：《家國夢影》，百花文藝出版社，2008年，第227頁。
[2]　錢歌川：〈風雨故人〉，《錢歌川文集》第一卷，遼寧大學出版社，1988年，第483頁。

　　筆者在樂山生活期間，曾請教過一些當地人，他們管老鼠叫做「耗馬兒」，卻不知道「地馬」一說。我覺得「耗馬兒」更傳神，耗子像馬兒嘛！後來樂山長藥廠退休會計楊銘思老先生告訴我，以前樂山人的確把老鼠叫做「地馬兒」，「耗馬兒」則是八十年代之後的說法。楊老先生還告訴我，樂山人對老鼠還有一種說法叫「高大爺」，是說老鼠「手段高明、本領高強、爬得更高。」難怪錢歌川說四川老鼠是天不怕地不怕的，甚至連人也不怕，「白天裏它們常跑出來，立在門邊，傾聽你和客人談話，或是出去逛街，看看熱鬧。它們永遠是你家裏的食客。款待得好，它們也許不搗亂；等到他們彈鋏而歌無魚的時候，便要使你夜不安枕了。」在莊諧風趣的文筆中，錢先生透出了一絲無奈。

　　葉聖陶的日記中屢屢可見老鼠騷擾的記載。比如1939年5月20日：「夜為鼠聲所醒。寓所之鼠頗有如柳子厚文所稱，值得一記也。」12月30日：「……到家已十時，竟體不適，又老鼠出擾，久久不成睡。」又如1940年3月30日：「近來床上跳蚤甚多，睡不得安寧。屋中多鼠，又藍家三條狗常在我家出入，跳蚤遂致蔓延，真無可奈何也。」[3]

　　葉聖陶和錢歌川在樂山武大任教不過兩三年罷了，而女作家蘇雪林卻在樂山待了八年，飽受老鼠之欺可想而知。蘇雪林1941年撰於樂山的一篇文章中說，老鼠卻借書齋（兼飯廳和會客室）白晝跑馬卻比蛇還討厭。「到了燈光一熄，當然更是她們的天下來到，成群結隊而來，穿櫃穴櫥，其聲萬狀。」「當夜間老鼠鬧得厲害時候，你起來把床沿拍拍，吆喝幾聲，它們不理，跳踉暴囂如故。劃一根火柴，想把油燈點亮來看看。左也點不著，右也點不著，原來燈芯已被鼠拖去，油淋浪其滿桌矣，只好忍氣吞聲仍舊睡下，聽這一群黑暗之子吱吱高唱它們的凱歌。到冬天它們還要到你被窩來取暖，當你午夢初迴，把身一翻，便聽得『撲托』一聲，有一物下床而去；或你的手偶爾一伸，會觸及毛茸茸的一團。這種可惡小動物，強來與你實行同衾共枕之愛也罷了，有時候，無端把你被頭弄濕一灘，或在你枕畔遺下幾顆棗核形的東西，那就更弄得你哭笑不得。」[4]

---

[3]　參見葉聖陶《西行日記（上）》，《葉聖陶集》19卷，江蘇教育出版社，1994年。

[4]　蘇雪林：〈抗戰末期生活小記〉，李家平編：《蘇雪林文集》，北京燕山出版社，1998年，第354—355頁。

　　有人告訴蘇雪林老鼠慣偷油，連盛在油瓶裏的油也會偷。「果然，我有一瓶油在廚房庋架上，老鼠竟能將那軟木塞拔開。瓶口小，鼠嘴雖尖，也伸不進，則以尾伸進，蘸滿了油，再拖出讓友伴舐吮。輪流來，一而再，再而三，你一整瓶的油便去了半瓶。老鼠又會偷蛋，我買了一籃蛋擱在庋架上，每天總會少幾個。疑心是房東家中小孩幹的，問她又矢口否認。房東告訴我這應該是老鼠的傑作，他就曾親眼見過老鼠的這種把戲。他曾有一籃蛋擱在地上，見一隻大鼠四隻腳緊緊抱住蛋，仰面躺臥，然後又來幾只老鼠銜著它的尾巴，拖著走入它們的巢穴，共同享受。老鼠偷油偷蛋的伎倆天下一般，本不必說。但我的油瓶塞得極緊，自己用油時，拔開尚費力，又擱在一條甚狹的庋架上，它們竟能拔開瓶塞，未將瓶子弄倒摔於地上摔碎，功夫真正不凡。至於那籃雞蛋，係懸掛於梁上，檻距灶頭丈許遠，竟能一鼠仰臥抱蛋，群鼠拽其尾空中飛渡到灶頭，更不知它們用的是何種方法，可讚之為神通了。這種老鼠的神通，我至今還想不透！」[5]

　　「冰雪聰明」的蘇教授對這種小動物竟然無可奈何，舉手投降。以至四十多年後，晚年蘇雪林在臺灣還對樂山老鼠心有餘悸，不能忘記。

　　老鼠對武大教授們如此，對武大學子們也是一視同仁。不少人憶起當年樂山艱苦的學習生活時，都不約而同地提到了老鼠，像高西門外露濟寺男生第四宿舍、大渡河邊斑竹灣男生第六宿舍都是老鼠王國。每當學生們熄燈就寢後，鼠輩就到處亂竄，稍不留意，衣物就要吃虧。張肅文回憶說，「有一次我的腳背不慎破了，襪子上留有一塊銅錢大小的血跡。我怕老鼠咬它，入睡時就將襪子掛在懸掛電燈的電線上。誰知第二天早晨一看，襪子上的血跡已經不見，留下的是同樣大小的一個洞！原來晚上老鼠竟然沿著電線爬到襪子那裏，將它咬破了。鼠輩的本領可見一斑。」[6]

　　對於很多從淪陷區來樂山求學的學生來說，能吃上肉和白米飯，真是做夢也想不到的美食。這又不能不提到「可愛的」老鼠，經常在廚房裏圍著大師傅的腳轉，只要大師傅一轉身，它們就立刻跳上案板搶肉菜吃。當時儲米倉是木頭屋子，老鼠們就在裏面安營紮寨，生兒育女，因而大米裏混有不少老鼠屎。

5　蘇雪林：〈想起四川的耗子〉，蘇雪林：《遁齋隨筆》，臺灣中央日報出版社，1989年，第176—177頁。

6　張肅文：〈走向樂山—珞珈山之路〉，武大北京老校友會編：《珞嘉歲月》，2003年，第645頁。

吃大米乾飯時還好辦，在吃之前，學生們都要仔細挑淨米飯裏的老鼠屎、小石子、稗子等，一碗飯要挑出核桃大小的一堆廢物，才能開始吃。最慘的是早上的稀飯，上面黑黑的浮著一層老鼠屎，看了令人頭皮發麻，實在無法吃。不少學生只好餓著肚子去上課，往往在中午下課之前，肚子就已餓得發痛。

老鼠如此放肆倡狂，貴為萬物之靈的人類就甘願俯首就擒？

有一回，我們的女作家蘇雪林發憤同老鼠決戰，「把它們常所出入的洞穴盡行堵塞，僅留一穴不堵，先預備了幾條蠟燭，一根木棍，一聞鼠聲，便起身燃燭撲打，進來的幾只，很順利自原穴逃脫，僅留下一隻行動稍遲鈍些的。」蘇雪林先把那一穴也封住，便持棍追撲。滿室瓶缶，追撲極不容易，真是「投鼠忌器」，後來不知怎樣，這只鼠兒竟躍上窗子，沖破窗紙走了。不久聽說武大衛生組有一些砒霜，不知作何用，蘇雪林原同校醫相熟，「討了一小撮，用水溶解，再用藥棉塗在門縫，以為老鼠來咬齧時，不被砒霜毒死，也會叫它病上一場。」不料一個晚上蘇雪林在睡夢中，左耳輪似被什麼東西猛咬一下。痛醒後，疑心是蛇，又擔心是蜈蚣？翌日，蘇雪林的姐姐察看她耳輪傷口，從細細沁出的鮮血裏有兩個齒痕，是屬於老鼠的。才知是老鼠為砒霜來報復的結果。這叫滅鼠不成反遭咬。

或許你要問，四川沒有貓咪嗎？蘇雪林回答，「貓是有的，只是養不起，現在時價：初生兩三月的『子貓』三四百元一隻，龍鐘衰邁，行將掛上樹頭的『貓公』與『貓婆』也索價一二百元。而『男貓』弱於寶哥哥，『女貓』善病如林妹妹，養不到幾個月便會無端死去。本地貓貴，偷貓風氣亦最盛，貓兒偶到屋外去逛逛，便會被人撈去。我總算是最勇於養貓的，六七年以來，所蓄之貓何止十隻以上？死了六七隻，走失三四隻。現在養一隻大黑貓每天只咪嗚咪嗚吵著你要吃魚，同老鼠像換過蘭譜，從來不捉。」[7]

樂山的老鼠連人都不怕，何況貓乎？所以錢歌川感歎道，「貓吃老鼠，普天之下，莫不皆然，惟有四川是在例外。這兒的貓，聽說吃上三隻老鼠，自己就性命難保。」

7　蘇雪林：〈抗戰末期生活小記〉，李家平選編：《蘇雪林文集》，北京燕山出版社，1998年，第355頁。

　　除了貓，難道就沒其他辦法了麼？有。武大學生們養不起貓，也不可能養貓，所以就用鐵籠來捕捉，把捕到的老鼠用開水燙死，以洩憤恨。據說連續多次捕捉，鼠患大大減少了。機械系主任郭霖教授家打鼠更有一套。機械專修科的學生羅光廷曾經向他討取經，郭教授告訴他：「老鼠是沿著牆角逃跑的，只要用棍子對準老鼠跑動的反方向靠牆打去，都能打中。」[8]羅光廷曾按照執行，果然屢試屢驗。

　　老鼠之外，第二號令人頭痛的小動物是臭蟲。四川氣候潮濕，加上當時衛生條件較差，床上總孳生著許多臭蟲。蘇雪林陝西街的屋子，「當我們遷入前經軍隊住過，又留下無數臭蟲。天氣一暖，便大肆活動起來，我活了四十多歲，尚沒有與臭蟲作緣，所以不能養成被叮的習慣，常被它們攪擾得失眠通夕。」[9]住在第六宿舍的電機系學生張肅文回憶說，「我們睡的床是上下鋪連在一起的木床。床縫裏幾乎藏滿了臭蟲。被褥上是血跡斑斑。有時將褥子拿出去曬太陽。褥子反面的臭蟲好像燒餅上的芝麻，密密麻麻，看了令人頭皮發麻！雙人床無法搬動，又沒有殺蟲藥，我們也就無法徹底消滅這些吸血蟲，只好與它們『和平共處』，任其吸血，褥子上面也就布滿了血跡。」[10]臭蟲也讓中文系的李健章詩興大發，連寫兩首云：

　　　藏奸覓隙縫，晝伏夜蠢動，吸我身上血，擾我帳中夢。
　　　體扁增醜陋，嘴尖縈膚腠。飽啖平民血，養得一身臭。[11]

　　臭蟲之猖獗，居然引起最高領導人──王星拱校長的關注。他在一次紀念週上演講時特意說：「學生固然要埋頭讀書，單安排生活也很重要，宿舍應整潔，床鋪要勤打掃，細細刷，有臭蟲更要用開水燙，防止蔓延傳染。」當時沒有殺蟲藥，校長即席講了某醫生消滅臭蟲的妙法──捉！聽後大家都笑了，他

8　羅光廷：〈懷念崇敬的郭霖老師〉，臺灣《珞珈》（2001年1月）第146期。
9　蘇雪林：〈抗戰末期生活小記〉，李家平選編：《蘇雪林文集》，北京燕山出版社，1998年，第355頁。
10　張肅文：《樂山武大雜憶》，《武大校友通訊》2008年第2輯。
11　李健章：《居蜀集‧東西集》，武漢大學出版社，1994年，第25頁。

卻嚴肅地說：「捉，發動群眾捉！是消滅臭蟲的最好辦法。」[12]女生宿舍管理員朱君允則另有一招——囑咐廚房燒幾大鍋開水，要女生們把床抬到室外日頭下，用滾開水澆，再曬乾，以此消滅臭蟲。

風雨故人來

清代學者孫星衍有自題聯：「莫放春秋佳日過，最難風雨故人來。」「風雨」，本指自然界的刮風下雨，也比喻危難和惡劣的處境。下聯是說，在風雨交加、淒涼清冷，感到孤獨或危難的時候，故友風雨無阻、不請自來，這是最難能可貴的。武大外文系錢歌川教授，竟把抗戰時期在樂山遭遇的小偷喻為「故人」，說這些盜賊往往在風雨之夜不請自來的。難怪有人評介錢氏文章「充滿風趣，莊諧雜出」。

錢歌川認為，「外省人到四川來，最感『惱火』的有兩事：就是老鼠與小偷。」[13]其實老鼠和小偷的目標都是一致的。不過，「對付老鼠還比較容易，預防小偷就更難了。」錢氏自1939年8月到樂山武大執教之後，一年之內失竊兩次。

第一次失竊是因為窗門沒關好。有了這次教訓，不僅每個窗子都上鎖，窗板上都扣著鐵釘，錢歌川還把臥室和書房的窗子都用繩子牽引到床頭，連接床頭的響鈴。如此這般，只要窗子一動，床頭的鈴鐺就會叮噹響起來。方法是不錯，可惜太麻煩。夏天悶熱，晚上不開窗戶睡覺又不得行，這豈不等於開門揖盜？為安全考慮，乾脆把所有窗戶都釘上堅固的木條，即使開窗也不打緊。這樣，一個夏天就平安地過去了，似乎忘記了小偷的存在。

大概是1940年11月下旬的一個夜晚，錢家第二次被盜了。那幾天，錢歌川小女兒曼兒生病，為避免夜裏冷，錢夫人特意把自己蓋的毛毯給女兒蓋上了。就這麼巧，當晚便被賊人拿走了。不僅如此，小偷連曼兒的棉袍毛褲都一掃而去。半夜三更，曼兒的外婆從夢中冷醒，摸不著毛毯衣服，才發覺進了賊。查看門窗，卻完好無損。可是牆壁上挖了個大洞。

---

[12] 葉霜：〈低首一生拜撫師〉，《武大校友通訊》1997年第1輯。

[13] 錢歌川：〈風雨故人〉，《錢歌川文集》第一卷，遼寧大學出版社，1988年，第483頁。

　　幸虧毛賊不識貨，雖然把書房的一架打字機偷走，可能鼓搗一陣後弄不明白，丟棄在後山了。價值千金以上比十條毛毯還要值錢的打字機，居然失而復得，可謂不幸中的萬幸。

　　錢歌川兩次被盜是冬天，所以認為，「入冬以後是小偷們特別活動的時期。」其實不然，也有夏夜遭竊的，比如白鬱筠教授。機械系主任白鬱筠在大轟炸之後，和楊端六合住在北郊岷江邊一個叫「石烏龜」的地方，是一處農舍。沒想到，在一個暴風驟雨的夜晚，白教授家被竊了。楊教授的女兒楊靜遠在1942年8月4日的日記裏這麼記載的：「昨晚失盜了！早上醒來就聽說白先生的蚊帳給偷去了，起來才知道『君子』光顧茅舍，從園門弄進來，在白家後門弄開門，進堂屋偷了一隻白瓷面盆，一頂帳子，一隻溫水瓶，還有杯子、肥皂、毛巾之類，損失相當大，價值總有上千元。白家真是不幸，傢俱已經夠少了，現在連一個面盆都沒有了，還向我們借了用。」[14]

　　可真是風雨「故人」來啊！連杯子、肥皂、毛巾之類日用品也偷竊，想來絕不是什麼江洋大盜吧。

　　大轟炸之後，武大歷史系吳其昌教授，也在鄉下租了間房子躲警報。那裏駐有一支新兵部隊，正進行上前線的訓練。吳教授空了就去和戰士聊天，給他們上歷史課，鼓勵他們英勇殺敵。後來鄉下的房子失竊，一隻最重的手提箱被盜。那小偷逃到半路，大概急著想看看偷到手有多少金銀寶物，便打開了箱子，誰知裏面全是「字紙」！只好扔在包穀地裏逃走了。吳其昌聽說手提箱被盜，心急如焚，那裏面全是他的心血所注的手稿啊。新兵們聽說吳教授家被盜，都跑到包穀地幫著找「字紙」。最後，被拋散的手稿全部找回，真是萬幸。[15]

　　對於教授作家們來說，日用品被偷了可以再買，手稿丟了再寫可就不那麼容易了。所以，楊端六在日寇大轟炸逃命時，隨手搶出的就是一包〈貨幣與銀行〉手稿。

　　1940年秋，蘇雪林在陝西街盡頭一個小丘上租一座屋子。小屋前後有兩片空地長滿雜草，她忽然動了「灌園之念」，於是買來鋤頭鐮刀等工具。費了差不多三周時間，才清理出一片菜園，自給自足，不亦樂乎。

14　楊靜遠：《讓廬日記》，武漢大學出版社，2003年，第78頁。
15　據吳令華：〈懷念父親吳其昌教授〉，《珞嘉歲月》，2003年，第195頁。

「我的灌園生活竟是為人作嫁。小丘下面的貧戶、隔壁軍人每於天色未明時過來偷竊。辛苦半年方長成的包心菜，軍人一割便割去了四、五十顆。十幾斤重的大南瓜一偷便偷去十六、七個，其他菜類無所不偷。我出重資雇竹工建立一道十幾丈長的籬笆，自以為金湯之固，次日起來一看竹籬已被扒開幾個大洞，他們仍進出自如。養狗吧，養得它才吠，便被隔壁軍人打去作為下酒物了。這些小賊偷竊蔬菜不算，還順手牽羊撈去你養的雞隻，收去你曬在竹竿上的衣服。」[16]所謂軍人，就是樂山地方軍政勢力「三二補訓處」的士兵，他們在鎮壓樂山一帶進步力量和搜捕地下共產黨的逆流中表演得很出色。手無縛雞之力的「秀才」蘇雪林，對這些「兵哥哥」也只有敢怒不敢言。長此下去，也實在厭倦，一年之後就把菜園放棄了。

我注意到，武大教授們在樂山所遭遇的盜竊事件，發生時間多是在1939年「八一九」大轟炸之後。這是巧合麼？據有關資料記載，這次樂山大轟炸，「毀房3500餘幢，2000戶人家有人死亡，49戶全家死亡，共計死亡4000餘人，傷者無數，萬餘人流落街頭無家可歸。」[17]可以說，轟炸之後的好幾年，樂山百姓都是生活在極度貧困之中。俗話說，饑寒起盜心。對武大教授們伸出黑手的，除了蘇雪林所遭遇的是國民黨兵痞，其餘的「賊伯伯」（蘇雪林語）都該是食不果腹的底層百姓吧。

上面都是在說教授們被盜之事，你興許會問學生中間就沒有失竊麼？答案是肯定的。並且把黑手伸向學生者竟是「內夥子」。讓楊靜遠的日記[18]原汁原味告訴你是怎麼回事吧：

> 1942年11月13日　飯後叔哥陪我到中國銀行去取匯來的稿費54元，路上他告訴我一椿駭人的新聞：鄔××做賊被發覺，席捲而逃了。現在學校要開除他。我才知道鄔××就是鄔教授的兒子。回來我告訴爹爹，他也很吃驚：「這真是奇怪得很，教授的獨生子做賊……可見現在的教育，現在的大學是什麼東西了。」
>
> 1942年12月11日　安姐告訴我一件可羞的事情：老姚管掛號信，忽然發覺丟失了一封，他知道裏面有一千元的匯票，急得要命，去郵局通

16 蘇雪林：《浮生九四——雪林回憶錄》，臺灣三民書局，1993年，第126頁。
17 據楊追奔主編：《樂山大轟炸》「序」，2005年。
18 楊靜遠日記參見楊靜遠：《讓廬日記》，武漢大學出版社，2003年。

知，叫他們不要付款。郵局說後來是有一個女同學來取款，他們沒給她，並且把她認清楚了。現在決定在星期日全體女生排隊，讓郵局的人來認。

1942年12月13日　江雲娥說，那偷匯款的事還沒有結果，不過人是知道了，多半是萬××。

1945年4月24日　聽人說昨晚夜半大舉搜查的經過。在夏的箱子裏翻出大量的贓品，除了同學認回的外，還有許多無主物，簡直是一個大賊窩。她們懷疑這些是夏走後旁人塞進去的。從各方面證明，她完全不是一種感情的或衝動的盜竊者，不是被生活所逼而為的。她是一個徹底理性的賊。她通身是假，是謊，我相信她根本就不認為這種行為是不道德的或是犯罪的。她或許是一個冷酷的cynic（玩世者），或許是一個徹底的實利主義者，沒有目標，沒有宗旨，人生只是求怎樣生活舒適。這樣一個人，非但女同學裏絕無僅有，就是在整個社會中也不多見吧？

楊靜遠日記裏還有一條校工偷竊校方財物的記載：

1943年6月26日　爹爹告訴我們一個可怕的消息：蕭絜被打。文化印書館（武大下屬的一個印刷廠，專為師生印教材）的一些工人偷了武大的大批鉛字工具等物，脫離印刷館另開一個生產合作社。這事被發覺了，學校派蕭絜帶了校警、巡警去搜查，不提防被一個工人頭領用鐵棍從頭上打下來，打得滿身鮮血，現在躺在醫院裏……這案子非好好辦一下不可，不然社會簡直沒有法規公理了。

瑕不掩瑜。我們並不因為有這種不光彩事件的存在，就認為武大校風多麼地惡劣。

受盡傭人氣

易社強《戰爭與革命中的西南聯大》中有一句話不經意地提到傭人：「少數教授帶著眷屬來到蒙自，他們對『服務問題』頗有微詞——當地女工又懶又

笨，指揮不靈。」[19]這不禁讓人想到「菲傭」。她們可算得上國際知名品牌，號稱「世界最專業的保姆」。菲傭之所以能夠享譽海外，備受歡迎，首先是因為她們受教育的程度較高，一般都本科畢業。她們出國工作前一般都有相應的家政工作經驗，經過正規培訓。在家務，端盤子涮碗、接電話、待人接物，禮儀，伺候老人小孩，理家理財等方面都是高手。更主要的我以為還是，菲傭很敬業，不擺譜。因為她們不認為端盤子涮碗是下賤丟人。她們有一個很突出的特點就是認命。她們很明白自己的社會地位，很清楚自己的工作性質，主僕關係比我們自己還理得明白。面對與主人生活上的差異，從不會產生心理上的不平衡。她們辦事小心謹慎，言聽計從，從不越雷池半步。一般都有很強的責任心和道德感。有個香港網友胡磊撰文談菲傭，說：「我保留對菲傭美好的回憶：任勞任怨、節約持家、善解人意、有良心等，最重要的是不會隨便要求加工資，有些服務真是讓人喜出望外的。菲傭原來是成熟得令人羨慕的家庭服務行業的專業人員。」[20]

　　還是回到正題，說說武大教授們的雇請的「川傭」吧。

　　蘇雪林出生官宦之家，「老底子」不錯。儘管和丈夫不在一起生活，也沒生育孩子，但她隨武大西遷入川時，卻是一個大家庭。她在晚年自傳中說到剛住陝西街讓廬時的家庭情況，「廚房在樓下，每餐要那家鄉女僕端盤碗上樓不便，又找了一個年輕女傭幫忙。那時除我與家姐二人外，又加了來投奔的侄兒侄女兩個。侄女尚帶著誕生才一載的小女孩，連我姐妹共五口，再連兩個女僕共七口，所以家裏頗為熱鬧。」[21]大概在1939年大轟炸之後，隨著侄女帶著孩子離去，年輕女傭也走了。1942年9月，丈夫張寶齡從雲南來武大任教，「他來後即住在我家裏。那時物價愈高漲，雇女傭甚難，好容易雇到一個做不久即辭去，炊洗之事即由家姐代勞。我做修補屋子的土木工，他也做點劈柴掃除的工作。」[22]蘇雪林1941年在寫〈抗戰末期生活小記〉時，就提到雇傭情況：「近一二年以來，我們這一階層的人物早已不敢用女僕了，她們一人的工資和夥食，要占據我們每月收入的一半以上，而偷摸和故意糟蹋你的物資，尚不計

[19] 易社強著、饒佳榮譯：《戰爭與革命中的西南聯大》，臺灣傳記文學出版社，2010年，第73頁。
[20] 胡磊：〈請個菲傭，竟有這種超爽的服務〉，載新浪博客。
[21] 蘇雪林：《浮生九四——雪林回憶錄》，臺灣三民書局，1993年，第121頁。
[22] 同前註，第132頁。

算在內；淘氣、鬧彆扭、和在外宣傳你的刻薄和吝嗇，那些所加於你精神上的損失，也不計算在內。教授太太井臼躬操，久已成為常事。我幸有家姊與我同住，炊爨洗漿之事，由她代勞，其他種種家庭瑣務，如採辦、修繕等等則歸我負責。」[23]

從抗戰初期請兩個傭人，到末期一個都請不起，折射出當時教授的生活水平下滑到何等地步。

蘇雪林有過豐富的雇傭經驗，所以筆下的「川傭」也活靈活現。她對「川傭」的種種不滿一瀉千里，仿佛說三天三夜都說不完。不信，您耐著性子看：

> 在中國家庭裏可以少得僕人麼？啊喲，我們太太最感困難的就是這問題了。當我們初到此地時，女僕的工資，每月不過幾吊錢，合國幣不過三四角。大學遷來之後，她們的眼眶子便立刻大起來，「幫腳底下人，少了二元不幹」，好，就依你二元，只要你肯好好替我做工就是。誰知這些身上一件破夾襖，腳底一隻爛草鞋，頭上帶著一千五百年諸葛亮的孝的大娘們，吃飯呢，餓狼一頭，做事呢，呆鵝一匹。我和她們中間情意隔閡的緣故，與其說是由言語不通，無寧說是知識水準之相差太遠。記得前人筆記裏有什麼老鼠演戲，青蛙唱曲，而洋玩意也有跳蚤兵操，這的確比教牛耕田，馬拉車難上萬倍，無怪其會哄動一時社會。我訓練本地女工，其難亦不下此，只可惜不能貼出廣告去賣大錢。
>
> 才訓練得順手一點兒，她就提出加工資，一加非二元即三元。請便吧。再到公園門口那群鳩形鵠面，待價而沽的鄉婦裏，千挑萬選，領了個比較年青和乾淨些的回家，再從頭一件件教起。一兩個月之後，又以同樣的原故下工去了。有一個女人進了我的門就病倒了，讓她整天躺著，請醫生給她診治，病癒後做了十天工，又以一言不合，悻悻而去。一個遠道來覓工的，十幾日未得雇主，徘徊街頭，大有日暮途窮之感，明知她太老，做不動，但因年輕的身價易高，姑且招回試試。初入門時歡天喜地，似乎恨不得當天發誓，對我永遠效忠。但半個月後又有些變

23　蘇雪林：〈抗戰末期生活小記〉，李家平選編：《蘇雪林文集》，北京燕山出版社，1998年，第352頁。

態了。某人幫某家每月工資是六元，另有節賞。某人主人天天打麻將，一天抽頭三四角，還有大魚大肉吃。某人……整天這樣咕噥著，結果托還鄉看女兒，去了。明知她未必肯離開這城，且讓她去碰碰運氣。月餘以後，忽又施施而來，臉色更蒼老了，衣衫更襤褸了，原來周歷數家，覺得還是我家的事容易做，所以又回來。這一次，想必死心塌地，再無異志了吧，可是，遇有她認為比較好的機會時，還是留她不住。她辭了你十次，你又大量地收留了她十次，也不能叫她慚愧，不能感動她的心。

　　有時候，先生嫌路遠走不動，想坐包車，雇個男僕挑水，拉車。或者家裏人口多，女僕燒飯忙不過來，索性用個廚子。這些面有菜色的男粗人，一頓就吃掉了你大半鍋飯。以為多吃了油鹽，飯量或會恢復正常狀態。呀，莫想，莫想，他的臉色天天紅潤起來，身體天天肥胖起來，飯量卻有增無減。原來本地窮人多吃粗糧，所以白米飯輕易填他不飽。我們家鄉養大豬有一個秘訣，當豬幼時，只把粗東西它吃，填寬它的腸胃，等它身裁長到相當壯大時，再給它吃好的。否則肉雖精美，只能長到六七十斤為止。這叫「做胚子」。《西遊記》上豬八戒有名食腸寬大，也許是未成道以前，被人做過「胚子」的緣故。有時候，我真想分家庭的飯食為二等，吃白米的讓他吃白米，吃雜糧的讓他吃雜糧，但嘗過白米飯滋味的是不能叫他再去啃山芋和玉蜀黍的。而且他不照本地風俗要求同你一桌吃飯，就算對你客氣了，你哪能再限制他吃的東西。哪怕米真貴得像珍珠，我們還得每天用兩斤珍珠來填這無底之壑的。要是用了個廚子，又用個女僕，灶公從此莫想在廚房裏安靜。嬉笑，浪謔，拈起火鉗打架，小小褻瀆神明的事想必每天都有。我的嬋娘，擔心明年家口難得平安，因為灶公臘底上天時，也許要在玉皇大帝前捏奏我們的罪過。其實，這個我倒不愁，只是紅燒肉往往膠脫了罐底，飯有時煮成了一鍋鍋巴，卻真教人難以忍耐，但又數說他們不得，否則他就來那最利害的一著——辭工。[24]

---

[24] 蘇雪林：〈煉獄〉，蔡清富編：《蘇雪林散文選集》，百花文藝出版社，1991年，第238—240頁。

作為女性，蘇雪林數落起傭人們的不是，可能有點誇張成分，但基本上是真實可信。我在樂山生活了六七年，曾經和同事先後雇請過好幾個大嫂阿姨，幫忙做飯洗衣搞清潔，體會是很深的。哪天也可寫篇小文。

與蘇雪林同住讓廬的楊端六袁昌英夫婦一家四口，也曾多次請過女傭。楊靜遠日記裏就這麼一條記載：「（1943年4月29日）回來後爹爹神秘地笑著告訴我：『王嫂偷嘴，被我發現了。』我幫他揀米裏的稗子，因為明天請客，不好讓客人吃糙米。他一面說王嫂靠不住，一面埋怨媽媽不該把蘇嫂譴走，蘇嫂手腳乾淨。」[25]

與蘇雪林有著類似經歷者，還有「可憐的」錢歌川教授：

> 最近因為太太回了娘家，卻令我做了一回主人兼主婦。半年來柴米油鹽醬醋茶，累得我頭昏目眩。而且家事中最惱人的是女工，其次是孩子，太太走後，這兩件難事一齊都上了我的仔肩。女工時時提出辭呈，不是要加工價，就是說你小菜錢給少了。她說三十元一月的工價，不夠她做一件新衣，卻不想她每月要吃我二百元的飯！她們的工資用費，較戰前已加了無數倍，而我們還是在領戰前同樣的薪水。戰時物價起碼漲了十倍，而我們為要應付環境，只好把生活降低十倍。但用人們總覺得主人是資本家，刻薄了她們。我現在因為住在張公橋畔，處處學張公百忍，女工發脾氣，我當作不聽見，她鬧著不幹了，又得苦口婆心地去勸她。她對於我實在找不到機會，結局只好去和孩子鬥氣。孩子本來淘氣，小小年紀偏愛拿出主人面孔來調排用人，甚於我這一個大主人，有時還要罵她幾句。好啦，這還了得！抗戰時期的女工是一句重話都聽不進的，還甘受你小孩子的罵？這使惹出大亂子來，登時鍋叫碗響，天翻地覆，哭了又罵，罵了又哭。這問題如何解決，真夠我這主人兼主婦的手忙腳亂，頭痛一夜。
>
> 所以雖沒有四美俱，卻真是二難並，兩個難得對付的碰在一塊，怎也不能相容，不是這個哭就是那個鬧，一波未平，一波又起，我雖有「齊家」之才，亦無法應付。袒護了孩子，女工氣沖沖地走了，晚飯馬

---

[25] 楊靜遠：《讓廬日記》，武漢大學出版社，2003年，第128頁。

上不得入口；袒了女工，又未免委屈了孩子，因為她到底是一個小主人，不應受一女工的壓迫。結局只好自己降低身份去向女工說情，軟硬兼施，好容易才把一場風波平息。這一類的事，我生了病自然不暇再管，女工也就忙起來，沒有工夫去找尋或製造那些閒氣了。[26]

　　錢歌川〈救命圈〉裏還有這樣一句：「因為請不起奶娘，在這兒大學教授的家裏，早已有小孩子餓死的事。」請不起奶娘是教授們的薪酬縮水，也是勞務市場的工錢上漲了。

　　外文系的英籍教授李納，孤身一人來武大任教，為躲避警報在郊區租了個茅屋居住，並雇請了一名保姆。他所雇用的保姆欺負他是個外國人，常帶她的男友在李納上課期間，到他的住房裏尋歡作樂，搞得室內杯盤狼藉、秩序大亂。他不勝其煩，卻無可奈何。為此，他需邀請一個學生與他同住，既分攤夥食負擔，又代管理保姆老實服務。於是，經濟系學生丁宗岱應邀到他那個茅屋住了兩三個月。至於那保姆服務改善沒有，就不得而知了。

　　眾口鑠金，積毀銷骨。難道就沒有一個「川傭」讓人滿意麼？理論上肯定有。為找真憑實據，好不容易在葉聖陶的日記裏找到一例「孤證」。

　　1940年10月5日云：「墨因主張辭去煙客，小墨不以為然，謂如是則母親將更為勞苦。煙客工資八元，其膳食以時值計，在三十元以外，共計四十元，占余收入之五分之一矣。」10月8日云：「今日向煙客說明，我家擬節省不再用人，本月工錢滿了即解雇。此人甚誠實，我們與他感情甚好，頗有不捨之情，解雇誠不得已也。」10月24日云：「煙客今日去。彼在我家工作十有三月，誠樸謹飭，大家滿意，辭去之時不免悵悵。於是買菜、掃地、燒火、劈柴，均須由自己幾個人分任之矣。」[27]

　　也許還有更為優秀的「川傭」有待發現。但無論如何，比起我前頭說的「菲傭」來，真是天壤之別也，哪怕是「京傭」、「滬傭」。假如有的話。

[26] 錢歌川：〈臥病小記〉，《錢歌川文集》第一卷，遼寧大學出版社，1988年，503—504頁。
[27] 葉聖陶：《西行日記（上）》，《葉聖陶集》19卷，江蘇教育出版社，1994年。

偏又容易被病抓住

　　戰時的艱苦生活必然會導致疾病叢生。1939年4月，陳源夫人凌淑華在一篇文章開頭就描寫樂山的夜晚，寒風透過用泥巴和竹條糊成的牆板刮進家裏，很多人病倒了：

> 　　夢回時，遠近都是咳嗽聲，聲節長短緊慢，似夏夜池塘的蛙叫，卻多了一種掙紮苦惱情緒。那一個是重傷風，那一個是流行性感冒，那一個是百日咳，那一個是長年久咳的肺癆病呢？[28]

　　葉聖陶的日記也記載說：「（1939年6月26日）日來時疫漸盛，霍亂痢疾，此地均有發現。其原因殆由江水大漲，飲料混濁之故。」7月18日，「霍亂之勢仍盛，我家前後均有哀傷之哭聲。」[29]所以武大遷校委員會到樂山不久，就於1938年5月5日召開第16次遷校會議，議決：在文廟設立臨時校醫室，並制定校醫規則。

　　有醫還得有藥。武大除了購置教學儀器、設備外，還想方設法購買藥品，以滿足學校醫療之需。據涂上飆《樂山時期的武漢大學》記載：

> 　　1939年6月9日，校方令成都東大街向陽旅館的蕭絜訂購白喉血清共四萬單位，猩紅熱及腦膜炎血清各四支。同年7月24日，向麻醉藥品經理處訂購一批藥品。這批藥品有嗎啡兩安司、可地因五安司，海羅因一安司，可加因三安司。
>
> 　　1940年3月16日，向陝西防疫處訂購了一批醫用藥品。這些藥品包括狂犬病預防液二人份，猩紅熱治療血清一支，流行性腦脊膜炎治療血清一支，破傷風抗毒血清一支，並要求所訂購之各種血清的免疫單位應

---

[28] 凌淑華：〈後方小景〉，陳學勇編：《凌淑華文存》（下），四川文藝出版社，1998年。

[29] 據葉聖陶：《西行日記（上）》，《葉聖陶集》19卷，江蘇教育出版社，1994年。

為最高，且製品為最近出廠，可保存長久。但陝西防疫處僅有狂犬病疫苗，並將此藥二盒交由郵局寄送武大，不過，陝西防疫處告知武大，昆明中央防疫處擁有上述藥品。最終，所缺藥品從昆明中央防疫處購得。同年3月30日，向內政部衛生署訂購校醫室亟需的霍亂傷寒聯合免疫苗五十瓶。6月，日寇飛機連日轟炸樂山，武大師生和校外居民聚集學校防空洞躲避。由於天氣炎熱，加上洞內人多，空氣不良，相互擁擠驚擾，致使出現暈眩嘔吐而呈發痧現象，需備置某種救濟藥水，但此藥市價正高，這是武大難以承受的。因此，校方只有向四川衛生實驗處請購鴉片原料，自製該種藥水。

1941年11月，武大在香港訂購了醫用藥品十箱，重約500公斤。

此外，由於武大當時的聲譽極高，以及與各方保持良好的合作關係，因此也得到社會各界捐贈的藥品等物質，可謂雪中送炭。如：1940年2月16日，衛生署醫療防疫隊總隊贈送霍亂疫苗及傷寒霍亂混合疫苗各四十瓶。6月21日，四川省衛生實驗處贈送「奎寧片」匣，共二千粒。1941年4月，繆經田先生贈送三箱藥品。

需要特別提到的是管理中英庚款董事會川康科學考察團，他們在科學考察結束後，經中英庚款董事會同意，將剩餘之大量藥品和器材於1940年5月25日贈送給武大。

武大之所以自己想法採購藥品，當然因為樂山地方上的醫藥供應不足。蘇雪林在〈煉獄〉中就說：「西藥房這裏倒有兩三家，只是許多藥缺『貨』，中藥鋪城裏城外共有十來處，本省有中國藥材的場圃，當然永無來源斷絕之患。但那些煙容滿臉，自己肺病像已到第三期的舊醫，你也沒膽量請教。」[30]武大西遷伊始，一位遷校考察團的女教授寫信給準備撤離武昌的人們，告訴他們要帶來些什麼東西，要注意些什麼。十多年後，陳源夫人凌淑華在一篇文章裏寫到了這位女教授曾經提醒的事項：

　　嘉定是個可愛的小城，……我來後，聽說嘉定這個地方好幾百年來一直流行一種怪病，一天之內就可以要人命。據說，你正在看風景，會

---

[30] 蘇雪林：〈煉獄〉，蔡清富編：《蘇雪林散文選集》，百花文藝出版社，1991年，第232—233頁。

觉得忽然冷颼颼一陣陰風刮來，就染上病了……你們來時，一定要記住隨身帶上藥箱！（《在嘉定的快樂歲月》）[31]

所以，凌淑華來樂山時便帶了一個藥箱，「藥箱裏裝著艾米寄來的李利公司生產的維他命、安眠藥、消炎藥膏。」[32]有備無患。真是聰明。

葉聖陶則是寫信請外地朋友郵寄藥品。如1940年4月11日日記載：「前日寫信與伯祥，曾託其在上海買鹽酸奎寧粉末，於每次寄信時附來。瘧疾可怕，此地金雞納丸昂貴，故想了這一法。」此前，1939年10月30日日記載：「三官自昨夜發瘧疾，即令服金雞納丸。今日未發，但傷風甚劇。墨為開一湯頭。在川中服中藥本最便宜，今往買一付，無非柴胡甘草之類，即須三角九分，中藥亦大貴矣。」[33]

樂山缺醫少藥，所以蘇雪林奉勸「到這裏作客的人頂好不要生病」，「可是我們偏又容易被病抓住。」[34]哲學系教授黃方剛原本「身軀魁梧，健康過人」，到了抗戰末期，「越教越瘦」。他在貧寒之中不幸染上肺病（一說心髒病）[35]，高級點的藥品和營養品，不但買不到，有也買不起。學生劉君照去仁濟醫院看他，「他已不似以前那樣心廣體胖、健壯樂觀的神態，而是顏色憔悴，形容枯槁，萎頓頹喪，舉步維艱，曾幾何時，一位體質十分健康的教授，竟在法幣貶值聲中病得如此瘦削。」[36]最後不治而亡。一個多月之後，史學系主任吳其昌也被肺病奪去生命。早在1939年，吳其昌就開始咳血，時輕時重，遷延不斷。1944年初的一天，吳其昌照常拖著孱弱的病體走上講臺，課還沒上完，就突然吐血不止。進入2月份，吳其昌完全臥床了，最後昏迷不醒。學生於極榮在他去世之前，曾經見過老師一面，「某日上午，予赴文廟圖書館借書，十一時許事畢返舍。當行至圖書館對面過道時，突見先生徘徊於教室外之走廊間。

---

[31] 轉引自魏淑凌著、張林傑譯：《家國夢影》，百花文藝出版社，2008年，第227頁。

[32] 同前註，第228頁。

[33] 葉聖陶：《西行日記（上）》，《葉聖陶集》第19卷，江蘇教育出版社，1994年。

[34] 蘇雪林：〈煉獄〉，蔡清富編：《蘇雪林散文選集》，百花文藝出版社，1991年，第233頁。

[35] 據楊靜遠日記載及其他武大學子回憶，都說黃方剛死於肺病，但黃方剛之子黃十九回憶則說他，「不幸死於心臟病」（《二戰中我在中國的經歷》）。

[36] 劉君照：〈法幣貶值與黃方剛教授之死〉，《樂山市志資料》（1982年11月）第3期總4期。

是日春風駘蕩，天氣溫暖，而先生猶著棉袍黑褂，戴暖帽，圍圍巾，扶手杖，形容憔悴。踽踽獨行，似有所思，亦似有所尋。予一見之下，不禁駭然。心念先生臥病已久，何故獨自來校，徘徊於教室之前。於是趨前攙扶，問以何事來此。先生答云：自入春臥病以還，久已不見諸君，心常耿耿。今日精神稍佳，故來探視。予聆聞之餘，頗覺不詳，當勸先生勿以此為念。適歷史系有二三同學從走廊前經過，於是相偕護送先生返家，不數日先生即與世長辭。」[37]此外，還有外文系教授費鑒照，也因肺病而無聲無息地死去。

　　機械系主任郭霖由於長期勞累，生活清苦，終於積勞成疾，患黃疸肝炎和肝硬化病而逝。據其外甥蕭正回憶，「罹染黃疸病，西藥無效，乃改服中藥，於是病情轉劇，終至不起」，「家二哥精通中醫，後來覽其藥單，問其病情，乃歎曰：『庸醫殺人！黃疸概分三種，此乃應予疏通膽汁，何予阻塞，致人於死？』」[38]礦冶系教授王進展之死，楊靜遠日記謂：「因為貧血症，實在是營養不足」。法學系副教授孫芳，學生袁征益「見他每次講課時，兩眼充滿血絲，可能是備課讀書，熬夜過多所致」。[39]「在當時物價飛漲，糊口尚難的情況下，他又身患肺癆（在當時屬於不治之症），缺醫少藥。有時用生青菜在開水裏燙一下，用以充饑。未等到勝利復員，他即魂歸地府。」[40]

　　有幸逃脫死神召喚者，也免不了被病魔折磨。史學系的鄂遠猷教授，「瘦骨嶙峋，有嚴重的心臟病，走路氣喘籲籲，一節課下來就汗流浹背，但仍孜孜不倦誨人。」[41]楊端六教授的疾病，在其女兒的日記裏有記載。「（1941年10月1日）爹爹的腿痛（坐骨神經炎）得極厲害。我給他擦了一次藥，也沒有什麼效力，看著他那樣痛苦，真不忍心，但是一點辦法也沒有。可憐的老爹，唉！」「（1941年10月3日）爹爹今早起來時腰痛得不能動，我們幾個忙著去扶他。」「（1941年10月13日）爹爹的腿痛好些，自己進城找董醫生打針去了。」蘇雪林晚年回憶，楊端六入住讓廬的第二年，「右腿忽瘻，一個大男人，痛得垂淚

[37] 於極榮：〈吳其昌先生印象記〉，《學府紀聞：國立武漢大學》，臺灣南京出版公司，1981年，第165頁。
[38] 蕭正：〈悼念郭霖教授〉，《學府紀聞：國立武漢大學》，臺灣南京出版公司，1981年，第183頁。
[39] 袁征益：〈樂山軼事瑣憶〉，《武大校友通訊》1998年2輯。
[40] 萬澤鬱：〈樂山武大的「第八宿舍」〉，《武大校友通訊》2008年第1輯。
[41] 彭清源：〈母校育我，終生難忘〉，劉雙平主編：《珞珈學子在京城》，武漢大學出版社，2000年，第15—16頁。

不止。」想找醫生治療，蘇雪林告訴他，這是一種地方病，一年後便自癒，不必費心找醫藥。楊端六聽了蘇的話，「包了一部人力車扶杖赴校上課，果然一年後其疾若失。」[42]

錢歌川教授為了編校一本辭典，夜以繼日，每日的工作時間總在十小時以上，結果病倒了。他說：「病的來勢很凶，倒床之後，一連七日大燒不退，幾個醫生都看不準是什麼症候。幸虧在四川的病，十分之九是瘧疾，惡性時花樣極多，沒有一定的病症，於是乎醫生叫我吃『阿的平』。可是繼續吃了九粒，燒並沒有減退，反而發出滿身的斑疹來，有位醫生見『阿的平』無效，便懷疑我患的是斑疹傷寒。這個雖不是什麼不治之疾，可是相當危險，幸虧另外一位醫生斷定不是，理由在我並不頭昏。惡性瘧疾的變化太多，吃了特效藥而仍舊幾天不退燒的事，也是可能的。我的病還是作瘧疾診，當不至於誤事。我便遵醫囑，再吃『百司母困』和『金雞納霜』。吃了一天，忽然發起抖來，有了畏寒的現象。醫生大喜，因為他已確定我的病是瘧疾了。以後對症下藥，果然燒退了，不久病也好了。」[43]

據王星拱校長的次子王煥晰回憶，「記得1942年暑假，由於生活艱苦，工作壓力重，父親患嚴重胃病前往成都華西大學醫學院看病，去時借了輛小轎車，他躺在車後排，母親隻身陪同。他們借住在華西壩金陵大學農學院蠶桑系一個教室中，母親陪伴燒飯伺候兩月餘。我們兄妹都留在樂山家中。」[44]

1939年「八一九」大轟炸後，武大師生的生活更為艱苦，學生中貧血和面黃肌瘦是普遍現象。據《武漢大學校史》載：1940年7月武大對學生進行體格檢查統計，全校學生1363人，其中男生營養不良者144人，占總數10.56%，營養中等者916人，占總數67.2%，營養比較良好者117人，僅占學生總數的8.58%。學生中有砂眼者更是不計其數。

學生營養不良，隨之抵抗力弱，各種疾病源源而來。最普遍的有貧血、神經衰弱、傷風感冒、肺病、心髒病……等，而衛生環境惡劣，生瘡蟲咬生癩的也就不能稱之為病了。綜觀樂山八年，最為嚴重的疾病有：

---

[42] 蘇雪林：《浮生九四——雪林回憶錄》，臺灣三民書局，1993年，第131頁。

[43] 錢歌川：〈臥病小記〉，《錢歌川文集》第一卷，遼寧大學出版社，1988年，第501—502頁。

[44] 王煥晰：〈難忘的樂山記憶〉，《武漢大學報》2008年11月28日。

1、瘧疾。這種病，俗話叫打擺子，現在幾乎絕跡。為了使不知者有所瞭解，約略描述一下：平常好人一個，一旦發作，周身發冷，冷過後發高燒，可到40度，人事不醒，嘴角都會燒出泡來，口中一塊一塊的燒爛。每天一次，無論精神多麼好的人，幾次下來便會奄奄一息。本來有一種特效藥，是南洋產的金雞納霜所作成的奎寧丸，可是那時與海外交通阻隔，成為稀有物。1940年武大平均每天有40餘人患瘧疾，而校醫室每天只有10支奎寧注射劑，使得許多身患重病的學生，不得不每日起早床去校醫室爭搶那救命的一支奎寧。1945年4月下旬，張肅文考入武大電機系，被分配到第一宿舍睡大統艙。然而，「可惱的是蚊子不停地在耳邊飛，一夜都睡不好，第二天就頭疼打冷顫，繼而發熱。我也不知道這就是『打擺子』（瘧疾）。到校醫室看病，校醫給了幾包白色藥粉，囑咐我將它們夾在燒餅中吞下。我不知道這就是奎寧粉，因為校醫沒說。由於囊中羞澀，我捨不得去買燒餅，只去夥房討了一點米湯，將藥粉倒入口中，準備吞下，天哪！好苦，好苦，這苦味幾乎無法形容，達到令人不能忍受的地步。趕緊用米湯沖下，苦味在口中久久不散。孔子說：『餘音繞梁，三日不絕』，這時可以改為『苦味繞梁，三日不絕』。我初次嘗到奎寧的利害，但『擺子』卻治好了。」[45]不少學生非常堅強，病發了照常撐持去參加考試，回來才倒在床上呻吟。好在「少怕傷寒老怕擺」，年輕人對這不會死的病，痛苦也就算不了什麼。

2、痢疾。這種病是以拉肚子開頭，一天拉他十多次，越拉次數越多，吃不得，不吃也拉，拉出的顏色像桃花，幾天下來就只有皮包骨了。曾經有個住第四宿舍的機械系高材生得了此病，半夜起來拉肚子，沒有回去，第二天發現，死在廁所裏。1941年春，黃鎰從湖南到達樂山武大，讀經濟系一年級。住在第一宿舍還不到半年，就得了一場痢疾。開始他還不在意，仍然照常去文廟上課，大約不到三天，上廁所的次數突然增多，大便中有紅白凍子，最多一天上廁所竟達數十次，身體逐漸不支，頭昏腦脹，精神疲敝不堪，只好由同學扶去校醫室看病。醫生看了他的病思索了片刻，拿了一瓶水劑給他說：「醫務室的藥少得可憐，沒有什麼藥

---

[45] 張肅文：〈走向樂山─珞珈山之路〉，《珞嘉歲月》，內部資料2003年版，第644頁。

好給你，這是王校長親自調配的『吐根素』（音），你拿去吃，會有效的。」想不到黃鎡吃了「吐根素」，次日就減少到只上廁所三次，大約過了五天（其間又去了醫務室一次）痢疾就完全好了。痢疾在今天看來實在不算啥，但在缺少藥的年代，如果不及時治療，極易危及生命。黃鎡晚年感慨：「王校長身居大學校長的顯要地位，肩負學校行政工作重任，還念念不忘師生員工的疾苦，在缺醫少藥的歲月，憑藉自己留英學化學的知識，親自配藥在當時的社會確是一種難能可貴的行為，何況他配藥是在默默地進行，從未宣傳張揚。當年在校師生，很少有人知道。這是一多麼高尚的道德情操。我常常想：當年要不是服了『吐根素』，也許我早就到第八宿舍（對武大公墓的戲稱）去了。」[46]

3、傷寒。這種少年所怕的傳染病，1943年夏季傳入了女生宿舍，一個假期病死了的7名女生。一時風聲鶴唳。學校當局緊急措施，把女生遷到三育堂，關閉「白宮」，長期徹底消毒，暑假過了才搬回去。楊靜遠日記1943年7月6日載：「弟弟已退燒兩三天，天幸不是傷寒。宿舍裏病了好幾個女同學，有一個化學系四年級學生叫陸道蘊，傷寒很重，高燒106°（F），腸子已出血，我和菁正講到一半，聽見樓上有人狂哭，接著有人跑來跑去，說她已死了。」1944年6月12日載：「和菁到紫雲街中心衛生院看紹溫，岫和屈義喬已在。她早上退了燒，精神很好，可是病還沒診斷出來。」6月12日：「岫等看紹溫回來，說有肺結核的可能。我嚇一跳，心想如果是真的，那還不如傷寒。」[47]

4、疤病。這是一種地方病。疤是四川話，意即軟，得了這種怪病，周身沒有力氣，軟得來一動也不能動，慢慢地連舌頭都不能動，人在清清醒醒的情況下無可奈何地死去。一夜之間便人天永隔。後面將對疤病專文詳述。

此外，武大學生食堂食用的是平價米，不僅粗糙，還夾雜著黴爛、砂石、稗穀。有些饑餓的學生對這些毫不在意，仍然狼吞虎嚥。當時的不在意，帶來的卻是後患無窮。土木系魏懷樞便因為狼吞虎嚥，而在和同學遊青城山時得了急性盲腸炎。

---

[46] 黃鎡：〈舊事雜記〉，臺灣《珞珈》（1995年10月）第125期。

[47] 參見楊靜遠：《讓廬日記》，武漢大學出版社，2003年。

　　為了關照一些重病號，武大曾在老宵頂租下了一排房屋作為療養院，「讓幾名病情不同而同屬半殘廢之流的去療養」，咳血不已的外文系學生吳鴻藻曾分得一室，「開始吃睡之外別無所為的隱士生活。」[48]

校醫董道蘊和疤病

　　1939年1月28日，到武大任教不久的葉聖陶致信友人章雪村，談到樂山的地方病：

> 　　承詢樂山地方病，誠有之，屢次作書乃忘提及。此病本地人謂之「pǎ病」，「pǎ」是軟義，而此病病狀則全身或局部癱瘓，不能舉動，並不軟也。武大於去年初夏遷此後曾有二同學患此病而死。旋校醫發現有一種強心注射劑可治此病，遇患者即用此藥，遂無復殞命者。至其病是否有病原菌，抑係感不良氣候所致，尚不可知。苟有心於醫學者，大可下功夫研究，惜無人有此野心也。此病患者並不多，武大不過二十餘同學嘗患之。患者皆男青年，女子患者尚未有。預防無法，醫生惟言過勞或受寒皆宜戒之。[49]

　　1940年4月18日，蘇雪林在陝西街住所寫作〈煉獄——教書匠的避難曲〉，她寫道：

> 　　這裏的氣候很怪，冬天的霧季足足籠罩三四個月，但還沒有倫敦和里昂那麼整冬昏天黑地，開春以後，也同我們故鄉一般的風和日暖，花柳爭妍。但空氣裏潛伏著一種瘴氣。飲食起居略為疏忽，便要病倒。還有一種最屬害的為它處所無的「痹病」，患之者四肢猝然僵直，口不能言，數小時或數日便送了命。生活於這氣候裏的人，等於同花容月貌的

---

[48] 吳魯芹：〈我的大學生活〉，臺灣《傳記文學》第26卷第2期。

[49] 葉聖陶：〈致章雪村〉，商金林編：《葉聖陶抗戰時期文集》第一卷，人民教育出版社，2005年，第119頁。

妖精共榻，睡夢裏會被它摘了你的心肝去。氣候又很潮濕，不生瘡的到這裏也得生幾顆應景。臂痠，腿軟，骨節痛，更是家常便飯。聽見某先生的左胳膊忽然抬不起來，針灸無效，似有永久殘廢之勢，某先生的右腳忽然不良於行，每天坐車到校，扶著手杖上課，自己身上略有點酸痛時，便免不得要栗栗自危了。[50]

半個世紀之後，年逾九十的蘇雪林在臺灣撰寫回憶錄，她在〈隨校入川〉中再次寫道：

> 樂山這個小小縣城城外有大渡河、青衣江、岷江三江匯流，一到冬季江水蕩激蒸騰之氣積為濃霧，數日不散，居此鄉者易於得一種病，名曰「扒病」，往往致人於死。輕者則一臂一腿痠痺。我搬入讓廬第二年右臂忽為此病所襲。伸臂向前平舉尚可，上舉則絕對不能，且痛楚不堪。中藥、西藥、草頭偏方試盡了，都無效果，我想已變成廢人了。一年以後，忽然自己痊癒了。病去之速正像我們家鄉諺語，如一爪搯去相似。第二次搬入讓廬，右臂又忽痠痺，痛楚更勝於前，因知道一年後自己會癒，不再治療，一年後也居然自癒了。[51]

蘇雪林和葉聖陶說的都是同一種病——「疤病」，樂山的地方病。說到這裏，不妨說說這種地方病的漢字寫法。王星拱曾給中文系畢業生殷正慈寫過一副行書條幅，文曰：「蜀西南多雨，名曰漏天。杜工部詩『鼓角漏天東』是也。楊升庵云：自秋分後遇壬謂之汃沾，吳下曰八液。宋黃仁傑夔州苦雨詩：九月不虛為巧月，今年懶得是豐年。汃，音讀為怕，平聲。巧月，通雅引為朽月，皆多雨之意也。嘉定正當蜀西南地。」殷正慈解釋說：「當年遷校嘉定，山水清奇，人情醇厚……唯一的缺陷是當地有所謂『汃』病流行，患者常於不自覺中手足麻痺，舌根失靈；重者漸至心髒，遂危機生命。是以無人不聞『汃』變色，觀恙心驚。當時此症但有音無字，校長特製『蜀典』中提出

---

[50] 蘇雪林：〈煉獄〉，蔡清富編：《蘇雪林散文選集》，百花文藝出版社，1991年，第233頁。
[51] 蘇雪林：《浮生九四——雪林回憶錄》，臺灣三民書局，1993年，第131頁。

『汃』字，可謂博學廣聞，足釋群疑了。」[52]另外，武大附中的劉學章（中文系主任劉博平的女公子）曾撰文列舉大量四川方言，考其源流和書寫形式。如四川人說軟為pa俗寫作「火巴」（按，二字合寫）。她考證應當寫作「雨革」（按，為上下結構）。按此字康熙字典注為：「匹各切，音粕，雨濡革也。」雨濡革是皮革叫雨濡濕了，自然是軟的意思，看來是個會意字。不過這類古書上的字在四川並沒有使用開來。寫得太準確了，別人反而不認得。[53]

不管教授們怎麼寫，筆者在此統一寫作「疤」（引文除外），按當地方言讀pā（一聲）。

卻說疤病在當時常常發生，給武大師生帶來很大的傷亡。曾有學生喪命後，追悼時有人寫過一副輓聯：

教官無方，校長無方，醫師也無方，而今教育竟如斯，只知教讀不教育；
同學何知，父兄何知，朋友更何知，可憐負笈走千里，遂叫學死弗學生。[54]

1942年12月26日，武大學生為防止疤病流行，還特別組織防疤委員會，簽名參加者達千餘人。化學家葉嶠教授回憶當時的情景說：「初到樂山，疤病確實嚇人。教授們有的因疤病輕，醫好後不能再在樂山居住下去，只好攜眷東歸，另謀出路。幸校醫董道蘊先生發現此病係鋇中毒，以致周身神經末梢麻痹，於是他試著用馬前子鹹救治，果然有顯著療效。但是，校醫室只有少量的這種藥品。藥品用完後，他找到我請求設法幫助解決。後來，化學系學生彭少逸（現為學部委員），涂主珍（後任湖北省醫藥研究所所長兼書記，現已離休）等人，從中草藥馬前子中提取精製，有了這種藥，武大疤病才得以制止。以後樂山邑人推廣引用，救活了不少人，使樂山人民對武大同仁一直很友好。」[55]當年化學系學生孫順潮（即漫畫家方成）也回憶說：「趴病最危險，患者忽然感到麻痹，從腳漸漸往上移，人很清醒，但動彈不得，麻到心髒就不治。當時中西醫束手、病亡者日多，終於被董大夫找到治療方法，挽救不少人。」[56]

[52] 殷正慈：〈我所知道的王撫五先生〉，《老武大的故事》，江蘇文藝出版社，1998年，第54頁。
[53] 孫法理：〈樂山時期武大的文化生活〉，臺灣《珞珈》（1992年7月）第112期。
[54] 高載壽：〈樂山聆聞〉，《武大校友通訊》2008年第1輯。
[55] 吳貽毅主編：《武漢大學校史》，武漢大學出版社，1993年，第147期。
[56] 方成：〈從羊到駱駝〉，《武大校友通訊》1984年總第二期。

　　校醫董道蘊大夫何許人也？浙江慈溪人氏。慈溪現在是寧波市的一座衛星城，但在當年還是一個貧困的小鎮，許多人少小離鄉，外出謀生做裁縫、洗衣工作，久而久之形成了海內聞名的「寧波幫」。董道蘊在青年時隨家人去日本一邊學裁縫，一邊讀中學。在「東京一高」與鬱達夫同學，高中畢業後，去日本仙臺醫專讀預科，後作為「浙江官費生」進東京帝大醫科就讀，與郭沫若同窗。1924年以優異成績畢業後曾與郭比鄰而居，相交甚密。

　　當時孫中山先生領導的民主革命蓬勃發展，在中國共產黨幫助下準備北伐，在日本的一批中國留學生懷著愛國熱情，投筆從戎回國參加國民革命軍，董道蘊與郭沫若等同行回國，任北伐軍軍醫院院長。恰遇蔣介石任北伐軍總司令，要聘一位醫術高、日語好又是浙江同鄉的人作總司令部侍從軍醫處長，董道蘊因符合條件而被選中。有一天，董道蘊為蔣介石檢查身體，蔣無端責怪他「體溫表未消毒」而大發雷霆，他由此辭去侍從軍醫處長職務，在廣州掛牌行醫直至抗戰爆發。這一軼事是他當年的軍醫處同事在美國中文報紙《世界日報》上披露的，說當時董道蘊「肯定是消毒過的，蔣沒有看到而錯怪他。」董道蘊和兒女們談及此事時不無感歎地說：「真是伴君如伴虎啊！」

　　1938年為避日寇侵略戰火，董道蘊夫婦帶兒子董親和、女兒董親親來到樂山，住在水西門外斑竹灣一家依山傍水的老房子裏。為謀生計，董道蘊再度掛牌行醫並任武大校醫主任，自此與武大師生建立起真摯的情誼。在那戰火紛飛、缺醫少藥的年代，董道蘊對求醫的師生與當地人民不僅盡心治療履行醫生的職責，而且總是體諒他們的經濟困難，並給他們精神上的安慰。漫畫家方成回憶說：「使我難忘的……還有一位，是一位校醫室的董大夫。大約五十歲，記得是浙江人。由於生活條件差，藥品缺乏，學校裏病人很多。有兩種最討厭的流行病，一是瘧疾，一是趴病。……董大夫身材不高，每天治療那麼多病人，從來沒見他有不耐煩的神色，總是像父親樣的對待每一位同學。他醫道高明，病人見了他就放心了。我當記不會像對同學那麼熟悉他，而他在校醫室裏辛勤工作的姿態我記得很清楚。」[57]

　　1939年3月的一天，外文系學生吳鴻藻忽然覺得喉頭有點癢癢的，於是咳了兩聲，咳出來的竟是兩口鮮血，疾步走回宿舍取出漱口杯漱漱口，又咳了兩

---

[57] 方成：〈從羊到駱駝〉，《武大校友通訊》1984年總第二期。

聲，也還是兩口鮮血。他回憶道，「我知道董校醫就住在巷子口，帶著吐在漱口杯中的血直奔他的寓所。董校醫是日本留學的，據說還做過委員長廣州（或者是武漢）行營的軍醫處長，但是在戰時，校醫室醫藥供應不全，市面上的藥當然也買不起，他的醫道縱然不錯，也只有用相當原始的治療方法對付了。他叫我到宿舍廚房取兩湯匙的鹽加兩湯匙的水一口氣喝下去，然後就躺著不動。我們平時吃菜講太鹹太淡，實在不知道真正的鹹是什麼味道，此後兩年我幾乎不時要用這種濃得化不開的鹽水止血，可以說是吃盡鹹中鹹的人了。」[58]

據1940年考入電機系的俞大光回憶：「我在第一個冬季就發現小腿浮腫且麻木，很擔心是疤病染身，忙去校醫室求診。董道蘊醫師診斷為腳氣病，需補充維生素，囑我去關帝廟買些糠麩經常吃些。看來校醫室藥物是稀缺的，好在這些代用品一般都買得起；但總得花費時間煮上一陣子才能進嘴，而且下嚥和消化都很困難。為了治病這些都只好忍受了，效果倒還不錯，如此兩三個月就消腫痊癒了。……我在二年級還算平安，但到1943年春季忽然又遭黃疸性肝炎侵擾。同樣沒有特效藥物，校醫開瀉藥硫酸鈉給我治療。我堅強地忍受著進食惡心上吐下瀉的痛苦，繼續上課未休息，經一個多月時間症狀終於得到緩解，到期終考試前已經痊癒，真算幸運的了。畢業以後我在中學兼課時期，我又感受到瘧疾的滋味：開始我以為是感冒發燒，很快就好了，不當回事；但過兩天又復發，來得快好得也快，仍未就醫；直到第三次再發，我才警覺到可能是瘧疾，經校醫確診後才服用奎寧丸治癒。我在樂山受到的疾病折磨不算很多，想起那些被疾病奪去生命的同學（如一年級時剛結識不久的同學洪喜仁，就因肺病而病死在醫院裏）和因病被迫休學的同學們，確實是令人惋惜和傷感的事。」[59]

董道蘊之子董親和畢生從事醫藥工業科研工作，女兒董親親武大化學系畢業後，畢生從事醫學化學教研工作。他們在〈憶父親董道蘊〉中說：「當年在樂山的校友們可能還記得樂山的帕（Pa）病，叫人談虎色變，這是一種神經系統疾病，發病時來勢很急，嚴重時全身癱軟，鬧得全校師生人人自危，父親本著醫家天職，潛心鑽研治療方案，終於控制住了病情，患者多得康復，深得社會讚譽。」又說，「抗戰勝利後，我們舉家隨武大東下武漢，父親在湖北醫學

[58] 吳魯芹：〈我的大學生活〉，臺灣《傳記文學》第26卷第2期。
[59] 俞大光：〈我在樂山生活的回憶〉，《武大校友通訊》2008年2輯。

院任教務長、內科主任、教授。解放戰爭一開始便積極參加了湖北『省民主同盟』的革命活動。他治學勤奮嚴謹，精通日、德、英、拉丁等多種外文，醫學著述甚豐，可惜在文革中散失大半，所遺手稿及圖書，已於1972年父親逝世後上交湖北醫學院圖書館。」[60]

業餘醫生蕭君絳

生病的人多，治病的人少。一個校醫董道蘊是遠遠不夠用的。好在數學系蕭君絳教授精通岐黃之技，擅長把脈問診。

蕭君絳，江西萍鄉人。光緒十九年（1893年）出生。畢業於武昌高師，後留學日本獲東京帝國大學理學士。歷任國立武昌大學、武昌中山大學教授，更是武漢大學數學系的元老。他是我國介紹範·德·瓦爾登《近世代數》的第一人，對近世代數與數論等方面在國內的發展，起了開拓作用。1942至1943年前後，他將《近世代數》在樂山自費翻譯出版，並作為教材在武大講授，使學生們大開眼界。

蕭君絳幼年多病，長年服藥，久病成醫。他也聰穎異常，熟讀醫術，醫學知識豐富，滿可以懸壺問世，但他是武大數學系的名教授。他的醫術名聲掩蓋了他在數學界的名望，為他人治病也占了他的治學的時間，他感到很惱火，但發火歸發火，病還是要給人治的。

蕭君絳的醫術早在珞珈山時期就已知名。經濟系楊端六教授夫人袁昌英生下長女楊靜遠後，許多年因患婦科病而不孕，不知看了多少中西醫都不管用。1932年專程到北平找某婦科名醫就診，但也沒有見效。最後，還是吃了蕭的湯藥，調理過來，才懷上兒子楊弘遠的。所以楊靜遠後來回憶說，「數學系教授蕭君絳先生，精通中醫，人品極高，免費為同仁看病，我們全家有病常求他診治。」

武大西遷樂山後，蕭君絳的醫術更是大派用場，屢屢為武大員工及家屬，還有貧困學生義務治病。葉聖陶一家人大病小疾屢屢找蕭診治，這在其日記[61]裏有多處記載：

[60] 董親和、董親覼：〈憶父親董道蘊〉，《北京珞嘉》1998年2期。

[61] 葉聖陶：《西行日記》，《葉聖陶集》第19卷，江蘇教育出版社，1994年。

1939年8月26日　七時入城，訪蕭君絳先生，請其為滿子醫病。蕭為數學系教員，精於脈理，同事學生信中醫者多就之。承慨然惠允，共乘車出城。診脈後言滿子之脈不調，係心髒有病；而脈象與懷胎相反，十之八非受孕也。所開方謂係從王道入手，並開一調經方而去。

1939年8月27日　晨六時起，即入城訪蕭君絳先生，告以滿子服藥後情形。蕭謂此是好現象，昨所開方不妨連服之。

1939年11月24日　滿子病雖愈，尚時時流紅。今日由墨陪往蕭先生處診治。蕭為處方，並言此決無礙事。

1940年1月25日　三官往蕭君絳處請診治，蕭為開一去風寒之方，買兩劑而歸。

1940年4月30日　墨因胃部作痛，三官因周身發紅癍，奇癢難耐，偕訪蕭君絳先生就診。蕭言墨係濕重，三官係消化不良，各贖藥一劑服之。

1940年8月27日　承人力車就蕭君絳診病。蕭謂頸際腫脹，中醫名之曰「發頤」，感冒之後未得發表，往往致此。為開一方，謝之而出，就藥店贖兩劑以歸。

　　按，日記中的「滿子」，為葉聖陶長媳夏滿子；「三官」為葉聖陶次子葉至誠；「墨」為葉聖陶夫人胡墨林。

　　1940年的一天，法律系學生伍一民染上了痢疾，連日的拉瀉，弄得他精神萎頓，身體非常虛弱。他到學校醫務室給注射了幾天針藥，並未見效。有同學建議他，去找數學系的蕭君絳教授。這個同學向他介紹了蕭教授的情況並面授機宜，再三叮囑見了蕭教授無論出現什麼情況都要忍著。伍一民買了兩斤白糖，就去叩蕭教授家的門，他看見伍的那副神情，可能心裏就明白幾分。便問：「你找誰？」「我要見蕭老師。」「你見他有甚麼事？」「我想請蕭老師給我看看病。」蕭火氣沖沖地嚷道：「你真是莫名其妙！我又不是醫生，你有病到醫務室去找校醫，找我看病，莫名其妙！」他邊嚷邊把伍一民朝門外推，不斷地嚷道：「出去，你給我出去！」由於伍一民先受了機宜，就是賴著不走，一直在院子裏站著。不一會兒，蕭君絳又從屋裏走出來，面色轉霽，招呼伍進屋去，問及病情，便開了幾味中藥，要他連服兩帖，不要再來了。伍連聲稱謝，向蕭教授行了一個鞠躬，把帶來的白糖放在桌上，扭身快步走出院子。半個多世紀後伍一民感歎道：「蕭老師不愧是杏林高手，妙手回春，我吃了他

開的藥，只花了幾毛錢，肚子就停止了拉瀉，在以後的幾十年裏我再沒有犯過這種病了。」[62]

1941年秋天，機械系學生周學厚生了病，最初是腹瀉，以後發展成痢疾。學校的校醫處設在高西門城上一座廟裏，從斑竹灣宿舍去要走四五里，最初是兩天去看病一次拿點藥還不怎樣，後來病重了，每天上下午都要去打針，就感到十分吃力。初發病時還能勉強支撐，十多天後已是茶飯不思，萎頓不堪，不能起床。又拖了一段時間，吃藥打針不見起色，人已是形銷骨立。校醫處的醫生說最好是托人去成都買進口的特效針劑，此外他們也沒有更好的辦法了。此時，有一位數學系的同學向料理周學厚的汪德煥同學提出：「根據他的情況最好找蕭君絳老師改吃中藥看看。」如果同意，他就先去找蕭老師說說。在無可奈何中周學厚自然表示同意。下午學生們就用竹椅綁了一個擔架，把周學厚抬到蕭家。蕭問了他的發病經過、治療情況、目前的病情等，都由汪德煥同學一一代答。又經過把脈問診，最後蕭君絳說：「你們送他來晚了一點，現在他已拖得十分虛弱，藥重了他受不了，輕了又一時難以見效。現在我給他開三張藥方，第一張撿十付，吃十天左右再看情況，如果大小便能夠分開，次數減少，飯量增加，精神有所恢復，就可以換服第二張藥方，再服十副左右，估計病情就可基本消除。第三張藥方要堅持服一個月以上，防止復發。如果服我的藥，其他藥物就不必再服，服藥無效，你們也不必再來找我了。」

回到宿舍，在同學們的熱心照顧下，當晚就按蕭君絳吩咐開始服藥，十來天後，病情也正如他預計的那樣有所好轉，周學厚已能起床自己在附近走動。正考慮是否換服第二張藥方時，數學系那位同學找來了，說蕭君絳老師記掛著周學厚的病情，叫他去看看；如果他已能起床行走，就帶他到蕭老師家去一次，並帶上原來的三張藥方。第二天他們就去了，蕭君絳家在白塔街一條巷裏，雖然有同學攙扶，但畢竟是周學厚自己走去的，蕭見了也很高興。他把脈問診後說：「你的身體素質不錯，也沒有其他外感，所以恢復得快，第一張藥方可以再吃兩三付，第二張藥方要稍微改一改，然後繼續服。不要急，身體完全恢復了再去上課，你這病正是人們常說的『秋痢』，是很頑固的，治不徹底容易復發，復發就更難治。」

---

[62] 伍一民：〈回憶在樂山的日子〉，臺灣《珞珈》（1998年1月）第134期。

又過了幾天，周學厚的母親忽然從成都買的一些進口藥帶來樂山了。這時周學厚雖仍在服藥，但病體已漸趨康復，他母親見了自然很高興，第二天就提出要去拜望蕭老師向他致謝，被周學厚再三勸阻，說是蕭老師備課很忙，不願被人打擾才作罷。誰知沒過兩天就到了中秋節，周母上街買了一大堆月餅糕點，要去給蕭老師拜節，再三勸阻她也不聽，實在無法就只好陪她老人家去了。蕭見他們進門帶了一些月餅，果然面有不豫之色。周學厚給他們介紹後他母親就搶先開口了，她說：「我就兩個兒子，幼年失怙，大兒子三年前從軍上了抗日前線，對他的生死我已無能為力，只好置之度外了，現在相依為命的就這一個小兒子，是蕭先生在他九死一生中把他搶救回來，恩同再生，我們此來只是想面見先生一申謝忱。」蕭君絳聽了面色和霽下來，寒暄之後為他們講了一個感人至深的故事。他說：「在我也是十七歲左右的時候，有一年初秋之際突然染上痢疾，病得十分沉重，是我母親守候床前衣不解帶地照顧，過了十多天我的病慢慢有了好轉，但母親卻已日益憔悴。後來家人把我送到親戚家調養，一住就一個多月，中秋節之前回到家裏，方知母親也染上痢疾，在我離家後不久去世。我回家時母親的喪事都已辦理完畢，由於怕影響我養病，家裏人沒有告訴我。聽後我只有呼天搶地，但已無法再使母親回生，成了終生大恨。這也是我幾十年來從不吃月餅，並且業餘潛心研習治療痢疾的病理、醫理的原因。」蕭君絳又向周母說：「我從不為看病受人的禮，但你的一片慈母之心令人感動，我就為你破一次例了，希望你好好保重，不要太為兒子操心。」

周母在樂山住了近一個月，周學厚的病已基本痊癒並到課堂聽課，其母提出回成都前還要去向蕭先生告別，於是周又陪她去了。見面之後，周母拿出其子所服的三張藥方向蕭請教，蕭耐心地作了回答。談到周的病，蕭說：「最初看西醫，檢驗大便發現了『阿米巴菌』，給你注射『依米丁』針，服『痢特靈』片，用藥的效果不好，建議你到大城市買進口藥，這也沒有什麼不對之處。最後改吃中藥晚了一點，我也是抱著盡力挽救之意用藥，好在他體質不錯還能支撐過來。」

蕭君絳見周母懂中藥也明白一點醫理，便愈談愈高興，他說：「用學術的術語來說，西醫用的是演繹法，以解剖學為基礎認識人體，依靠儀器測量及分析化驗結果來判斷病情對症下藥，說來似是很科學的。但可惜人的生理和病理很複雜，目前的科學技術水平能瞭解的還很有限，單一的對症下藥不見得是

最有效的臨床治療方法。中醫用的則是歸納法，通過幾千年長期實踐的經驗，對病理、藥理歸結出一定的規律性，並以陰、陽五行相生相剋等作為表述這些規律的符號和語言。對一般人來說這種表述近乎神秘，一些庸醫也容易故弄玄虛來騙人。但精研中醫、中藥的人則明白這中間有符合科學精神的內在聯繫。中醫的診斷只靠望、聞、問、切，雖然簡單一點，但也是很有學問的，在臨床處方上它不是一藥對一症，而是根據病人體質、病情發展及有無其他外感等進行多種藥物的綜合搭配，並在每種藥的劑量上斟酌損益，這是中醫最大的優點。」蕭又指著周學厚服過的三張藥方說：「你們看三張藥方上都用了『白茅根』，但劑量和配藥都不一樣，因此留下它作個紀念可以，卻不宜用來治別人的病。」五十多年後，已從四川石油管理局副總工程師位置上退下的周學厚回憶此事，歷歷在目，「蕭老師對中醫藥方面的宏論，在我聽來似懂不懂，卻令母親佩服得五體投地。事後她對我說，蕭老師對中醫五行生克的解釋使她茅塞頓開，疑團盡解。」「母親走後我的身體逐漸復原，至今再也沒有犯過『秋痢』……現在半個多世紀過去了，想起這段往事，對蕭老師感念無已。」[63]

　　周學厚說：「蕭老師為了出版他耗盡心血寫成的《高等數學》一書，花掉了畢生積蓄，以後得了肺結核病，無力補充營養，以致一病不起。」徐正榜〈武漢大學西遷樂山大事記〉云：「（1944年5月14日）在武大執教30餘年的數學系蕭君絳教授病逝於樂山……享年52歲，遺子女各一。」[64]

「第八宿舍」

　　前面明明白白說武大只有七個學生宿舍，何來「第八宿舍」？
　　卻說1944年秋季，萬澤鬱跨入了武大之門。為了熟悉學校環境，他邀約了部分同學在高年級同學指引下，參觀各院院系地址和學生宿舍。結束後，一位師兄不無傷感地苦笑著說：「參不參觀第八宿舍？」
　　萬澤鬱說：「在哪？怎麼不參觀呢！」

[63] 周學厚：〈一段往事的回顧——憶蕭君絳〉，《北京珞嘉》2000年第1期。
[64] 駱鬱廷主編：《樂山的迴響》，武漢大學出版社，2008年，第497頁。

一下子，他嚴肅起來：「那是武大師生因缺醫少藥或饑寒交迫無法生活，死去後的墓葬地啊！」萬澤鬱們聽後都默不作聲，呆呆地望著師兄。

「走吧！看看也有好處，讓我們永遠記住他們吧！」

師兄帶領萬澤鬱們走向郊區，登上一片小山丘，指著山凹處一片雜草叢生的荒塚說：「這就是我們所稱的『第八宿舍』。有因病殘而死的，有被日機狂轟濫炸而死的，都埋在這裏。」說罷，他情不自禁地流下淚來。等他情緒稍為安定後，指著一處荒塚說：「這是機械系系主任郭霖教授的墓地，他也是因貧病交加，無錢醫病而死去的。當時的政府只知反共，排除異己，四大家族囤積居奇，大發國難橫財，不顧人民死活，對於精英，不加任何保護，這是多麼荒謬啊！」[65]

大家靜靜地在一堆荒塚前，恭恭敬敬。然後帶著滿腔怨憤回到了宿舍。

曾任武大哲學系教授的作家劉盛亞在〈一個大學校長〉裏也寫到了「第八宿舍」：

> 這些人都埋葬在一條不大有人通過的「得勝門」外。這個城門外既無通航的河道又無汽車，一出門就是一個棲流所──乞丐們棲身的地方。出城走一段野草蓬鬆的土徑就繞過一個小土山，再走一兩里路的上山路便到了山頂的大學墳場。
>
> 山頂上墳塋壘壘，有的野草齊肩，有的還是一抔新土。有的豎了石碑，有的植立一塊木牌，上寫亡人的姓名。但是一句話：那些死者都曾是大學的一員──先生或學生。
>
> 學校一共有六個宿舍，另有一個女生宿舍，所以就把這墳場喊著第八宿舍。
>
> 站在那兒望望，天高雲輕，那些墳沒有一個是石頭砌過的。死者的窮困，後人之窮困，學校經費的窮困是一般無二的。[66]

後方生活的艱苦，師生營養不良，醫療設備奇缺，加上樂山特有的地方病的襲擊，致使武大的死亡率愈來愈高。《武漢大學校史》載：「據統計，武大

[65] 萬澤鬱：〈樂山武大的「第八宿舍」〉，《武大校友通訊》2008年第1輯。
[66] 劉盛亞：〈一個大學校長〉，《大公報》1946年9月20日。

自1938年4月遷校樂山到1940年年底為止，不到三年時間，僅學生因病死亡者就達五六十人之多。其中1940年9月19日至10月底的50天內，就有五位學生相繼死亡。到了1943年暑期，在短短一個月內又有七位女學生相繼死亡。據不完全統計，自1938年4月至1943年8月的五年內，一個僅有1700多人的學校竟相繼死亡了100多個學生。這個駭人聽聞的死亡率，使學校公墓不得不一再擴大。」[67]

其實，在珞珈山是沒有公墓的，這可以看出兩地生活的天壤之別，但也另有原因。原來珞珈山是荒墳累累的野山，武大建校才把那些荒墳遷出去。中間不知打了好多的官司，終於協議以後不准任何人在校區內埋葬而勉強解決。黎元洪（字宋卿）的後代曾捐了一座體育館，即宋卿館。據說黎大總統生前十分看好珞珈山的風水，死後其家屬曾與武大交涉，表示如果能讓黎大總統葬在珞珈山，黎家願意再捐贈鉅款為武大蓋一座總辦公樓。但當時的校長王星拱婉言謝絕了這個請求，而黎元洪也只好長眠在武昌卓刀泉了。

死亡面前師生平等。樂山八年中，許多才華橫溢、學有專長的教授如黃方剛、吳其昌、蕭君絳等近十人被貧病奪去了生命。

1942年2月20日夜，機械系主任郭霖因患黃疸肝炎和肝硬化逝世，終年48歲。抗戰勝利後，郭霖之子郭玉驊扶著父親靈櫬，雇木船沿長江而下，至宜昌改雇汽車，運回當陽，安葬於縣城西門外長阪坡公園正中央。係縣葬，由縣長主祭，備極哀榮。

1942年9月26日，礦冶系教授王若怡（號進展）病逝，享年48歲。楊靜遠當天日記載：「聽到一個可怕的消息：礦冶系教授王鬍子死了，是因為貧血症，實在是營養不足。據說他預定的十年計劃，連新鮮蔬菜都不吃，只吃醃的鹹菜，肉類更不用說了。這是武大教授中死去的第二個，以後呢？唉！」[68]

1943年4月15日，生物系教授陳恕田病逝（生年待考）。

1944年1月17日，哲學系教授黃方剛肺病無錢醫治而逝世，享年43歲。一些回憶文章說黃方剛死後也葬在「第八宿舍」。其實不然。乃父黃炎培所寫「哲學家黃方剛墓誌」墓誌銘曰：「長兒方剛……以清光緒二十七年三月十三

[67] 吳貽穀主編：《武漢大學校史》，武漢大學出版社，1993年，146—147頁。

[68] 楊靜遠：《讓廬日記》，武漢大學出版社，2003年，第87頁。

日生於江蘇之川沙，民國三十三年一月十七日歿於四川樂山武漢大學教席，年四十四，以同年月葬於樂山淩雲鄉馬鞍山東一里許，其及門李樹芳贈地。」據說馬鞍山這個風水寶地，是黃方剛學生在他病痛中選的。據桂質柏之子桂裕民講，烏尤寺周邊是黃方剛和其父多次來過的地方，依山傍水氣候宜人，翠綠植被環繞。黃方剛選擇了這個地方長眠，不久桂質柏的十歲長女桂裕琳因白喉病離他而去，桂質柏也把女兒葬在了黃方剛墓的附近。

1944年2月23日淩晨，史學系主任吳其昌患重肺結核病逝，享年40歲。其師梁啟超有言：「戰士死於沙場，學者死於講座。」他在去世之前經常拖著孱弱的病體走上講臺，課還沒上完，就突然吐血不止。學生勸他注意休養，他說：「國難深重，前方將士效命疆場，後方教授當盡瘁於講壇。」吳其昌也一如其師，竟躬踐其言。3月5日，吳其昌暫厝於武大公墓。上山那天，袁恒昌正在城牆上讀英文，看見一群武大師生隨著棺木向荒墳道上逶邐而行。袁一向敬仰吳其昌在學術上的造詣，故亦自動前往送殯，才知道公墓所在。「公墓在洙泗塘外山頂，西望松林蒼鬱，東望九峰蒼翠，下面一片田疇，春來菜花金黃，饒有生趣，師生客處，可以慰懷，當不寂寞。」[69]

1944年5月14日，數學系教授蕭君絳肺結核病逝，享年51歲。經濟系學生袁征益回憶，「蕭教授自己體弱多病，身患胃出血又加教學、著述兩忙，不遑休息……因而過勞，終至一病不起，離開人世。」蕭君絳為病逝樂山的武大教師中最年長的。

1945年2月10日，外文系教授費鑒照病逝（生年待考）。楊靜遠日記：「可憐這人在肺病的壓迫和死亡的威脅下拖過一輩子，終於在百般無奈下失去了可貴的生命。」「費鑒照在20世紀30年代留英回國後很有作為，在刊物上發表過大量文章，後因肺病而無聲無息地死去。」[70]

抗戰勝利之後，在武大復員之際，法學系副教授孫芳病逝（約40歲，生卒年待考），最終未能返回珞珈山，而成為了最後一位住進「第八宿舍」的人。又據說孫芳家人在日寇轟炸中全部遇難，故有學生題詩曰：「事業未成身先死，勝利復員徒悲鳴。全家無一歸故土，他年何人悼亡魂？」[71]

[69] 袁恒昌：〈第八宿舍——武大公墓〉，《學府紀聞：國立武漢大學》，臺灣南京出版公司，1981年，第352頁。
[70] 楊靜遠：《讓廬日記》，武漢大學出版社，2003年，第315—316頁。
[71] 萬澤鬱：〈樂山武大的「第八宿舍」〉，《武大校友通訊》2008年第1輯。

　　另外，體育部的助教鄧光西病逝時僅35歲（生卒年待考），為病逝樂山的武大教師中最年輕的。

　　至於客死樂山的學生更年輕，大部分都是20餘歲，最年長的也不過30歲。不妨先說說兩朵凋謝的鮮花吧。

　　王夢蘭，湖北人，外文系學生，中共地下黨員。抗戰初期投身革命，參加共產黨。到樂山後，一邊考微薄的貸金勤奮學習，一邊積極為黨工作。1940年繼陳慶紋任女生部黨支書。身患嚴重肺病，一直戰鬥到生命的最後一息。據比她低一年級的同鄉張熙回憶：

> 　　兩年多來，只見她一身暗色的旗袍日顯寬大，兩腿越來越細，每天從白塔街緩步走到文廟上課。我不記得她服過什麼藥，只聽她說過治肺結核已有特效藥「雷米封」，可是離開武漢後已和兄嫂失去了聯繫，沒有任何經濟來源。靠貸金只能解決一日三餐，這對於羸弱的久病者，只能是苟延殘喘。她貧病交加，加以學文學更應是一個多愁善感的弱女子，但她給人的印象卻是好說好笑好熱鬧。無論在教室裏、宿舍內或走在大街上，她身旁總聚有一群同學，聽她慢言輕語講故事、說笑話、或嬉笑耍鬧，非常開心。她進入四年級時，班上只剩一位男同學，她說，「我們班上是『萬紅叢中一點綠』了」，這是針對當時許多班級都是男同學多而言的，她雖已到了交男友的年齡，而且不乏追求者，但她深知自己患病難治，即使深感孤寂，也不向愛慕她的男同學流露自己的感情。[72]

　　1942年暑期，王夢蘭已病入膏肓，「住進高西門上面仁濟醫院，醫院將她放在靠馬路的走廊旁一間空曠的大屋裏，只有她孤零零的一張床。同學們輪流去陪伴她，她深知自己將一病不起，但熱愛生活卻又好強的她，從不在同學們面前愁眉苦臉，反而盡可能說說笑笑、活躍氣氛，獨自一人時她便竭力支撐著病軀將自己的衣服、頭髮梳洗得整整齊齊。」[73]

---

[72] 張熙：〈悼念樂山武大「第八宿舍」的淑女們〉，《北京珞嘉》1998年1期。
[73] 同前註。

7月2日清晨4點鐘，王夢蘭終於靜靜地走了。上午九點開始送葬。作為她身前好友，外文系楊靜遠參與了送葬，並在當天的日記中寫道：

> 我們上一座小山，墳場在山頂。到了山頂，荒涼的景象觸目驚心。這是武大的公墓，也就是所謂「第八宿舍」，近年來死的學生都葬在此地。一座座圓圓的新墳，表示他們骨骸的所在。夢蘭的棺材停在空地上，旁邊是挖掘的墓穴，但只有5寸深，大家一看，大鬧起來，這麼淺怎麼放得下棺木！於是叫工人臨時趕挖，大約又等了一點鐘左右，墓穴算做成了，馬上就要下棺。冼岫、徐有悌等叫我過去學一首送葬歌，在下棺時唱。接著就蓋土。王曉雲掩著臉哭起來了，我一見她哭忍不住眼淚也出來了。這時墳已大體築成，只需往上加高。時候不早，5點多了，負責人報告可以散了。於是把三隻小碟子放在墓前的土地上，放一些蛋糕果子之類，插兩枝燭，劉素容拿起一串鞭炮放起來。情況太淒慘了。我含著要迸出的眼淚，跟大家一同鞠了一躬就掉頭下山。

翌年的初夏，一場最嚴峻的傷寒症襲擊樂山，尤其武大女生宿舍受害最大。大約由於飲水傳染，不到兩個月竟有七位女生死於此病。外文系陳美玉即是其一。

楊靜遠《讓廬日記》載：「（1943年7月26日）又死了兩個女同學，一個是生物系一年級的李芬鼎。陳美玉的病重極了，已在打強心針，真危險，不知能救得轉來不？」「（7月30日）吃晚飯時韋太太忽然在樓上說：『陳美玉死了。』她是今天死的。我呻吟起來。簡直想不到，怎麼得了，想想她的母親兄弟姊妹，還有她的愛人，想想一對雙生子（陳美大、陳美玉）養到這麼大了。大學剛畢業，忽然一下死去一個！」

陳美玉剛剛考完畢業考，拿到畢業證書後即染病，高熱不退，當時尚無特效藥，臥床幾周即去世。誰能料到她大學畢業之日即是進入天堂之時，這是何等悲慘之事！

據其胞姐、化學系陳美大回憶：「她的身體從小就比我虛弱，她從中學起不知何時得了肺結核還不知道……在武大念書時身體仍虛弱，但她頑強地與病魔作鬥爭，從不請假，堅持認真學習，成績不錯。美玉和同班歷史系的範樂善

從一年級開始即相愛，直到畢業。他們原打算畢業後即結婚，誰料到她畢業後即去世。盼望已久的喜事突然變為喪事，範樂善所受的打擊何等巨大！我的二哥陳仁烈當時在武漢大學教物理，他在美玉的追思禮拜上講話說：『人都喜歡美麗的花，上帝也喜歡美麗的花，上帝有時會選出特別美麗的花，在它正開得最好的時候摘它，這樣我們會永遠記得它最美的樣子。』」[74]

陳美玉的父親是牧師，她們全家都信仰基督教，陳美玉最虔誠。因此，她病逝後並沒有進入「第八宿舍」，而是葬於教會公墓。這在楊靜遠的日記裏也有記載：

> 1943年7月31日：下午1點鐘送殯。我們步行跟棺材出高西門，翻過幾個山頭，約四五里路，到一個山頭上，那就是教會公墓。四周看得很遠，西邊的峨眉，東邊的大佛，山腳下連片的松樹，山頂上也有不少柏樹。牧師和人談造碑的生意，然後棺材落土，做祈禱，由牧師撒上三撮土，最後就蓋土了。[75]

再說一名男生。1944年，電機系二年級學生謝應麟「偶感風寒，後又腹瀉」，不幾日便溘然長逝。據樊俊回憶，「謝君病逝後，學校備了棺木，雇了力夫準備抬到武漢大學公幕下葬。謝同學家在西康，路途交通不便，其親屬未能及時趕到樂山。」於是同班的周克定和樊俊等幾個同學，「在悲傷的氣氛中出來組織出殯及下葬。上午一行默默隨棺木出城，到荒涼的墓地已是下午了。待棺木入土後，力夫們均已散去，我們幾個人停立在墳前再次默哀後才依依返城。」[76]謝應麟逝時年方21歲。

與早謝的王夢蘭同班的一個男生吳鴻藻，曾因黃疸氣息奄奄，最終與死神擦肩而過。後來他到了臺灣，成為著名散文作家吳魯芹。吳魯芹1974年寫過一篇《我的大學生活》，開頭十分驚悚：「我的大學生活是以追悼會始，以追悼會終。」他是1937年10月進入武大，1942年夏天畢業的。他進大學之後參加的

[74] 陳美大：〈白宮裏的兩朵鮮花為何突然凋謝？〉，臺灣《珞珈》（1997年10月）第133期。

[75] 楊靜遠：《讓廬日記》，武漢大學出版社，2003年，第148頁。

[76] 樊俊：〈發奮求學 熱心助人〉，《玉壺冰心──周克定教授八十壽辰慶賀文集》，機械工業出版社，2001年，第108—109頁。

第一次集會是追悼會，追悼客座教授英國詩人拜爾；他畢業前一天參加的一次集會也是追悼會，追悼與他同系的女同學王夢蘭。所以他說要為他的大學生活找一個主調，沒有比「追悼會」更確當的了。「因為在這段歲月裏，有2/3以上的時間，我是隨時可以成為被追悼的對象的。」[77]

看看徐正榜編《武漢大學西遷樂山主要大事記》[78]裏不完全統計的樂山期間去世的學生名單，才知吳魯芹所言不虛：

1938年4月，經濟系四年級學生任鈁如病逝，年僅24歲。

1939年全年病死學生14人：楊傑（22歲，物理系一年級）、郭孟卿（25歲，政治系一年級）、高石麟（25歲，數學系二年級）、劉遠東（25歲，外文系四年級）、宋金海（24歲，機械系三年級）、方景堪（24歲，法律系三年級）、汪惕乾（24歲，外文系二年級）、陳上皋（21歲，女，外文系四年級）、甄陶坤（21歲，女，外文系三年級）、吳國藻（21歲，外文系一年級）、劉鼎文（21歲，經濟系一年級）、黃乃修（20歲，經濟系一年級）、姚光藎（22歲，土木系一年級）、方珪（21歲，農藝系一年級）。此外，是年8月19日，日寇轟炸樂山，散居樂山城內的武大師生在劫難逃，共有15人被炸死。他們是：學生文健（21歲，中文系二年級）、龔業廣（20歲，外文系二年級）、李其昌（23歲，經濟系二年級）、俞允明（20歲，經濟　系二年級）、曾燊華（21歲，機械系一年級）5人，工友林貴安、張益明2人，職員李澤孚1人，教師家屬張六姨、張鏡澄家屬、陳秀英、左克昌、左家保姆、葉少君、馮有申家屬7人。

1940年全年因病及失事死亡學生4人：徐漢滔（30歲，政治系畢業生）、範中一（22歲，物理系一年級）、余紹堯（24歲，法律系畢業生，夜間失足墜城而亡）、張恒德（23歲，工學院一年級）。

1941年因病死亡學生11人：張聿斌（21歲，理學院一年級）、何長柏（23歲，理學院一年級）、王福民（21歲，礦冶系一年級）、李林培（19歲，理學院一年級）、方明誠（20歲，文學院一年級）、馮元鈁（23歲，機械系三年級）、金泉生（25歲，經濟系三年級）、祝祖訓（25歲，化學系三年級）、潘

---

[77] 吳魯芹：〈我的大學生活〉，臺灣《傳記文學》第26卷第2期。
[78] 據駱鬱廷主編：《樂山的迴響》，武漢大學出版社，2008年。

英華（25歲，機專一年級）、洪喜仁（25歲，土木系二年級）、史鏘濟（21歲，機械系二年級）。

1942年因病死亡學生11人：王夢蘭（23歲，女，外文系四年級）、王世榮（24歲，　政治系四年級）、汪頤（25歲，土木系三年級）、嚴子瑾（24歲，經濟系二年級）、吳承寅（26歲，機械系三年級）、段杞梓（23歲，經濟系四年級）、王文林（20歲，電機系一年級）、劉純可（22歲，土木系二年級）、余紹文（23歲，物理系三年級）、曾樂泉（20歲，政治系一年級）、沈錫湘（22歲，化學系三年級）。

1943年因病死亡學生14人：禹文牒（30歲，生物系四年級）、葉開環（24歲，機　械系二年紀）、張素馨（20歲，女，化學系一年級）、雷啟明（21歲，女，中文系三年級）、劉若芳（21歲，女，中文系一年級）、陳光塾（21歲，女，化學系二年級）、陸道蘊（20歲，女，化學系四年級）、陳美玉（25歲，女，外文系四年級）、李芬鼎（23歲，女，生物系二年級）、鄭寬仁（21歲，經濟系二年級）、張自勳（25歲，礦冶系二年級）、彭傑成（23歲，機械系二年級）、陳上曉（21歲，女，外文系）、王×（法學院）。其中暑期就病逝7位女生（張素馨、雷啟明、劉若芳、陳光塾、陸道蘊、陳美玉、李芬鼎），10月24日武大在文廟禮堂為她們舉行追悼會。文學院長劉永濟為此賦詩：「秋風蕭索隕微霜，弱植驚先百晦荒。我與蒼天同昧昧，忍聽涼笛滿山陽。」

1944年全年因病死亡學生6人：謝應麟（21歲，電機系二年級）、周顯文（20歲，　經濟系一年級）、趙馭纕（26歲，法律系三年級）、廖樂群（19歲，女，物理系一年級）、徐垣慶（27歲，機械系畢業生）、宋歧（24歲，礦冶系二年級）。

1945年全年病亡學生4人：周長瑜（24歲，政治系二年級）、周光輝（29歲，電機系畢業）、喬國夑（24歲，機械系二年級）、謝雲桁（23歲，法律系三年級）。

1946年4月，外文系一年級學生彭繼文（23歲）病逝。

回想起那逝去的歲月逝去的人，我們的心頭是悲涼的。前些年我在樂山工作時，曾想去尋訪墓地舊址，但已無人知曉、無跡可尋了。大概就是今天的新村陽光廣場一帶吧。

第七章　嘉州城郭半成灰

猝不及防的「8‧19」大轟炸

　　正如2001年9月11日之前，誰也不會相信紐約世貿雙塔會被炸毀一樣，1939年8月19日之前，武大師生誰也不會想到樂山會被日寇轟炸。

　　葉聖陶甫一到樂山，就忙不迭地告訴上海的友人，儘管「川省被炸縣份已不少，嘉定尚未輪到」，然而「以常識度之，最近當不致受秧也。」[1]

　　蘇雪林也覺得，「樂山是四川的一個三等縣。地位不重要，敵機是不屑來的。所以我們將武大遷於此處是選擇對了。」[2]

　　甚至當警報拉響之後，錢歌川還認為敵機不會炸樂山的，仍然很鎮靜地吃著中午飯。更搞笑的是，看見了敵機他卻武斷地說是中國飛機。

　　幾位教授的樂觀是有道理的。樂山是一個遠離重慶、僻處川西南的小縣城，既不是樞紐，也不是軍事要地。在這裏，平時沒有中央正規部隊駐紮，只有為數不多的地方保安隊和員警維持社會秩序。在1939年8月19日以前，當重慶、成都等大城市都被敵機騷擾得永無寧日時，這裏從未有敵機光顧，是個遠離戰火潛心學術的清靜福地。所以在夏日暑假，想喝茶的喝茶，想出遊的出遊，悠哉遊哉。工學院的譚聲乙教授和幾位同事就在遊峨眉山。文學院的朱東潤也在陪老同學陳源上峨眉散心，耍了幾天，陳源還不想下山，朱東潤只好一人回去。步行到峨眉縣，當天下午，看到空中有三十幾架飛機。飛機去後，峨眉縣城發出警報，這才知道是敵機。峨眉縣沒有被炸，可是朱東潤剛到蘇稽鎮，已經聽說樂山被炸了。

[1]　葉聖陶：《嘉滬通信》第五號，《我與四川》，四川人民出版社，1984年，第97頁。
[2]　蘇雪林：《浮生九四——雪林回憶錄》，臺灣三民書局，1993年，第122頁。

轟炸的第二天（昭和14年8月20日），日本《東京朝日新聞》第二版刊發「捷報」〈嘉定初空襲〉：

> 【基地十九日發同盟】我海軍航空隊精銳大編隊於十九日大舉轟炸敵方最近遷都準備中的四川省嘉定（樂山），空襲該市軍事設施，一舉對它進行了毀滅性的打擊。
>
> 在增田少佐指揮下，數十架飛機組成的巨鶩群如鵬翼相連，溯揚子江長驅重慶上遊三百公里的四川省嘉定，對該市軍事設施果敢地實施初次大轟炸。巨彈落在嘉定市街區，當時正刮著東南風，全市一片火海，烈火沖天。
>
> 空襲隊沿峨眉山周邊悠悠低空偵察飛行約三十分鐘。此時發現附近三隻大型運輸飛行艇正在飛行，確認是蔣介石以下重要政府官員乘坐的飛行艇，於是立即對它進行攻擊。可惜被逃脫了，令我們的勇士切齒扼腕歎息。（向文秀、廖宏偉譯）[3]

從日方報導不難看出，日軍發動「8‧19」大轟炸的直接原因，「一是日方認為樂山是我方將要遷駐的戰時首都，二是認為水上飛機中必有國民政府中央重要官員。正是這兩個原因，日寇出動了比先前轟炸重慶還要龐大的飛機編隊。其空襲時間選擇在12點之後，正是水上飛機從重慶到達樂山後的停留時間。因為水上飛機的停泊點在城邊岷江中，所以臨江的街道炸得最為淒慘，死傷人員也最多。為了掩蓋他們對城市平民和民用郵用飛機慘無人道的無差別狂轟濫炸，日方在報導中宣稱『空襲該市軍事設施，一舉對它進行了毀滅性的打擊』。至於日方為什麼認為樂山是『遷都準備中』的城市，現在無法查證了。」[4]

樂山城本來像個大肚鯰魚，尾巴很長，轟炸之後，「肚子便沒有了，只剩下背脊尾巴和幾根鬚。」[5]（孫法理〈瑣屑的往事〉）大轟炸之慘狀，在謝世廉主編的《川渝大轟炸》一書中有記載：1939年8月19日上午11時50分，日軍偵察機一架侵入樂山城上空，偵察後逸去。12時，36架日軍九六式轟炸機飛過來，

---

[3] 轉引自魏奕雄：〈日軍為何轟炸樂山〉，《樂山日報》2008年8月17日。
[4] 同前註。
[5] 孫法理：〈瑣屑的往事〉，珞珈新聞網。

飛臨城區上空時，由「品」形改為「一」字形，低空對樂山城進行了狂轟濫
炸。在一平方多公里的鬧市區，投下炸彈和燃燒彈100餘枚，並用機槍對手無寸
鐵的居民瘋狂掃射。頓時，彈片橫飛，烈火熊熊燃燒，濃煙滾滾，遮天蔽日。
炸彈的爆炸聲，房樑的垮塌聲和人們呼救的哀號聲，混成一片。有的人當場被
炸斷四肢，不能動彈；有的肚子被炸破，腸子流了一地；有的被壓在磚石下，
呼喊救命。有一個姓田的孕婦，被彈片擊中，腸開肚裂，胎兒彈出老遠，身肉
模糊。被燒死者甚眾，有的人手腳燒斷，只剩下一段身軀；有的人頭顱燒焦，
只剩下殘骸。圍困在大火中的居民，有人在慌亂中跳入水缸，而外面大火燃燒
使其不能逃出，缸裏水也燒開，人被活活蒸煮而死。在這次轟炸中，全城有48
戶人家全家死光，成了絕戶；東大街王家祠堂羅姓人家6口，躲入私人防空室
內，因泥土垮塌不能逃出，被全部悶死，事後從裏面抬出的屍體，衣服和胸部
都已抓爛。較場壩街荀子言全家5口人全部被炸死，財產化為灰燼。冉季隆一家
7口，無一倖免。有少數住戶雖有倖存者，但也受傷，狀況仍然十分悲慘。如開
染房的鄧志清，一家7口被炸死6人，鄧的妻子倖存，手臂被炸斷，失去生活能
力。據當時上報的統計結果，被炸死838人，炸傷380人，毀房3000多幢，全城
經濟損失達法幣2億元以上，被炸毀的大小街道27條，占全城3/4的面積。[6]另據
楊追奔主編《樂山大轟炸》一書記載：此次轟炸，「毀房3500餘幢，2000戶人
家有人死亡，49戶全家死亡，共計死亡4000餘人，傷者無數，萬餘人流落街頭
無家可歸。」[7]

　　這次轟炸讓樂山經濟元氣大傷，長年都得不到恢復。1946年5月17日樂山
《誠報》刊登記者向平所寫〈嘉州風情畫〉一文云：「嘉定的繁榮景象卻仍露
著尷尬的一面，若干被日機轟炸後的房屋斷垣殘壁，依然一片瓦礫，可憐的貧
民老百姓在廢墟上用篾棚子又蓋起了一個船篷形的家，過著心酸苦痛的生活，
我常常驚訝於樂山乞丐之多，尤其是當節日或鄉俗遊神賽會時，幾乎到處都是
乞丐，斷手缺鼻，痀瘺殘疾，甚至有目不忍睹者。記者足跡西南七省，算是首
次看到這樣一個怪現象。在得勝門外，好心人士也設了一個棲流所來收容這些
乞丐，可是能夠全部住下嗎？恐怕不可能。那棲流所又黑又暗，汙穢不堪，更

[6]　謝世廉主編：《川渝大轟炸》，西南交通大學出版社，2005年，第184—185頁。
[7]　楊追奔主編：《樂山大轟炸》「序」，2005年。

談不上衛生。夏天來了，那兒一股味兒，說不定那裏就是細菌的發酵地，傳染病的製造所。」[8]

在這次猝不及防的大轟炸中，武大的人員傷亡及財產損失如何？由於時值暑假，武大學生有的組織宣傳隊去農村宣傳抗戰，有的在五通橋通材中學舉辦暑期補習班，留在學校和宿舍的學生很少，算是不幸中之大幸。然而仍有5位學生遇難，他們是中文系二年級文健（江西萍鄉人，21歲）、外文系二年級龔業廣（湖南湘潭人，20歲）、經濟系二年級李其昌（江蘇泰興人，23歲）、經濟系二年級俞允明（江蘇丹徒人，20歲）、機械系一年級曾燊華（雲南會澤人，21歲）。此外，武大還有工友林貴安（水夫）、張益明2人，職員李澤孚（校警）1人，教師家屬張六姨、張鏡澄家屬、陳秀英、左克昌、左家保姆、葉少君、馮有申家屬7人蒙難。還有學生韓德慶、高端2人受重傷，其他教職員工約18人受輕傷。

從各種財產損失來看，龍神祠第二男生宿舍大部被炸毀、部分圖書損失；教職員家庭全部財產損失的有：丁景春、丁日華、鐘季卿、鄧光熙、葉聖陶、陶因、陳鼎銘、董道蘊、孫芳、普施澤、戴銘巽、韋從序、楊端六、周鯁生、劉秉麟、袁昌英、張鏡澄、左孝純、江仁壽等30餘人；局部損失的有丁燮和、蔣思道、蕭君絳、陳堯成、譚聲乙、葉雅各等10多人；學生衣物、書籍全部損失的有陳容等20人，局部損失的有葉洪澤等82人。

涂上飆主編《樂山時期的武漢大學》云：「這次轟炸給學校造成的災難極為慘重，當時生者流離，死者不遑棺殮，而傷者輾轉呼號，求醫更切。至於死亡工友，均極貧困，一旦身故，家庭生計即告斷絕，身後撫恤尤不及待。學校在此迫切慘痛之中，拿出國幣2000元，為死傷者棺殮、醫療之用，並付款230元為死亡工友身後撫恤之資。對於員生、工友之住所被焚、被炸，書物遭受重大損失者，分別予以臨時緊急救濟，學生書物全部損失者，每人暫付國幣200元，局部損失者，每戶暫付國幣50元；工友損失者，每人暫付國幣10元至20元，連同棺殮、醫療、撫恤、救濟等費用，共墊付國幣15324元。」轟炸後的10月26日，教育部指令撥發1萬元為救濟費，後增撥5583元。實際善後費用為1.47萬元。

在這次大轟炸的善後搶救過程中，武大學生表現十分英勇。在敵機尚未飛走時，城外理工學院的學生們立即組織救護隊，因校內藥物奇缺，學生們只

得動用校醫室和化學系的一點紅汞、碘酒和紗布；學生們還在各個進出城門口，發給每個出入城者燃香一支，以避屍臭；學生們還幫助「拆卸正在燃燒的房子，杠抬受了傷的和斷了氣的屍體」，直至天黑奔忙不止。葉聖陶得知後，「激動得流了淚」，「那是教育奏效的憑證，那是青年有為的憑證，把這種舍己為群的精神推廣開來，什麼事情做不成呢。」[9]葉聖陶還在日記中寫道，「（轟炸過後）軍警於救火救人，均束手無策。武大同學與技專同學皆立時出動，拆房子，抬傷人，奮不顧身。余聞傳述如是，覺青年有此行動實前途之福，不禁泣下。」[10]學生市民團結一致，共度難關，奏起了一首感人至深的人性之歌。

武大教授與大轟炸

一、楊端六：鼓樓街大院成廢墟

鼓樓街16號大院。這裏是三家教授合住。前院是法律系教授周鯁生，後院東邊是經濟系教授劉秉麟，西邊是經濟系教授楊端六和外文系教授袁昌英一家。

在楊端六的女兒楊靜遠看來，8月19日這是暑假中晴朗炎熱的一天。人們照常過著平和的生活。16號院子內幾個少年，和外面幾個少年約好，打算次日騎車去四十里外的五通橋遊玩，已經備好五輛自行車，存放院裏。中午十一點半，響起了一長兩短的空襲警報，城牆上掛起了兩個紅燈籠。由於敵機轟炸的目標一直是重慶、成都、瀘州、敘府等重鎮，從未光顧過這無足輕重的小樂山城，人們對空襲警報都掉以輕心。12點，楊端六全家五口正在家裏吃午飯。正吃著，忽然，一種奇怪的隆隆聲由遠而近。是飛機！但不是普通飛機那種響亮地獵獵聲，而是濁重的、發悶的、仿佛發自地下深處的嗡嗡聲。是轟炸機！大家感到不對頭，這回來真的了！

出城已來不及，楊端六丟下筷子，趕緊拉著兒女，鑽進屋外天井裏一處用木頭架子和沙包壘起的掩體裏。而周鯁生和劉秉麟兩家人也匆匆鑽進來了。只一會，炸彈就呼嘯而下。霎時間，天昏地暗，如同午夜。等飛機聲遠去，

9　葉聖陶：〈樂山被炸〉，《葉聖陶抗戰時期文集》第一卷，人民教育出版社，2005年，第184頁。
10　葉聖陶：《西行日記（上）》，《葉聖陶卷》第19卷，江蘇教育出版社，1994年，第201頁。

嗆鼻的塵埃稍落，大家鑽出棚子窺望。房子倒沒塌，但瓦礫遍地，屋頂已經透光。上街一看，遠近多處燃起暗紅的火光。院子不遠處不斷有炮彈落下來，有的居然沒爆炸，最後是一顆燃燒彈，一下子燃起大火，燒著了16號院子，楊端六趕緊跑到屋內，搶出了一些《貨幣與銀行》手稿。大家擔心敵機還會掉頭再來，顧不上財物，急忙空身跑了出去。楊端六80歲的老母行動不便，正著急，周鯁生的大兒子、16歲瘦弱的元松二話沒說，背起老人就跑。大人們都往文廟跑，目標是大禮堂背後山坡上的兩眼又深又寬的防空洞。楊靜遠拉著六歲的弟弟弘遠跑，在府街遇阻，折向城北，和家人失散。半路上，敵機果然返回進行掃射。慌亂中，楊宏遠的鞋掉了一隻，楊靜遠只得背起他跑。出了得勝門，橫穿一道穀地，在對面山坡上一顆大樹下藏身。家人生死不明，心中極度焦慮恐慌，可又不敢妄動。這幾個鐘頭好難熬。挨到四五點鐘，文廟那邊才有人來找到他們，領回父母身邊，看到全家人安然無恙，總算放下了心，可是屋呢？已成一片廢墟。三家財物損失殆盡。一時幾口人衣食無著，只得暫時分散寄居朋友家，仰仗各家接濟些換洗衣服、毛巾牙刷等日用必需品，渡過難關。

轟炸後幾年，在鼓樓街的廢墟上，重建了一家名叫「八・一九」的寄賣行。隨著通貨膨脹，人們日益窮困，寄賣這種行業於是應運而生，生意倒也興隆。只是三家教授們再也沒有可寄賣的舊物了。

一個甲子過後，楊靜遠回憶：轟炸之後，「一連好些天，我站在高西門（瞻峨門）邊看抬死人。人們用滑竿抬著燒焦的屍體出城掩埋，從早到晚，絡繹不絕。按當地風俗，活人乘滑竿是腳朝前，死人則是頭朝前，據說這樣可以防止他再走回來。那一段段不辨形狀的焦黑的人炭，發著令人惡心的臭氣，和著彌漫全城的火場特有的刺鼻氣味，仿佛是永不消散的天地間固有氣味。」[11]當年幼小的楊弘遠對這次空襲記憶深刻：「我永遠記得這一幕，一個中年人正挑著擔子在街上走，他的臉上是木然而呆滯的表情，兩頭的擔子裏不是糧食，也不是什麼物件，而是兩具燒成了黑木炭的屍體……」這樣一幕人間慘象，在此後相當長一段時間，幾乎每晚都走進他的夢中，讓他驚恐不已，不敢入睡。[12]

---

[11] 楊靜遠：〈我所經歷的1939年樂山大轟炸〉，《武大校友通訊》2008年第1輯。

[12] 據蔣太旭、吳驍：〈「八一九」空襲悲劇〉，《長江日報》2008年10月23日。

二、葉聖陶：較場壩寓廬被炸毀

較場壩的商務印書館嘉定分棧。國文教授葉聖陶一家人的住處。這個地方屬於二江會合之角，距江近而距山遠，如果遇到空襲警報響，想跑是跑不脫的，只得仍留寓中。葉聖陶在1939年5月致友人信中還存僥幸，「寓屋舊為油棧，四川木材不值錢，皆用巨大木材，似頗堅固，震坍尚不易。弟居在最後進，背後為小街，右側有空地，若來者攜燒夷彈，中在前面，可破壁而出，中在後面，可往前走。惟有當頂投下，則已矣。」[13]

沒料想日寇很快就來轟炸樂山城，較場壩化為廢墟。剛巧這天葉聖陶應邀在成都中學教師講習所講課，聽到這個消息，「即大不安，念我家向持不逃主義，必然凶多吉少，若歸去而成孑然一身，將何以為生。一夜無眠，如在迷夢中。」第二天，雇一汽車，疾馳而歸。「知人身均安，感極而涕，天已太厚我矣。」[14]

葉聖陶的長子葉至善後來回憶這天說，「那天十一點過發的警報，我們一家人除了父親全都在，還來了一位武大的畢業生吳安貞，母親留她一起吃中飯。飯後不久聽得飛機聲，我就登上前面倉庫頂上的亭子裏去看；只覺得聲音特大，好像從岷江對岸的丘陵後面傳過來的，其實敵機已經到了屋頂上空。忽然『轟』的一聲，只一聲，炸彈全部扔了下來。我覺得周身被空氣擊得很痛，立刻竄下樓梯，躺在書箱底下，以為炸彈扔過就沒事了。忽聽得母親在後邊喊：『火！火！』前面的老劉師傅、王幼卿先生和他的三個朋友都往後逃，嘴裏喊著『快出後門』。這時候才發現，新鋪的地板比後門的下沿高出了一尺多。兩扇後門不但厚實，還包著鐵皮，任幾個人怎麼拉也拉它不動。老劉去灶上找了把柴刀來，使勁砍地板。柴刀是一向不開刃的，哪兒砍得動一分一毫。幼卿先生嚇得跪在地上直發抖，眼淚都流出來了。我看到大門的木樞跟它插進的石窩之間，大約有三寸多距離，要大家一齊用力，把左邊那扇大門抬高，使木樞的下端脫離石窩，再把門向左邊推；果然在左右兩扇門之間，出現了一斜條可以擠出一個人去的縫隙。一眨眼間，幼卿先生等四位鑽了出去，不見了影

---

[13] 葉聖陶：《嘉滬通信》第十號，《我與四川》，四川人民出版社，1984年，第118頁。

[14] 葉聖陶：《嘉滬通信》第十八號，《我與四川》，四川人民出版社，1984年，第141頁。

蹤。我回身來叫至美至誠扶著母親和病著的滿子[15]先鑽出去，跟著老劉師傅往安瀾門的方向走。還留下三個人，我祖母的背駝得厲害，於是讓吳安貞先出去，在外面拉，我在裏邊使勁往外推，總算把祖母推出了這條狹窄的生死關口。

　　屋子裏只剩我一個了，我聽見轟轟的火聲，看見竄進天窗來的火星。有點兒留戀似的各處看了一遍，拿些什麼好呢？索性什麼都不拿。看到父親常用的澄泥硯躺在書桌底下，就撿了起來插進了口袋。走到前邊商務的棧房去看看，那高而且厚的防火牆還真管用，書還沒有著火。我明知毫無用處，還是把兩扇門拉上了，也從後門的縫隙鑽了出來，到安瀾門會齊了一家人和老劉。母親問我帶著這一大家子上哪兒去好，我說只有去找賀先生賀師母。城裏早已沒法走了，只是一片望不見邊際的大火。於是雇了條船過岷江，沿著江的左岸慢慢向上遊走。可以望見對岸的熊熊的大火快燒到嘉樂門了。好容易到了半邊街對岸，我們又雇船回到岷江右岸。老劉對我說：『我就不跟你們走了，得趕快去成都報個信。』說完就擠進了往北去的人流。昌群先生夫婦倆已經從山坡上迎下來了，大家都淚流滿面。」[16]

　　葉聖陶是第二天傍晚才與一家人團聚的。他在8月20日的日記上記著，那天四川省教育廳好不容易弄到了一輛小汽車，到樂山進嘉樂門，車不能再進。「忽吳安貞走來，高聲言余全家人口均安，已在昌群所，彼正出城往視。余乃大慰，人口均安，身外物毀亦無足惜矣。」

　　後來葉聖陶作〈樂山寓廬被炸移居城外野屋〉四首，其一云：

> 避寇七千里，寇至展高翼，轟然亂彈落，焰紅煙塵黑。
> 吾廬頓燔燒，生命在頃刻。奪門循陋巷，路不辨南北。
> 涉江魂少定，回顧心愴惻。嘉州亦清嘉，一旦成荒域。
> 焦骸相抱持，火牆欲傾側，酒漿和血流，街樹燒猶植。
> 國人方同命，傷殘知何極。死者吾弟兄，毀者吾貨殖，
> 驚訊晨夕傳，深恨填胸臆。吾廬良區區，奚遑復歎息。[17]

---

[15] 滿子：即夏滿子，文學家夏丏尊之女，葉至善夫人。

[16] 葉至善：《父親長長的一生》，江蘇教育出版社，2004年，第201—203頁。

[17] 葉聖陶：《我與四川》，四川人民出版社，1984年，第384頁。

三、蘇雪林：陝西街讓廬逃過一劫

陝西街49號，這裏是一座名「讓廬」的中式樓房。蘇雪林教授和她姐姐，以及侄兒侄女，侄女的小孩，加上僕人幫工，一家六七口人很是幸福熱鬧地住著。

沒想到，好日子很快就被撕碎。1939年8月19日，在蘇雪林看來是一個最好的晴天。上午十一點半左右，忽聞警鐘長鳴，大家知道是萬惡的「鐵鳥」又將入川肆虐，但卻沒有想到會來樂山，所以全家人都沒下樓。蘇雪林正懶洋洋地躺在榻上翻閱雜誌。將近午時，忽見一龐大灰色機自南飛來。盤旋空中數圈後向東而去，以為太平了。於是叫女僕擺上午餐，大家開懷受用。轉瞬間，鐘聲又當當亂響，都以為是解除警報了。幾分鐘之後，又聽見大隊飛機自遠而至，機聲隆隆，重濁異常，與平時所見郵航機不同，這才知道不對，趕緊丟開飯碗，全家人躲進房子附近的蠻洞。

僅僅幾秒鐘吧，那重濁的聲音已在頭頂上了，投擲炸彈了，砰訇之聲，連續不斷，大地仿佛按了彈簧似的，微微在腳底跳動，洞頂泥屑紛紛落下。要是炸彈落在洞頂爆炸，全家人難免要被一起活埋。此時，大家面面相覷，臉色青黃不接。蘇雪林此時「也覺得呼吸急迫，脈搏加速，整個心靈被恐怖緊緊抓住。」總之，「這時候洞中所有人都像是縛在刑場的囚犯，只須頸上霜鋒一撇，便萬事都畢，可是那可惡的刀鋒只在你頭頂上盤旋上下欲劈不劈，叫你煎熬在比死還痛苦百倍的死的期待中，這一陣子是真教人夠受的。」

感覺是等了許久許久，才敢出洞。上樓一看，天花板塵土紛墜，飯菜上都像撒了一層很厚的胡椒粉，不能再吃，而且也沒心思吃了。「靠在朝東的樓窗一望，但見黑煙數道，直上雲霄，晶亮的秋陽，映之慘然作血色，空氣熱度加增，焦灼難耐。逡巡登上附近山崗，只見滿城赤炎飛騰，渾似火山一座，棟折梁摧之聲不絕於耳，似乎尚有許多炸彈爆發，隱約夾雜著狂呼痛哭的聲音，宛然舊小說所形容天昏地暗、鬼哭狼嚎的景象。」

面對滿街屍首，蘇雪林感慨，「若在平時，我目擊這樣形況，豈不嚇得發瘋，現在只有慘傷，只有憤恨，卻並不覺得如何可怕。」面對廢墟瓦礫，她感歎，「貪饕的大火，把你的財物全部吞噬了去，連骨頭也不肯擲還你一星，是何等的狠毒，何等的教人可怕呀！」得知武大同人著述被毀，她歎息，「物質

的損失，以後尚可慢慢補充，這類精神損失，卻是永遠不能挽救的，窮凶極惡的日本軍閥啊，叫我怎能不恨你！」[18]

第二年的4月18日，蘇雪林在〈煉獄〉一文中再次寫到了這次大轟炸：

> 忽有一天，半空裏來了一群怪物，他們展開銀灰色大翅，翅下圓睜一雙紅眼，在太陽影裏，他們的鱗甲，閃著烈火、紫瑪瑙的光。他們的尾巴倒並不似蠍子，但比蠍鈎還毒千萬倍。動一動，世界便毀滅。他們翅膀的聲音，像千軍萬馬的奔馳，表示不詳的預告，帶著死亡的威脅。

> 隆隆，隆隆，他們到這城市上空了。在一陣電光的爍，霹靂交轟裏，撒下了一天火雨，一天鐵電，一座繁盛的大城，數小時裏化為灰燼了。人民盈千盈百變成焦炭了，我們也死的死，傷的傷了。幸而逃得性命的，所有的生活必需之物卻一概精光了。

> 這是煉獄最後的一把火，酷烈無比也壯麗無比的一把火。它燒去了我們的書籍、文稿、衣服、床帳，叫我們全成了才落地的嬰兒，件件都要從頭辦起；它也燒去了獄母嘴邊的香煙，燒去了小姨子的口紅和高跟鞋，燒去了趙先生的麻將牌，燒去了錢先生的酒壺，燒去了母親的絮聒，燒去了妻子的絮聒……大家穿起了手縫的土布衣服，吃飯用的是粗陶碗，住的是茅草蓋的屋。但我們的生活雖極其簡陋，精神反比以前更健旺，更堅實了，因為從前我們還免不了要做物質的奴隸，現在我們卻成了物質的主人了。我們可以挺起腰，向自由的天地深深呼一口氣了。

> 所有憂慮、失望那些小鬼也被烈火一掃而空。憂慮產生失望，失望產生悲觀，而頹廢、墮落亦相因而至。一個人真正到了山窮水盡的時候，他的精神反而更比以前安寧。我們現在要盡心竭力教育後一代的人，叫他們永遠記著這血海的深仇，向狂暴的侵略者結算最後一筆帳。若是環境不許我們再活下去，將孩子托給保育院讓國家去教養，先生拈起槍上前線，太太加入救護隊，有什麼大不了的事？

> 感謝這煉獄最後的一把火，它把我們的靈魂徹底淨化了，我們現在可以超升天堂了。[19]

[18] 蘇雪林：〈樂山慘炸身歷記〉，武大北京老校友會編：《珞嘉歲月》，2003年。

[19] 蘇雪林：〈煉獄〉，蔡清富編：《蘇雪林散文選集》，百花文藝出版社，1988年，第244—245頁。

四、錢歌川：到達樂山的第十三日

8月19日，這是外文系錢歌川教授一家人到達樂山的第十三日，一個不祥的數字！

上午十一點多鐘忽然空襲警報的汽笛，嗚嗚地叫起來，可是誰都沒有放在心上，一切照常，該幹嘛繼續幹嘛。不久第二次警報又來了，聲音不大清楚，聽上去像緊急又像解除，然而大家仍然很鎮靜，總以為敵機不會來樂山。一家人照常吃著飯，不動聲色，飯未吃完，忽聽見飛機的聲音遠遠地來了。錢歌川朝窗外一看，只見一架銀色的飛機，正在西空劃著弧線飛過。「中國飛機。」錢歌川武斷地說，因為相信敵機要來絕不止一架。

大家頗不以為然，於是安心吃飯。可是剛吃完飯，便有一陣笨重的軋軋的機聲，充滿了空氣之中，大家都說像轟炸機。錢歌川想跑出屋外看個明白，可視線被街屋遮擋住了。「眼睛雖沒有給我一個具體的回答，耳朵卻登時報告我城中已有炸彈落下來了。」[20]

附近的崗兵叫著不許亂跑，錢歌川初來乍到，住在半邊街，也不知道跑到哪裏躲避。只是下意識地跑到一顆大樹下，其實心中並不害怕，也許是來不及害怕。接著家裏人也都跑出來，把那根大樹當作避難所。觀望了一下形勢，然後大家一起朝後山跑去。

在高處一望，城裏幾個地方起了火，他們全家伏在一個竹籬邊，靜聽著市區燃燒中劈啪的聲音，房屋的倒塌聲，人們的呼喊聲，同時只見煙霧瀰空，把一顆正午的太陽，染成紫紅色，光芒全沒有了。

天上沒有一點聲音，也沒有一隻飛鳥，這時錢歌川才知道從家裏走出來的時候，炸彈早已投過，敵機也遠去了。但他們仍然不敢回家，怕再有第二批第三批的敵機來。

「果然，又聽見飛機的聲音了，大家忍住呼吸伏在草上不動，生怕露出一點白的衣角來。那聲音愈來愈近，簡直就到了耳邊一樣，我擔心炸彈正落在我

---

[20] 錢歌川：〈樂山浩劫〉，《錢歌川文集》第一卷，遼寧大學出版社，1988年，第519頁。

們的頭上，希望在最後一分鐘逃出命來，於是大膽地朝空中一望，原來是一支金色的甲殼蟲，正在我們頭上飛舞。」[21]

城裏逃出來的人漸漸多了，那裏被炸，那裏著火，種種不幸的消息都傳播出來。攜老扶幼，絡繹不絕，有的搶著一床棉被，有的撈住一把破衣。大多數都是兩手空空，來不及拿東西了。錢歌川回家以後，許多受難的朋友都蜂擁而至，他們燒得精光，一身之外無長物，無形之中錢家竟變成一個難民收容所了。人們見面第一件事，就是談炸時的情形和轟炸的結果。各種離奇的傳說，混在正確的消息中，傳遍樂山。

「有人拾到炸彈殼，略同我們的銅盆帽一般大小，碎片重三四斤一枚，敲起來作鏗鏘聲。兩邊有鋒利的齒，試想它從彈殼中跳出來，就像吳鐵出鞘，人頭隨之落地，至於折臂斷腿，猶是它的餘事。但當日炸死的人還是少數，在那三千冤鬼之中，大多數是燒死的。其中尤以那些包圍在火中的人，走投無路，只好跳到太平缸中去，想靠水來制火，逃出一命，結果是被煮成肉醬，其死之慘，令人不忍想像，筆墨也就拒絕來描寫了。」[22]

樂山原是一個古城，「古代獠夷兩百年的摧殘，猶不及今日倭寇五分鐘的燒殺，這到底是文明的進步呢，還是蠻性的發揚？」[23]

五、教授詩詞中的大轟炸

日寇空襲樂山時，劉永濟「抵此未二日，舉家彷徨無所棲止，道逢賀君藏雲，迎歸其寓。老杜彭衙仿佛似之」，[24]於是作〈樂山雜詩〉二首為謝：

於役經時久，艱危到蜀中。諸生驚健在，舊好喜來同。
未覺義文遠，何愁禹跡窮。天行有剝復，吾道會當通。

山城驚寇火，閭閻化寒墟。痛矣焚巢燕，傷哉脫釜魚。
盤飱還餉杜，繩榻更迎徐。賀監今狂客，高情世不如。

---

[21] 錢歌川：〈樂山浩劫〉，《錢歌川文集》第一卷，遼寧大學出版社，1988年，第520頁。
[22] 同前註。
[23] 同註21，第522頁。
[24] 劉永濟：《雲巢詩存》，臺灣文史哲出版社，1992年，第3頁。

　　賀藏雲，即史學家賀昌群。葉聖陶1939年8月24日致友人信云：「昌群家有劉宏度（永濟）君全家寄居。劉君原係武大教員，本學期回校，方到嘉定，寓於旅館，聞警而來此。劉家與我家俱吃昌群之飯，合昌群家，大小共十九口。夜間余與小墨、三官睡於昌群書房中，打地鋪。劉君與其兒亦睡地鋪，同一室。」[25]

　　劉永濟詞集裏還有首〈鷓鴣天〉是寫大轟炸的：

宅火熊熊那可居，卻從何處覓三車。眾生歷劫魔群喜，大浸稽天聖獨籲。
休侘傺，且虛徐，可憐弊鼙鑄唐虞。而今識破彌天誑，坐閱鼇傾一語無。[26]

　　「己卯（1939年）七夕前二日（即8月19日——引者注）正午，樂山遭空襲。繁市土焦，罹難者數千」，是日，生物系章韞胎教授「適往峨眉，中途敵機掠過，始回顧而卻步，慘狀耿心」，作〈樂山被炸述痛〉，「下筆輒滯」。其詩云：

城頭鴉亂噪，市人憂失眠。鴉噪日復日，人心反轉恬。
終歲望峨眉，約會牛女前。芒屨方中途，白鶴唳滿天。
回首向嘉定，烏雲接紫煙。同行顧失色，反步競騰騫。
日晡至城傍，妻孥對愴然。間道入城中，橫屍路為填。
烈焰騰空嘯，雷鳴折棟椽。縱橫兩三里，火窟人數千。
相顧無他策，毀屋阻燒延。中宵勢愈熾，照江魚為煎。
隔朝訪火場，哪復識市廛。瓦礫裏殘骸，仿佛磔烏鳶。
束縛歸山岡，銜恨向九泉。彼此疑為鬼，親朋一見焉。
寇仇點播中，屠城此最全。惜與人同舌，甘將獸比肩。
可知有天網，終不恕鷹鸇。[27]

[25] 葉聖陶：《嘉滬通信》第十九號，葉聖陶：《我與四川》，四川人民出版社，1994年，第145頁。
[26] 劉永濟：《劉永濟詞》，湖南人民出版社，1984年，第16頁。
[27] 周文華主編：《樂山歷代詩集》卷三十五，1995年，第219—220頁。

武大學生與大轟炸

一、劉滌源：經濟系學生龔業廣之死

劉滌源，武大經濟系1939年畢業，獲碩士學位。1947年自美學成歸國，回母校武大經濟系執教，任教授數十年。

自述：1939年8月19日，天氣晴朗，烈日當空，正值三伏時節，天氣十分炎熱。這一天，正值我投考武大研究生的第二天。上午十一時半，聽到空襲警報。這時我正應這次的最後一堂考試。監考人員催促趕快交卷，我匆忙把考卷草草答完，迅速交卷，走出考場。這時，同班友好向定兄正在門外等候我，以便一同躲避。我們兩人快步奔出文廟後門時，聽到緊急警報；於是趕快繞過文廟後山——老霄頂，再到另一小山後面的山坡低窪處坐下來。我們選定這個躲避場所，自以為離城已遠，夠安全了，剛一坐定，一架飛機低飛繞樂山上空一周而去。這時我們兩人都沒有意識到：這是作為嚮導的敵機偵察機，預示敵機來襲的先兆，轟炸慘禍馬上就會降臨。再過片刻，大批敵機飛臨樂山上空。震耳欲聾，隨即聽「嚓嚓、嚓嚓、嚓嚓嚓」的炸彈爆炸聲。敵機來得很快，離去也很快，前後只有很短的一剎那。這大概是中午十二時半的時刻。抗戰開始後，武漢經常遭敵機炸，我原來在珞珈山常躲警報，也見過遠處被炸，心情並不十分緊張，這次卻是近處挨炸。情景非常恐怖、殘暴而悲慘，至今回憶當時那場浩劫，仍感毛骨悚然。

在炸彈「嚓、嚓」的爆炸的同時，離我們躲避處約五、六尺遠的山坡上，被炸彈破片砍斷一棵小樹。這時才意識到，儘管我們的躲處同樂山城區隔了兩個山頭，但以直線距離而論並不算遠，仍然處在炸彈破片飛濺殺傷的邊緣。這是多麼危險啊！

炸彈在近處爆炸，響聲低脆、短促而不強烈，只聽到「嚓、嚓、嚓……」，比普通鞭炮聲還要低些，而不是轟隆震天的巨響。而且，「嚓、嚓……」只連響了四、五聲，聽起來，像是只投下極少數的幾個炸彈似的。實際上，36架敵投彈高度集中幾乎是同時投彈、同時爆炸，響聲合並，因而聽起來好像只是少

數幾聲。

轟炸過了不久，太陽光線很快變成灰黃暗淡，仿如黃昏。這是由於炸彈掀起大量塵土，飛升高空，把陽光遮蔽，變得陰暗模糊，整個樂山陷於陰森可怖的慘境。

警報解除後，我們很快回到自己住宿的龍神祠宿舍，進入大門，即見一具屍體仰躺在地上，頭部前面全被炸彈破片鏟除，只留下後腦一塊，血肉模糊，已無法辨認，經過打聽，才知是經濟系三年級的襲業廣同學，真是慘不忍睹。所幸靠山區文廟校舍、白塔街、嘉樂門、高西門外的男女宿舍都未炸中，而龍神祠宿舍雖中了一個炸彈，但僥幸而沒有爆炸，整個房舍安然無恙，又因時值暑假，許多人離校他住；再則武大師生較為謹慎小心，對空襲警報大都警惕態度，出城躲避者居多；所以，師生在這大慘劇中傷亡不多。同時，圖書館和實驗室，則完全未受損失，這是不幸中的大幸。

樂山是遠離成渝的川西小城，完全不設防，敵機轟炸時，不僅沒有高身炮抵禦，甚至連高射機槍都沒有，根本沒有任何抵抗。同時，完全沒有消防組織與設備，與炸彈同時投擲的燒夷彈引發許多火團時，根本無法救火，任其燃燒，很快連結成一片火海。樂山盛產竹木，商店建築都是竹木結構，牆壁全用竹篾編織、外糊泥漿而成。風助火勢，燃燒更猛，一個高大的長長火舌，借風勢一轉一垛牆壁就立即燃燒並倒塌墜地。從中午十二時許開始，大片火燃燒到下午四、五時才告熄滅。最後，占全城三分之二的整個商業地區毀滅得那麼徹底；除嘉樂飯店係現代化的磚石、水泥高層建築，幸未中彈，未燃燒，孤零零地仍然屹立不動外，其他房舍全部焚化，夷為平地。除瓦礫外，全是黑糊糊的灰燼——當然包括全家罹難的居民被燒成的黑肉團在內；連斷壁殘垣都沒有，因為這些房舍原來就根本不是用磚、石修造成的。龍神祠宿舍地處縣城北隅的土垛上，居高臨下，我們坐在龍神祠門外地坪上，商業區大火浩劫的一切慘景看得一清二楚。

從第二天開始，由縣保安隊大批士兵絡繹不絕地運送死者屍體出高西門城外某處掩埋。這些屍體都被燒成焦黑肉團，每具屍體只剩一下比籃球略大的不規則形的焦肉團。我連續兩天途遇這運屍隊伍，所見到的都是這樣的黑肉團。這些死者是多麼淒慘啊！[28]

---

[28]　參見劉滌源：〈往事難忘話樂嘉〉，臺灣《珞珈》（1995年7月）第124期。

二、王達津：中文系學生文健之死

王達津，武大中文系1940年畢業。

自述：就在三九級將畢業，他們的課程已結束，我們班還有點課時，一天上午下了課，我們同班數人就到嘉州公園去喝茶。這天天氣晴朗，陽光明媚，正當我們談笑風生之際，我們手裏的蓋碗不慎摔碎了，剛賠償了碗錢，算清了帳，空襲警報響了。隨後我們就分開了，他們先向渡船走去，我遇到（經濟系）唐樹芳、（政治系）蔣煥文、（中文系）高吉人三人，便結伴在後面緩步走著。我們走到渡口時，看到已過去和正在過的船隻都超載，於是轉回頭走向江右側大船碼頭。一路許多店舖，最後是兩邊的茶樓，那裏的人們沒有躲避的意向，茶樓仍然很熱鬧。大碼頭那裏沒有渡船，但靜悄悄地沒有人聲；而左側就是接近上面茶樓的沙灘。我們便在沙灘上曬太陽，唐樹芳、高吉人還脫了襯衫，我們是沒有想到日機真來的。

我們看到的日機是列隊從上遊來的，但後來聽去五通橋的同學們說，看見有三十六架飛過五通橋，可見日寇是很狡猾的，飛過五通橋後日機又作了迂回，使樂山人不能早點發現。正曬太陽時，我們就聽到飛機轟轟響著排成人字形從嘉陵江（按，疑為「岷江」之誤）上遊，向大碼頭飛來，飛機一轉身，我們就看到雙翼的太陽標識。我們正感到無處可避的時候，恰巧一隻小船靠上沙灘，原來是趁風和日暖坐船，到江中打麻將去的船，為了休息他們才回到岸邊，恰遇到日機飛到，我們比飛機到碼頭略早一點跳上了船。老船工夫急忙撐船離岸的時候，日機的機槍半尺長的子彈就在船夫的身邊紛紛落下。但大渡河的急流，迅速把小船沖向對岸，回頭一望，大街上兩座茶樓已燃起熊熊烈火，隨後全城一片煙火，我們只好上凌雲寺旁休息，好半天警報解除，我們由於受驚嚇過深，所以等人們快走盡，暮色蒼茫的時候，才過江回宿舍。龍神祠大門已被炸壞，門的前方左右都有沒爆炸的一人多高的炸彈，宿舍已空無一人。我們的被褥、箱子都拋到院子中間，這是因為怕宿舍起火的原故。正不知所措時，幾位班友恰來接我。收拾好行李後，我們由城頭去文廟。登上城頭，在夜色中，只看到城區無數房子的木柱頭還在燃燒，像火把一樣，項羽燒咸陽，古羅馬成廢墟，也沒有這樣慘。

在文廟教室中安頓下來，才聽說當日機轟炸龍神祠時，一位門衛跑去關門被炸死，法律系的業廣同學也死了，屍體已經抬埋。中間一條住戶和北邊一條都遭到輪流轟炸和燒夷彈的燃燒，還有機關槍的掃射，全城死了約五千人。由於炎炎燃燒，無處可避，所以很多家全家死亡，藏到浴池水缸中的死的更慘。警報解除後，專員公署、警備司令部等單位用全部力量把死者迅速抬埋，我們回宿舍晚，就沒有看到處理的情況。但個別死者，也有由家屬抬埋的，一連幾天，還可看到抬棺木的。我中文四一級，還死了一名同學江西文健君，他在北面街上茶館正喝茶，被日機機關槍彈打中腰部，受了重傷對同伴說：「你快閃走，我不行了！」他是一位詩人，在不久前，還曾寫過學李賀「休洗紅，洗紅顏色淺」的詩。被同學們傳誦。

這次轟炸絕不是偶然的，不是轟炸成都回來，順路扔幾顆炸彈，而是日寇企圖擾亂後方人心，據可靠的說法，說轟炸前幾天，德國海通社就造謠說：「中國政府將遷嘉定」，是準備轟炸樂山的藉口。另外，在轟炸前，文廟和專員公署前面，我還看到一個可疑的白俄端一個木盤賣銅戒指，很可能是日帝國主義派來的奸細。[29]

三、沈玉清：經濟系學生俞允明之死

沈玉清，武大法律系1941年本科畢業。

自述：1939年8月19日，是難忘的一天啊！和往常一樣，我和閭鴻鈞早餐後帶著書包離開龍神祠，一起去散步。走過竹製浮橋，到對岸寺院山麓下的茶館品茗，藉以看書和思考問題。我們正在討論時，忽然聽到空襲緊急警報，這次和過去不同的是時間較早，而且來得十分緊迫。我們聞聲就奔往山腳下的樹叢中去隱避。說是遲，那是快，敵機就在對岸城裏狂轟亂炸了，頓時響聲震天，火光四起，煙霧彌漫。

這時我們首先擔心的是學校老師、職工和同學們的生命安全，不知誰會無辜喪身；其次擔心的是圖書儀器設備。因為這些東西好不容易，幾經周折，從

[29]　王達津：〈樂山瑣憶〉，《老武大的故事》，江蘇文藝出版社，1998年，第317—319頁。

武昌運到川西，那是寶貴的學術文獻和實驗設備，是培養學生深造的工具；第三擔心的是校舍包括教室、宿舍和辦公用房。因為屈指算來，離1939年秋季開學僅有旬日了。轟炸是破壞，肯定會受到損失，想到這些更是憂心如焚。後來警報解除了，茶客們議論紛紛。有的認為敵機可能會再來，有的估計城裏消防隊正在忙於滅火，路上橫七豎八，很多人勸我們不要急於過江。當地鄉親父老都是出於善意，擔心我們過早的趕回學校容易出事故。這時我和聞兄已感到饑腸轆轆，就到附近小麵館吃碗陽春麵果腹。

過了不久，去對面城裏的人陸續回來，茶館裏頓時喧嘩起來，據稱敵機約有三十多架，樂山城沿岷江河岸的熱鬧商業區幾乎全被敵機炸光了，而且日寇把爆炸彈和燒夷彈混在一起投擲，並同時用機槍掃射。被炸老百姓無法逃避，不少人家竟全部罹難，無一倖免。街巷成為廢墟，混以斷肢殘骸，散發著焦臭腥味，街面到處流淌著血水。中午不少家庭都在清查屍體，尋找親人，婦女老幼哭聲不覺，真是慘絕人寰！

我和聞鴻鈞午後3時許兼程趕回市區，果然城內面目全非，街道兩邊餘火未盡，烤得行人兩頰發痛，許多清場人員仍在緊張工作。聽說醫院裏傷員過多，人滿為患。我們繞道回龍神祠宿舍，獲悉屬於本宿舍的同學，已有二死一傷。死的是高年級的龔業廣和經濟系二年級的俞允明。龔業廣的屍體在龍神祠宿舍大門外石級下邊的地上，頭部已被炸掉，僅留下一點頭皮，旁邊沾滿了腦髓，慘不忍睹；而俞允明躺在龍神祠宿舍門口西邊高地走道上，看來是被敵機機槍掃射命中要害而身亡的，屍體尚完整。估計龔先於俞跑出龍神祠。法律系二年級的高端因來不及逃出，躺臥在傳達室工作人員木床下面，因下肢露在床外，被壓傷，已送往醫院救治。我們龍神祠宿舍門口靠西邊自修室屋頂玻璃、天窗被敵機機槍掃射破壞，還發現幾本講義被子彈打穿。

樂山城背山面水，傍岷江、大渡河匯合處，形成不等邊三角形，這座山城約三分之二被炸毀，只剩下靠山的半壁江山了，城內滿目瘡痍，一片淒涼。所幸靠山一面的文廟校舍、龍神祠、白塔街、高西門外男女宿舍等都未被直接命中，加上暑假期間許多人離校，傷亡不多。但武大師生員工們只能在這座殘破的山城裏度過更艱苦的歲月了。

最使我們感到難過的是俞允明，他不遠千里，由華東到華西，家鄉早已淪陷敵手，父母年邁多病，如何去傳遞這個不幸的消息？當時大家有三種意見1、暫

時不要通知；2、即使通知，也不宜由東吳大學（俞允明本來考入東吳大學後來轉入武大借讀，其姐姐俞昭明和女友施濟美仍在東吳大學）轉告；3、不必打電報，直接去信告知其姐俞昭明，要她盡可能瞞住俞家二老，以免老人再受致命打擊。

　　未幾，上海報紙出四川樂山遭到日機狂轟濫炸的消息。一個月、兩個月過去了，而俞允明音訊全無，經常送信的郵遞員也感到愕然，俞昭明和施濟美更是寢食不安，到處探詢，終於獲得來自武大的確實消息：「俞允明在8月19日上午日機轟炸樂山時不幸在龍神祠宿舍門外高地走道上遇難身亡，希節哀。」噩耗傳來，俞昭明痛不欲生，一定要親自去樂山扶靈柩回鄉，施濟美內心則更是悲痛。日本軍國主義者竟連這位被迫流亡到四川去借讀的大學生也不放過，是可忍，孰不可忍。施濟美和俞允明從此永別，決定了此後她孤寂的一生。[30]

四、賀毓麟：聯絡同學搶救傷員

　　賀毓麟，武大化學系1941年本科畢業。

　　自述：1939年8月19日上午，我因第四節無課，就從設在樂山高西門外三育學校二樓的教室，返回露濟寺尼庵簡易宿舍中小憩。正在這時忽然聽到空襲警報聲，我立刻下樓到西南過廳的食堂中吃午飯。等到快吃完的時候又響起了緊急警報。於是我加快吃完，心中揣摩，這次緊急警報與以往不同。一是兩次警報跟得很緊，二是正當午飯時分，我覺得很不正常。此時已有一些同學走出露濟寺南門，我也跟著走了出去，在路南側傍小山的乾排水溝中站定。剛站了一會兒，突然聽到從東方大佛寺那邊傳來異常的飛機群的響聲。恐怖的聲音由遠而近，只見天空中眾多螺旋槳式的重型轟炸機，組成一種特有的編隊。隆、隆、隆的轟鳴聲，像是遠方傳來的悶雷，漸漸地天空中轟鳴聲越來越大，震撼著周圍的一切。我心中暗忖：「不好！真要空襲了。」

　　就在此時，突然一聲巨響，露濟寺附近也就聽到這麼一聲轟然巨響，樂山城區大火黑煙頓時騰空而起。這是由日空軍所有轟炸機同時投彈所導致的結果。真是何其毒也！

---

[30] 沈玉清：〈從樂山被炸俞允明學長殉難說起〉，武漢大學紀念西遷樂山70周年專題網站。

城內黑煙柱直沖天際，隨後桔紅色火舌旋轉上升。這幾個月我已經很少看見城裏老百姓向外疏散跑警報了。因為人們已跑了幾次，沒見動靜也就麻痺大意了。現今正當在家吃午飯，出城躲避的人更稀少。我想這次轟炸一定會死傷很多人。敵機扔完炸彈後隨即遁去。過了不久我立刻聯絡理學院同學張書環、李克己、傅鳳起進城搶救傷員。

我們快步進了高西門，順著大街往東走，街上不少匆匆忙忙的人，有的拿擔架，更多的人抬門板趕往東邊被炸區，還有的人抬著傷員往西疾走，送往路北山坪上的仁濟醫院。我們剛走過一段路，迎面來了4個年輕人用單扇門板抬著一個腿部受傷的老太太。他們打招呼要求我們接力往西抬，當我們抬了半里路時，迎面又趕來一些武大同學和農民替換。我們又去接力替換下一個從西邊抬來的門板，人們已經自動組織起來了，武漢大學師生在搶救傷員的工作中，出了很大力。

我們搶救傷員的這段時間，鬧市中心東大街也焚燒了一個多小時。因為樂山的建築物多是竹木磚結構，雖然火舌高度已經下降，但火勢仍有餘威，順風時熱浪襲人，許多男女老幼聚集在被炸區外圍，有的捶胸頓足嚎啕痛哭，有的跪地碰頭淒惋哀嚎，人們為死去的親人呼天搶地。

傍晚時火焰已熄滅，最繁華的商業區已經被完全夷為平地。大火之後留下的是灼熏烤人的一大片紅色餘燼炭火。炭火中橫七豎八躺著燒成柱形黑木炭似的屍體，比比皆是。由於日機使用燃燒彈極多，炸彈較少，所以死者多於傷者。

夜晚我返回露濟寺，路過高西門內，往北上坪進了仁濟醫院。醫院樓房內傷者的呻吟聲、醫護人員急促的腳步聲、孩子的哭喊哀嚎聲使我永世都不能忘懷。我在人來人往的院中抬頭東望，原繁華城區上空依然被炭火照成了暗紅色。[31]

五、李健章：洙泗塘邊成雙鴛

李健章，1935年考入武大中文系讀本科。1939年畢業後任曾教中學，1941年受聘於武大中文系助教。武大回遷後去安徽大學任教一年。1947年復回武大執教，曾任武漢大學中文系主任多年。

---

[31] 賀毓麟：〈樂山大轟炸目擊記〉，《武大校友通訊》1997年1輯。

　　1939年8月19日，日寇空襲樂山，炸彈與燒夷彈齊下，濃煙滾滾，遮天蔽日。正在中文系求學的流亡學生李健章，正好路過洙泗塘畔，望見彈如雨下，慌忙跳入塘中避難。結果弄得滿身汙泥，狼狽不堪，趕緊逃到附近同學殷正慈家求助。這位同學不在家，只有其姐姐殷正懿獨自留守家中。殷大姐立刻請客入室，讓他洗臉更衣。但因家中都是婦儒，哪找得出合身衣服。幸好這位殷大姐畢業於武昌藝專，忽想起家中有一件外出寫生用的白色畫服，比較寬大，不妨拿出一試。李健章穿著這件畫服四處奔走，探視劫後師友，見者無不驚詫李為何如此打扮？後來，李健章到殷家還畫服，與殷正懿大姐多次交往晤談，居然讓丘比特之箭射中了，結果兩人竟成了白首齊眉的佳偶。[32]

　　兩年後，已從武大畢業任江津國立第九中學國文教師的李健章，受聘於武大中文系助教，重回樂山。他路過洙泗塘時觸景生情，一口氣寫下十四首詩（詩後小字為作者自注）：

　　　　過洙泗塘，憶日寇飛機狂炸樂山事[33]
　　　　柳塘小路淨無埃，洙泗為名聚俊才。記得風和休假日，悠然漫步伴人來。
　　　　　同班學友殷正慈與其姊正懿，當時奉母賃居塘側一家樓上。正懿溫柔嫻雅，習藝術，工國畫。予雖不諳繪事，而重其為人，心實敬之。
　　　　歷劫逃災似目前，重來舊地已三年。不知洙泗塘邊柳，記否當時水定禪。
　　　　烈焰烘熏黯淡天，龍神祠宇亦騰煙。火堆瓦礫橫屍處，拾得餘生一命全。
　　　　　日機狂炸樂山時，予在龍神祠武大宿舍，當門落一炸彈，舍中死者五人。
　　　　死生分際僅毫釐，僵臥詹溝已半癡。但覺硏匋塵撲鼻，板牆脫落壓腰肢。
　　　　倉皇不及辨西東，坍屋頹垣塞路中。性命交關懸頃刻，那容揮淚哭途窮。
　　　　側身直突似無前，險阻難逾往復旋。忽爾眼開天地廓，恍然竟在柳塘邊。
　　　　敵機飛去復回翔，尚未知生又就忘。破膽吳矇殘拐李，相將沒入水中央。
　　　　　學友吳君高度近視，李君跛足躄躄，緊隨予後，俱驚惶失魄，不知所措，為不暴露目標，同時沉入塘中。
　　　　浮拍清波[34]亂藻蘋，驚魂初附三泥人。敲門無奈尋阿姊，見面先求一幅巾。

---

[32] 陳達雲：〈樂山武大雜憶〉，《珞嘉歲月》，2003年，第626頁。
[33] 李健章：《居蜀集・東西集》，武漢大學出版社，1994年，第64—66頁。
[34] 李健章1993年9月12日致毛西旁信：「『浮拍清波』，是借用晉朝畢卓『拍浮酒池中』的成語典故。因平仄關係，所以不能用『拍浮』，而用『浮拍』。」此信原件為毛西旁之子毛郎英所藏。

是日，殷正慈適奉母往遊峨眉。其姊正懿一人在家，見予等狼狽狀，即以所持手巾給予。

脫去泥衣換畫衫，奇裝更得怪人銜。雖然未解丹青法，氣韻親沾也不凡。

正懿家無男子衣服，即以自己作畫之工作服相假。襟上滿沾顏料，雜采斑斕，且係女式，見者詫為怪人。

廢墟乍踐徹心寒，曠蕩空城不忍看。樓館萬家寰闤市，那知頃刻便荒殘！

零亂屍橫類炭焦，僅存半截似焦僥，全家都作無名鬼，並入空筐一擔挑。

敵機兼投燃燒彈，狂炸復縱大火，死者數千人。多半全家被燒死，無親屬為之收斂。政府雇人，以竹筐挑送城外，屍體堆積如山。

屍腥火味盡含冤，暑炙馮燗日月昏。縱使心腸如鐵石，置身此境亦銷魂。

閱牆十載竟徒勞，坐任貪鯨肆虐饕。協力回天終有日，乘風跨海射狂濤。

秦國流風古罕儔，同袍同澤為同仇。書生雖未知軍旅，急難猶能一劍酬。

　　1990年4月，已經遷往臺灣的武大當年同學、小姨妹殷正慈為李健章教授所著《觀我生詩集》作序時，文末附有〈臨江仙〉一闋，記錄了當年洙泗塘邊的佳話：

洙泗塘中泥混水，捏成兩姓姻緣。荷花蓮葉共田田，低眉菩薩坐，合掌護雙鴛。

桂馥蘭芬欣積慶，更誇畫美詞妍。好風涼月羨神仙，癡迷山水癖，沉醉讀書天。[35]

1941年的第二次轟炸

　　繼1939年8月19日首次大轟炸之後，日寇在大轟炸二周年紀念日之際，再次對樂山進行了轟炸。好像以此來加深中國人民對它的記憶。

　　楊追奔主編《樂山大轟炸》載：「民國30年（1941年）8月23日，日本飛機7架，排一字隊形經青神、夾江，於13時58分串至樂山縣城上空，向城區白塔街、陝西街、土橋街、河街、君子巷、任家壩投炸彈38枚，燃燒彈20枚，其中

未爆的4枚，投入河中4枚，共計58枚，並用機槍掃射人群。於14點20分向東飛去。隨後串入樂山縣屬蘇稽鎮上空，投炸彈多枚，並以機槍掃射人群。據民國樂山防空指揮部檔案記載：此次轟炸樂山縣城共造成人員傷亡48人，其中死亡13人，傷35人。炸毀房屋40餘間，震壞房屋60餘間。轟炸蘇稽鎮共造成人員傷亡112人。其中死亡65人，傷47人。」另據〈四川省樂山縣（民國）三十年度遭受空襲傷亡人數報告表〉載：8月23日死亡82人，重傷105人（特等傷16人、一等傷89人），輕傷66人，炸毀和震壞房屋100多間。[36]所幸的是，未見武大在這次轟炸中的損傷記載。

不過在這次轟炸中，蘇雪林姐妹之命「幾乎斷送」。原來，那一天忽然響起警報，附近同人都跑進防空洞，蘇雪林因所住房子很小，以為敵機不會以此為目標，不願意離開屋子，是同人強行將她們姐妹倆拉入洞的。忽然就聽到「機聲軋軋，其聲重濁」，蘇雪林尚敢出洞觀看，但見遠處一座銀行大樓轟然倒下，黑煙騰起煙散。敵機也由遠及近。「敵機盤旋漸近我們住所，像又在上面同人所居投下一彈，我們時已入洞，只覺天搖地動，洞頂泥屑紛落，似亦將崩塌，同人相顧失色，以為將遭活埋之厄，死在當頭了。幸聞敵機遠去，警報解除，出洞一看，同人所住下面屋子屋頂之瓦，盡皆掀去，灰塵下落半寸厚，室中什物盡皆湮沒。原來敵機所下炸彈係在相隔十餘家之遠的一處公家建築，那所建築當然全毀了，震餘力尚將半裏內屋瓦盡皆掀飛，幸未投燃燒彈，不然災情當更大。我入小丘上小屋一看，我所居那間屋子朝外板壁盡皆震落，靠壁有一櫃式高几，上面我擺了幾件瓶罐瓷像之屬盡皆震落在地，看板壁穿有一彈孔。再細細循跡追查，原來敵機所放機槍之彈自板壁斜斜射入，飛過小客廳，飛了家姐所住房子，將她一隻小箱射穿，箱中幾件綢段類盡皆穿過，再自板壁穿到室外，斜射入土數寸深始停住。此彈丸射穿四層板壁，一隻小箱，其威力之大，誠使人咋舌不已。若我姐妹那時尚在室中不肯入防空洞，則兩人皆肺腑洞穿無疑。」[37]

朱東潤後來回憶，轟炸這天「正在吾廬裏抄集的時候，空襲警報來了，是夏天，身上著的白衣服不宜於跑警報，只好伏在窗下。凶惡的敵人在附近轟炸以後，揚長而去。我從窗下爬起來，依舊抄錄《惠遠傳》，作為這部作品的附

[36] 據魏奕雄：〈日軍第二次轟炸樂山《戰鬥詳報》現身〉，《樂山日報》2009年12月4日。
[37] 蘇雪林：《浮生九四——雪林回憶錄》，臺灣三民書局，1993年，第128—129頁。

錄。」[38]轟炸日警報響起時，錢歌川也在寫作，但沒理會。一小時後又響起緊急警報，他還是沒有停止工作。直到聽到隆隆的轟炸機聲音後，才走進防空洞。在七架獸機投下了百多顆小炸彈獰笑飛去後，錢教授便趕進城去觀察炸後的情形——

　　當我剛走進市廛，簡直使我忘於市上剛才被炸的這回事，仿佛是在一個假日似的，人們都帶著一顆平靜的心出來逛街，面上雖沒有一點笑容，也沒有絲毫憂色。每個人的心，鎮靜得和池水一樣。店家的門都重開了，甚至小販也照常在叫。只有從各處赴災區的救火車，急馳而過，才表現出平靜的市上，發生了一件不平常的事情。於是進城的人，腳步加快了一點，可是從城裏出來的朋友，卻曳著一根手杖，像午後郊原散步似地在走著，我用不著問他，單看他的神氣，已經知道「沒有什麼大不得了」。

　　這次全城死傷也有幾十人，因為是炸毀了一兩個防空洞的緣故，可是等我出去了的時候，除在文廟坪裏發見三個犧牲者而外，其餘一點血痕也沒有見到，縣街的火，雖則還在燃燒，但已無擴大危險。有幾處炸毀的房屋，已經有人開始去挖東西了。孩子爭著去找尋炸彈的碎片，河邊的人忙著在拾炸死的魚。前年被炸時那種紛紛搬運東西下鄉的情形，這次沒有了。甚至在城裏的人，對於轟炸，也就滿不在乎，沒有一個人因此而想搬家下鄉的。

　　我在城裏逛了一遍，沒有得到什麼異常的印象。除了一處火光，幾家破瓦而外，實在看不出這是一個剛被轟炸了的城市。敵人的轟炸，已經不足以使我們發生一點驚恐了。敵機臨頭，我們躲避一下，敵機一去，一切又恢復了常態，炸彈擲下來，就象擲在池中的石子，至多只能使水面起一種波紋，向四方散開，散開之後，水面又平靜如常。這種散開的波紋，便是電報局的職員，代轉本地的居民所拍出去的平安電報。我甚至連電報都懶得去拍，因為知道別人對於樂山被炸的事，也並不會怎樣重視。[39]

[38] 《朱東潤自傳》，《朱東潤傳記作品全集》第四卷，東方出版中心，1999年，第256頁。
[39] 錢歌川：〈炸後巡禮〉，《錢歌川文集》第一卷，遼寧大學出版社，1988年，第524—525頁。

　　錢教授感歎到，「現在前線既沒有人畏懼日本兵，在後方的也沒有人怕日本的飛機了。這也許就是我們支持長期抗戰的主力罷。」再看歷史系學生阮本漪的回憶：「學校放了暑假，8—9月間的一天，晴朗無雲，我和一個同學在公園茶館看書。忽聽淒厲的警報聲響了，我們立即跑到文廟禮堂後，打通整座山的防空洞裏躲避，洞裏已藏了許多男女同學，接著緊急警報響後，敵機臨空，只聽高空嗤、嗤、嗤密集的機槍聲響成一片，日本強盜又在屠殺毫無反擊能力的樂山人民了。霎時，晴空霹靂，撕裂的空氣刺耳欲聾，然後轟地一聲炸彈爆炸了，一股強大的沖擊波幾乎把我們站在洞口的人擊倒。過了很久，敵機遠遁，警報解除。我們馬上回到寢室，只見一宿舍門前，學校西遷後，為高年級建的一棟樓房宿舍，炸成了一堆瓦礫。我的被子上散落了許多汽油渣，正在冒煙燃燒，我趕緊拖出撲滅。那是日寇第二次轟炸樂山的暴行。」[40]外文系楊靜遠在當時的日記裏則有系列記載：

　　　　1941年8月17日、19日　17日來了一次警報，十餘架飛機從頭上飛過去，以為這次不可免，血液不寒自凍，但終於無事。19日我想起是個什麼日子（1939年樂山大轟炸二周年），頗有戒心。下午回家後，知道敵機來了四批，一批炸內江，一批炸自流井，兩批炸樂山，中途遇雨，只得將「禮物」送給自流井。哈！日本人倒懂「幽默」，居然來替我們舉行「二周年紀念」。

　　　　1941年8月23日　今天吃過中飯來緊急警報，一點半鐘來飛機，我們趕快進洞。今天天陰，霧氣很濃，敵機在頭頂上盤旋了30分鐘左右，投彈不多，大概十枚左右。一會去了，一會又來了，來來去去一共三次。走了以後，我們出來看見城內冒煙，據說在老霄頂下面，不知是不是在武大。今天炸得遠不如上次厲害，飛機也只有九架的樣子，並且只有一處起火，看這樣大概還要來。我們洞裏躲了17個人，白家、翬家、連陳嫂。天哪！我有些麻木了，城裏的一部份人現在正在受難，我在這兒毫無感覺。警報解除後，媽媽進城去。回來告訴我們，燒了半條縣街，炸了白塔街、陝西街、土橋街、河街等，死傷人也不多。朋友們家都無事。[41]

[40]　阮本漪：〈嘉州雜憶〉，載《北京珞嘉》1999年第2期。
[41]　楊靜遠：《讓廬日記》，武漢大學出版社，2003年，第7—8頁。

　　楊靜遠在19日的日記裏提到了日機轟炸自流井一事。其實，這才是這次日寇轟炸的真正目的。魏奕雄先生根據當年日軍的《戰鬥詳報》考證：「這次日軍飛機是沖著鹽場來的，將樂山的制鹽設施作為『軍事設施』而轟炸。因為抗日戰爭期間，我國沿海一帶的海鹽被日軍控制，前線將士和大後方的食鹽、工業用鹽，主要依靠犍樂鹽場和自流井（今自貢市）的井鹽。眾所周知，樂山產鹽地在牛華鎮和五通橋鎮，當時的四川省鹽務局就設在五通橋。但是，日軍的炸彈卻實際投向了嘉定城區和蘇稽場。從中可以說明兩點：一是日軍實施的是無判別轟炸，不管是軍事設施、民用設施，統統狂轟濫炸；二是日軍偵察時搞錯了，誤將蘇稽當作牛華或五通橋來炸。」[42]

---

[42] 魏奕雄：〈日軍第二次轟炸樂山《戰鬥詳報》現身〉，《樂山日報》2009年12月4日。

第八章　言傳身教與不言而教

　　1941年12月，武大外文系袁昌英教授以〈不言而教〉為題作演講，認為可以效仿老子主張的「不言而教」暗示法，「以便那些十分討厭直接訓導的青年，能在一種不著痕跡的純潔氛圍裏面，接受並繼承我國數千年來藉以立國而又實為我們今日所最需要的道德文化。」[1]「不言而教」就是「不教而教」。教育者的垂範，是無言的身教。

　　無言身教、言傳身教，都少不了一個「身」字。故，子曰：「其身正，不令而行；其身不正，雖令不從。」綜觀武大教授學者，他們的言談舉止、神態風貌，多少年後都不同程度地在學生的記憶中留下一些揮之不去的印象。

文學院的教授

一、劉賾：接連兩小時不下堂

　　中文系主任劉賾（字博平）早年就讀於北京大學，師從國學大師黃侃受文字聲韻之學，甚得黃賞識。循此博學深研數十年，終成小學專家。他曾將聲韻學教案整理編撰成《聲韻學表解》，寄請黃侃審閱，黃侃特意請自己的老師章太炎為書作序，序中評價道：「生頗好學，言古今韻能得大體，是書則以教授學子者，曲有條理，最便初學。他日教學相長，所得必又有過於此者，余雖老願觀其成也」，並稱許劉博平為「再傳弟子」。

　　劉賾麾下的蘇雪林教授認為，劉賾雖是「黃瘋子」的高足，只接受了黃的學問，卻沒有傳染黃的習氣。黃侃的佯狂自放，玩世不恭，白眼對人，使酒謾

---

[1]　袁昌英：〈不言而教〉，轉引自《名人名師武漢大學演講錄》，武漢大學出版社，2003年，第337頁。

罵諸事，流傳於世，人皆以為美譚；然而劉賾則完全不然，「只是誠誠懇懇的做人，樸樸實實的治學，若說他是章太炎的學生還有點像。」[2]

易竹賢回憶說，劉賾「謹守章黃學派家法，自己亦多有創造」。為學生們講授「文字學」一課時，對漢字音義闡發，每多新意。如講「薙」字，為什麼是「芟草」，又有「薙發」的「剃」義？除舉《禮記・月令》的「燒薙行水」，用鄭玄注「薙謂迫地芟草也」為證外，又謂先民燒荒，把草燒掉，雉就飛出來，說明字源。諸如此類，印象極深。[3]王達津〈樂山瑣憶〉裏有一節是寫「在樂山的中文系老師們」，其中就有劉賾，說「他上課很負責，在珞珈山時，他是從武漢家中趕來上課，但從不誤課。我記得他講到『也』字象形時，就笑了，《說文》是講『也，女陰也，象形』。他不講鐘鼎文，也不相信甲骨文是真的，在古文字方面篤守許慎說，在聲韻方面則依據章太炎、黃侃說，是黃、章學派的主要傳人。」[4]阮本漪〈嘉州雜憶〉裏則說，「劉博老曾為我班（39年歷史系一年級）代過一星期的國文課，講了一篇《史記》選文，他用訓詁學講詞釋義方法，精闢明晰地把古人的思想、感情與活動，形象生動地重現出來，同學們聽得津津有味，如沐春風，深受教益。」[5]宋光遠在〈尊師、頌師和超師〉中回憶，「中文系主任劉博平老師更是謙虛坦率。他講授聲韻學，凡遇入聲字，總是指名要我念，說是粵語才能發出入聲。每次遇到某字須讀出其古音，劉老師也都指名要我試念，由他審定是否準確。劉老師說，至今只有粵語還保存著一些古音。」[6]

劉賾身上有著一種非常熱情洋溢的教學精神，「他上課總是接連兩小時不下堂，學生們知他習慣，上課前都先清理內務，免得聽課中途，請求出去，掃他雅興。」蘇雪林偶爾從他課室走過，「只見他卓立壇上，口講指畫，毫無倦容，好像恨不得把一生苦學得來的學問，傾筐倒篋，一下子都塞入學生腦海；下面黑壓壓一堂學生，也聚精會神，鴉雀無聲地傾聽，真是一幅動人的圖畫。」[7]學生薑為英也說，「（博師）精神抖擻，意氣風發，滔滔不絕一講就是

2　蘇雪林：〈我們中文系主任劉博平〉，臺灣《珞珈》第71期。
3　易竹賢：〈話說中文系的「五老八中」〉，《走近武大》，四川人民出版社，2000年，第69頁。
4　王達津：〈樂山瑣憶〉，《老武大的故事》，江蘇文藝出版社，1998年，第320頁。
5　阮本漪：〈嘉州雜憶〉，《北京珞嘉》1999年2期。
6　宋光遠：〈尊師、頌師和超師〉，《北京珞嘉》2002年第1期。
7　蘇雪林：〈我們中文系主任劉博平〉，臺灣《珞珈》第71期。

兩個多小時，似大江東去，一瀉千里」，「博老為人可親，從來不擺架子，與他老人家在一起就勝似在冬天的和煦陽光下那樣的溫暖。」[8]古人說「經師易求，人師難得」，劉賾可謂「人師」也。

二、葉聖陶：批改作文最認真

文學院長陳源聘葉聖陶到武大的目的在於，「請他選擇教材，訂定方針，領導全校基本國文教師工作。」葉聖陶做事非常負責，也非常細心，沒有辜負陳源的託付，「把他多年的國文教學經驗一概貢獻出來。特別在批改學生作文方面所定條例最多，所定符號有正有負，竟有十幾種花式。」與葉聖陶同授國文的蘇雪林1959年在臺灣回憶往事說：

> 筆者那時在武大擔任基本國文兩班，因素來欽佩葉氏國文教學方法，頗能虛心聽從他的領導。一天，聽葉氏說學生國文程度實在欠佳，一篇文章光論錯別字便有百來個，改起來真叫人喫力。筆者聞而訝然，我教國文，從中學教到大學，也算教了十來年，學生一篇作文竟有如許多的錯字，倒是我所未經見的。因請葉氏指示，始知葉於字體一以「正楷」為主，這種正楷大概根據康熙字典。「訛體」、「別字」當然是算大錯，「俗體」、「破體」、「簡體」及偏旁假借，點畫缺略者，均須一一釐正。如「羈」之不可謂「羇」，「恥」必從「心」不可從「止」，「賴」必從「負」不可從「頁」，……。我自幼從寫字帖的臨摹、抄本小說及影印古書的閱讀，甚至中學時代教師黑板的抄寫，這類字早就分不清了。至於「簡筆字」則大儒如顧亭林先生者尚說可省時間一半，五四以後，學者亦頗提倡，我們教書匠寫黑板，用簡體當然比正楷快，不過我們還不致像當時學生一樣把歷史的「歷」寫成「厤」，中國的「國」字寫成「囗」而已。自從向葉請教以後，才知道自己竟當了十餘年的「別字先生」，誤人子弟實在太多，殊自惶愧，自此留心正楷，把過去隨筆亂寫的字體矯正了不少。[9]

8　薑為英：〈憶「五老」風範〉，《北京珞嘉》2002年2期。
9　蘇雪林：《葉紹鈞的作品及其為人》，臺灣文星書店，1967年，第112—113頁。

1937年考入外文系的何廣揚在〈難忘的記憶〉中說，「葉聖陶亦是我最敬仰的教授之一。他教過我們的語文課，批改我們的作文很仔細，每次作文篇後都有評語，使我們很受鼓舞。」[10]1938年考入經濟系的張其名〈憶葉紹鈞師〉云：

> 他上得講壇輕輕地有板有眼地打開藍布包袱，拿出鋼筆，鋪展書本，就帶著蘇州口音講解起來。在第一次作文《嘉定印象記》課上，我很快寫了約兩百字的短文，搶先第一人交上作文本。一週後他在堂上發作文本，說按文筆優劣為序，第一個把我叫到講臺，說文章還可以，但錯別字太多，像「夢、尋、卻」等常見字都寫錯了，太馬虎隨便，應該認真寫字，一筆不苟。經葉師此番教誨，我養成常翻字典習慣，以後工作、教書、學習方面，讀寫錯別字較少，得益於葉師良多。[11]

抗戰期間在武大中文系做過教員的程千帆晚年口述自傳裏也提到了葉聖陶，說「葉先生儘管在本系教的課在當時看來是最一般的課，但是學生非常歡迎他。因為他的教學方法很新，改作文很認真。」[12]

葉聖陶從他當教師的第一天起就把「我要做學生的朋友，我要學生做我的朋友」，看作是「準備認真當教師的人的起碼條件」，並且一再強調，說：「這個『朋友』決不是浮泛的稱謂」，而是「開誠相與，情同手足」，「論情誼不亞於家人父子」。葉聖陶在小學任教的時候做小學生的朋友，在中學任教的時候做中學生的朋友，在大學裏還是如此，學生是朋友，他哪裏肯疏遠朋友呢？他在致朋友的信中說，「同學來雜坐，更引喉而歌，間以笑語，此是邇來至樂矣。」又說，「學生來借書者頗多，已不很乾淨矣。弟買了二百元書，居然成為小小借書處，亦有退學學生將借去之書帶走者。」[13]

三、陳源：不發講義，不用教本

陳源一向主張教書，他在〈著書與教書〉裏說：「胡適之先生的著書和譯書的大計劃，我們已經說過我們是十二分的贊成，可是他同時要脫離教書生

[10] 何廣揚：〈難忘的記憶〉，臺灣《珞珈》（1997年7月）第132期。
[11] 張其名：〈樂山六憶〉，臺灣《珞珈》（1997年7月）第132期。
[12] 程千帆口述、張伯偉整理：〈勞生志略〉，《桑榆憶往》，上海古籍出版社，2000年，第23頁。
[13] 葉聖陶：《嘉滬通信》第九號，《我與四川》，四川人民出版社，1984年，第116頁。

活，我們就不敢贊同了。」他又說：「歐洲的大學往往因為有了幾個人格偉大的教授，全校的學風甚至於全國的學風，居然一變。中國從前也有許多書院，造成一種特殊學風，這不能完全歸功於治學方法，大部分還得力於人格的陶冶。」「只有一般專心學問的教授以身作則，由人格的感化，養成好學的學風。」陳源再三強調教書育人的重要性，他用行動實踐了自己的主張。他先後在北大、武大教書二十餘年，雖不能說他的桃李滿天下，而他教的學生還是不少的，如著名的翻譯家葉君健就是武大外文系畢業的。葉氏曾在〈陳西瀅和凌淑華〉一文中表達了他對陳源教授的懷念。還有1941年外文系畢業的吳鴻藻去臺後改名吳魯芹，任臺大外文系教授，是著名散文作家。吳魯芹在1970年獲悉陳源病逝的消息後，「揮淚」作長文〈哭吾師陳通伯先生〉：

　　我正式受業於先生門下，是在1938年春天。那時學校已經搬到四川樂山……通伯先生原先只授高年級的課，這時也兼代一班低年級的「短篇小說」。這一學期我開始領略到徐志摩一再推崇先生的根底，決非天才詩人興之所至，決非朋友間的捧場，實在是由衷之言。那時候宿舍擁擠如輪船中的大統艙，圖書館還沒有佈置就緒，我照例一早就帶幾本書到公園茶亭中，一杯沱茶，消磨半天。逃課已成為習慣，唯有先生的「短篇小說」，從不肯逃課，而且每去總覺得有所得，所謂如坐春風，那時我是真的嘗到了。有時候先生接連幾個「這個……這個」，不用任何其他字眼，就叫人茅塞頓開，原先走不通的路，也豁然開朗了。這段時間大約是我學生時代最快樂的一段，好像入山修道，求名師，名師已在眼前，自己已入了門，以後就是如何練功夫的問題了。

　　在紀錄上我隨先生學過的武藝除去上述一門「短篇小說」以外，還包括「英國文化」、「翻譯」、「長篇小說」以及「世界名著」的一部分，可是到了第二年的下學期，我忽然病體支離……可是只要能勉強撐持，我總撐著去聽他的課。「英國文化」是他辭去院長職務之後增添的一門選課，不發講義，不用教本。他希望大家能看看他指定的幾本作為基礎的讀物，其實不讀亦無妨，不讀坐在小教室裏聽他隨便談談，還是大有收穫的。因為我就沒有讀那幾本指定的讀物，而且是偶爾去聽講的，每次都是如入寶山，決不空手而回。這門課大約最能表現先生的淵

博，他通常總是空手走進教室，不像某些教授抱一大堆書，書中東一張書籤，西一張書籤，準備到時候旁徵博引，一如變魔術在臺上用的若干道具；也不像另外一兩位青年教授，帶一些卡片索引，表示治學的科學方法。通伯先生講學是清淡式的，那時教室的佈置太簡陋，太軍事化，我總覺得他應該有張舒服的座椅，佐以清茶煙斗，那樣就真是紅花綠葉，相得益彰了。[14]

　　1939年到武大外文系借讀的王陸，在〈樂山時期的武大外文系〉文中回憶了當年的七八名教授，其中寫陳源的篇幅最多：

　　　　他在1940年新開闢了英國文化課，從國外講起，追根溯源，講述英文化的起源和發展，顯示出他學識的淵博和深邃。此外他還兼授英文小說課，他發給每位同學小說精選目錄，並附有圖書館書刊編號，以便於大家借閱。上課時，他講述其中名著的故事梗概及其文學價值，同時還指定課外讀物，每次一、二十頁，閱讀後要大家提出問題，如無問題，他就要提問。有一次，他問我：「Natural Son」如何解釋，我答不上來。他說：「Natural Son者，私生子也；看來王陸先生和五柳先生一樣，好讀書而不求甚解！」同學們大笑。他說這話是有所指的，他知道我從圖書館借了一套十八卷的長篇小說：Henry Fielding的名著Tom Jones，a Foundling（棄兒），這套書還從沒有人借讀過，他發覺是我借了，表示驚喜。後來我的畢業論文就是以論述這篇巨著為主題。[15]

　　1941年武大外文系畢業的袁望雷在〈懷念吾師陳源教授〉一文中說：

　　　　我愛聽他講「英國文化」這門課，不發講義，不用教本，指定幾本書作為基礎讀物。他背微駝，上課時常穿長布衫，戴金絲眼鏡，慢條斯理，每隔三五句就要「這個……這個」一兩次。久而久之，我們覺得

---

[14] 齊邦媛編：《吳魯芹散文選》，臺灣洪範書店，2006年，第133—134頁。
[15] 據臺灣《珞珈》(2000年4月) 第143期。

「這個……」是講課的一部分，像是無聲的音樂，又像是讓我們回味他講過的話。於是剎那間，我們忽感有所領悟，那份喜悅是難以形容的。他在講授「英國文化」時，旁徵博引，頭頭是道，同學們覺得陳老師是一位通儒，這門課最能表現他的學問淵博。我每次上課如入寶山，從不空手而回。[16]

1941年考入外文系的楊靜遠，既是陳源的乾女兒，也是其學生。她在日記裏提到陳源：「（1942年11月26日）下午上英國文化課，乾爹（陳西瀅）的笑話真多，每課都要講幾個，我們笑得要命。」[17]袁望雷又說到陳源：「對學生溫文爾雅，笑容可掬，從不板著面孔。他和英國戲劇家肖伯納是朋友，肖氏主張用笑來教育人，陳教授受他的影響，也相信用笑來教育，比道貌岸然來訓誨更為收效。」[18]

四、朱光潛：帶領學生神遊詩境

朱光潛（字孟實）在武大外文系先後講授「高級英文寫作」、「十九世紀專家研究」、「詩論」等課，給很多武大學子留下了難以忘懷的印記。楊靜遠深情地回憶：「上課鈴剛響完，瘦小清癯神采奕奕的朱先生面帶微笑，快步走進課堂，用他那安徽口音頗重的深沉有力的顫音，向我們開講英國詩歌。我發現，他既不苛厲，也不嚴峻，而是滿腔熱忱。他的聲調，他的眼神，他整個的人，散發出一股熱流，一種殷切，仿佛迫不及待地要把他的滿腹學識，他對英國詩歌的深刻理解，如氣功師發功一般傳達輸送給下面的學生，帶領他們一同進入那座花木蔥蘢的園地，領略其間的無限風光。我一下就被他的講課深深吸引了。對於一個渴望開擴眼界、獲得美感體驗的青年，這是多大的愉快和滿足啊。我在當天日記裏寫道：『朱先生的英詩課果然講得好，上他的課，是一種快樂。』」「那時，學生中擁有個人藏書的寥寥無幾。不過上英詩課，我們卻人手一卷《英詩金庫》（Golden Treasury），自然是翻印本。朱先生就用這本

---

[16] 袁望雷：〈懷念吾師陳源教授〉，《珞嘉歲月》，2003年，第222頁。

[17] 楊靜遠：《讓廬日記》，武漢大學出版社，2003年，第100頁。

[18] 同註16。

詩集作教材，從『金庫』裏挑選出最璀璨的珠寶，一一呈現在我們面前，手把手教我們如何去欣賞。你感到，他像個酷愛珍品的收藏家，自己對這些人類心靈的結晶懷著何等深厚的愛心，又多麼希望把這份愛傳授給一代又一代青年學子。每當學生心有靈犀、有所領悟時，他喜形於色，像遇到了知音。對那些程度既差，又不把讀書當回事的學生，他是不留情面的。他曾對一個考了30多分的學生說：『你還是把英詩先放在一邊，把普通文法拿來看看再說吧。你連基本文法都懂得不夠。』[19]楊靜遠還在當時的日記中寫道：「（1943年7月9日）到文廟看成績，滿以為考得不壞，誰知一看，冷了半截。五門功課除英文80分外，都是七十幾分。我失敗了，被自己的虛榮欺騙了！媽媽安慰說，像×××這樣的先生，你在他手下得100分也不足為榮，得70分也不足為恥，他的評分不能作標準，反而你能得到朱光潛先生的80分是無上的榮耀，因為他是真正的學者，他的標準不輕易定的。」[20]

移居臺灣的齊邦媛「憶念最深切的是朱孟實老師」，「令我想到朱先生就好像江上的朝陽，仙境般的草野，杜鵑隔河的啼聲，年青的熱血全隨著他的記憶來了。」「二年級就有英詩一課，由朱先生教，每週四小時，每課必須背誦短詩兩三首，較長的一首，今天講，明天背，誰也逃不了。朱先生教課十分認真，要求極嚴，但是並不嚇走靈感，他選的以英國十九世紀初葉浪漫詩人華茲華斯、雪萊、濟慈的詩為主。……有英詩課的那些早上，我們幾個女生由宿舍的白塔街出去，進入縣街，穿過公園，走一段石階到文廟前面的廣場，一路上多半是口中念念有詞地在背英詩，路上的人看慣了也懶得奇怪了。我記得那間教室兩面都開著高高的窗子，鐘聲響了，朱先生穿著他的潔淨的長袍飄飄逸逸地走進來。他個子不高，站在臺上恰到好處，聲音不高，英文發音有些安徽腔調。但是當他開始在每首詩的講解裏注入他的感情和智慧時，那份鄉音就不礙事了。當他講雪萊的《雲雀頌》時眼睛一直是仰望著窗外的天空。在我記憶裏那時的天空湛藍而且透明！有一堂課，我們讀的是華茲華斯的《瑪格麗特的憂傷》，朱先生的聲音由平穩轉入微弱，他取下眼鏡，閉目誦讀下去，竟至哽咽。當我們再抬頭看他時，他已把書合上，轉身疾步出了教室。當時朱先生大

---

[19] 楊靜遠：〈朱光潛先生的英詩課〉，《武大校友通訊》2008年第2輯。

[20] 楊靜遠：《讓廬日記》，武漢大學出版社，2003年，第142頁。

約五十歲左右吧，平日多半是一幅不苟言笑的神情，而我們卻看到了他感情深厚的真性情。」[21]

　　1945年旁聽朱光潛英詩課的田林回憶道：「（朱老師）衣著樸實，儒雅大方，寬寬的前額，炯炯的眼神，上課很嚴肅，是位嚴肅而豁達的老師，豁達是內斂的，不接觸久了，感覺不到。」「朱老師要求同學細心研究每首詩主旨、佈局、分段、造句和用字，務求懂透，不放過一字一句，然後把它熟讀成誦，玩索其中聲音節奏神理氣韻，使它不斷沉到心裏去還要沉到筋肉裏去。老師以身作則，先做出示範，講課時把他的宇宙人情化，人生藝術化與文學的趣味說貫徹其中，又吃透了語文學、邏輯學、文法、美學和心理學，能舉重若輕、深入淺出地、講明白詩的疑點難點，使學習起來層次清楚，輕重分明，脈絡順通，易於理解。朗誦尤其出色，他微閉雙眼，聲音帶顫氣運丹田，全身投入。最後朗誦《西風頌》時朗誦出西風的興雲雨、發雷電、摧枝折葉、撼海震天，全篇流走的神韻與橫掃波濤、陸地、天空，獨特的藝術氣勢，高昂時音調鏗鏘，眼神閃亮，低微時節奏流暢，嘴湧出碎沫。引導同學進入詩的藝術境界，浸潤那情景交融物我同一的甘露。他相信美感經驗有陶冶性情的功效，他說『心裡印美的意象，常受美的意象浸潤，自然可以少有些濁念。』他教書育人，是靈魂工程師。如果說老師講華茲華斯的《致布穀鳥》注重回顧過去，講濟慈的《夜鶯頌》是把握現在歡愉，那麼講《西風頌》則注重了預言未來，突出雪萊詩中的對美好事物的信心和希望，使我們受益匪淺。」[22]

五、張頤：名聲太大，教室太小

　　他身軀肥大，面色微腫，他身著一件深灰色布長衫，腳上一雙布鞋，踱著方步，慢步上文廟的石級。如果他走行走在大街上，不識者一定以為他是市井中人，一點也沒有名教授的風範氣度，他確確實實是飲譽海內的名教授張頤（號真如）。他不是每天都去文廟，他任課不多。他名聲大但上課的教室小，除了哲學系高年級選他的課外還有幾個旁聽生。

[21] 齊邦媛：〈樂山・文廟・英詩〉，《老武大的故事》，江蘇文藝出版社，1998年，第99—101頁。

[22] 田林：〈懷念朱光潛老師〉，臺灣《珞珈》第133期。

1942年秋季考入哲學系的詹寰在〈漫話當年武大〉中回憶：

> 先生主講「西洋哲學史」，是系裏的重點課程。他五短身材，身體有些發福，平時總是一襲布料長袍，秋冬季則加上一件玄色馬褂，腳穿軟底皮鞋，舉止雍容大度，優雅端方，但卻平易近人，沒有絲毫洋學者大名人的架勢，一望而知是傳統士大夫學人的本色。先生上課認真，從不缺課或遲到早退，講課時深入淺出，而析理精闢，旁徵博引，聽者折服。先生雖然胸藏萬卷，學識淵博，卻絕不自炫高深，更不尚浮名，不慕榮利，述而不作，故沒有著作傳世。先生號真如，晚年皈依佛學，融匯東西哲理，卓然而為一代宗師。我自悔當時少不更事，心有旁騖，沉醉於嚮往的學說，分散了太多的精力，以致未能專注於先生的教誨，如入學術寶山，空手而歸。但先生當時的一些教誨，至今我依然記得。他說：「我思故我在，這是笛卡爾的名言。一個人最重要的就是思想，是獨立思考判斷，不可盲從。我們要有吾愛吾師，吾尤愛真理的執著精神。」「學歷史，知人論世，必須看到它的變化發展，看到一個方面是不行的，而要看到各個側面，甚至它的反面。世界上沒有一成不變的東西，不要相信什麼絕對真理。人的一生都應不停止對真善美的探索。」這些訓誨，我當時還不能全然領悟，經過時間的推移，閱歷漸多，才深切感到先生教誨的分量，受益匪淺。[23]

1943年秋考入當時號稱「冷門」哲學系的蕭萐父在〈冷門雜憶〉中回憶：

> 張真如先生，是同學們衷心敬重的另一位嚴師。由於張先生是飲譽海內外的東方黑格爾專家，知名度很高。三年級時張先生新開「德國哲學」課，第一、二次上課，慕名來旁聽的外系同學把教室和窗外走廊擠得爆滿，但聽到了一半就走了不少，到第三次以後，課堂上就只剩下哲學系少數幾個同學了。有次我向張先生談到這一情況，他朗朗大笑說：「這是好事情，人多了，無法講。」他同時開出的「西方哲學史」和「德國哲學」兩門重頭課，受到專業同學的極大重視。張先生的「西

方哲學史」課，指定文德爾班的《近代哲學史》（英譯本）作教材，講課時逐章講解，對重點、難點加補充（授引其他著名哲學史家的論述作比較，或補證以最新研究成果），內容極豐厚。至「德國哲學」一課，則以康得、費希特、謝林、黑格爾四家為主要內容。每一家先講一引論，然後解讀重要原著。上課時，以德、英兩種文本對照，逐句譯解，一字不苟；常舉出英譯本不確切之處。我記得講解黑格爾《小邏輯》一書時，他幾次提到：「此處英譯本有問題……那年我在牛津見W‧Wallace，已告訴了他。」當時，同學們對於他這樣爽直而不誇張、又毫無自炫之意的平常口吻，對他的研究如此深細，論斷如此權威，真是欽佩之至。張先生在課堂上非常嚴肅，取下常用眼鏡、換上老花鏡後就再不看下面的聽眾，完全沉浸在自己的深密的玄思邏輯之中，也把聽眾引入這一智慧境界。課後的張先生，則平易近人，至性率真。在樂山，生活枯寂，星期六下午或星期天常歡迎青年學生到他家（師母李碧芸也熱情接待）去談天、論學，甚至留飯。這時，張先生的爽朗笑聲，常具有一種特殊的感染力，正如他的精湛學識和凝專學風具有特殊的吸引力一樣，不可抗拒，樂山三年，因我常去張先生家求教，對此感受特深。[24]

於極榮（1945年哲學系畢業）〈張真如先生二三事〉云：「先生時於嘉定母校除講授黑格爾哲學外，每學年則輪流講授康得哲學或西洋哲學史。先生循循善誘，雖至繁賾難解學說，一經先生講解，莫不渙然冰釋，令聽講者憬然若有所悟，恍然若有所見。加之於講解之際，時復雜以幽默言辭，風趣橫生，令人樂而忘倦。」[25]

六、吳其昌：教授當死於講堂

吳其昌的老師梁啟超有言：「戰士死於沙場，學者死於講座。」吳其昌生前經常拖著羸弱的病體走上講臺，「先生有時講著講著就會咯出一口血來，同

---

[24] 蕭萐父：〈冷門雜憶〉，臺灣《珞珈》（2000年1月）第142期。
[25] 據《學府紀聞：國立武漢大學》，臺灣南京出版公司，1981年，第121頁。

學們勸他早點回去休息，先生卻說：戰士死在疆場，教授要死在講堂，我已活了四十歲，如加倍努力，不就等於活了八十歲嗎？稍事休息後，先生又振作起來，繼續上課，我常常是噙著淚聽先生講課，受先生精神的鼓舞，愈加勤奮。」[26]

馬同勳1936年8月考入武大史學系，1942年畢業並留校任教，在吳其昌耳提面命、諄諄教誨中度過了最為珍貴而充實的八個春秋，是直接受教於吳其昌時間最長的門生。六十多年後，馬同勳每每憶及老家大庭中央供奉的「天地君親師」牌位，大學時代的恩師吳其昌就如影隨形地浮現在眼前。抗戰期間，學習條件極差，沒有教材，沒有講義，全靠課堂記筆記獲得知識。吳其昌講課時非常生動和精闢，操一口江浙口音，擔心他講的話學生不一定完全聽得懂，所以每次下課時，都要將所有學生的筆記本收上去，帶回去一一批改、更正後，再發還給學生。班上共有11位學生，他每節課均是如此。後來，吳其昌發現馬同勳的筆記比較全面，就只把他一人的筆記本收回去細改，作為範本，叫其他同學對照馬同勳的筆記訂正修改。據吳其昌的女兒回憶，「有一位學生開始聽不懂他的浙江話，每次下課後都來家請教。爸爸總是耐心地慢慢地再講一遍，實在不懂的字詞就用筆寫。於是我只要見這位學生來訪，就準備好紙筆放在茶幾上。」[27]

馬同勳回憶，「先生每次講課都是一篇完整的學術專題講演，主題鮮明，邏輯嚴謹，語言考究，又不失風趣。古代文字學、宋明理學、佛教與禪宗均為義理難解的課程，經過先生通俗易懂、深入淺出的講解，旁徵博引、風趣幽默的闡述，不知不覺間把我們引回歷史長河，大有親臨其境之感，至今記憶猶新。聽先生授業真是比淋浴春風而有過之。」「先生每次授課，感情充沛，明白曉暢，深入淺出……每逢講到西晉、北宋、明代亡國之痛時，先生惋惜悲憤之餘，總是結合抗日戰爭現實諄諄教誨我們『國家興亡，匹夫有責』，『先天下之憂而憂，後天下之樂而樂！』上課時，先生曾領導我們高唱嶽飛的《滿江紅》和抗戰歌曲《松花江上》，大講嶽飛、文天祥的抗敵入侵事跡以激勵我們的愛國熱情。在先生的教育影響下，全班十一位同學中，有七人奔赴抗日前線，二人為國捐軀。」[28]

[26] 蔣太旭：〈吳其昌：教授當死於講堂〉，《長江日報》2008年10月21日。
[27] 吳令華：〈懷念父親吳其昌教授〉，武大北京老校友會編：《珞嘉歲月》，2003年，第195頁。
[28] 馬同勳：〈懷念恩師吳其昌教授〉，《武大校友通訊》2007年第1輯。

武大學子王禹生在〈嘉樂弦歌憶舊〉中說，「戰時教授均極清苦，吳師身長消瘦，經常穿一身藍布長衫，吳師的課不論冬夏都是排在下午第一二節——因為上午是吳師念書的時間。授課時精神、聲音、情感，可以使全班學生全神貫注，黑板字寫得細小秀致。課後同學都不忍擦掉。」[29]

1943年7月，教育部規定各大學文法學院新生必須開設中國通史課程，經系會研究決定：文學院中文、外文、哲教三系由梁園東講授；歷史學系由唐長孺擔任；法學院政治、經濟、法律三系由馬同勳負責。馬同勳當時乃剛畢業一年的助教，學生又是人數近百的大班，面對教室緊鄰的兩位名師在同一時間講授同課程，真有些自愧不如、誠惶誠恐的感覺，很自然地向吳其昌表示難以從命。為此，吳其昌耐心地向馬同勳作了意味深長的教誨，並就如何教好大學中國通史指點了層層迷津。「為了保證教學質量提高，先生要求我寫出教學綱要，經他認真審閱批改後，我再撰寫成講稿並依稿講授。先生還要求我每次上課後向他稟陳講課效果。」由於教學效果較好，吳其昌為此稱讚馬同勳為不辱師命的「東都才子」。馬同勳乃河南孟津人氏，孟津為洛陽所轄。

1944年的一天，吳其昌照常拖著孱弱的病體走上講臺，課還沒上完，就突然吐血不止。當時已畢業留校當助教的馬同勳，急忙將老師背回家。進入2月份，吳其昌完全臥床了，最後昏迷不醒。不數日即與世長辭。

法學院的教授

一、楊東蓴：啟發誘導，充分說理

1943年1月，楊東蓴受聘於武大法學院教授，主講「中國政治思想史」和「中國政治史」兩課。他授課演講時寓莊於諧，旁徵博引，援古例今，議論精當，鞭辟入裏，有強烈的鼓動性和極大的說服力，教室經常為之堵塞。

1945年畢業的倪明將楊東蓴講課概括為「啟發誘導，充分說理」，並說：「楊老師講課，對自己要求很嚴，每一堂課都認真準備。他知識面廣，學識淵博，教育內容十分豐富。楊老師善於接近同學，平等相待。講課時循循善誘，

充分說理，還歡迎同學提問，共同探討。記得有一次，一位同學提問：封建帝王欺壓人民，為什麼竟願意減少稅賦，讓農民修養生息？楊老師解答說：封建統治集團驕奢淫逸，橫征暴斂，殘酷剝削、壓迫農民，加之災荒頻繁，戰亂不斷，生產力經常遭到極大破壞，以致社會動蕩，政權不穩。在這種情況下，有些帝王看到自己的統治岌岌可危，就採取『免徭役，減稅賦』的辦法，給農民修養生息的機會，以挽救他垂危的政權。幾年以後，生產得到恢復，農民生活得到改善，社會趨於安定，這個政權也就維持下來了。這樣的情況確是有的。但是，當封建王朝的統治搖搖欲墜的時候，如果不採取緩解的辦法，那麼，陷於絕境的農民在走投無路的情況下，只能揭竿而起，舉行農民起義，若參加起義的人數越來越多，範圍越來越廣，就可能進而推翻這個封建王朝。這在中國歷史上是屢見不鮮的。所以說：事情總是相反相成的，矛盾又對立統一，歷史就是這樣發展過來的。楊老師的講解不但揭示了封建王朝的興亡規律，而且對同學們進行了一次具體的辯證唯物主義歷史觀的教育。同學們聽了，都心悅誠服。」還特別強調，通過聆聽楊東蓴的講課，以及與他的接觸交往，「還學到了許多書本上學不到的知識，在為人處事、待人接物、分析事理和觀察社會等許多方面，都受到了深刻教育。」「特別使我感動的是：楊老師不但教給我們知識，而且教育我們怎樣做人，他關心同學們的前途，並滿腔熱情地鼓勵我們走一條推動社會進步的人生道路。」

　　楊東蓴輔導學生，十分注意從實際出發，因人制宜，因時制宜。在這方面，學生倪明就是得益很深的，五十年後他在回憶中說，「當我與楊老師開始接觸的時候，曾流露出自己對現實不滿，渴望理想社會的心情，並選讀了一些理想主義的書籍。當楊老師知道這些情況後，對我說：理論雖然要，但應從實際出發，從現實中去尋找理想。脫離現實的理想，只能是空想。並說：若要瞭解當今世界，你可以看看『布史』（聯共黨史）。他的這一指點，對我克服空談理想的缺點，起了很大的作用。」1945年7月，楊東蓴為即將畢業的倪明題寫臨別贈言：

　　　「知仁勇為三達德。惟知也見之明，惟仁也守之定，惟勇也行之決。謂
　　　之達德者，達之天下而無不宜也。倪明同學畢業武漢大學，書此留念。
　　　楊東蓴　三十四年七月二十八日」

在舊社會，老師以「知仁勇」勉勵學生，是一件很平常的事，但是，「楊老師的這個題詞卻是話裏有話的。因為楊老師知道我當時對國民黨反動統治不滿，嚮往解放區。對此，楊老師是採取鼓勵態度的。他為我寫題詞，也是針對我這個實際思想來寫的。但是，在當時白色恐怖的政治形勢下，他在題詞中是不能這樣明說的。因此，他就通過對知仁勇三個字的具體解釋，來表達他的這個意思。」[30]

二、楊端六：教材是自己的著述

抗戰時期的武大教授們多以手抄講稿授課，學生記筆記作為學習的主要資料，也有幾位是以他人的著作為基本教材的。經濟系主任陶因教授有一本油印的教材就顯得很稀罕，而楊端六講「貨幣與銀行」課用的教材卻是商務印書館1943年正式出版的，有數十萬字的楊端六專著《貨幣與銀行》。這本書是當年大後方各大學廣泛選用的著名教材。楊端六也成了二十世紀四十年代武大經濟系中唯一出版專著的教授。

1939年經濟系畢業的向定回憶：「大學四年中，端師給我們講授了《貨幣與銀行》和《工商組織與管理》兩門課程。端師講課，深入淺出，沒有一句空話，聲調平和，不快不慢，循循善誘，務使學生聽懂，能掌握要點。他給我們講授的《貨幣與銀行》課程，採用兩本外文教材，其中有一本書名為《Jack：currency and banking》，篇幅不多。記得本書第一頁給貨幣下的定義是：（Maney is what money does。）初學者感到莫名其妙，端師耐心地從貨幣的產生和職能講起，給我們作了詳細講解，光是這句話，他就講了個把鐘頭。他講課，除採用外文教材外，自己還編了一本講義，其內容遠遠多於外文教材，每年進行修改補充，不斷更新內容，直到1943年才正式出版。」還說，「他對寫論文，非常認真負責，他一向認為：寫文章一定要嚴肅認真，一絲不苟，不應隨便發表論文。他發表的文章總是論斷中肯，論據充足的。常聽他說：『寫文章好比十月懷胎，一朝分娩』，先要佔有資料，詳加分析，確立論點，反復論

證，做好『十月懷胎工作』，然後動手寫作，水到渠成，這就好比『一朝分娩』。他認為寫論文，決不應該貪求速度，一揮而就。」[31]

溪香回憶：「楊先生教的課是貨幣學與工商組織兩門，其要者為貨幣學，他教貨幣學，不先告訴你貨幣的種類有硬幣、紙幣、支票，……然後再告訴你貨幣制度可分為金本位、銀本位、複本位、跛金本位……。他卻一開始即告訴你可以拿『錢』把它買來的又有些什麼。」「讀楊先生的貨幣學，他所開的入門參考書最好都得看一遍，因為他講授這門功課，不分章，不分節，好像都是各自獨立的Lecture，其實都是相關聯的，他所講的次序，幾乎與他所開的參考書的次序差不多。如果你閱讀參考書與所講並進（最好是前者先與後者）那才有辦法；如果你一味地只靠聽講，準是讀完一年貨幣學，說不懂罷又知道一點，說懂罷老像有點昏頭昏腦地打不過轉來。」[32]

向定在〈追憶先師楊端六先生〉一文中說：「1939年秋，我畢業了，被留校擔任助教，工作地點在法科研究所，當時，端師兼任法科研究所經濟學部主任。從此，我和端師接觸的機會就更多了，差不多每天都見面，在治學、治事和為人處世等方面，經常得到端師的諄諄教導。我深深感到：端師平時和善可親，平易近人，秉性剛直，襟懷坦白，待人處事，總是堅持公正，嫉惡如仇，常以『富貴不能淫，貧賤不能移，威武不能屈』勉勵學生，並以此自勉。他和同事研究處理問題時，遇有不正確意見，他會堅持真理，決不苟同，但態度和藹，以理服人。他平時對學生親切關懷，如同自己子弟，但遇學生有不當之處，他也會嚴肅指出，不予遷就。記得有一次，我為某事以法科研究所名義給校長寫報告，字跡潦草，敘事不清，報告須經端師核閱，時近中午，端師拿起皮包，準備回家，已經從法科研究所走到文廟圖書館前，我追去，把報告送他看，他看了報告，很生氣，說：『給校長寫報告，怎麼能這樣草率，拿回去重寫！』這是對我以後工作的寶貴教訓和有力鞭策。端師對學生關懷、幫助，無微不至，不僅對在校學生如此，對畢業離校學生亦如此。經常有畢業離校的同學向他寫信問安，匯報工作，或請示問題，端師亦必一一予以親切答覆。」[33]

---

[31] 向定：〈追憶先師楊端六先生〉，臺灣《珞珈》（1996年10月）第129期。
[32] 溪香：〈楊端六先生〉，《老武大的故事》，江蘇文藝出版社，1998年，第113—114頁。
[33] 同註31

　　1944年經濟系畢業的彭清源回憶說，「更使我懷念的是楊端六先生，他有著很高的學術造詣和嚴謹的治學精神。他教我們貨幣銀行學，用中英文教學，專門出版了一本《貨幣銀行學》作為教科書。他諄諄講學，誨人不倦，我從中學習了不少的貨幣金融知識和西方主要流派的貨幣理論，受益匪淺。我到四年級時，特別選請楊端六先生作為我畢業論文的導師，論文題目是《貨幣數量學說研究》。他除了親自進行理論指導以外，還給我指定一些中英文的必讀參考書，教給我『先博後精』的治學方法。他非常愛國，寧棄高官，專事教學，道德高尚，生活簡樸，治學嚴謹，一絲不苟。所有這些使我在學業方面不斷進步，在德行方面也受到良好的陶冶。」[34]

三、戴銘巽：善於理論聯繫實際

　　戴銘巽在武大經濟系主授「簿記學」、「會計學」、「統計學」等課程近四十年。袁征益從1940年考入武大經濟系，至1948年秋離校，歷時八年，經常親聆戴銘巽教益。他在〈緬懷恩師戴銘巽教授〉中詳述先師的教學特色：

　　「先師教學主張循序漸進，先易後難，打好基礎。即先學簿記，再學會計。先弄通借貸原理，再學記帳編表。反對一開始便講會計理論，令人難以理解。同時，他又很重視基礎理論，以理論指導實務。反對一開始便鑽研會計實務，在帳簿格式和處理程式上多費功夫，認為這是本末倒置。所以，他講授的會計學分為兩部分，各約百課時。會計學第一部分為必修課，大學二年級修，每週三課時。從會計學的定義、分類、借貸原理、商業簿記等、講到合夥會計、公司會計，大體相當於現在的會計基礎知識或基本會計學。內容相當廣泛，而對一些重要內容又講得相當深入。會計學第二部分為選修課，大學三年級修，也是每週三課時。主要講成本會計、銀行會計、政府會計、分店會計（當時跨國公司尚未興起，因而主要洪國內分店會計）等專業會計和審計學。還講一些會計學專題，例如現代會計學的發展趨勢、借貸學說、通貨膨脹會計、各種資產與負債的評價、公司合並、破產與清算等。」

---

[34] 彭清源：〈母校育我，終生難忘〉，劉雙平主編：《珞珈學子在京城》，武漢大學出版社，2000年，第16頁。

　　戴銘巽授課時，「對會計學中一些重要問題，都列舉各家學說然後分析比較，指出其立論根據，分析其優點與不足之處。一般把他傾向於否定的排列在前，肯定的列後，從分析、比較各種不同學說中引出正確的結論。」這樣講授，不但傳授了專業知識，豐富了講課內容，更重要的是啟發、培養了學生們的分析批判能力，使學生們在讀參考書籍、接受前人知識時，能夠有分析有選擇地吸取。既不隨便否定，也不盲目照搬。

　　戴銘巽的課時不多，講的範圍很廣。「對一些重要問題，比較、分析又深。在內容取捨上就需高度濃縮，十分簡練，提綱挈領，去粗取精。在講授方法上也極為考究，他只有講授提綱，不寫詳細講稿，但有充分思考的腹稿。他經常失眠，睡在床上，想第二天的講課內容。不但要決定內容取捨，連講課時聲音那裏應該高，那裏應該低；那裏應該用手勢，那些應該板書，寫在什麼位置等都事先考慮好。」他常對學生說，「講課不但要唱功，有時還要做功。」所以他講課，不但內容精闢，言簡意賅，條理清晰，善於啟發，而且抑揚頓挫，音調鏗鏘，有聲有色，非常動聽。所以很多學生認為，聽戴銘巽講會計課是一種享受。[35]

　　在周熙文的眼裏，「戴先生在教學中嚴肅認真，一絲不苟、邏輯嚴密、娓娓而談。對所有基本原理必然重點講深講透，對具體操作方法則脈絡分明，明確完整。會計學是一門橫跨文理的應用學科，時常有類似數學的會計演算。戴先生的演算和板書也是精心設計的。每當他在黑板上演算完畢，整板板書無異於一副完整的核算圖，從圖形上為全課作了精彩的總結。在《高等會計學》中，內容至為豐富，涉及成本計算、財務會計分析、審計原理和方法以及企業經營活動的評論等。他在講課時，抑揚頓挫、重點突出、條理清晰、速度適中，不僅聽來順理成章，而且筆錄下來，就是一篇簡明扼要的講義。稍加充實整理，即成了一部會計科的專著。」「戴先生教學尤其善於理論聯繫實際，無論是《會計學》或《高等會計學》，他都不指定教科書，因而他從不照本宣科，而是按每一課題，把基本理論與操作技術方法巧妙地結合，引導我們獨立思考，觸類旁通，相互聯繫地綜合運用所學知識，從而加深了理論的理解，又訓練了會計核算的操作技術，提高了分析問題和解決問題的能力。」[36]

[35]　袁征益：〈緬懷恩師戴銘巽教授〉，《武大校友通訊》1999年1輯。

[36]　周熙文：〈懷念恩師戴銘巽先生〉，臺灣《珞珈》（2002年10月）第153期。

1946年第一學年期末考試中，戴銘巽出了這樣的兩道試題——

一道是說的一個小故事：有一個孤兒為了求生，不得不當了一名報童。他用自己積存的一部分錢，和向別人借貸的一部分錢作為資本。向報館批發了一批報紙。其中有一部分是政府機關報，一部分是代表思想進步的報紙，一部分則是休閒、娛樂小報。他們的進價和銷價是不同的。在販賣中，進步報紙被軍警沒收了一些，其餘很快銷售一空。政府機關報則大部分未賣出去。休閒娛樂報紙也未全部賣完。按照市場規定，剩餘報紙可以特價退回報館。試題要求根據這個故事，為這個報童建立總帳帳戶和各種明細帳戶，並作出全部會計分錄和進行記帳，核算成本，結算盈虧，編制十樣式會計報表。

另一道題是說某工廠發生火災，全部會計憑證、帳冊、報表均被焚毀一空，只搶出一張已經燒得殘缺不全的〈十樣式會計表〉，並列出這張報表所反映的殘缺的各項數據。要求根據這些相關數據，恢復完整的「十樣會計表」並為該工廠建立新帳。

這兩道試題，不僅全面涵蓋了全學年所學的會計知識，而且巧妙地考檢了對學生所學知識的綜合運用能力和水平。甚至允許你拿出書本來看，因為不可能在書本和筆記中找出現成的答案，這樣的考法，十分靈活，足以考檢學生平日學習的真實成果。

理工學院的教授

一、吳大任：循循善誘，處處鼓勵

數學系吳大任教授隨遷校隊伍到達樂山後，由於看不到國外的數學雜誌，很難進行前沿研究，感到很苦悶，唯一的辦法是讀書，教不同的課。他曾對夫人傳授教學經驗：「教數學課和別的課不同，是靠邏輯，不靠記憶。備課熟練到成為自己知識的一部分就不會忘記。要能吃透內容，慢慢講，學生的思維跟著你走，他們當堂就能吸收。欲速則不達，你應該懂得這個道理。」他在武大開了「微分幾何」、「高等代數」等好幾門課，受到學生的歡迎。

吳大任教學十分認真負責，他教「微分幾何」用的是外文教本，但決不照本宣科，而是根據全書精神，重新編排講稿，講解如行雲流水，清晰易懂；學

生下課後整理的筆記，就是一本近代微分幾何講義。而且在整個學年最後一次課，吳大任正好將全書講完，其計劃性之強，令人折服。他工作的認真態度，教學的高超藝術，成為學生們一生學習的榜樣。

學生楊恩澤回憶，「吳老師在教學上循循善誘，處處鼓勵學生學習的積極性，有一次，吳老師在課堂上宣佈說，同學們如果願意自學也可以，那就不需要來上課而自己學，最後參加考試，不過要求應高一點，70分才算及格。這使學生感到上課不是被動地遵守紀律，而是自己的需要。吳先生對學生的學習要求也很嚴，有一次一個同學拿到自己的考卷，考卷的分數是A，他開始很高興，但是當他看到旁邊同學得的是A+時，他很不滿意地說只忘了寫一個積分常數也不是不懂就被扣掉一個「＋」，吳先生連一個積分常數也不放過，是很嚴的。」[37]

1939年考入數學系後留校任教的路見可回憶：

> 1940年秋，我進入數學系二年級。吳老師為我們上了第一次課後，佈置了《高等代數》的家庭作業。下來後我自認為認真地完成了，並規規矩矩地用英文印刷體謄寫好，交給了吳老師，他在下一次上課時把他親自批改了的作業發給我，並說：「你的作業寫得不規範。例如，寫的 a_1，a_2，…，a_n 中的「三個點」有時你寫三個，有時寫四個；還有，在 a_n 前面，有時有個逗號，有時又沒有。你看，教本上都是一律的。這次我為你改正了；下次如果還是這樣，我就不改了，發回你重做。」這使從無規範訓練的我吃驚不小。在做第二次家庭作業時我費了很大氣力努力使書寫規範，弄得我滿頭是汗。吳老師對學生的嚴格要求，由此可見一斑。而這種嚴格要求，使我終生受用，至今銘刻在心。[38]

路見可還說，「吳老師在學術問題上實事求是，一絲不苟，也給了我深刻的印象。有一次在《微分幾何》課後，我向他提了一個問題，他當即給我解答了。第二天他見到我就說，他昨天的答案還不夠完全，應該要如何如何補充。這件事使我對吳老師更為敬重。他的這種治學態度，為我一生的楷模。」

---

[37] 楊恩澤：〈六十載教誨，音容尤存〉，《吳大任紀念文集》，南開大學出版社，1998年，第83頁。
[38] 路見可：〈恩師光輝形象永遠活在我心中〉，《吳大任紀念文集》，南開大學出版社，1998年，第50頁。

　　1941年畢業的陸秀麗說，「我在四年級時跟吳先生學代數幾何，那是一門選修課，只有我和德瑝兩人選，採用的教本是德文書，作者為E・Sperner（聽說三十年代他曾在北大講過課），當時買不到課本，吳先生是用英文講課，他想訓練我們聽英文的能力。他講課十分清晰簡明，黑板也寫得整潔，因此我們筆記也好記，我們兩人都學得好。」[39]

二、石聲漢：教學質量可用天平稱量

　　生物系石聲漢教授淵博的學識，人所共知，不但在植物生理學方面有很豐富的知識，而且對於中國古代的生物學典籍和現代自然科學的若干分支，都有比較深入的瞭解。所以他講課內容豐富，表達生動，很有啟發性。當時武大生物系的師生都很稱讚他，器重他，公認他是一位水平較高的教授。蘭州醫學院教授楊浪明說，石聲漢「在各大學教課或做學術報告，都是內容豐富、深入淺出、條理清楚、循循善誘、引人入勝。」因此，他上的每一堂課都深受學生歡迎。石聲漢當年的學生、復但大學生化系教授薛應龍，為紀念其八十誕辰回憶道：

　　　　1941年秋季開學，石聲漢老師應武大生物系的聘請來講授《植物生理學》，全班同學聞聽後無不高興。植物生理學在當時是生物系的一門新興學科，石老師講的講課不但內容豐富新鮮，並且講得深入淺出，條理清楚。全班同學對石老師的淵博學識無不欽佩，我更是佩服得五體投地。……如果我在植物生理學方面有所貢獻的話，飲水思源，首先應感謝聲漢師。是他的講授使我具備了紮實的植物生理學基礎，更重要的是引導我登上了植物生理學的方舟，這是我終身難忘的。

　　　　聲漢老師的學問也不是只停留在書本上，而是有著豐富實踐經驗。我記得很清楚，在石老師一年的教學中，多次利用星期天帶領我們班上同學到野外郊遊，這不僅僅是為了觀賞景色，陶冶性情，更有意義的是循循善誘地引導我們注意路旁不同生長發育的植物與環境的關係，使我

[39]　陸秀麗：〈懷念恩師吳大任先生〉，《吳大任紀念文集》，南開大學出版社，1998年，第48頁。

們把知識學活了。聲漢老師的這種引導方式，無形中還交融了師生間的感情，使我們深深地感受到聲漢師不僅是位學者，更是一位長者，同石老師在一起，大家都感到輕鬆愉快。

聲漢師性情豁達，待人和睦，說話有時非常風趣幽默，常引得聽者忍俊不住而爽朗發笑。但是在幽默中我們可以體會老師善意批評或提示。有兩個例子我是忘不了的，其一：有一次我們上植物生理學課，臨時改了教室，事先沒有通知石老師，我們擔心石老師找不到教室，可是上課鐘聲剛響，石老師就進了教室，我們不禁問石老師如何知道教室改在這裏的，聲漢師風趣地說：「本來我不知道，但一想只要聽聽薛應龍的聲音在哪裏，教室也就找到了。」一番話引得全班同學哈哈大笑。[40]

石聲漢最早的研究生、西北農業大學教授丁鐘榮在紀念文章中寫道：「先生知識淵博，講課深入淺出，語言精煉，條理清晰，材料新穎。他為我們講授高級植物生理學、高級生物化學時，親自搜集國內外最新資料，編印成冊。並克服哮喘病、肺氣腫和心臟病的折磨，堅持上課甚至昏倒在講臺上，甦醒後仍繼續上課。」這是怎樣的敬業精神啊！石聲漢是在用生命創造他講授的每一堂課。

石聲漢來武大之前，生物系因為沒有適當的師資，已經多年沒有開出植物生理學這個重要的課程了。他來校後，從教學大綱和教材的準備以至實驗室的建設，幾乎都是從頭開始。他初來乍到，還沒有助教或實驗員幫忙，一個人要操心許多事情。那時他身體已不太好，但高度的責任感和嚴格認真的精神促使他不辭辛勞，忘我工作，很快就把植物生理學的講課和實驗按照提高教學質量的要求開了出來。他在樂山籌建了被英國皇家學會會員、科學院院士李約瑟譽為「巧思過人」的植物生理實驗室。武大生物系教授吳熙載曾撰文回憶當時的情況：「教育經費不如殘羹剩飯，要辦好學校真是難上加難。在這種極端困難的情況下，石聲漢教授並沒有打退堂鼓，而是盡量開動腦筋，想方設法讓學生多學到一些科學知識，多掌握一些實驗方法。比如，沒有自來水怎麼辦？他就用高地的水泥池盛水，連接竹管通入室內，一樣有效。沒有天平怎麼辦？他就用戥子來作代用品。沒有玻璃容器怎麼辦？醬菜瓶子、泡菜罈子不都可以借用

[40] 薛應龍：〈懷念恩師石聲漢教授〉，《石聲漢教授紀念集》，1988年，第64—66頁。

嗎？就是這樣，以土代洋，以粗代精，雖然難免影響實驗的準確性，但是處於無可奈何的境地，這些土氣十足的「設備」在一定程度上還是可以用來驗證課堂講授的正確與否，也可以使學生在實驗方法上得到一些基本的訓練。這樣做的好處，就是在今天看來，仍然是很明顯的，何況這種因陋就簡、艱苦辦學的精神總是值得大為提倡的。」[41]石聲漢說過：「教學工作是不摻假的真工夫，教學質量的好壞好比把你擺在天平上一樣，一下子就稱量出來了。」[42]

三、俞忽：嚴厲而慈祥可親

土木系教授俞忽教學認真，責任心強，對學生既慈祥，又嚴厲。俞忽教學的最大特點就是平時練習很多，而且都是帶思考性的，但奇怪的是，考試的時候，那些平時見過的練習題就幾乎都不見了，他會另外想出一些你沒見過的題目。因此，在他手下的土木工程系學生考「結構力學」，考試成績往往是一片紅（不及格的論文打分用紅筆）。據說，俞忽某次公佈考試成績，結果全班30多人中只有1人及格。一個俞忽與弟子的有趣故事在學生中流傳甚廣：有一位離校工作多年的學生，每年都要回來補考一次俞忽的「結構力學」，但從未通過。有一次該學生自覺考得還可以，便到俞忽家中拜訪，他問起考試成績，俞忽坦然笑笑說「明年還得來」。

土木系的新生一入學，常常聽高年級學生說到：「俞老師的課是最難過的一關！」而俞忽則對學生說：「大學階段的學習主要還是打基礎，真正的成就要靠以後在工作崗位上繼續學習和鑽研。基礎不打好，不僅不可能有成就，而且可能犯錯誤，使工程失敗，造成損失！教師對學生不嚴格要求，就會誤人子弟，就是不負責任！」他分析學生做錯題的原因是基礎課程未學好，如應用力學概念不清、數學基礎沒有打好等。他說：「數學是解決工程技術問題的一個有力工具，花點時間多學習數學是非常必要的！」為此，他曾給土木系的學生開過「應用力學」、「材料力學」、「微積分」、「微分方程」課。

1942年畢業於土木系的蔣詠秋回憶說：「俞忽教授教我們的結構力學課是在抗日戰爭中期，學習條件很差，敵機又頻繁到樂山轟炸。他仍然安心教學，

[41] 吳熙載：〈石聲漢教授在武漢大學〉，《石聲漢教授紀念集》，1988年，第27頁。
[42] 石定機等：〈用生命去創造〉，武大北京老校友會編：《珞嘉歲月》，2003年，第42頁。

要求我們刻苦鑽研，不僅要弄懂課堂講授的內容，還要求我們去閱讀有關參考書，培養分析問題與解決問題的能力，能舉一反三。他在課堂列舉算例時，三位數字相乘，能通過心算立即得出結果來。他進行科研時，對繁重的計算工作，總是根據計算步驟，排成表格，用高檔的長算盤和對數表，進行大量有效的計算。他用自己的模範行動，啟發、培養了我們喜愛計算並科學地進行計算的能力。由於他這種嚴謹刻苦的治學態度；嚴格認真的教學要求，使我喜愛上了結構力學和工程力學。」蔣詠秋後來留學美國，解放後曾任西安交通大學工程力學系教授、主任。

　　1944年考入武大土木系、畢業後留校任教的劉大明也寫文章說：「嚴厲而慈祥是我對俞忽先生最深刻的印象。說他嚴厲，一是因為他在課堂上態度嚴肅，上課時除講專業內容外別的什麼都不多說，幾乎沒一句閒話或帶玩笑的話，常使人有敬畏感；二是因為他嚴謹的教風，上課時講得並不太多，卻在黑板上不停地寫。只要把黑板上寫的記下來，就是一篇系統而完整的講稿。他講課時，對理論依據、公式推導、計算方法等都有詳盡的交待，結論明確肯定，絕不模棱兩可；三是因為他對學生的嚴格要求，無論平時作業、期中或期末考試，他都要求學生說理或答案完全正確，差一點都要扣分，58分也不給及格，以致好些同學都覺得他的結構力學這一關難過。但俞先生並不是一位難接近的人，有時下課後我問他未聽懂的地方，他總是耐心地講解，並在黑板前面再寫再講。有一次聽說他身體不大好，我就約了一個同學到他家去看他。敲開了門，俞先生招呼我們坐下後，就和我們談起來了。他告訴我們：讀書一定要有鑽研精神，不要怕困難，有問題一定要弄明白，不要囫圇吞棗，學校學習是打基礎，一定要紮實等等。這次談話使我深深感覺到他那慈祥可親的長者風度。」[43]

　　又據1947年畢業留校的吳國棟說，「俞老師曾以代系主任的身份兼任『三民主義』課，可是他從不上課，只要求學生期末交一份學習『心得』即可。奇怪的是記分牌上只有兩種分數，不是90分就是95分。更奇怪的是，交了『心得』的，有的是90分；未交『心得』的有的反而得了95分。可見學生交的『心得』他根本未看過。」其實這正反映了俞忽的政治態度。

---

[43] 俞實傳、俞實貞：〈懷念父親俞忽〉，《北京珞嘉》1996年第一期創刊號。

第九章　人文著述與科學發現

　　正如司馬遷所言，「西伯拘而演周易，仲尼厄而作春秋」（〈報任安書〉）。戰時生活的艱苦，反而更加堅定了武大教師們堅持學術研究的信念。比如朱東潤教授，「住的是半間幽暗的斗室，下午四時以後便要焚膏繼晷。偶然一陣暴雨，在北牆打開一個窟窿，光通一線，如獲至寶，但是逢著寒風料峭、陰雨飛濺的時候，只得以圍巾覆臂，對著昏昏欲睡的燈光，執筆疾書。」「空襲警報來了，是夏天，身上著的白衣服不宜於跑警報，只好伏在窗下。凶惡的敵人在附近轟炸以後，揚長而去」，立馬「從窗下爬起來，依舊抄錄《慧遠傳》，作為這部作品的附錄。」晚間寫作只能借助油燈，他在油燈上架個竹架，上安小茶壺，儘管油燈火力小，「有時居然把茶壺裏的水燒開了，夜深人靜的時候，喝上一口熱茶，讀書和工作渾身是勁。」（〈朱東潤自傳〉）

　　越是到抗戰後期，教師們的科研成果越多。涂上飆主編《樂山時期的武漢大學》第六章曾對1944年部分教師科研成果進行統計。從統計來看，當時教師的科研呈現幾個特點：

　　　1、學術著作的質量都很高。當時教師出版的著作大多出自當時的著名出版社——商務印書館。從統計的 54人來看，有21人在商務印書館出過書。此外。在中華書局、開明書店、世界書局、正中書局以及國民圖書等出版社出版的也不少。

　　　2、學術科研中有很高的外語含金量。除了外國文學系的英、日、德、法等專業的教師必須有較高的外語水平外，不少非外語專業的教師的外語水平也很高，表現在他們用外語撰寫專著或發表論文，如朱光潛、桂質柏、曾炳鈞、白鬱筠、丁人鯤、俞忽等人。另外李國平、李華宗、鄔保良、胡乾善、梁百先、徐賢恭、高尚蔭、鐘心煊等教師發表論文多用英文發表，尤以李國平、高尚蔭、鄔保良為多，幾乎全用英文發表文章。

　　　3、學術科研呈現出不均衡性。這主要是從四個學院的成果分佈來看，呈現出不對稱性，文學院的教師成果很豐富，以出版專著為主，尤以吳其

昌、方壯猷二人成果特別出眾。法學院的教師也是以出版專著見長，且
出版水準高，多出自商務印書館。其中，出書多且學術質量高的以劉秉
麟、劉迺誠、楊端六等教師最為突出。理學院的教師大多以發表學術論
文見長，尤以李國平、高尚蔭、鄔保良等特別突出。他們不僅論文多，
且幾乎是用英文撰寫。工學院因以實際開發、工程應用為主，出版的專
著和發表的論文相對較少。

朱東潤：《張居正大傳》

　　復旦大學中文系教授陳思和曾轉述過一個有關朱東潤的故事，說的是朱氏
曾作學術報告談傳記文學，認為世界上只有三部傳記作品是值得一讀的，一部
是英國包斯威爾的《約翰遜傳》，一部是法國羅曼・羅蘭的《貝多芬傳》，還
有一部就是他自己的《張居正大傳》。朱東潤完全有理由如此自負，他把自己
的《張居正大傳》列為世上最好的三部傳記作品之一，而世人則把《張居正大
傳》和林語堂的《蘇東坡傳》、吳晗《朱元璋傳》、梁啟超《李鴻章傳》並稱
為「二十世紀四大傳記」。

　　《張居正大傳》出版是在重慶中央大學時期，但是寫作卻是在樂山武漢大
學時期。他在《朱東潤自傳》中談過其中的原委：「這時正是1940年左右，中
國正對日本軍國主義者進行艱苦抗戰。我隻身獨處，住在四川樂山的郊區，每
週得進城到學校上課，生活也很艱苦。家鄉已經陷落了，妻室兒女，一家八口，
正在死亡線上掙紮。我決心把研讀的各種傳記，作為範本，自己也寫出一本來。
我寫誰呢？我考慮了好久，最後決定寫明代的張居正。第一，因為他能把一個
充滿內憂外患的國家拯救出來，為垂亡的明王朝延長了七十年的壽命。第二，
因為他不顧個人安危、當時人的唾罵，終於完成歷史賦與他的使命。他不是沒
有缺點的，但是無論他有多大的缺點，他是唯一能夠拯救那個時代的人物。」

　　上世紀八十年代初，朱東潤為《文史知識》雜誌撰稿說：「在四十年代我
已經發現了另外一條道路。明代中葉以後沒有出現過一個為國家負責的皇帝，
衰亡的跡象已經到處是，幸虧出來一個張居正。他的地位是內閣大學士。大學
士是明代特有的一種職位，名義上，他只是皇帝的秘書，沒有任何的職權，事

實上，特別是首輔大學士，他要擔負全國的一切：政治、軍事、外交、民政、財政、交通、稅收、工程，什麼都得要他管。管得好，他只是盡忠於他的職守，旁人還可以說他大權獨攬。管得不好，不滿意他的人說他一聲不好，他就得把自己的頭顱或是子孫的頭顱贖還這個捕風捉影的罪過。然而張居正畢竟擔當起這個職務。為什麼？為的是不忍看到明王朝的衰亡。四十年代的中國是什麼樣的中國，想來中年以上的讀者都還記憶猶新。我所以寫《張居正大傳》，絕不是無因而至的。」[1]

他在《張居正大傳・序》中說，「1941年秋天，正是我彷徨不定的時候。中國歷史上的偉大人物不在少數，但是在著手的時候，許多困難來了。有的人偉大了，但是他的偉大的場所不一定為我所瞭解。有的人的偉大是我所瞭解的，但是資料方面，不是少到無從探取，便是多到無從收拾。抗戰期間的圖書館，內部的損失和空虛，是盡人皆知的事實；抗戰期間的書生，生活的艱苦和困乏，也好似盡人皆知的事實。所以在擇取傳主的時候，更有許多顧慮。其次，在下筆的時候，還得考慮寫作的困難。傳主的時代太遠了，我們對於他的生活，永遠感覺到一層隔膜；太近了，我們又常常因為生長在他的影響下面，對於他的一生，不能得到全面的認識。那一個秋天，我因為傳主的選擇，經過不少的痛苦。最後才決定了張居正。中國歷史上的偉大人物雖多，但是像張居正那樣劃時代的人物，實在數不上幾個……」

《張居正大傳》是於1941的1月3日開始動筆，到了1941年的8月6日，也就是僅僅用了7個月，他就完成了這部洋洋灑灑30萬字的巨著。對比朱東潤寫的傳記來看，這本《張居正大傳》幾乎是字數最多，也是用時最少的。讓人好奇的是，在這種顛沛流離的生活中，在這種局促的時間裏，朱東潤哪來的如此大的創作熱情呢？朱東潤是在顛沛流離的流亡生活中，是在全民族的深重災難裏頭趕出這部《張居正大傳》。正如他在《張居正大傳》的最後一段說的那樣：「整個中國，不是一家一姓的事。任何人追溯到自己的祖先時，總會發現許多可歌可泣的事實；有的顯赫一些，有的暗淡一些。但是當我們想到自己的祖先，曾經為自由而奮鬥，為發展而努力，乃至為生存而流血，我們對於過去，固然是看到無窮的光輝，對於將來，也必然抱著更大的期待。前進呵，每一個

[1]　朱東潤：〈我怎樣學習寫作的〉，《文史知識》1981年第2期。

中華民族的兒女！」就是這句話「前進啊，每一個中華民族的兒女」，我們可以認為這就是這部《張居正大傳》叫「大傳」的最根本的理由。它絕不止是一個人的傳記，它是一種民族的精神傳記，所以這樣的傳記叫「大傳」，正是名至而實歸。

樂山時期，朱東潤在教學間隙整理出版舊著的同時，更多地關注今後的學術發展方向。這個方向，就是傳記文學的寫作，是他早年留學英國時期特別感興趣的，並準備應用於中國文學研究。樂山期間，他的工作從兩方面展開，一是系統總結中國古代傳記文學的歷史和特點；二是嘗試採用英國傳記文學的做法，寫作中國的傳記文學。他在開創現代傳記文學寫作體例時，曾強調，除了文學性，傳記文學首要的是真實。他說：「傳記文學是文學，同時也是史。因為傳記文學是史，所以在記載方面，應當追求真相，和小說家那一番憑空結構的作風，絕不相同。」[2]這一原則，在他的第一部傳記作品《張居正大傳》中得到了堅決貫徹，所有的事實，都經過極其詳密的考證，做到了「信而有證」。1943年由開明書店出版後引起轟動，《張居正大傳》被譽為中國現代傳記文學的開山之作。

2009年底，南京師範大學副教授酈波在央視「百家講壇」講〈風雨張居正〉，掀起了一股張居正熱。酈波在講授中多次動情地提到《張居正大傳》對自己的影響，並不吝對作者朱東潤的崇敬。朱東潤再次走進人們的視野！

蘇雪林：《南明忠烈傳》《屠龍集》

1940年底，奉國民黨中宣部之命，蘇雪林寫了一部25萬字的《南明忠烈傳》，僅僅半年而成，於1941年5月由重慶國民出版社出版。

當時抗戰正進入艱苦階段，「所有公務人員學校教師待遇微薄，而物價高漲，法幣貶值幾不能生活，莫不志氣消沉不能振作。」該書介紹南明幾百個志士仁人，「處極端困厄之境，仍茹苦含辛，萬死無悔，挽魯陽之頹波，捧虞淵之落日，足以激勵軍民的堅貞，發揚其志氣，全國團結一氣，用以抵抗暴倭，自問對抗戰不失為一種貢獻。」[3]

2　轉引自韓敬群：〈缺失的傳記精神〉，《中國圖書商報》2006年8月25日。
3　蘇雪林：《浮生九四——雪林回憶錄》，臺灣三民書局，1993年，第123—124頁。

　　《南明忠烈傳》以明末清初的歷史為切入口，以幾百個抗清復明的忠臣義士為主要刻畫對象，以南明仁人志士的反清鬥爭史事為主要敘述對象。明末清初動盪不安的時代氛圍和內憂外患的社會狀況，同抗戰時期的情形甚為相似，蘇雪林在這裏以當時滿漢間的對抗「暗喻」抗戰時期中國人民與日本帝國主義的鬥爭。「雖然從民族主義角度看，把中國與日本的民族矛盾與中國國內民族矛盾相比有不恰當之處，反映出一種狹隘的民族主義觀念。但這卻具有鮮明的時代色彩和現實針對性，在抗戰的歷史背景下，具有一定的以古鑒今、以古勵今的現實作用。」[4]

　　在人物選擇上，蘇雪林以南明忠臣義士為主要描寫對象，通過對這些忠義之士形象的塑造，表現他們崇高的民族氣節和耿耿忠心，用他們為國為民勇於犧牲的事跡來展現「殺身成仁，舍生取義」的精神內核，歌頌他們「處極端困厄之境，仍含辛茹苦，萬死無悔」的不屈精神，以此鼓勵戰時人們，振作民心士氣，希望全中國能夠團結起來共禦外辱。

　　就故事情節而言，蘇雪林將作品的敘述重點放在明末清初眾多志士仁人抗清復明的鬥爭史事上，在這些英勇抗爭事件的敘述中展現人們捍衛宗邦、寧死不屈的精神氣節。如第五章「魯王監國浙江與起兵」，在具體介紹各位忠臣義士的生平事跡時，蘇雪林注意進一步敘述他們在參加浙魯起兵事時的戰鬥和抗爭故事，展現他們的精神面貌和德操氣節。這種抗爭故事的敘述和抗爭精神的展現本身能對戰時人們產生一種激勵和鼓舞的作用。

　　就創作目的而言，蘇雪林選擇南明忠臣義士與滿清之間的抗爭史來進行敘述，並不是要翻歷史舊帳，而是欲借這樣的歷史題材作品激發戰時人們的鬥志，希望大家團結起來進行反對日本帝國主義的鬥爭。毫無疑問，正是出於一種愛國熱情和民族責任感，蘇雪林接受了國民黨中宣部之命撰寫《南明忠烈傳》。而這一歷史人物傳記則是一部「為時為事而作」的戰時文學作品，體現了蘇雪林「文學為人生」的文藝思想，成為她抗戰時期的重要作品。

　　繼《南明忠烈傳》之後，蘇雪林又以明末抗清志士的故事為題材，寫了若干篇短篇小說如〈黃石齋在金陵獄〉、〈蟬蛻〉、〈偷頭〉、〈秀峰夜話〉共七八篇，後結集名《蟬蛻集》由商務印書館出版。此時，蘇雪林「民族思想的

4　馬鳳：〈論蘇雪林《南明忠烈傳》的創作目的〉，《和田師範專科學校學報》2010年第六期。

水銀柱」，「可算已上漲到了最高峰」。（《辛亥革命前後的我》）她在《蟬蛻集‧自序》中說：「歷史小說也和歷史一般，其任務不在將過去史實加以復現，而在從過去事跡反映現在及將來。……抗戰時期內種種可惡可悲的現象與過去時代相類似者卻也未免太多了。本書在此等處極力加以揭發，也無非想教讀者觸目驚心，消極的戒懼，起而為積極的矯正與補救。」

四十年代初期，蘇雪林還出版了散文集《屠龍集》（重慶商務印書館出版），也表現了她強烈的民族情感，洋溢著高亢的愛國熱情。她對戰時生活的動蕩不安、物質的極度匱乏、物價的扶搖直上，以及知識分子階層精神的苦悶和煎熬進行了淋漓盡致的描寫；但幽默和風趣洋溢在字裏行間。她說：「若不想出個法子騙騙自己，混過這些討厭的歲月，不死也得發瘋。」書名取為《屠龍集》，是她「預先替那倡狂的毒龍畫出了悲慘的結局，……希望明年就是我們偉大的『屠龍年』」（《屠龍集‧自序》）。她在〈樂山敵機轟炸記〉、〈敵人暴行故事〉中用筆記述日本侵略者的血腥罪行和無惡不作的醜惡嘴臉，以此激發同胞們的憤慨之情和鬥爭決心。她在〈家〉中籲請戰時人們暫將小己的家的觀念束之高閣，以搶救同胞大眾的家為重；在〈屠龍〉中向廣大民眾呼籲：「我們努力啊，我們努力！」。在〈煉獄──教書匠的避難曲〉一文最後，她更以滿腔的愛國激情寫下：「我們現在要盡心竭力教育下一代的人，叫他們永遠記著這血海的深仇，向狂暴的侵略者結算最後一筆帳。若環境不許我們再活下去，將孩子托給保育院讓國家去教養，先生拈起槍上前線，太太加入救護隊，有什麼大不了的事？」這些散文飛揚著一種戰鬥的激情，富於時代色彩和現實針對性，蘊含著一股強烈的噴薄欲出的愛國熱情。

蘇雪林是一個有著較為深厚的國家意識與愛國情感的作家。她1929年在自傳體小說〈棘心〉中通過杜醒秋之口流露出愛國的心聲：「中國有錦繡般的河山，有五千年文化，……我曾含咀她文學的精華，枕眝她賢哲的教訓，神往於她壯麗的歷史。……我怎麼不愛中國呢？……中國，可愛的中國，你原是我的靈魂呵！」抗戰爆發之後，蘇雪林總想要為前線戰士做點什麼，替國家為抗戰出一份力。於是，她將出嫁時母親給的嫁奩和十餘年省吃儉用節約下的薪金和稿費，共計51兩黃金，全數獻給了危難中的祖國。當時《大公報》刊出她捐金救國的信息，對其愛國義舉大加贊揚，號召國人學習。時人感奮，一時捐獻者，絡繹不絕。

高亨：《老子正詁》《周易古經今注》

　　1963年10月，中國社會科學院哲學社會科學部第四次委員會（擴大會議）在北京舉行。當時在山東大學任教的高亨教授也應邀參加了會議，並在會議即將閉幕時，與包括範文瀾、馮友蘭等先生一起，受到毛澤東的接見。毛澤東一面親切地與高亨握手，一面風趣地詢問：「你是研究文學的，還是研究哲學的呢？」高亨回答，自己對於古代文學和古代哲學都很有興趣，但水平有限，沒能夠做出多少成績。毛澤東似乎情緒很好，繼續說，他讀過高先生關於《老子》和《周易》的著作；並對高先生的成績給予了肯定的評價，還說了些鼓勵的話。1964年3月18日，毛澤東致信高亨，云「高文典冊，我很愛讀。」

　　毛澤東提到的高亨關於《老子》和《周易》的著作，即《老子正詁》和《周易古經今注》二書。高亨作為上一世紀著名的學者，一生著述宏富，影響深遠。若論其代表作，當首推《老子正詁》和《周易古經今注》，分別展現了他在諸子學和經學研究領域無與倫比的成就。前者是他在樂山武漢大學修訂完成的，後者也是他在武大樂山時期寫成的。

　　1938年，高亨從四川三臺到樂山，任武大中文系教授。他還在吉林法政專門學校任教時，初步寫成了《老子正詁》二卷。這是一本研究老子的重要參考書，吳其昌認為足以與乾嘉大老「抗顏奪席」。到樂山武大後，高亨進一步作了修訂完善，他在自序中說：

　　　　大戰既作，應武漢大學之聘，棲止嘉州。國丁艱難之運，人存憂患之心。唯有沉浸陳篇，以遣鬱懷而銷暇日。爰取舊著，重為審纂。校勘則折其中，訓詁則循其本，玄旨則闡其要，螢爝之愚，管窺之陋，不敢自云有當；然補闕正偽，發幽淪滯，用力勤勤，亦或不無一得也。
　　　　序末注明：「民國二十九年六月一日，高亨敘於四川嘉定淩雲山上姚氏揖峨廬。」[5]

5　參見《高亨著作集林》第五卷，清華大學出版社，2004年。

　　高亨在《老子正詁》以王弼本作底本，其對《老子》的校勘主要在以下六個方面。第一，訂正文字訛誤。《老子》一書在流布中，文字難免輾轉訛誤，因此高亨在《老子正詁》中很注意訂正傳世文本的訛誤。第二，調整錯亂語序。《老子》在流傳過程中，也往往有錯簡現象，語句或有顛倒，高亨則一一為之調整。第三，別異本之是非。《老子》有種多流傳文本，其中各本文字難免齟齬，高亨對於較著名之版本，雖為對照參校本，也指出其訛誤。第四，明確異文通假。《老子》在流傳中，因異時異地異人而傳抄不同，在《老子正詁》裏，高亨也很注意明確其中的通用假借現象。第五，指出文字增衍。《老子》一書若有後人錯誤摻入的文字，高亨在《老子正詁》中也隨時指出。第六，注明文句脫落。《老子正詁》對《老子》傳世文本中的文字語句脫落現象，也能利用現存文獻，並結合《老子》思想加以揭示。[6]

　　我們知道，自從上世紀王國維提出「二重證據法」以來，在文獻的校勘中，出土文獻往往起著決定性的作用。《老子》因為帛書本和郭店本的出土，其思想和文本的研究都得到了很大推進。高亨在沒有看到這些出土文獻的情況下，其《老子正詁》竟有近百處和古書能夠如此契合，更可見高亨學術功底之深厚，學術眼光之敏銳。至於這些歧異的校勘，只有等待更新更多的考古發掘來證明了。

　　高亨的《老子正詁》成就甚多，並不僅限於校勘一門，其廣為人所引用，成為研究二十世紀學術史不可逾越的一座高山，正可以說明這一點。高亨用精湛的古文獻學功力對傳世《老子》文本進行校勘，和他前後時代的馬敘倫、易順鼎、蔣錫昌、陳柱、陶鴻慶、楊樹達等著名學者一道，將20世紀前期的《老子》學推到了一個高峰。

　　高亨於1940年在樂山武大執教時，還寫成《周易古經今注》一書，包括通說和注釋兩部分，曾分別由貴陽文通書局和開明書店印行。五十年代，中華書局曾分別以《周易古經通說》、《周易古經今注》印行。

　　高亨的《周易古經今注》有兩大特點：一是打破以傳解經的傳統注釋方法，把經、傳分開，根據它們各自所包含的內容來研究它們的思想。應該說，這是符合歷史唯物主義觀點的。他認為，《易經》作於周初，《易傳》作於晚周，其間相隔幾百年，傳的論述當然不會完全符合經的原意。《易傳》可說是出現最早的、頗有可採的《易經》注解，但並非是精確悉當的、無可非議的

6　郭偉宏：〈論高亨先生《老子正詁》的校勘成就〉，《管子學刊》2008年第1期。

《易經》注解。高亨主張講《易經》不必受《易傳》的束縛，談《易傳》也不必以《易經》為歸宿，要依照兩書的本來面貌，探求兩書的固有聯繫，這才是研究《周易》經傳的正確途徑。二是不談象數，根據每卦的卦爻辭辭意來研究每卦的思想，從中考查古代社會的狀況。高亨認為談《易經》的占筮是離不開象數的，但講《易經》的卦爻辭可以不管象數。據高亨考察，卦爻辭有些語句與象數的關係可以理解，而有些語句與象數的關係就難於理解。如果認為卦爻辭都是根據象數而寫的，把找出卦爻辭與象數的關係看作是研究《周易》必須堅持的一條原則，那不但越鑽越碰壁，而且也把《易經》巫術化了。他認為在科學昌明的今天，我們應該把《易經》看作是上古的史料，要從這部書裏探求《易經》時代的社會生活及人們的思想意識。

　　李鏡池在《周易通義》一書中是這樣評價此書的，他說「高亨所著《周易古經今注》，在文字訓詁上，費了不少功夫。他繼承了清儒樸學家的傳統而又能超脫了『象數』、『義理』的拘束，因而在辭語訓詁上取得較好成績。」

袁昌英：《法國文學》《行年四十》

　　袁昌英從1942年8月底搬入陝西街「讓廬」到抗戰勝利這三年，創作生涯進入一個高峰期。這三年，袁昌英的生活節奏，可以概括為一個「忙」字。「忙！像我這麼一個身兼數種要職的大員，怎麼會不忙呢？我是個主婦……又是個母親……又是個教授，而且自命是個挺認真的教授……可是，我這個不守本分的人，還有一個毛病……我自命是個作家——就有許多雜誌、書店、機關、社會，邀我作文章。」1943年四五月間，商務印書館總經理王雲五邀請袁昌英編著《法國文學》一書，列入「復興叢書」，約定當年十月底交稿。於是，「從七月五日開始工作，在整個將近三個月的暑假裏，我苦作的像個黑奴。因為屋小人多，我把書籍筆硯，搬到一間幽暗不見天日的儲藏兼便房的屋子裏，實行埋頭苦幹。天氣有時熱到九十七八度，汗流浹背，我也不管。小孩哭叫，我也不管。柴米油鹽，我也不管。應酬交際，我也不管。什麼也不管！其實我又何嘗能夠完全不管！只是管那萬不得已的而已。」[7]

---

[7]　袁昌英：〈忙〉，《袁昌英作品選》，湖南人民出版社，1985年，第259頁。

　　一個夏天寫了十萬字，仍未寫完，開學後要教一門新課，非編講義不可，所以，「美麗的《法國文學》，還缺著三隻腳兒沒有繡完！」於是一拖拖到1944年元旦，楊靜遠在當天的日記中寫道：「幫媽抄文章。她的法國文學一書已寫成，現在趕著抄好就要給一個學生帶到重慶去。」為了寫作之需，「朱光潛、葉孟安先生，將身邊所有法文書籍，借用許久；蘇雪林先生替我校閱全稿；凌淑華先生替我寫美麗的封面；楊端六先生替我抄錄一部份稿子。」

　　這年8月，《法國文學》出版。該書以其《法蘭西文學》（1929年，商務印書館出版）為基礎，從中世紀寫到二十世紀初，洋洋十八萬字。分為「概論」、「詩歌」、「戲劇」、「小說與散文」等四章，每章再按時間順序另分層次，逐一介紹各階段文學的概況和相應的文學家。袁昌英在序言中寫道：

> 　　《天下一家》的作者威爾基訪問埃及時，聽帕夏說，埃及自某個國王以來，「沒有人寫書，沒有人繪畫，沒有人發明什麼東西。」……幾千年以來，埃及的文化，完全停頓了！一個民族的精神生活完全停頓了，那還有不做亡國奴的嗎？
>
> 　　我這半年之中，聚精會神寫了這部法國文學，苦真是苦極了……可是我的大安慰是：我是中華民族的女兒，我要盡我所能寫書，因為中國不是埃及，中國人是永遠不能做奴隸的，所以我要在這中華民族精神的大火炬大光明中，貢獻一支小小的火把！

　　不管做什麼，袁昌英心裏無時不揣著國家、民族。這意識已溶解流淌在她的血液中。她早在「九一八」事變後，親自參加和引導女生為抗日將領馬占山積極奔走募捐、日夜趕制寒衣。抗戰開始了，袁昌英異常振奮，她主動把自己多年積蓄，很大的一筆錢捐給國家支援抗日。1940年1月，她在散文〈生死〉中熱情歌頌前方戰士英勇殺敵，「我們現在前方作戰的青年在那愛同胞、愛國家、愛民族的狂熱情緒中過日子，雖然也許短暫得只有一年半載，卻比在後方那些花天酒地專為私人利益經營地位的行屍走肉比較起來實在是有生與死、存與亡的天壤之別。」抗戰後期，大後方上上下下一片腐敗，袁昌英憂國憂民，痛心疾首。1944年她對即將畢業的外文系學生語重心長地說：「今後走向社會，要清清白白做人，實實在在地做事，每個人都要牢記武大校訓，為國家為民族保存一點氣節。」

　　在繁重的課務兼家務之餘，袁昌英爭分奪秒抽時間寫作，除了出版專著《法國文學》外，還把發表的一些散文遊記等，結集為《行年四十》由商務印書館於1945年出版。楊靜遠曾經概括她母親在樂山那幾年，「年近半百的她像開足了發條，真有點拼命三郎的意味。她矮小單薄的身軀裏，像包藏著使不完的勁。」[8]這現象，她在〈行年四十〉一文裏，從哲學、醫學、生理學、心理學，或者說，從佛洛德的「力比多」學說的角度來解釋為什麼四十歲是人生的一大關卡、險區。因為，「在四十歲以前，人與一般生物的懸殊是比較有限的，他的生活大半是被那個創造生命的盲目意識支配著，實在可以說在『替天行道』！」「四十歲以上的人，經過生命力最後打掙紮的戰爭，而得到平衡以後，他的心境就如『一泓秋水』，明靜澄澈……因為心境的平衡，他的判斷力就來得比以前特別清晰。一生有意識的生活才真正開始。……所以四十歲以上的人，事業心特別濃厚；立德立功立言三種大人物都要求在這時候特逞身手，做出他或她性靈中所要求的轟轟烈烈的事業。」「但是有剛過四十歲的人，就自稱衰老，遽爾頹喪，那就未免太過自暴自棄了，因為他的一生事業，這時才真正開始咧！」

　　幾十年後，蘇雪林回憶袁昌英道：「我那時尚不知寫作對於一個文人是如何的重要……曾當面問她：『寫作之事果然值得一個人拼命追求嗎？』蘭子（按，袁昌英字蘭子）面容嚴肅地回答我說：『雪林，你雖然已寫過兩三本書，卻還不懂得寫作的意義，故此心存輕視。等你一朝受內火焚燒時，你便知道了。』我說：『既如此，你將那股內火撲熄，豈不安寧了？』她又答道：『不行，這股內火是無法撲滅的，它與生俱來，不斷地活動。人類由野蠻登上萬物之靈的寶座，世界由洪荒一片，湧現今日五光十色璀璨炫目的文明，都靠這座內燃機的力量。——人想做的事做成，或預訂的計劃貫徹，這股內火始能熄滅，還能給你甘露沁心般無法形容的清涼。』我當時聽得半明半暗……一直經過十餘年之久……蘭子的話現在才深深領會了。」（臺灣商務版《〈孔雀東南飛〉及其他獨幕劇》）

8　楊靜遠：〈母親袁昌英〉，《咸寧幹校一千天》，長江文藝出版社，2000年，第224頁。

朱光潛：《詩論》《談修養》《談文學》

作為一個學者，朱光潛一生都在教學和寫作。教學之餘，朱光潛在樂山期間出版了一些有影響的作品。

1943年，朱光潛的《詩論》由重慶國民圖書出版社出版。他在序文中說，「寫成了《文藝心理學》之後，我就想對於平素用功較多的一種藝術——詩——作一個理論的檢討。在歐洲時我就草成綱要。一九三三年秋返國，不久後任教北大，那時胡適之先生長文學院，他對於中國文學教育抱有一個頗不為時人所贊同的見解，以為中國文學系應請外國文學系教授去任一部分課。他看過我的《詩論》初稿，就邀我在中文系講了一年。抗戰後我輾轉到了武大，陳通伯先生和胡先生抱同樣的見解，也邀我在中文系講了一年《詩論》。我每次演講，都把原稿大加修改一番。改來改去，自知仍是粗淺，所以把它擱下，預備將來有閒暇再把它從頭到尾重新寫過。它已經擱了七八年，再擱七八年也許並無關緊要。現在通伯先生和幾位朋友編一文藝叢書，要拿這部講義來充數，因此就讓它出世。這是寫這書和發表這書的經過。」《詩論》是四十年代四大詩論之一，為比較詩學的經典之作。朱光潛以他有關古今中外詩歌的豐富知識，在《詩論》中分析了詩的起源、詩的境界，詩與音樂、散文、美術的關係，並對我國詩歌的節奏、韻律、格律等問題作了詳盡的探討。其用西方詩論來解釋中國古典詩歌，用中國詩論來印證西方詩論，全面闡述了新的詩歌美學理念，在中國現代詩學中具有開創性的意義。朱光潛認為：「在我過去的寫作中，如果說還有點什麼自己獨立的東西，那還是《詩論》。《詩論》對中國詩的音律，為什麼中國詩後來走上律詩的道路，作了一些科學的分析。」1944年5月18日，《詩論》獲得了國民政府教育部頒發的1943年度二等學術獎金。

1943年5月，朱光潛把1940年至1942年陸續發表的22篇文章，如〈談立志〉、〈談惻隱之心〉、〈談羞惡之心〉、〈談學問〉、〈談讀書〉、〈談英雄崇拜〉、〈談性愛問題〉、〈談青年與戀愛結婚〉、〈談消遣〉、〈談價值意識〉、〈談美感教育〉等等輯成《談修養》一書，由重慶中周出版社出版。在這裏我還是引該書前言中的一小部分送給大家：「時光向前疾駛，毫不留情

去等待人，一轉眼青年便變成了中年老年，一不留意便陷到許多中年人和老年人的厄運。這厄運是一部悲慘的三部曲。第一部是懸一個很高的理想，要改造社會；第二部是發現理想與事實的衝突，意志與社會惡勢力相持不下；第三部便是理想消滅，意志向事實投降，沒有改革社會，反被社會腐化。給它們一個簡題，這是『追求』，『彷徨』和『墮落』。」

　　同年10月，《我與文學及其它》在桂林開明書店出版。這是曾於1936年4月由良友圖書公司出版的《孟實文鈔》的增訂本。增訂時抽去了〈小泉八雲〉等三篇，補入了1943年發表的〈從我怎樣學國文談起〉等兩篇。葉聖陶為該書寫有廣告宣傳詞：「這個集子收集文學論文十四篇。說是論文，可不是搬弄理論，輯錄成說的一類。作者談他怎樣跟文學打交道，經歷怎樣的甘苦，得到怎樣的領悟，嘗味怎樣的愉悅；深廣的學識，超脫的胸襟，濃厚的同情，融合而為親切有味，引人入勝的文字，其中大部分涉及詩。一切好的文學跟藝術本來都是詩，當然從廣義方面說。要在文學跟藝術的天地間迴旋，從詩入手，植根更深。讀者讀這個小集子，宛如跟作者促膝而坐，聽他娓娓清談，而跟隨作者從詩的基本點看文藝，所見必將更為深廣。」（《葉聖陶集》第18卷）

　　1945年，朱光潛將寫於抗戰最後幾年、曾在幾個不同刊物上發表過的十幾篇談文學的文章輯成了一本《談文學》，在重慶正中書局出版。本書是朱光潛專門寫給青少年朋友的文學啟蒙讀本。朱光潛談文學，行雲流水，自由自在，他像談話似的一層一層領著你走進高深和複雜裏，從深入淺出的話語中你可以瞭解到一些文學的基本知識，還可以感受到春風化雨般的薰陶。一篇篇文章雖短，卻無時不體現著他的博大。中西方文化的比較、文學和人生的思考和文學與語文之關係的探討等等，如果沒有博覽群書做底子，怎能說得通透。他在這本書的序言中說，「這些短文都是在抗戰中最後幾年陸續寫成的，在幾個不同的刊物上發表過，因為都是談文學，所以我把它們結集成為這個小冊子。文學是談不盡的，坊間文學入門之類書籍實在太多。這類書籍沒有多大用處，人人都知道。學文學第一件要事是多玩索名家作品，其次是自己多練習寫作，如此才能親自嘗出甘苦，逐漸養成一種純正的趣味，學得一副文學家體驗人情物態的眼光和同情。到了這步，文學的修養就大體算成功了。如果不在這上面做功夫，讀完任何數量的討論文學的書籍，也無濟於事。這個小冊子說淺一點不能算是文學入門，說深一點不能算是文學理論。它有時也為初入門者說法，有時

也牽涉到理論，但是主要的是我自己學習文藝的甘苦之言。文學是我的第一個嗜好，這二十多年以來，很少有日子我不看到它，想到它。這些短文就是隨時看和隨時想所得到的一點收穫。在寫它們的時候，我一不敢憑空亂構，二不敢道聽途說，我想努力做到『切實』二字。」這本書是不同於其他文學入門書籍就在於作者，「我願與肯用心的愛好文學的讀者印證經驗。」

吳其昌：半部《梁啟超》

　　1925年，清華國學研究院開辦，浙江海寧人吳其昌即報名應考。此次招生共錄取學生33名，吳其昌以第二名考中，成績驕人。是年9月9日，研究院舉行開學典禮，王國維、梁啟超、趙元任、陳寅恪四大導師先後到校任教。各位教授有不同的指導範圍，如梁啟超負責諸子、中國佛教史、宋元明學術史、清代學術史與中國文學諸學科。而吳其昌擇定「宋代學術史」為研究題目，由梁啟超擔任指導教授。二人因此締結的師生緣，無論對於梁還是吳的學術生命，都極其珍貴且意義深遠。

　　1928年，因梁啟超的舉薦，吳其昌受聘南開大學，在預科教授文史，由此走上高等學府的講壇。1932年，吳其昌偕妻來到美麗的珞珈山，後任史學系主任。抗戰爆發後，吳其昌隨武大西遷來到樂山。

　　1943年歲末，重慶勝利出版社為發揚文化傳統、凝聚民族精神，組織編纂《中國歷代名賢故事集》，中有《梁啟超》一冊，特邀梁之高足、武大吳其昌承撰。既感師恩，又以民族文化建設為己任，吳其昌因此不顧病勢沉重，慨然應允。無錫國專同學王蘧常曾記其寫作情景：「臨命前一月，尚應當事約，作梁任公傳，都五十（「十」疑為衍字）萬言，力疾從事。氣若不屬，屢作屢輟，終至不起。」[9]此語雖簡要得體，卻不如吳其昌自述詳細感人：

　　　　其昌受命奮興，時病正烈，學校正課，至請長假，而猶日日扶病，
　　　　搜集史料，規畫結構，創造體例，起打草稿，雖在發燒、吐血之日，亦

9　王蘧常：〈吳子馨教授傳〉，夏曉虹、吳令華編：《清華同學與學術薪傳》，生活・讀書・新知三聯書店，2009年，第27頁。

幾未間斷，其事至苦，……近兩月來，幾於日夜趕撰此稿，朋友勸阻而不果。（〈致潘公展、印維廉書〉）

　　潘公展、印維廉二先生囑撰《梁啟超傳》，十二月中旬開始動筆，一口氣寫五萬字足，直至一月十九日，始告一段落，身體太弱，寫四五天必須睡息一天，辛苦！辛苦！（〈致侯堮書〉）

　　北大中文系夏曉虹教授在百花文藝版《梁啟超》前言中說：吳其昌在生命的最後階段撰寫的《梁啟超》雖盡成上篇，仍足以顯現其學術精神。他自認「本書為其昌嘔血鏤心之著述，雖片言隻字，未敢稍苟」，其寫作也「正因負責、確實、認真三義堅守不渝之故，乃至誤期」（〈致潘公展、印維廉書〉）。而展讀該書，又可以發現，吳作明顯沿用了1901年梁啟超著《李鴻章》所開創的現代評傳做法。由於梁氏認為，「四十年來，中國大事，幾無一不與李鴻章有關係；故為李鴻章作傳，不可不以作近世史之筆力行之」（《李鴻章·序例》）；以此，《李鴻章》一書又名《中國四十年來大事記》，對於李氏生平的記述也處處關合著中國近代史上的重大事件。這一梁啟超運用嫻熟的傳記章法，經由其在清華研究院講授「歷史研究法」的耳提面命，其中精義「以一個偉大人物對於時代有特殊關係者為中心，將周圍關係事實歸納其中，橫的豎的，網羅無遺」（周傳儒、姚名達記《中國歷史研究法補編》分論一《人的專史》第一章），也為吳其昌所心領神會。尤其在為導師做傳時，吳氏更自然而然秉持梁氏遺意。其書現存三章，分別題為「一世紀來中國之命運」、「亡國景象與維新初潮」以及「維新的失敗與革命的成功」，一一對應著「從鴉片戰爭至梁氏誕生的前夕」、「從梁氏誕生至戊戌政變」以及「自戊戌變法至梁氏亡命」的副題，明顯體現出將1898年之前的中國近代史與傳主梁啟超的個人史相結合的立意。

　　蒿目時艱，吳其昌熾熱的救國情懷也在《梁啟超》一書中展露無遺。在為梁啟超登場所作的時事鋪墊中，吳氏也特於結尾處設置了「暴日蓄志亡華的深心」一段論說，揭出早在明治之前，日本的維新志士即以吞並中國為日本強大的國策。而吳氏1942年發表的〈梁任公先生別錄拾遺〉與〈梁任公先生晚年言行記〉，無論是寫作心境還是敘述思路，均與《梁啟超》一傳相通。二文所勾勒的梁氏日本觀之轉變，如何從「戊戌亡命日本時」「覺日人之可愛可敬」，

到「護國一役以後，始驚訝發現日人之可畏可怖而可恨」（〈梁任公先生別錄拾遺〉），以及作者不斷提示的梁對日本的警惕，放在抗日戰爭的特定背景下解讀，才可以得到準確的理解。

與吳其昌結交甚早的王蘧常描狀其形象為「長身尫瘠，一目視不能寸，削顎，有文如龜裂，常自虞不壽，無所成名，以此學益奮」；又稱其「長好辯論，卓詭出人意，然必以正；矜氣不肯下人，然能服善；遇事激昂僵僕無所辟」[10]，可謂傳神寫照。吳其昌曾在家庭談笑間評點陳源為「英國脾氣」、徐志摩為「美國脾氣」，而自許為「中國脾氣」，後者由吳本人釋義為：「替別人著想，犧牲自己，負責任。」（吳令華〈冷月照詩魂〉）證之以梁啟超與吳其昌的師生情誼，信然。

1943年12月中旬開始，吳其昌為著《梁啟超》一書，從搜集史料，規劃結構，創造體例，起打草稿，至1944年1月19日完成上半部三章五萬餘字。2月23日凌晨，病重的吳其昌忽然清醒，大聲說：「快快做飯，我吃了要去開會。」夫人問：「去哪裏開會？」他拉過夫人的手放在額上，說：「這裏──學堂裏。」隨即又昏過去。早上六時許，吳其昌永遠離開了人間，年僅四十。實踐了梁師「國難當頭，戰士死於沙場，學者死於講壇」之誓言。此傳亦因之以「半部梁傳」之名，譽滿天下。

自言「冀少酬先師任公知遇之厚」的這半部《梁啟超》傳記，出版時已成其遺著。因此，書稿印行時，也與同一系列的諸作不同，為表哀悼，卷首特別冠以由「勝利出版社編審組」署名的〈作者小傳〉。吳令華在一篇文章中說他父親著《梁啟超》，「真做到了『摳出心血來換它』。父親是在以生命殉他的事業學問呵！」[11]

楊端六：《貨幣與銀行》

長相並不富貴的楊端六，被譽為能扭虧為贏的商務「金櫃子」，「中國商業會計的奠基人」，「聲名僅次於馬寅初的貨幣學家」。

[10] 王蘧常：〈吳子馨教授傳〉，夏曉虹、吳令華編：《清華同學與學術薪傳》，生活·讀書·新知三聯書店，2009年，第25—26頁。

[11] 吳令華：〈用生命換學問〉，《鄉鎮企業導報》2006年第9期。

　　在沒有「會計」，只有「帳房」的年代，楊端六的很多工作都是開創性的：1917年，當他還是個英國倫敦大學政治經濟學院的窮留學生，就發表論文，第一次把現代會計方法介紹給中國商界。5年後，他出版了中國人自撰的最早的貨幣學著作《貨幣淺說》。他還首次向國人介紹「超等市場」（即「超市」）、「信託公司」這樣的新概念。

　　我國舊時商業記帳是流水簿，這種方法只能簡單地表述資金收付情況，隨著商事日繁，已是弊端重重。喝了幾個國家「洋墨水」的楊端六歸國後，1921年在商務印書館工作，他對前來考察的胡適說，「館中無人懂得商業，館中最大的弊是不用全力注重出版而做許多不相干的小買賣，編輯所中待遇甚劣，終年無假期。」胡適認為「極中肯要」。楊端六銳意改革，以新式記帳方法推動近代化管理，使這家書店扭虧為盈。這也是中國近代企業中第一次會計制度大改革。

　　因為楊端六在經濟學領域的名聞遐邇，1933年4月，蔣介石專門請他為其個人講經濟學兩次。楊靜遠說父親因此得了個「蔣介石的老師」之惡名。蔣要他出任軍事委員會第三廳（審計廳）廳長之職，他以不是軍人為由予以推辭。蔣不允，他又提出「不離校、不離講臺、不穿軍裝」，只在假期去南京兼職為條件。蔣全部應允，還授予他上將軍銜及經濟委員會委員之職。1933年至1937年，他每年暑假到南京任職兩個月，身著長袍馬褂，是國民黨軍隊裏唯一不穿軍裝的上將。後因國民政府遷都重慶，這個閒衙門「審計廳」也就裁撤了。

　　1939年8月19日，楊端六正在吃午飯，忽然空襲警報大作，幾十架日本轟炸機壓頂而至。所有人奔出去逃命，楊端六卻往裏屋跑，從屋裏搶出一包書稿。就是日後出版的《貨幣與銀行》手稿。

　　抗戰時期的武大教授們多以手抄講稿授課，學生記筆記作為學習的主要資料，也有幾位是以他人的著作為基本教材的。經濟系主任陶因教授有一本油印的教材就顯得很稀罕，而楊端六講「貨幣與銀行」課用的教材卻是商務印書館1943年正式出版的，有數十萬字的楊端六專著《貨幣與銀行》。這本書是當年大後方各大學廣泛選用的著名教材。楊端六也成了二十世紀四十年代武大經濟系中唯一出版專著的教授。

　　《貨幣與銀行》全書共分四篇。第一篇述貨幣制度，第二篇述信用制度，第三篇述貨幣理論，第四篇述貨幣銀行政策。作為大學經濟及商業學方面的本科生教材，該書體例完備、資料豐富，詳細論述了貨幣制度、信用制度、貨幣

理論以及貨幣與銀行政策等方面的內容，書中除大量引用歐美國家金融資料外，也引證了一些反映當時中國金融狀況的資料。本書說理透徹，深入淺出，是一部具有較高學術和參考價值的經濟學專著。

近年武大出版社將此著列為「百年名典」之一再版，在前言中說：「本書性質既屬教科書，即重在說理透徹，由淺入深，引人入勝，而不重在標奇立異，獨樹一幟。所引各家學說，只能在力所能及之範圍內，盡量介紹，極少論斷之處。仁者見仁，智者見智，讀者欲窺全豹，不妨自閱原書，參合自己之立場，加以批判。原來此類理論，多係抽象，強為是非，殊難合理。時事之變遷，環境之互異，更不能執一而論。讀者苟能融會貫通，則運用之妙存乎一心，本不必預懷成見。」

曾任中國商業政策研究會副會長、中國商業經濟學會學術委員會主任的萬典武，1941年考入武大經濟系，受業楊端六門下。據萬典武回憶，「在當時通貨膨脹彌漫世界各國的背景下，我饒有興趣地聽了楊先生講授『貨幣與銀行』這門課，並反覆研習了楊先生的專著。楊先生的這本書，講的是基礎原理，常常引用英文原文，而且開列了大量的英文原著目錄作為參考資料。我就是根據楊先生的這些指引，讀了幾十本英文的這類專著，其中有的泛讀，有的精讀。楊先生的這種著述和教課方式，非常適合引導青年學子進入這門新學科，為我國培養了第一批掌握這門學科的人才，他的專著成為我國貨幣學、金融學的奠基專著之一。」「在我按楊先生名著《貨幣與銀行》所列參考書目不斷研習的過程中，常常遇到一些不懂或不甚明瞭的問題，我都夾上小紙條，過一些時日，就集中起來，專程到楊先生府上（租用當地民宅）去請教。他摘下眼鏡仔細翻閱英文原著的有關段落，有時還看一看書名、作者、目錄等，然後慢條斯理地給我講述和解答。我一再受到有針對性的指點，茅塞頓開，啟迪良多。我的大學本科畢業論文是關於凱恩斯（J．M，KEYNES）的貨幣理論的，研究生的畢業論文是關於凱恩斯就業理論的。論文的提綱呈送楊先生，均得到批准。寫成後，他又仔細審閱，勞神費心，令我沒齒難忘。」[12]

楊端六在武大執教36年，著述頗豐，主要有《信託公司概論》、《貨幣淺說》、《銀行要義》、《中國改造問題》、《商業簿記》、《貨幣與銀行》、

---

[12] 萬典武：〈緬懷恩師楊端六教授〉，《珞嘉歲月》2003年，第158—159頁。

《公司概論》、《社會政策》、《六十年中國國際貿易統計》、《記帳單位論》、《現代會計學》、《工商組織與管理》、《清代貨幣金融史稿》等。他是中國著名的財政金融專家和經濟學家，在銀行、貨幣、信託、商業、會計等學科領域取得開拓性的成果。

石聲漢：《生命新觀》

　　1944年底，生物系教授石聲漢花費8個月的業餘時間，傾注一腔心血，在他37歲生日（11月19日）之際寫成了《生命新觀》一書。該書分為三部分，即「生之執著」、「生之發展」、「生之意義」，共計16·8萬字。最初是在黃海化學社內刊《海王》雜誌連載，繼而武大文化印書館出單行本。石聲漢在單行本序言中寫道：

　　　　三十二年五月，在新塘沽第一次見到範旭東先生。範先生覺得應當有一本中文書，寫出一種中國人自己底「生物學的人生觀」來；而且提示我應當盡這一點責任。範先生底話，上半我絕對贊成：這本書的確很需要。下半，我無從反對：這本書現在卻並沒有。有一句自謙之詞，道是「拋磚引玉」；目前的真正的生物學者，既然還沒有拿出來，像我這樣一個從事生物科學的人，走出來拋一兩塊碎磚頭，既無損於學術底尊嚴，也無身份受傷之慮，正是「義不容辭」。所困難的，我雖在從事生物科學，尋常也盡有一些偏見，但自己尚無一點夠得上稱為「人生觀」的見識，因此，縱想拋磚，也苦於無磚在手。結果回答範先生：「回學校去努力嘗試嘗試，不敢說定能否交卷。」

　　　　回到樂山，這個題目隨時都在思慮中旋轉，總想把自己積累的一些材料，和上偏見，捏成一篇文章；但是沒有系統，無處著筆。五月二十三日，參加業師張鏡澄教授講學三十週年紀念大會底慶祝典禮；對著這位齒德俱尊的生物學家，追想他把畢生精力，灌注在教育事業方面，在一個學校裏，繼續苦守了三十年，所創造的成績；一時萬感交集。就在這時，聽見坐中觀禮的來賓，有人在門語，說：「這總是人

生！」好一句話！這句話給了我一個大啟示。晚間獨坐暗中，回想白天的事，想到先生底成就，是根據他的修養，利用了極艱難的環境，才創造了他不朽的盛宴。於是，得到了我所需要的主題：「生命，是根據過去，利用現在，創造未來；是連續相諧的變化。」我決定就根據這一個主題，來寫我底「生命觀」；把人生看做生命一角。雖然文不對題，卻強於交白卷。

主題有了，材料有了，可是種種牽纏，種種遷延，始終沒有動手，直到三十三年三月，又在新塘沽見到範先生，十分感覺慚愧，這才決心開始。此後寫寫停停，直到十一月底下半月，方才完成草稿。一面寫初稿，一面就請人抄寫，央及閻幼甫先生訂正文字後，在《海王》陸續發表。寫後面的草稿時，前面的草稿，常常不在手邊，自然免不了前後相乖迕。參考材料，相當缺乏，許多東西，都憑記憶，錯誤更是不免。根據既是如此，利用的結果，所能創造的，可想而知，正無所逃於「因果律」。

有人批判我這幾篇東西「不科學」，我絕對接受。但我有一句辯護，就是我本來並沒有準備把它們寫成「科學讀本」；我既只以一般人底態度來捉摸生命，一般人正無需太科學。還有人嫌「態度不嚴肅」，我更接受。不過我也有一句辯護：且借用人家批評笛更司的一句話，「每一個笑後面，都有一滴眼淚。」我見到許多的事，都值傷心墮淚；我不敢把它們嚴肅地寫成一滴滴眼淚，讓人家跟著傷心；寫成了笑，便無法嚴肅了。技巧不夠，非常歉恨。

這書底題名──《生命新觀》──是閻幼甫先生和同門蕭寅秋兄底提議。「新觀」雖然未敢自信；但是既不能從記憶中把他人底定見和自己的偏見，逐一分開，這湊合的局面，倒是新的，所以欣然從命。

最後，對於範旭東先生底提示與鼓勵；張老師的教訓與啟示；「海王」社閻幼甫褚東郊石上渠各位先生各方面的鼓勵與幫助，而且允許我由《海王》中抽印作單行本；學長何春喬教授底「生物進化論」，給了許多暗示，我無意中也從書中借用了一些材料，徐運南先生和雷振芳君代抄原稿；同門蕭寅秋兄底許多幫助，讓這本書能出版；這些，都誠心道謝。

三三，一一，一九。樂山國立武漢大學[13]

---

[13] 石聲漢著：《生命新觀》，文化印書館，1944年。

　　當年，著名考古學家董作賓先生讀了《生命新觀》後，曾寫了一副對聯送給石聲漢：「生命別自有新觀，惟多識草木蟲魚鳥獸。文筆足以傳後世，乃縱言上下古今中外」；1962年又推薦臺北世界書局重排出版此書，列入世界青年叢書。數學家吳大任讀完，「深感這本篇幅不大的書包含一個『大千世界』。它是科學和哲理的結合，而這種哲理則體現著聲漢的人生觀。書中材料豐富，描寫生動細致，分析詳盡，充分表現了作者閱讀之勤，見聞之廣，記憶力之強，觀察事物之深刻。作者把深沉的思想感情融合於對事物的刻畫之中，使讀者不能不感到書中處處都蘊含著某種寓言。此外，這本書文筆暢達，辭藻豐富，亦莊亦諧，足以代表聲漢的文風。」[14]

　　石聲漢自小酷愛文學，在祖父和師長（如明德中學時的老師、後在武大任教的劉永濟教授）的薰陶、培養下，十多歲就開始賦詩填詞，寫了近四百首詩詞。石聲漢賦詩填詞是為了「自寫塊壘」，抒發自己的情懷，除親人、密友外很少示人。1944年底，石聲漢寫了一組詞〈望江南〉（春蠶夢），共十二首，用春蠶生長變化的過程——從蠶蟻寫到吃桑葉長大成蠶，然後上山吐絲結繭，蛻皮成蛹再羽化成蛾，比擬自己寫作《生命新觀》的困難艱辛；同時表露即使自己勞動成果的價值暫時不被人認識，也毫不在乎的豁達態度。詞家葉嘉瑩評說，「石教授這一組詞全部以春蠶之吐絲、作繭、織帛、裁衣為喻，以自寫其一生之辛勞工作之全部為人而全無為己之心意。喻象之美與托意之深，二者結合得既優美又貼切，既有詞人之纖柔善感之心性，有才人志士之理想與堅持，其所體現的品格與才質之美，也就正是石教授所提出的『憂饞畏饑』四個字之深層意蘊的另一點可供沉思之處。」[15]

桂質廷、梁百先：發現「赤道異常」現象

　　早在上世紀30年代，尚在華中大學任教的桂質廷，首先開始對武昌上空的遊離層進行了探測。當時正是抗戰時期，武漢經常遭到空襲，他和同事們克服

---

[14] 吳大任：〈懷聲漢〉，《石聲漢教授紀念集》，1988年，第55—56頁。
[15] 葉嘉瑩：〈《荔尾詞存》序〉，石聲漢：《荔尾詞存》，中華書局，1999年。

重重困難，取得了1937年10月至1938年6月共9個月的探測記錄。這是我國首次對電離層的常規觀測和研究，並取得了兩項突破性的成果：一是桂質廷幾乎與美國科學家同時注意並報導了「擴展F層」的重要現象；二是桂質廷發現武漢地區F2層臨界頻率明顯超過了按緯度分佈的預期值，他把這種現象歸結為「緯度效應」，也就是電離層赤道異常現象。

1939年3月起，桂質廷受聘於武漢大學教授，並任物理系主任。1943年，桂質廷作為中國知名學者被派出訪美國。在美期間，桂質廷一手促成武漢大學與美國訂立了一個合作觀測和研究電離層的協議。原來，太平洋戰爭爆發後，美國海軍為了確保無線電短波通信安全可靠，急需在遠東地區建立一所遊離層實驗室，以便將它所測得的遊離層數據，與全球其他各地的遊離層數據匯集起來，從而做出近期短波通信可使用的最佳頻率預測，於是他們首先想到早年在美國留學的桂質廷博士。經過雙方磋商，達成協議，由美國海軍提供測試儀器與經費，中方負責探測遊離層數據，定期給美方。

1945年，一臺DTM－CIW3型的半自動電離層探測儀器由正在美國完成學業、即將回國的桂質廷學生許宗嶽博士帶回。當時正值二戰期間，海上交通中斷，許博士只好乘坐美國軍艦於將儀器帶回來，安放在樂山武大工學院（三育學堂）內。由此，正式啟動了中美間在電離層探測研究領域的國際合作項目，這也是中國首個地球空間探測的大型科研項目。當時從天、地線的架設到各組件的安裝調試，頭緒萬千，十分艱難，這一既容易出現失誤又不允許出現一點紕漏的重擔，落在了梁百先教授的肩上。為了避免可能出現的失誤，他邀請工學院陳芳允、許宗嶽等教授和理學院龍咸靈、王燊、李子高等教師和技術專家，協同隨設備一起來華的以Edwards上校為首的幾位美海軍技術人員，群策群力，精心組織，縝密安排，只用了兩個多月將設備安裝調試完畢。

從1946年1月1日零時起，在樂山武大戰時校址開始正式觀測（每天24次，每小時一次，正點前10分鐘開始，每次約10分鐘），武漢大學遊離層實驗室也由此創建，這便是中國的第一個電離層實驗室。桂質廷親手觀測描繪出了樂山上空電離層的第一份正規的頻高圖。觀測數據按協議寄往美國國家標準局所屬中央無線電波傳播實驗研究所，由它集中全球百餘處觀測數據，進行匯編交流。國立武漢大學的這項觀測研究，在桂質廷和梁百先的主持下，成為中國科學家早期參與國際科研合作的一個成功典範。

　　電離層這一自然現象，無論是對當初馬可尼的越洋電報，還是對當今信息時代滿天飛的各式各樣的電波，都有這樣那樣的正面或負面的影響，對人們的生產、生活關係重大。對這一重要現象的研究，在國際上是英國的愛潑登先生在1925年前後開始的。在我國，1936年陳茂康、朱恩隆、梁百先等人觀測了一次日蝕效應；1937—1938年，桂質廷和他的學生宋百康作了幾個月的常規觀測；1940年，呂保維在美國作過電離層吸收作用的研究；四十年代中期，也有一組人在重慶作過垂直觀測。但從設備的先進性和觀測數據的密度看，桂質廷的這一項目卻是甚具優勢的。自那時起，經過桂質廷和梁百先、許宗嶽、龍咸靈等人接力式地辛勤培育，特別是新中國成立以後，原來那個單一的「遊離層實驗室」已發展成面對空、地、海進行多項目研究的國家重點「電離層實驗室」。

　　抗戰勝利後，武漢大學遷回珞珈山，1946年遊離層實驗室也隨著遷回武昌，同時，與美國海軍簽訂的協議也中止了，改由美國標準局（Bureau Standards，類似於我國的技術監督局）接手，負責供給遊離層實驗室經費。實驗室則定期向該局提供武昌上空的遊離層數據，作為它進行通信最佳頻率預測之用。

　　1947年11月，梁百先在英國《自然》（Nature）雜誌上發表了一項國際水平的成果——「赤道異常」（Equatorial Anomaly）現象。其實梁百先在武大樂山時期，就發現了磁赤道兩側電子濃度異常的現象。而英國物理學家、諾貝爾獎獲得者Appleton也發現了這一現象，其論文比梁百先早一年發表在同一刊物上。不過兩位學者文章中的曲線，卻都是1944年各自的觀測資料，Appleton 的是3月份，而梁百先的曲線則是9月。由於種種原因，梁百先的論文晚發表了一年，但觀測和分析都是各自獨立分別進行的。所以這一自然現象也稱作Appleton-Liang異常。這是在電離層研究領域中國科學家作出的第一個受到國際學術界認可的重大發現。

高尚蔭、公立華：發現中華桃花水母

　　「春來桃花水，中有桃花魚。淺白深紅畫不知，花開是魚兩不知。花開正值魚戲水，魚戲轉疑花影移……」這首古詩裏提到的「桃花魚」讓古今無數文

人墨客盡情發揮想像、揮灑筆墨。這些小精靈在水中翩翩起舞，如朵朵桃花般盛開在。它們神秘、柔弱而美麗，帶給人們異樣的驚喜和震撼。

桃花魚真的是「魚」嗎？答案是否定的，如同鱷魚和鯨魚就不是魚一樣。它其實叫桃花水母，是一種瀕臨絕跡、古老而珍稀的腔腸動物，已有15億年以上的生存歷史，是地球上最低等級生物。由於其對生存環境有極高的要求，活體又極難製成標本，所以，其珍貴度可媲美大熊貓，被國家列為世界最高級別的極危生物。因此又被人們稱為「水中大熊貓」、「水中活化石」。資料顯示，世界上目前存在兩種桃花水母，分別是1880年6月英國倫敦皇家植物園發現的索氏桃花水母，另一種是1939年2月在中國四川省樂山縣大渡河邊發現的中華桃花水母。

中國的桃花水母是誰發現的？國立武漢大學生物系教授、中國病毒學研究的開拓者和奠基人高尚蔭和他的助手公立華。

1909年，高尚蔭出生於浙江嘉善一個書香世家。1930年赴美深造，次年獲佛羅里達州勞林斯大學文學學士學位。1931年秋入美國耶魯大學研究院，1935年獲自然哲學博士學位。同年8月，高尚蔭受湯佩松邀請回國到武大任教（當時他年僅26歲，是武大最年輕的教授），直到1989年病逝，在武大整整工作了54年。

抗戰爆發後，武大西遷四川，高尚蔭夫婦和助教公立華離開珞珈山，一路風塵僕僕，於1938年4月28日到達樂山。高尚蔭所在的理學院，位於樂山城外大渡河邊的李公祠（現樂山人民醫院宿舍所在地）。武大一些師生每日必出城南高西門，沿城牆下坡左行數十米至大渡河北岸，挑回河水存於大木桶中，留待取用。夏日波濤滾滾，冬季河水極淺。

1939年初春，就在與河水相連的一處水塘，高尚蔭和公立華見到了當地人屢見不鮮的「桃花魚」。我國古書記載「非魚也，生於水，故名之曰魚；生於桃花開時，故名之曰桃花魚」。早春時節，一朵朵桃花魚在清澈見底的河水中上下漂蕩，悠然自得，晶瑩透亮。這是幾個直徑約為18毫米的桃花魚，拇指般大小，外形似一把撐開的傘體，邊緣有256條線條觸手。公立華手捧舀滿「魚」水的燒杯一路跑回實驗室，引得路人紛紛側目觀看。高尚蔭和公立華立刻投入生物學物種腔腸動物門淡水水母的分類形態結構和生理研究，這是中國學者最早在無脊椎動物學領域的開創性研究。

1939年2月，30歲的高尚蔭和27歲的公立華合作論文《四川嘉定淡水水母之研究》「生理問題之初步研究報告」篇寫到：「淡水水母，在實驗室中，可生活於pH4.6—8.8之淡水中。其傘部之伸縮運動並不受任何影響。其口部對於食物之性質無辨別能力。當食物運至口管中部時，其能消化者如水螅及水蚤等即進入腸脈腔中消化之，其不能食用者即行棄去。在培養缸中，此種水母已活至百日以上仍活潑如昔。其對於低溫之適應力極大，在5.5℃時，仍甚活潑，但高至30.5℃時，即停止運動。電燈光對之無甚影響。」隨即，高尚蔭、公立華經研究定名為「中華桃花水母」，論文在《國立武漢大學理科報告（生物學）》上發表，研究簡報在美國著名學術期刊《科學》上發表，武大學者發現命名的中華桃花水母登上世界科學殿堂。這是中國學者最早在無脊椎動物學領域的開創性研究。這一成果時至2009年仍被引用。

1943年5月下旬，英國現代生物化學家李約瑟博士一行到樂山參觀訪問，重點考察了武大理學院的教研情況。10月，李約瑟在世界著名學術期刊《自然》上撰文寫道：

> 嘉定武漢大學生物系在離城不遠的北斗山上，在該系附近，有一座很厚石牆的石望樓，該系現已將其作為一個很好的實驗室……實驗室下面有一座水池，但絕非普通水池，這兒每年都培育出一群水母（此處離海有2千英里），這種水母被高博士和公立華稱之為Crapedacusta Kiatingi。兩位博士還對這種水母進行過生理研究。所有的生物學家各系由資深的植物學家張珽博士領導。[16]

1943年考入武大哲學系的蕭萐父回憶，「哲學系大一的學生，必須選修一門自然科學。我選了生物學，由當時留美博士、剛回國的青年教授高尚蔭先生講授。他從生命科學的基本原理和最新進展（他當時就講到『病毒』的發現及其對研究生命起源的意義等），講到他對大渡河中淡水水母的研究成果等，同學們聽得津津有味，並受到多方啟發。」[17]

[16] 李約瑟：〈川西的科學（二）生物學與社會科學〉，李約瑟、李大斐編著：《李約瑟遊記》，貴州人民出版社，1999年，第111頁。
[17] 蕭萐父：〈冷門雜憶〉，臺灣《珞珈》（1994年1月）第118期。

第十章　導師制與訓導處

所謂「導師制」「訓導處」

1938年3月28日，國民政府教育部頒發〈中等以上學校導師制綱要〉，旨在嚴密束縛學生思想行為及其個性的發展。綱要內容如下：[1]

1、本部為矯正現行教育之偏於知識而忽於德育指導，以免除師生關係之日見疏遠而漸趨於商業化起見，特參酌我國師儒訓導舊制及英國牛津劍橋等大學辦法，規定導師制，令中等以上學校遵行。

2、各學校應將全校每一學級學生分為若干組，每組人數以五人至十五人為度，每組設導師一人，由校長指定專任教師充任之，校長並指定主任導師或訓育主任一人，綜理全校學生訓導事宜。

3、導師對於學生之思想、行為、學業、及身心攝衛，均應體察個性，施以嚴密之訓導，使得正常之發展，以養成健全之人格（訓導綱要另定之）。

4、訓導方式不拘一種，除個別訓導外，導師應充分利用課餘及例假時間，集合本組學生舉行談話會、討論會、遠足會等作團體生活之訓導。

5、導師對於學生之性行、思想、學業、身體狀況各項，應依照格式詳密記載，每月報告學校及學生家長一次，其繳學校之報告，主管教育行政機關，得隨時調閱之。

6、各組導師應每月舉行訓導會議一次，會報各組訓導實施情形，並研究關於訓導之共同問題，訓導會議由校長主席，校長因故不能出席時，得由主任導師或訓育主任代表主席。

---

[1]　正文轉引自《抗戰中的中國文化教育》，上海人民出版社，1961年，第55—56頁。

7、各組導師對於學生之思想與行為各項，應負責任，學生在校或出校後，在學問或事業方面有特殊之貢獻者，其榮譽應同時歸於原任導師，其行為不檢思想不正如係出於導師之訓導無方者，原任導師亦應同負責任，其考查辦法另定之。

8、導師認為學生不堪訓導時，可以請求校長准予退訓，其受退訓之學生，得就本校導師中自選一人訓導，如再經退訓時，即由學校除名。

9、學生畢業時，導師應出具訓導證書，對於學生之思想、行為、及學業各項，詳加考語，此項證書在學生升學或就業時，其關係方面得隨時調閱之。

10、本部指定督學隨時視察各校導師制實施情形專案報部，中等學校導師制實施情形，各省市教育廳局，應派督學隨時視察指導。

11、各專科以上學校得依本綱要另訂導師制施行幼細則，中等學校導師制施行細則得由教育廳局依本納要規定之。

12、本綱要經呈行政院備案後施行。

不難看出，所謂「導師制度」，其實就是在學生中建立特殊式的特務制度。

與綱要同時頒布的還有〈關於各校實施導師制應注意之點〉[2]：

> 　　本部創設導師制之宗旨，已於綱要中言其梗概。我國過去教育，本以德行為重，而以知識技能為次要。師生之關係，親如家人父子；為師者之責任，非僅受業解惑而已，且以傳道為先。自行新教育之來，最初各校猶列修身論理為教科；而老師宿儒，流風未泯，人格薰陶，收效尚巨。自治至近十餘年前放任主義與個人主義之思潮，泛濫全國，遂影響於教育制度。修身倫理既不復列為教科，而教育功能亦僅限於知識技能之傳授。師生之關係，僅在口耳授受之間。在講堂為師生，出講堂則不復有關係。師道既不講，學校遂不免商業化之譏。凡此情形，不僅使教育失效，實為世道人心之患，早為有識者所深憂。本部為矯此弊失，復納教育於正軌起見，爰斟酌我國昔時師儒訓導之舊法及歐西有名大學之規制，訂立中等以上學校導師制度。其辦法已於綱要中明白規定。但此

2　正文轉引自《抗戰中的中國文化教育》，上海人民出版社，1961年，第56—59頁。

制之能否成功，不全恃條文之規定，而繫於實施之精神。如果各校無實施此制之決心，但知虛應故事，則綱要將成具文。如果決心實施而考慮欠周，則流弊亦所不免。故於導師制施行之時，各校校長、導師、及學生家長，均應多加注意，並保持密切之合作。

導師制之能否成功，大部分繫於校長。於實施此制時，首宜由校長慎選導師。選擇導師時，不應僅視其學文如何，尤應視其道德人格是否足為學生之表率。校長於選定導師以後，對於學生之分組，亦應考查各生個別情形，加以特別之注意。其年齡、學歷、及品行相若者是否應分歸一組，抑或於一組之內分派年齡長幼不同及學行優劣不同之學生，此項斟酌實際情形而決定。此等辦法，涉近微妙，非可以公式規定，悉心體驗，是在各校校長。校長之對於各導師之施行訓導，應隨時加以協助與指導。遇有困難問題，應隨時商討解決。其在中等各校及中等以上女校，如教員及女教職員人數不多，並得將每組學生人數較規定酌量增多。

導師為直接實施訓導之人，其重要更不待言。導師實施訓導時，最應注意之點，為以身作則。古語謂：「以身教者從，以言教者訟」。又謂：「其身正，不令而行，其身不正，雖令不從。」為導師者，首宜謹飭言行，示學生以楷模。對於學生訓導，應依照本部頒發之訓導標準。對於學生個性，亦應深加體察。其有特長者應予發展機會，勿令埋沒於一般標準之下。導師對於學生之關係雖應力求親切，但仍須保持師道之尊嚴。各組導師，應彼此保持訓導上之聯絡，不可各不相謀。導師對於學生家庭，尤須有密切之聯絡。導師訓導學生，除對國家社會負責而外，對於學生家長，尤應負直接責任。除依綱要之規定，按期向學生家長報告學生在校情形而外，訪問與通訊，應隨時行之。

國民黨政府推行的「導師制」，是根據我國「師儒訓導舊制」，參酌英國牛津、劍橋大學辦法而制定的。規定「導師對學生之思想、行為、學業及身心攝衛，均應體察個性，施以嚴明之訓導。」這種「導師制」實際上是一種中外結合的混血兒，其目的是嚴格束縛學生思想的自由發展，防止學生受革命思想的影響。武大自設立訓導處實行「導師制」以後，按照教育部命令，依樣畫葫蘆地也曾制定過〈實施導師制分組辦法、指導方法及擬訂考核表簿〉，還印

刷了導師參考表。導師先是由各系主任兼任，後來又改由校長指定專任教師充任。根據教育部的規定，1938年10月7日，武大在校務會議上推定電機系主任趙師梅為主任導師，王鳳崗、吳之椿、馬師亮、余熾昌為副主任導師；並通過了〈導師制實施綱要〉：[3]

1、本校自二十七年度起實施導師制。

2、本校置主任一人，綜理全校訓導事宜，副主任導師若干人，襄理各院訓導事宜。

3、全校學生，按其院系，分為若干組。每組分配教授或專任講師一人為導師。

4、教員擔任導師，以訓導所屬院系之學生為原則。

5、學生分組。每組人數以十五人為度。但如果院系分組，一組學生有過多或過少時，則以相關院系之學生合併調整。

6、導師之分配，應由主任導師與各副主任導師商擬，提請校長核定之。

7、導師對於學生之訓導，應兼顧該生等之思想、行為、學業及身心攝衛等事宜。

8、導師將對於所訓導之分組學生之思想、行為、健康等事項，應按期報告學校及學生家長。

9、導師遇有訓導上困難得隨時報告主任導師或副主任導師，請其協助。

10、主任導師及副主任導師，應隨時考察各組訓導進行狀況報告學校，並催集各導師之定期報告。

11、各組導師全體會議，由校長於必要時召集之。

12、主任導師和副主任導師，認為學生訓導上有須改善或推進之處，得隨時商請各分組導師辦理。於必要時並得約一部分分組導師會議。

13、關於女生之訓導事項，各分組導師應與女生指導委員會取得聯絡，於必要時，並得請其協助。

14、導師對於不服訓導之學生，得報告主任導師及副主任導師予以警戒，其情節重大者，並得由主任導師報告學校予以適當之制裁，或令其退訓。

15、所有本綱要未竟事宜，係依部頒〈中等以上學校導師制綱要〉之所定。

16、本綱要經校務會議議決施行。

---

[3]　正文轉引自涂上飆主編：《樂山時期的武漢大學》，長江文藝出版社，2009年，第185—186頁。

　　1939年4月17日，武大向教育部呈報〈實施導師制指導方法及擬定考核表薄〉。同年8月，武大奉命正式設立訓導處，下設生活指導組、軍事管理組、體育組、課外活動組、衛生組。各組設主任一人，秉承校長、訓導長的意志，各組設有訓導員、軍事教官、醫生護士、體育指導員若干人，處理具體事務。

　　教育部〈專科以上學校訓導處的組織〉要求訓導長及訓導主任須是國民黨員，專替一黨辦事，其文如下：

1、大學訓導處，設訓導長一人，獨立學院，或專科學校，設訓育主任一人，秉承校長或院長，綜理全校或全院訓育事宜，大學訓導長獨立學院或專科訓導主任，均得兼主任導師。

2、訓導處設訓導會議，以訓導長或訓育主任及主任導師之教授若干人與體育、衛生、軍訓等有關學生訓練之主管人員組織人。

3、訓導長或訓導主任由校院遴選合格及資望卓著人員呈薦教育部轉呈中央核準備案後聘請之。但如必要時，教育部行徑遴選人員，呈請中央核準備案後，由各校院聘請人。訓導長或訓導主任須具備下列資格：①中國國民黨黨員；②曾任大學教授或專科學校專科教員二年以上著有成績者；③學望品行足資表率者。

4、訓導長或訓導主任以由教授兼任為原則。

5、訓導處之任務如下：①關於訓育計劃之擬訂；②關於導師之分配；③關於學生之分組；④關於學生思想之訓導；⑤關於社會服務之策劃；⑥關於課外體育衛生營養及軍事管理之監督；⑦關於學生團體之登記與指導；⑧關於黨部或三民主義青年團之委託事項；⑨關於其他訓練事項。

6、訓育處必要時得設訓導員，協助訓導事宜。但訓導員須備下列資格：①中國國民黨黨員。②國內外大學畢業，曾在專科以上學校任教一年以上者；③品學兼優者。

7、訓導處得分組辦事，其辦法另訂之。

8、對於學生之懲獎，由訓導長或訓導主任提請校院長行之。

　　1939年10月19日，武大向教育部薦舉趙師梅教授為武大訓導長。其後，武大訓導長為余熾昌（1944年）、劉迺誠（1945—1946年）。

訓導長趙師梅與導師趙學田

　　趙師梅派名學魁，字師梅，但他畢生以字行，未用派名。1894年生於湖北巴東。1909年考入武昌曇華林中等工業學堂電機班。1910年加入共進會，任校內共進會代表。1911年春，受共進會領導人劉公之命，與堂弟趙學詩及陳磊仿製十八星旗20面。武昌首義前夕，任秘密交通員，起義當天趕往南湖，通知炮隊配合進攻督署。後在漢陽防守戰中負傷。黃興組織戰時總司令部，薦為總司令軍需，並授予甲等功勳。1913年，孫中山向歐美派出首批留學生24名出國深造，他被派往美國費城裏海大學，專攻電機工程，1922年獲機械電機科工學碩士學位和威伯爾獎。9月回滬，孫中山在接見時對他說「培養人才是建國的根本」，希望他投身教育工作。不久，他回武昌籌辦江漢大學。其後受聘任國立武昌高等師範學校講師，湖南高等工業學校、湖南大學教授。

　　1930年，武大建築設備委員會委員石瑛受校長王世傑委託，邀請趙師梅到武大參加建校，負責珞珈山全校用電、給排水系統的建設。起初武大的理工學院原來是合在一起的，工學院開始只設土木系，趙師梅為該系講授水力學和電工學兩門課。1935年設立電機系，趙師梅擔任了首屆電機系系主任。主要講授電工學、熱力發動機、高等數學等課程。

　　趙師梅在武大師生中享有很高的聲譽。俗話說：「名譽重於生命」。可是趙師梅為了武大的大局，甚至可以不計毀譽。1939年，國民黨政府為了管制學生的思想行為，在各大學中設置訓導處，其主管人訓導長一般由政府派遣的國民黨黨棍或者特務來擔任。在武大由於王星拱校長擔心政府派一個人來會毀掉這個大好局面，他深思熟慮後想到一個對策，請師梅來擔任訓導長職務。他知道趙師梅一貫對國民黨的倒行逆施反感，思想開明，愛護青年，必然能與他同心，度過這個難關。而趙師梅辛亥革命時期就是國民黨黨員，由他出任訓導長，政府不得不認可。可是趙師梅明白，如果擔任這個職務，必然在上面要承受國民黨政府的壓力，在下面要受到人們，特別是學生的誤解。好友戴銘巽教授當時就勸他說這差事幹不得，因此那年暑假趙師梅破例未先期返校。王星拱便托他的堂弟、機械系教師趙學田去信勸他早日返校。趙師梅情不可卻，

為了大局，他毅然以「我不入地獄，誰入地獄」的心情，擔任訓導長達四年（1939.10──1943.12）之久。

趙師梅出長武大訓導處的四年中，正處在國共合作與摩擦，民族的、階級的矛盾和鬥爭十分複雜的時期，社會上一切事物的變化和發展，都會迅速反映到大學校園裏。作為主管「監視學生行動」的大學訓導長，又置身於「相容並包，無為而治」的比較民主和自由的武漢大學，往往是難以應付裕如的。趙師梅自有他的錦囊妙計：「你有千條計，我有老主意。」所謂「老主意」就是，對教育部的規定和密令，消極應付，大事化小，小事化無，據理力爭；對學生的革命活動，積極關注，勸說開導，通氣提醒，盡力掩護。乃至1942年1月6日，教育部訓令：「武大實施導師制以來，功效未著，應予改進辦法，原由系主任兼導師，現改由校長指定專任教師充任。以青年守則為訓導的準繩，不堪訓導的學生，立即除名。導師每月舉行訓導會議一次，匯報討論學生的思想言行。」

1942至1943年，監視武大進步學生活動的反動組織很多，國民黨政府教育部、四川省樂山行政專員公署（專員柳維垣）、第32補訓處（後改嘉峨師管區，司令韓文源）、以及國民黨、三青團等，甚至成都行轅主任張群也以私人名義直接進行干預。特別是校內特務學生採取偷撕壁報、私拆信件、跟蹤盯梢、竊聽談話等手段，嚴密監視進步學生的革命活動，不斷地向其主子提供情報，矛頭所指，主要是當時「岷江讀書社」的進步學生。王星拱校長和趙師梅訓導長多次以學校名義呈文教育部駁斥特務分子，為進步學生極力辯護和開脫。這裏依據武大檔案館保存的檔案，列舉幾件教育部的密令以及武大的「具報」呈文。

1942年2月27日，國民政府教育部第263號密令：「據報：該校學生張高峰、唐宏鎔等。近倡所謂『五十日計劃』。在組織方面，利用各種交際方式暨各種會議場合，考察同學思想，以圖吸收；在訓練方面，利用『岷江讀書社』及『文藝協會』訓練×黨黨員。更於每日晚間舉行小組會議，對於×黨政策，採取暗示之宣傳方式，並竭力攻擊我政府，企圖爭取群眾等。……仰嚴密注意。」[4]

---

[4] 轉引自馬同勳：〈一代學人，典範永存──深切懷念恩師趙師梅教授〉，俞大光、陳錦江：《無私奉獻一生的趙師梅先生傳略》，華中理工大學出版社，2000年，第157頁。

1942年3月2日，成都行轅主任張群，用「嶽軍書箋」寫給王星拱校長親筆信。內稱：「武大奸偽與西南聯大奸偽密切聯絡，擴大反孔（孔祥熙）運動。……『岷江讀書社』提出孔的四大罪狀：（一）壟斷金融；（二）購買外匯；（三）假公濟私；（四）囤積居奇。希注意防範。」[5]

這兩個文件，武大秘書室擬辦「送訓導長閱」，趙師梅照例簽了「梅閱」以後，就置之高閣，不予理會。

1942年5月25日，教育部第312號密令：「據密報該校×黨動態：（1）該校奸偽分子趙騏、張高峰、蔡瑞武、唐宏鎔、汪達慶、許一揆、丁宗岱、胡開駒等，於4月13日在月呴塘5號各開會議，復以目前同盟國失敗為建立新政權之最好機會，應盡力造成民眾暴動，以達到爭取民眾之目的。（2）組織時事座談會、哲學研究會等攻擊我政府。……令仰查明具報。」[6]

趙師梅先6月2日閱後批示：「查許一揆二十九年離校，現在重慶。再哲學研究會並無此種組織。」武大秘書室按此意見呈報教育部。對所謂趙騏等在月呴塘召開會議一事，則不置可否。

1942年8月26日，教育部第354號密令：「據報國立武漢大學學生何代枋於民國十九年在桂林加入奸偽組織，曾任武大支部幹事會幹事兼小組長。在校極為活躍。……又該校學生蔣貽曾亦為×黨分子，任奸偽樂蓉雅聯絡員。……並附該何代枋、蔣貽曾二人姓名、略歷及公開組織活動事實一份（內容涉及『反孔運動』、《燎原》壁報、唐宏鎔、趙騏、胡開駒等——引者注），仰該校查明具報，以憑核辦為要。」[7]

經趙師梅與王星拱校長、朱光潛教務長研究後，指示訓導處於9月21日作了如下呈文具報：「案奉鈞部三十一年八月二十六日密字第354號密令，略以據報學生何代枋、蔣貽曾等在校公開組織從事奸偽活動，並抄附何代枋、蔣貽曾二人活動事實一份，令飭查明具報等因奉此，遵經詳密偵察，本年一月間西南聯大反孔運動之起，各地似有響應趨向，當即嚴加注意，故當時本校學生得安然上課，絲毫未受影響。又該生等在校所編《燎原》壁報，平時尚無越軌言論。

---

[5] 轉引自馬同勛：〈一代學人，典範永存——深切懷念恩師趙師梅教授〉，俞大光、陳錦江：《無私奉獻一生的趙師梅先生傳略》，華中理工大學出版社，2000年，第158頁。

[6] 同前註，第158頁。

[7] 同註5，第159頁。

現查何代枋一名，前應征為國外翻譯人員，已於本年三月間離校赴湘受訓了；蔣貽曾一名，考取留美空軍學生，於本年五月間離校赴滇。學生唐宏鎔、胡開駒二名，均於本年暑假畢業離校。其餘趙騏一名，平日在校尚無越軌行動。」趙師梅一貫用「平日在校尚無越軌行動」等開脫性語言回覆國民黨反動集團對《燎原》壁報和進步同學的種種指控。又如1943年6月9日，教育部密令：「據報該校學生張耀墀經常與他校學生秘密通信，似有×黨嫌疑。」[8]

經趙師梅批示，並於6月20日具報教育部：「查該生在校辦有《文談》壁報，尚未有越軌言論。」不僅對教育部要求「查明具報」的密令經常避重就輕地予以回覆，就是對個別學生出具身份證明時也盡量給予褒獎，並在政治上予以保護。例如1942年3月30日，學生張學孔要求學校辦理身份證明，經趙批示，出具證明如次：「查學生張學孔，係四川巴縣人，肄業於本大學外文系一年級，為該系優秀學生，平日尚能恪守校規，並未有越軌行動，特此證明。」

從以上列舉事實不難看出，在白色恐怖無孔不入的年代裏，武大校方，特別是負責訓導的趙師梅始終站在學生一邊，堅決抗拒國民黨當局對進步學生的無端指責，想方設法掩護進步學生的革命活動。以當時情況而論，趙師梅是冒著坐牢、殺頭風險的。

1943年夏，國內民主運動又有較大發展，要求進步的學生越來越多，於是學生社團組織如雨後春筍。進步社團除「政談」外，「文談」、「風雨談」、「課餘談」、「海燕社」等相繼出現，各社團出刊的壁報也應運而生。國民黨當局對這些社團既害怕，又進行嚴密監視。當時，教育部規定學生社團必須登記，經學校批准後才能成立；壁報出刊前，必須將稿件送訓導處審查，並須以真實姓名刊出。這一規定對社團成員及壁報撰稿人的人身安全極大不利。經訓導處研究請示，趙師梅決定：學生社團的組織章程、成員及負責人分工名單，訓導處嚴格保密，不准其他社團和個人查閱；制訂壁報送審表，列出作者真實姓名和筆名，一律以筆名發表。這樣，特務分子密報社團負責人及壁報作者的路子被切斷了。訓導處既應付了教育部的規定，又保護了進步學生的安全。另據朱毅〈樂山記趣〉回憶：「有一次，由孫宗年組織學習討論目前抗日形勢，

8 轉引自馬同勳：〈一代學人，典範永存——深切懷念恩師趙師梅教授〉，俞大光、陳錦江：《無私奉獻一生的趙師梅先生傳略》，華中理工大學出版社，2000年，第160頁。

地點在第六宿舍，夜間秘密進行。某晚，樂山公安局來抓人！因事先有人來通知，所以我們全跑出六舍，未抓到一個人。為此，他們告到法庭（說我們是赤色分子）。幸好，王校長、趙師梅訓導長很民主，愛護學生，將他們一一予以保釋，也沒有開除學生的學籍。」[9]

由於武大訓導處對國民黨政府教育部的密令采取消極漠視態度，不認真貫徹執行，特務學生就控告訓導處「陽奉陰違，敷衍塞責」，並指責「武大導師制推行不力，訓導處形同虛設」。此時此刻，首當其沖的趙師梅憑藉他老資格國民黨員以及中訓團受訓畢業的身份，對上級密令消極應付，軟拖硬抗，為掩護進步學生的革命活動，為保護進步學生的人身安全，殫精竭慮，作出了不可磨滅的貢獻。

當然，作為訓導長，趙師梅也不忘記引導教育青年的責任。那時，一年級學生按規定受軍訓，每天要做早操。可是不少自由散漫的學生愛睡懶覺，拒不起床，軍事教官對此毫無辦法。趙師梅得知後，也沒有去勸告學生，而是自己每天和學生一起做早操。早操完畢後，他把學生集中在一起，用英語給他們講十分鐘的話，內容是古今中外的名人故事和新的科學技術知識，學生對此大感興趣。為了聽這十分鐘講話，原先睡懶覺的學生也來早操了，順利地解決了軍事教官頭痛的問題。鐘聲洤回憶說他在樂山求學期間曾聽老同學講，「趙老師擔任訓導長期間，每天早晨各系一年級學生集合舉行升旗儀式中，趙老師要訓話，勉勵大家在德智體三方面全面發展，使大家明白要做一個高尚、有志氣、品學兼優的人。每次訓話內容不同，中心思想則一，同學們記住趙老師的話，趙老師的形象在全校同學心中更加光輝。」[10]

趙師梅對畢業生就業問題異常關切，盡力向外推薦和指導。疏鬆桂回憶，「1939年我們電機系第一班畢業生只有六名，除朱覺民同學留校任助教外，其餘五人都有幾條出路，任你自己按志願選擇。」1942年7月6日，趙師梅親臨第二宿舍找到剛畢業的歷史系學生馬同勛，約他到外面散步談心。趙問：「你畢業了，工作有著落沒有？留你在學校工作，你願不願意？」馬同勛半信半疑地問：「訓導長說哪裏話，留助教哪能輪到我頭上？不過真留我，我願意。」趙

9　朱毅：〈樂山記趣〉，《武大校友通訊》2007年第2輯。
10　鐘聲洤：〈深切懷念敬愛的趙師梅老師〉，俞大光、陳錦江：《無私奉獻一生的趙師梅先生傳略》，華中理工大學出版社，2000年，第205頁。

說：「那好吧，你明天上午先到訓導處上班，具體工作，屆時詳談。」就這樣，馬同勳7月6日考完畢業考試，7月7日就留校工作了。上班第一天，趙師梅就向他交代了訓導處工作原則與具體任務。趙說：「大學教育首先重視學生道德品質的培養，使學生具備健全的人格，配合以高等理論和技術，才能報效國家使國家康樂富強。訓導處的工作主要是承上啟下，教育部的規定，我們要貫徹執行；學生的具體情況，我們要結合實際，合理對待。」並著重指出：「各大學情況不同，我們學校有我們的傳統，就是學術研究可以自由，言論行動不能越軌。」接著，趙師梅提出對馬同勳個人的要求：「訓導處除一位負責抄寫文件的錄事人員外，就是我們兩個人，責任較大，任務也教繁重。你必須以身作則，不僅要勤勤懇懇工作，更重要的是清清白白做人。你是教育部在全國大學中評選的『三優大學生』[11]，要在學生中起表率作用。」一周之後，趙師梅決定回湖北巴東老家看望父親。他向馬同勳馬指示工作之外，又表達了已向王校長懇辭訓導長兼職的要求。他說：「我這人看不慣當前的政治黑暗與腐敗，不適宜擔任訓導長。我有老父親需要奉養，每年要回老家幾個月，對工作不利。」

趙師梅是7月中旬回家探親，直到10月中旬才返校。10月9日，他在返校途中經過夔門有感賦詩道：「東門進，西門出，街市破敗一塌糊塗……自古功德有口碑，物質誇張總不如。寄語當今權位者，多留德義在人間。」表露出他對國民黨統治的不滿。這年11月3日趙師梅四十九歲壽辰時，寫了一首〈生朝〉：「生有四十九，事業無所有。自信秉道義，是誰出我右？奈逢亂離世，誰能辨苗莠。玉石俱焚碎，人命如豬狗。不憂志未達，但悲人誰救……」更明顯地咒罵國民黨視人民如草芥的殘暴統治。在趙師梅遺留的77首詩詞中，憂國憂民，不滿國民黨統治的達32首之多。這些思想與訓導長一職是背道而馳的，而訓導長的工作又與趙師梅的不知權變、狷狷自守的性格是格格不入的，從而驅使他堅決辭去訓導長兼職，以期在學術上取得更大業績。事實上，1942年至1943年期間，趙師梅為了專心學術，不甘心給國民黨效力，他是在消極等待中勉強從事訓導長工作的。

---

[11] 三優大學生：抗戰期間教育部在全國大學舉辦了一次操行、學業、體育三優競賽，武大評選上的為馬同勳、路見可、陳安磐三人。

　　1943年7月，趙師梅照例回原籍探視父親。行前又一次堅決請辭訓導長一職。面對王星拱校長的懇切挽留，他公開說：「不准辭去兼職，我就不回校了。」他說到做到，雖經學校再三電催，直到11月他仍滯留巴東不歸。王星拱不得不同意他的要求。於是，趙師梅11月20日辭別老父，11月底返回樂山，並於當年12月底辭去訓導長兼職，專任電機工程系教授，後又繼陳季丹教授任該系主任。從此，趙師梅為武大電機系的改進和發展，發揮了他的專業特長，他發誓「當一輩子教書匠」，奮鬥終生。

　　四十年後的1982年10月10日，已是武大歷史系教授的馬同勳與九十高齡的趙師梅久別重逢，不免聊起了如煙往事。趙師梅說：「我根本不願兼任訓導長，我也不是訓導長那個料，只是由於王星拱校長的懇切邀約和挽留，才在邊幹邊辭中勉強了整整四年。就這樣，『文革』中我受到了嚴重沖擊，受盡了屈辱！如果不是我及早引退，也可能落到劉迺誠、朱粹浚的下場。」又說：「我辭去訓導長兼職，專門從事教學和學術研究是早下決心的，並非預見有什麼不良後果。幾十年經歷的種種就如同過眼雲煙，讓它過去算了。」一席話，再次表露了趙師梅矢志學術研究，堅辭訓導長兼職的拳拳心聲。

　　武大奉命實行導師制之後，校方派機械系講師趙學田（趙師梅堂弟）作為機械專修科學生的導師，交給他一本該班學生的履歷表，但未提出任何具體要求。趙學田知道在英國導師的地位是很高的，他們負責指導學生學業的深造，而他自愧不如。但要當好導師，必須從關心學生的學習和生活做起。趙學田便邀請該班學生假日去郊遊，以便談心，瞭解情況。但參加者甚少，只搞過一次。後來他才知道，當時的教育部要求設立訓導處，施行導師制，是為了約束學生思想，防止學生受革命思潮的影響，而不是為了提高學生的學術水平。

　　半個世紀之後，趙學田與機專畢業學生經常通信。他在信中詢問學生：「我當導師時，既未能像英國導師那樣提高你們的學術水平，也沒有執行當時教育部的意圖，限制過你們的言行，我自認為沒有當好導師。那麼，同學們為何不原意參加郊遊呢？」大多數學生回答對此並無印象。他後來再次去信詢問機專同學，當時不參加郊遊是否已經知道了教育部施行導師制的陰謀而有意規避。信發出後陸續收到學生們的回信，反映當時的情況和他們的感想。湯思恭回信說：「回憶當時，老師對我們的學習和生活極為關心，對我們的思想未曾

做過鉗制。那次郊遊同學們參加者不多，主要是功課忙，不是有意規避。老師未照教育部的要求去做，而是像家長般地關心我們。所以我們畢業後都非常想念老師。」艾孟井的信上說：「每當我們一些校友在一起回憶往事，都非常感謝愛護我們的好老師。您，趙老師，平易近人，耐心教學，受到我們的親近和熱愛。作為導師，您比外國的導師更崇高。」兩位學生的回信，打消了趙學田思想上的顧慮。王百順記憶力強，他在信中回憶當年郊遊的地方是半山上的一條澗邊，在嘉樂門外。「那次郊遊順便參觀了發電廠和造紙廠，還到附近鎮上找到一個小飯館，由老師請客，我們幾個同學吃了一頓富有川菜風味的飯，記得飯菜很好吃。因為人數不多，一個方桌還沒有坐滿。」[12]

荒唐滑稽的軍訓生活

1938年2月23日，國民政府教育部頒布〈青年訓練大綱〉，除了要求青年具有愛國家、愛民族為基本內容的人生觀、民族觀、國家觀外，訓練項目以適應戰時需要的軍事技能訓練為主，目的在於使青年學生能適應隨時應征。

1939年8月，武大奉命設立訓導處時，其下即設軍事管理組。軍事管理組負責升降旗儀式、各種集會的領隊、宿舍的管理、參觀旅行、勞動服務的指導等。

為了具體實施導師制，一般都會制定年度實施計劃，對各個方面事項進行具體的規定。1940年的訓導實施計劃的第一條即為「新生訓練」，云「新生來自各方，思想龐雜，程度不齊，未窺學問之門徑。爰有新生入學訓練，以校長、教務長、訓導長、總務長、各院之院長、各系之主任及指定指導員，組織訓練委員會，主持訓練事宜，時間為兩周。訓練期間一切生活起居，均實施軍事管理，俾新生對三民主義有堅定之信仰，對求學有堅定之志願，對本大學有深厚之瞭解。訓練期滿，仍繼續施以嚴格之軍事管理，並利用升降旗時間，輪請導師予以精神訓話，務使德智體群得均平發展，以奠定求學做人之始基。」[13]

卻說1938年夏天，西遷樂山的武大學生才上了兩三個月的課就要放假了。

[12] 趙學田：〈珞珈瑣憶〉，《武大校友通訊》1998年2輯。
[13] 涂上飆主編：《樂山時期的武漢大學》，長江文藝出版社，2009年，第187頁。

按照當時國民政府的規定，全國大學生不分年級，一律集中接受軍訓三個月。於是學校通知，學生放假後即往成都去參加「軍訓」，限期報到。樂山與成都相距數百里，如從水路溯岷江而上，需時很久，且無足夠木船（輪船不能行駛）；陸路有碎石鋪面的公路，有一兩部國人自製的燒木炭的煤氣老爺汽車，經常沿途拋錨，時日無法掌握，亦不能勝任如限運送大批學生赴成都，校方於是決定由學生組隊，以徒步行軍方式趕往。土木系二年級陳宗文被指派為領隊。那時在抗戰期間，大家愛國情操高昂，都很樂意接受再一次的軍事訓練，對長途徒步行軍，也覺新鮮有趣。不過也有極少數經濟條件較好的學生，乘公路局的大卡車前往。中文系三年級學生李健章有感賦詩道：「檢點輕裝便首程，同征盡作錦江行。遭逢國難須經武，投擲毛錐為習兵。有勇終當成志士，無能莫謂是書生。秋宵一枕沉酣夢，驚斷清晨角號聲。」[14]

　　學生們的組織能力很強，加以校方的適當輔導，快速成軍。一批精幹的學生充當先鋒隊，先期出發，依照行程計劃所經，預訂住宿和「打尖」之處，落角處的茶館也一並訂妥，那時內地一切消息都靠人傳達，不似如今可以用電話來預訂。好在徒步沿既有的公路行軍，先鋒隊不須逢山開路，遇水搭橋，只要早於大隊一天出發即可；吃苦的還是後勤人員，要負責全部行李運送，幸好此行是去接受軍訓，大家都行裝簡單，否則叫後勤為難了。

　　行軍採取自由組合散軍方式，每天只定到達某地休息時間，不限啟程時刻，首日大軍自文廟校本部前出發，不須誓師，而學生們都意氣昂揚，精神奮發。從此一路上散佈群群知識青年，時聞歌聲，開當地未曾有之盛況。可惜好景不長，很快開始降雨。

　　學生們早有準備，許多人都是芒鞋（實為以破布條編的草鞋）竹笠，身背棕衣，手持竹杖。雨中行軍，反覺有趣，只是該雨一下不可收拾，越下越乏情調，弄得人人全身濕透。碎石路面經大雨沖刷後，碎右棱角奮張，芒鞋底薄，腳底板很吃不消，起泡灌水，最為疼痛。每日近晚到達住宿地，先坐茶館，叫麼師打桶溫水，人坐在矮椅上，兩腳浸在水桶裏，身子向後一靠，真是神仙境界。那時國共兩黨軍隊正與日本侵略者浴血奮戰，全國軍民，同仇敵愾，所以學生們雖覺山遙路遠，雨淋石割，卻無人叫苦。領隊陳宗文對大家說：「此次

[14] 李健章：〈赴成都參加大學生軍事訓練〉，《居蜀集‧東西集》，武漢大學出版社，1994年，第30頁。

徒步行軍是對我們的考驗，我們要不畏艱苦，堅持步行到底。」[15]可是學生究不比軍人，既未受過嚴格訓練，又不必受什麼約束，漸漸的，靠自己的腿腳的是越來越少。有些人坐上滑竿，從後面趕上來，招手而過。有些人甚至坐上雞公車，在後面坐車觀山景，慢慢走著瞧了，這當然不似想像中諸葛亮的四輪車羽扇綸巾那樣風雅。

在第四天，終於到達了成都。不少人的兩腳已經破爛紅腫，狼狽之狀，有如敗軍。

從城西入城，有些學生懷著崇敬的心情，順道參觀了著名的武侯祠，緬懷了諸葛亮的豐功偉績，並瞻仰了後院的劉備墓，下午才趕到成都南校場軍訓兵營報到。

領隊陳宗文代表武大學生報到時，軍訓籌備單位卻說營房尚未準備好，要等一個月才能入營。當時領隊聽了真是氣的發昏，一方面口頭抗議，一方面向校方報告，校方也無可奈何。從各路來的丘九，可暫住在市內中小學的教室裏，夥食自理。住的教室並沒有床，而是在地上鋪乾稻草為鋪，頗有新鮮氣味。有人開玩笑說，從前形容共過患難的朋友，說是「一同滾過稻草鋪的」，現在有如此多一同滾稻草鋪的朋友，真值得慶慰。不過也有極少數經濟條件富裕的學生，如外文系吳鴻藻等人住到成都最熱鬧的春熙路上的春熙飯店，每天吃小館，優哉遊哉。不久他們就體驗到「坐吃山空」含義，而露出窘態了。

成都真是一個來了就不想走的地方。吃食遍佈，景點頗多。於是各校學生就流浪成都街滿巷塞，如此，一個月下來，大部分學生都口袋空空，幸好入伍後即有糧吃。

名為集中軍訓，並非集中在某一地方。只有高年級的學生分在成都南校場學生軍訓營房。它位於校場的東北部。正南方向門朝北有一個大兵營，是四川綏靖公署主任鄧錫侯川軍某部的駐地。川軍有時在營房北面的大操場上操練，接受「軍訓」的學生也一直在這個大操場上操練。李健章有詩記之：「分行列隊盡戎衣，整肅軍容映曙暉。口令頻呼三二一，足音應節劈巴欷。威儀有則嚴孫子，嬉笑無人效寵妃。文事必須兼武備，安民保國此因依。」（〈軍營晨操〉）又有〈菩薩蠻〉二首云：「整齊步伐軍人樣，昂揚氣概聲容壯。浩蕩出

[15] 陳宗文：〈雜憶二次軍事訓練〉，臺灣《珞嘉》第98期，轉引自《珞嘉歲月》。

南門，逡巡野外屯。教官談要領：作戰須機警；掩護為防身，沖鋒滅敵人。」
「連排各自成分隊，雙方就地邀相對。堅守與環攻，俱收第一功。　奔波雖困頓，強似營中悶。白日漸沉輝，高歌得勝歸。」[16]

　　除了操練還要開大會、聽報告。第一次的報告，是曾擴情（國軍政訓系統負責人，黃埔系骨幹將領）作的，他禿頂，個子不高，講了許多當時報紙上時常登載的套話，他是有名的「CC分子」。過了一段時間，來作報告的是當時四川大學校長程天放，他原是國民黨政府駐德國大使。他在報告中多次談到德國的情況，非常隱蔽地冒出一絲德國納粹的氣味。

　　其他低年級的學生，有的分派到青城、灌縣，還有的如吳鴻藻等人分在離成都40華里的新都。新都有座很有名的寺廟叫寶光寺，那就是軍訓的營地。除去出操打野外，大家整隊出廟門，其餘吃住上課，都在廟裏。廟裏三個月的軍訓生活究竟如何？吳鴻藻以「荒唐滑稽」來概括，「不管是菩薩遇見兵，還是和尚遇見兵，總之是有理也講不清了」，這三個月真把寶光寺弄得天翻地覆。他後來在〈我的大學生活〉中如此寫道：

　　　　如果說這三個月軍事方面的知識，所獲有限，打橋牌的技術可長進了不少，我們是晚上打白天也打，教官在講臺上講「典」、「範」、「令」，下面至少有三四桌牌局。那時每人有一隻小凳子，一塊硬紙板備寫筆記之用，4人只要把坐的角度轉換得宜，紙板權充牌桌，就可以進入作戰情況了。只有一次某位仁兄得意忘形，大叫一聲「Pass and double」，語驚四座，教官亦為之動容，放下《射擊教範》的教本，怒目掃視全場，這時我們坐的角度已轉回原位，紙牌已裝入袋中，完全是正襟危坐的姿態了。下午通常是出操和野外演習，就是所謂打野外，照例是在廟裏大天井中整隊，然後走出廟門，我們必須在出廟門之後的途中悄悄地離隊（所謂「開小差」），在隊伍回廟之前又插進去，因為解散之前是要報數的，隊長知道手下有多少人馬，少了就要追究，而且隨隊進廟和隨隊出廟都是合法的，單獨進出沒有出差證，衛兵首先就要找麻煩了，所以時間的配合上要準，離隊插隊的先後也要準，4個人同時開

16　李健章：《居蜀集·東西集》，武漢大學出版社，1994年，第30—31頁。

小差是犯忌的，因為容易引起風吹草動，同時還要顧到其他的同道，說不定別人也在乘機而動呢？冒險完成後的酬勞，是茶館裏圍桌而坐打上3小時橋牌，一杯沱茶，有時啃一根兔子腿，新都滿街都是熏兔子肉的攤子，至於《步兵操典》、《射擊教範》、《陣中勤務令》，真是「帝力與我何有哉？」其實就是連我們在新都區的最高指揮官對這些「經典」的內容，也只是隱隱約約記得有那麼一回事而已，這位區指揮官年事已高，而官階才爬到少將，據說是相當委屈的，他是早期保定出身，他的同輩後輩都早已是上將中將了。他這份職務，實在是尸位素餐，因為這一區，共轄兩個大隊，一切的事情都由大隊長管了，只有集合兩大隊在一起的重要典禮，才需要他「主持」，而他在第一次這種典禮中，就留下了笑柄。他看到我們這批丘九立正時的姿態，五花八門，無一是處，不免生氣，於是向大家講立正的基本要求，他說立正的基本要求有下列幾點，可是他忽然停住了，就象音樂上碰到全休止符，我們等著，等著，大約總有一分鐘的「冷場」，最後這位老者提高了嗓子，「立正的基本要求——操典高頭都有的。」從此在寶光寺，「操典高頭都有的」成為一句名言，成為對一切難以答覆的問題的無往而不利的答案。天塌下來怎麼辦，「操典高頭都有的。」[17]

三個月的集中軍訓，轉眼就到了尾聲。這年深秋，吳鴻藻等人從成都循水路乘小木船回武大。「朋儕宴坐談軍訓，雲水初親當勝遊。不必張帆人挽纖，從容明日到嘉州。」[18]

鍛煉體格的體育訓練

一、提倡團體運動

武大訓導處下設有體育組，負責課內外體育活動的教導、操場設備的管理等。1940年的訓導實施計劃有「加緊體育訓練」條，云「擴充運動場地，增加

---

[17] 吳魯芹：〈我的大學生活〉，臺灣《傳記文學》第26卷第2期。
[18] 李健章：〈軍訓結束，乘小木船返校〉，《居蜀集‧東西集》，武漢大學出版社，1994年，第31頁。

運動設備，辦理各種競賽，俾普通引起學生之運動興趣；一方面利用星期例假，組織遠足、爬山、競渡。各種團體由體育組派員指導，以鍛鍊學生體格。」[19]

對於體育活動的重要性，教務長朱光潛在1942年10月5日樂山體育運動大會上所作〈談體育與運動〉演講中有深刻的闡述：

> 在聰明智慧方面，我們並不比西方人差；但在學問事業方面的成就，我們常趕不上他們。原因固然很多，身體羸弱是最重要的一種。……
>
> 　體格羸弱不但影響學問事業，還可以影響到性情和人生觀。我常分析自己，每逢性情暴躁，容易為小事動氣時，身體總有點毛病，如頭痛牙痛之類；每逢心境頹唐，悲觀厭世時，精力大半很疲憊，所以供給的精力不夠應付事務的要求。在睡了一夜好覺之後，清晨爬起來，覺得自己生氣蓬勃，對人也特別和善，心裏也就特別暢快。我仔細觀察我們常接觸的人們，發現體格與心境的密切關係是很普遍的。我沒有見過一個身體真正健全的人為人不和善，處世不樂觀；也沒有見過一個愁眉苦臉的人在身體方面沒有絲毫缺陷。我們青年中，許多人都很悲觀厭世，暮氣沉沉，我敢說這大半由於身體不健康。
>
> 　……
>
> 　彌補的方法很多，最重要的是運動的普遍化。我們必須放棄以往一般學校送選手裝門面的陋規，要把運動推到每一個城市裏，每一個鄉村裏去，使它成為日常生活中一個重要節目，有如睡覺、穿衣、吃飯。我們應該提倡個人運動，尤其要提倡團體運動。我們一向團體紀律最差，合作互助的精神幾乎沒有。團體運動不但可以提高民族的生活力，還可以培養尊重秩序與合作互助的習慣。[20]

樂山時期，武大學生體育活動的條件很差，總共只有五個籃球場，分別在老霄頂和西湖塘兩處，且距學生宿舍都較遠，很不方便。另外，在操場和宿舍邊還有少數單、雙杠，如此而已。學校給一、二年級學生安排有必修的體育課，每週一個小時，上課就是打一場籃球。可是一些不愛好體育活動的人，

就連一小時也不願意花，要挨到快下課時，才姍姍而來，點過名後立即揚長而去。對此，老師也習以為常，不予追究。學生的體育活動，主要在課外進行。由於當時生活艱苦、營養不良，學生體力不足，以及對鍛煉身體的重要性缺乏認識，大多數同學很少在課外進行體育活動，但也有不少同學是體育活動的積極分子。當時的體育活動項目大致如下：

籃球：這是最受歡迎的項目。球場上除了班級同學的練習賽之外，還經常有年級之間的比賽，系與系之間、院與院之間的比賽。在校外，有時有校際之間的友誼賽（當時樂山還有中央技專和江蘇蠶專[21]兩所高校）。此外，還有若干自由組合的民間球隊，如以東北籍學生為主的「黑白」隊、川籍學生的「岷流」隊、完全基於興趣和友誼組成的「活力」隊等。這些球隊水平較高，並且各有一兩名技術較好的「明星」隊員。這些隊每年要舉行聯賽，受到學生們的關注，特別是決賽時，往往觀眾如潮。1937年考入土木系的俞之江回憶，「由於學校剛搬到樂山，學生宿舍分得很散，遂打破文、法、理、工各院體系，採取自由組合的形式參加比賽。1939年春季，舉行了一次籃球比賽，我參加了『珞珈山』隊獲得冠軍，隊員中理工學院4人，文法學院5人。」[22]

1941年數學系畢業的女生陸秀麗回憶：「在樂山三年多我只參加過一次迎新籃球賽，賽場在老霄頂。老生隊穿黃球衣，稱為黃隊，新生隊穿紅衣，稱為紅隊。賽前天色陰沉，但賽場周圍仍圍聚了不少同學觀戰。當時打的是六人球賽，即每隊六人上場，三鋒三衛，球場中間劃有一條白粉界線，各隊只能活動在自己籃下的白線的一側，衛兵能活動在它側，以防對方投籃，球員跑動時腳都不許踩上分界中線。我打的是黃隊的中鋒，外語系陳肅本是黃隊的衛，外語系新生王友松是紅隊的鋒，其他隊員是誰已記不起了。比賽開始，銀笛一鳴，打不多久，我連進三球，一個空投，一個擦扳，一個反身球，球運特佳，也暗自竊喜。這時天公作美，大約怕我久投必失，下起雨點來了，於是球賽就草草收場，以後也未續賽。我在武大就只打過這樣的一場籃球，說來未免掃興，但也有一事，久未能忘。」[23]她還說球賽剛結束，場邊牆上就貼出了幾幅漫畫，畫的是球場上奮勇拼殺的情景。

[21] 江蘇蠶專：即江蘇省立蠶絲專科學校，於1939年5月內遷樂山蘇稽，抗戰勝利後遷回原地。

[22] 俞之江：〈回憶樂山兩件事〉，《武大校友通訊》2008年1輯。

[23] 陸秀麗：〈1937—1941樂山年代武大女排活動〉，臺灣《珞珈》（2005年7月）第162期。

　　排球：愛好這項運動的人較少，球場上難以見到打排球的人，賽事不多。不過還有代表學校的男、女排球隊存在，參加有時舉行的校際之間的比賽。那時還是九人排球，運動員地位固定，對「持球」要求不像現在那麼嚴，排球比賽的捧球、救球、抬球、扣球特別好看，這裏魚躍那裏滾翻，有時竟像玩雜技一樣。武大的籃球排球都不弱，在公園比賽常常有大量市民觀眾圍觀助威。俞之江生前回憶，「武大西遷到樂山後，除教學外，很重視體育運動，常在校內舉行籃球、排球比賽。……1939年秋天，又舉行全校排球比賽，我參加的以杭州高中校友組成的『明遠隊』也得了冠軍。以後同學陸續畢業，『明遠隊』就交給機械系的莊國紳同學了。」[24]數學系畢業的陸秀麗回憶：「我們女生全都住在白塔街同一校舍內，很自然的組成了一個排球隊。因只有一個女隊，也就稱為武大女排隊了。隊長是誰？可能是我，現在想來都有些模糊。每學期大約都要與其他學校比賽二三場，賽前大家準時到達，也不研究戰略戰術，就開始比賽，賽畢，就各走各的，也不搞總結，反正大家都盡了興。我們武大女排每戰必勝，從來未輸過，然而在我離校最後一場球賽卻輸給了本校新入校的小妹妹隊，常勝將軍，臨別時受此一擊，難得忘懷！只怪她們的拉拉隊太厲害了！」[25]

　　壘球：工學院有少數壘球愛好者，多為北方籍學生。他們偶爾在較寬闊的校外操場上做擊球跪壘的練習，活動不多。但是，壘球棒子卻曾險些釀出人命事件來。1944年夏季川省同學會和淪陷區同學會在西湖塘大操場的一場群架中，有人就持壘球棒上陣，失手擊中看熱鬧的局外人劉宗定頭部。劉當即昏迷倒地，數日後才甦醒，又經相當長時間才康復，僥幸未出人命事件。

　　足球：據皮公亮回憶：「戰時的樂山武大沒有足球場，同學們有時在月咡塘廣場踢足球。我有時也參加，認識了四川人陳文安。他足球踢得很好，有人譽他為『小李惠堂』（香港著名球星，曾代表中國隊參加奧運會）。」[26]

　　游泳：這也是少數學生的活動項目，只有春夏之交的一段時間可以進行。這時岷江臨岸的淺水區域寬闊，流速緩慢；大渡河因水位降低，河心露出大片沙石灘，在三育中學附近形成一個流速緩慢的水渚，兩處都適於游泳，去那裏活動的人不少。到了夏季，由於水深浪急，兩河都不適宜游泳了。但是也有自

[24] 俞之江：〈回憶樂山兩件事〉，《武大校友通訊》2008年1輯。
[25] 陸秀麗：〈1937—1941樂山年代武大女排活動〉，臺灣《珞珈》（2005年7月）第162期。
[26] 皮公亮：〈憶1949年前的武大足球隊〉，《武大校友月刊》2010年第10期。

恃身體好、技術高、硬要去冒冒險的人，經濟系1945屆的石堅白便是。他一個人獨自從高西門的大渡河邊下水，沿水流最急、靠北岸的水面順流而下，過水西門時，他想上岸，可是身體卻像離弦之箭，手剛碰到岸邊，便一滑而過。以後幾次想抓住岸邊石縫都未成功。他開始著急、發慌，肚子又感覺劇痛，直到被水沖到肖公嘴附近，他才抓住了石縫，在別人幫助之下上岸。如果這一次再未成功，他將被捲入兩江匯合的急流大浪之中，沖向對岸大佛腳底。當時他已是精疲力竭，只怕是凶多吉少了。驚魂甫定，可能由於劇烈的運動，誘發了急性闌尾炎，那時抗生素藥還未出現，手術危險性很大。他命大，又闖過了這一道生死關。

　　順便說說女生遊泳和由此引起的風波。幾位會遊泳的女生相約去岷江遊泳，因為江邊沒有更衣場所，她們在宿舍就把泳衣穿好。到了江邊，脫掉外邊的罩衣就可下水遊泳。沒料到的是，那時樂山居民頭腦中的封建意識還很濃，在他們看來，女人半裸著下河洗澡是驚世駭俗之舉，認為誰看見了誰就會倒黴。碰巧的是，那年樂山大旱，災情嚴重。這時居民中出現一股謠言，說是「龍王爺來樂山行雨，距縣城只有40里地了，他忽然感到一股穢氣襲來，定睛一望，原來有一群女人在江中戲水。他怕毀了自己的道行，急忙掉頭回東海龍宮去了。」由此，下河遊泳的武大女生便成了樂山大旱的禍首。此說被輾轉相傳，沸沸揚揚，迷信的居民信以為真。正好不久後下了雨，旱情解除，風波自然平息。[27]

　　武大還有少數愛好舉重，如凌霄（曾以辦個人蝶展出名）、符其燮和陳錦江。沒有條件，便自備石質杠鈴練習，每個人都練得了一身好肌肉。此外，第六宿舍有幾位山東籍學生，堅持每天在宿舍中的雙杠上做體操鍛煉，身體都練得很棒。

　　至於武大各種體育比賽事之頻繁，從1943年樂山《誠報》報導，可窺一斑：

　　3月19日報導：「武大教聯籃球隊內部近已調整一新，實力極為雄厚，訂於明日下午二時半在三清宮（老霄頂下）籃球場與武大校隊作首次友誼賽。」

　　3月30日報導，「此間武漢大學一宿舍同學，目前在對河草原舉行盛大春遊會。除簡單之野餐外，上午有划船、自行車、球類等比賽及跑馬表演。午後實

---

[27] 陳錦江：〈樂山時期的體育活動和1944年運動會的回憶〉，《武大校友通訊》，2008年第1輯。

彈射擊。戴春洲教授等亦參加表演。各項成績優勝者，將由該會名譽會長朱光潛教授等特備錦標以資紀念。」

4月9日報導：「武大體育組主辦之籃球公開賽，定於本月十日開始。已有十餘隊報名參加。」

4月12日報導，「武大體育組主辦之籃球賽，業於昨日在三清宮球場舉行，觀眾極為踴躍。上午豫隊對平平，三十對十五豫隊勝；機四對樹德，樹德勝；下午，岷流對海克斯，三十六對二十三岷流勝；教聯對活力，作友誼賽，十八對十二教聯勝。」

4月23日報導：「三青團武大技專樂山三分團部為紀念五四青年節，提倡康樂活動，定於是日舉辦越野賽跑，已聘武漢大學體育主任郭謹安為競賽組長，張以敬為副組長，張耀庭為評判長……。凡本縣男女青年皆可報名參加……」

4月28日報導，「……青年越野賽跑……規定凡參加越野競賽能到達終點，而在中途未曾犯規者，除前十名由大會給以獎品外，其餘各名皆由競賽組頒發榮譽獎狀以資鼓勵。競賽路線已由大會決定：自公園門口紀念碑前十五碼處起，經玉堂街、土橋街、高北門、張公橋至技專門前（即今徐家扁一中）再循原路折返至公園門口止。全程約六千公尺。」

5月2日報導：「武大女子排球賽，文學院對理學院，定於今日上午八時在三清宮球場舉行。」

5月5日報導，「越野賽於昨日上午九時半舉行。參加人數共五十餘人……高級組第一名洪從道（武大），成績25分40秒，第二名範俊才，第三名鄭建基；中級組第一名謝國清；第二名傅文濱；第三名王海澄。除各組前十名另給獎品外，計跑達終點之二十八人均發紀念章一枚。」

5月9日報導：「今日上午八時三清宮籃球賽，黑白對海克斯，黑白為東北健兒，海克斯多兩廣宿將，爭奪錦標，定有一番血戰。」[28]

可以說武大西遷樂山，儘管物質越來越缺乏，生活越來越艱苦，可是全校師生人窮志不窮，在努力學習之餘，運動會音樂會照開不誤，真是簞食瓢飲而弦歌不絕，這是武大精神，也是國家的正氣！

---

[28] 據翁先禮、晁清源：〈武漢大學在樂山的體育活動〉，《樂山市志資料》1984年第1—2期合刊。

二、樂山高校運動會

　　1942年10月18日至24日，為期一周的四川省第五行政區大專學校運動會，在樂山高北門外嘉樂紙廠附近的牛咡橋體育場舉行。當時的行政專員是湖北黃陂人柳維垣，樂山縣長叫易民蘇，他們和各個高校的師生緊密合作，把這個運動會辦得有聲有色，十分成功。

　　參加運動會的大專院校除了樂山的武漢大學、中央技專和江蘇蠶專外，還有一支勁旅——由成都遷到峨眉山下的四川大學。從當時的實力和水平看，技、蠶兩校人少勢弱，遠非武大對手，而川大則是一個實力雄厚的勁敵。當時川大的體育主任是宋君復，他曾任我國第一次參加1932年7月於美國洛杉磯舉行的第十屆奧運會的中國體育代表團的教練員（領隊是沈嗣良、運動員有劉長春等四人），宋先生的名聲比較顯赫，便理所當然的當上了大會的總裁判長，而武大的體育主任蔣湘青，只有屈居副總裁判長了。

　　開幕典禮上，王星拱校長作了訓辭。當時，武大代表隊出席開、閉幕式還穿禮服，男生上身著藏青或黑色西服，下身著白色帆布長褲，運動服男女一律都是白布翻領短袖襯衫，在左胸前縫上一塊用黑布剪成的像校徽圖形和字樣的圓形標誌，作為武大代表隊的標記。顧煥敏回憶，「男生白色短袖運動服都是自己出錢縫制的，而青、黑色西服上裝，自己有的不多，多半是向同學們借的」，至於女生穿的「可能是淺藍色陰丹士林布做的短袖旗袍」。[29]

　　由於後方條件和設備的限制，運動會只設有田徑賽和籃球、足球、排球三種球類項目，其時代表武大參賽的選手以工學院的學生較多，文、法、理三學院的相對較少。幾天競賽的結果，武大得獎，奪標最多，總分遙遙領先。不僅田徑賽分數領先，而三大球的冠軍也是武大包辦了的。（順便插一個趣話，有人記得武大和技專的女生籃球賽，海報上寫的是「武女對技女」，真是只能看，不能讀。）可見武大學生不僅學業基礎紮實，而各項體育運動也身手不凡。

　　當時獲得勝利的獎品，團體的還不興獎金、獎杯、銀杯；個人的也不是獎金、銀、銅牌。只獎銀盾、錦旗，只不過大小不同而已。運動會比賽結束，上千人排隊，舉行閉幕典禮，並對優勝的團體和個人頒發銀盾、錦旗和獎品。

---

[29] 顧煥敏：〈1942年樂山大專院校運動會拾遺補缺〉，臺灣《珞珈》（1994年10月）第121期。

為了慶祝勝利，武大代表除曾舉行一次盛大的環城遊行。男女運動員身穿禮服，女生在前，男生在後，最前面由劉年美、凌忠揚、李車元等學生組成的鼓樂隊為前導，鼓樂喧天，招搖過市。先是把大會會旗送到住半邊街的王星拱校長家報喜，王校長笑容可掬地偕夫人和全家人親切接見學生們，並慰勉有嘉。然後沿岷江邊進嘉樂門，入興發街，經土橋街、玉堂街等鬧市區班師回校。一路上昂首闊步，吹吹打打，好不熱鬧。沿途吸引了很多的群眾圍觀，有的說盛況只有王靈官[30]榮歸故里時的熱鬧可比；有人說，想不到武大學生不都是文質彬彬、埋頭讀書的迂夫子，還有不少能跑會跳的飛毛腿呢！

三、唯一的一次全運會

抗戰末期，隨著生活越來越艱苦，學生營養不良，又缺乏鍛煉，以致體質極差，生病的多，甚至不少人英年早逝。為了讓學生提高鍛煉身體的興趣，武大決定在1944年5月6—7日舉辦一次全校學生春季運動會。

為了增加競賽的熱烈氣氛，將學生分為兩個大組：文、法學院為一組，理、工學院為另一組，開展總分第一的競爭。學生們在長期平靜的生活中，得知要開運動會的消息，很是興奮，並相互鼓勵，準備參加。那些一直堅持鍛煉的人自不必說，都報了名，不少雖缺乏鍛煉但自覺有些基礎的人，跟著報了名；最後一些總不鍛煉的人經不住鼓動，抱著「去玩玩」的心態也報了名，體現了「重在參與」的精神。

運動會開幕前十多天的課餘時間，讓學生們做準備訓練。於是，平時空蕩蕩的操場上突然熱鬧起來。沙坑邊、投擲場裏、借用的練兵場新畫的跑道上，到處有人在練習，體育老師張劍青也每天下午到現場作技術和安全指導。學生們訓練刻苦，幾天下來，都感到筋骨、肌肉酸痛，但精神狀態很好，希望到運動會上一展身手，取得好成績。

30　王靈官：即樂山人王陵基（1883—1967）。王陵基是川軍五行中資格最老的人物，早年留學日本學習軍事，曾任四川陸軍軍官速成學堂教官，是劉湘、楊森的老師。本來他也是有自己的武裝的，但後來因為死保北洋被打成光桿，才投奔劉湘，幫助劉湘稱霸全川，他也重掌兵權，但因倚老賣老一度又被撤去一切職務。抗戰初期爭奪四川省主席失敗，編組16個保安團組成第30集團軍出川抗戰，後來為第九戰區副司令，抗戰後任第7綏靖區司令，江西省主席和四川省主席，四川解放時被俘。

　　運動會開幕之日，天氣晴朗無風，是一個戶外活動的好天氣。運動會場設在高西門外的西湖塘。這裏平時是國民黨三十二補訓處練兵的操場，地面平整，面積足夠賽場的需要。學校在場裏搭了一個簡易的主席臺和兩個籬笆柵子，分別作兩個競賽組的基地，供運動員休息、更衣和其他活動之用。開幕式上，各首長均被邀請，樂山縣長贈大銀盾一座，以示提倡體育。離開會還有半小時，學生們就早早地從分散在樂山半個城區的各個宿舍，紛紛來到會場。操場上，不少運動員還在熟悉場地，作賽前最後一次練習，比賽項目在前面的運動員開始已經到辦公地更衣，準備參賽。拉拉隊員們也早早進入崗位。

　　9時整，比賽開始。男子百米賽跑是首項比賽項目，也是最激動人心的項目。參加這個項目的人很多，因此分預賽和決賽兩步進行。許多觀眾都湧向終點線附近，以便更好地看到運動員最後衝刺的場面。別看這個項目運動員只跑了100米的距離，只費去10來秒時間，跑下來，大多數人都氣喘籲籲，少數人竟面色蒼白，連走路也踉踉蹌蹌，需由同學攙扶下場。這個現象顯然是平時缺少鍛煉的緣故。

　　百米跑開賽之後，其他比賽項目也在各個賽場陸續開始。由於採取了兩組對抗賽的形式，大家都熱切盼望自己的組獲勝，使得會場氣氛更顯熱烈。兩組拉拉隊開始工作，更加強了會場的熱烈氣氛和競爭氣氛。理工組拉拉隊有兩位中心人物，一位是胖子劉年美，另一位是瘦個子陳××，他們都是機械系四年級的。每當理工學生取得一項第一時，他們便吹起小號，用響亮的號聲表示慶祝和向理工同學報喜，向文法同學「示威」；在基地裏有人做統計工作，人們可以從一個小黑板上隨時瞭解到戰績。

　　經濟系三年級的湯護民是文法組中令人矚目的人物。他是三跳健將（跳高、跳遠和三級跳）。一般跳高運動員大多用的是古老的跨越式，只有他用的是當時先進的滾式，每次橫竿升高後，湯護民都是一躍而過，而且過竿的姿式輕鬆而優美，令人賞心悅目，比賽結果，他取得第一。

　　化學系一年級的盧文筠連獲女子跳遠、百米和二百米三項第一名，為理工組立了大功。她在前兩項比賽中，腿部肌肉已嚴重拉傷，在第三項二百米賽中，她是忍著疼痛，咬緊牙關，奮力一搏的情況下取得勝利的，實為難得。

　　萬米賽是第二天下午舉行的，土木系四年級鄭建基有上佳的表演，使這項平淡、不大能吸引觀眾的比賽，也引得不少觀眾的關注，他的跑法很特別：一

陣慢跑，接著一陣百米的速度快跑，如此反覆，很快取得絕對領先的地位。在他用快速經過觀眾面前時，不少人為他喝彩。最後他取得第一。到達終點時，第二名落後於他有數百米之遠。令人驚訝的是，鄭建基在跑完萬米消耗了大量體力後不久，竟然又出現在撐竿跳高的賽場上。

撐竿跳是個既需要技術又需要力量的賽項，當時會跳的人不多，參加的只有機械系三年級的周學厚、鄭建基和電機系二年級陳錦江等五、六人。這是運動會的最後一個項目，其他的賽項都已結束，因此觀眾都集中到了這個賽場。他們擠在助跑線兩邊，排成兩米多寬的一條小巷，運動員只有穿過人巷跑到沙坑前起跳。橫竿大約從2.40米的高度開始，逐步上升，漸漸有人試跳三次未成功而出局，到最後的高度（估計3米左右）時，只剩下三人，周學厚一次過竿，便取得第一，鄭建基和陳錦江都在第二次試跳才成功，並列第二。根據鄭建基的實力，如果不是他在跑萬米之後才來參加這個項目，估計第一名定是他的。

此外，女子鐵餅比賽取得第一名的是經濟系馮家祿。她曾在1942年秋季的樂山高校運動會上為武大奪得鐵餅和標槍兩項冠軍。不過這次女子標槍冠軍是韋其瑩。女子壘球第一名丁瀅。手榴彈擲遠比賽是不需太多技術的項目，參加的人多。機械系三年級的一位北方學生，臂長力大，取得第一。

這次運動會還有球賽項目，在文廟球場進行。據東北師範大張翼伸教授回憶，理工組女子排球隊獲得冠軍，她當年是參賽隊員；至於其他球賽項目的結果，她記不得了。

賽場中兩則花絮值得一提：一則是在男子1500米比賽中，運動員競爭甚為激烈，到最後一圈開始加速向終點衝刺，觀眾都激動起來，為運動員加油。此時在已有些落後的機械系四年級李肇元的跑道內側，突然出現一位女同學，她緊伴著李肇元邊跑邊為他打氣，直到通過終點。可惜李肇元後勁不足，終於未在女友的熱情激勵下取得好名次。但是對這一美好的激情場面，在場觀眾是難於忘記的；另一則是在大會開幕前的跳場上，有幾個同學在作熱身練習，許多同學在旁圍觀。突然從人叢中竄出來一個小夥子，他快步向1.60米高度的橫竿跑去，一個魚躍飛身過竿，然後向前翻轉360°落地。這一奇怪的跳高方法，招來觀眾的嘖嘖讚賞，勸他又跳了兩回，使這小夥子有些飄飄然起來，不好意思。

運動會落幕了，理工組獲得團體總分第一名，盧文筠獲得女子個人總分第一。為此，理工組運動員在三育繪圖教室舉行了慶祝大會。會上工學院院長

余熾昌教授發言，鼓勵大家堅持鍛煉，學習鄭建基同學在萬米賽跑中的堅韌精神。這是武漢大學在樂山八年中舉行的唯一一次全校運動會。運動會沒有發獎牌或獎狀，但在那時卻是一次極其難得的盛大而成功的活動，讓很多人永生不忘。[31]

豐富多彩的展覽活動

1940年的訓導實施計劃最末條即是「舉辦各種展覽會」。其實在此前一年，1939年3月20日，武大在樂山舉行首次「學術展覽會」，分理科、工科、美術、圖書及體育表演五項同時舉行。之後，1942年10月12日，舉辦第二屆「科學展覽會」。這是在抗戰大後方開展的一次規模巨大、意義深遠的科學大宣傳、大動員、大普及。它喚起民眾：要學文化，學科學，要增強科技意識，提高全民文化、科技素質，以科技為本，走科技興國之路。誠如〈武大科學展覽會〉前言所云：「中國之抗戰不僅在爭取最後的勝利，亦所以奠定建國之基礎，故科學運動實為必要。倡議科學之道有二；一曰提高國民科學興趣；二曰培養科學專門人才。科學人才之培養固極重要，而提高國民科學興趣，普及科學教育尤為必要。科學展覽會之意義，即所以使此項運動社會化也」；「舉行科學展覽，俾提高國民科學興趣，啟人及時把握世界文化的動力——科學。則國家的興隆，計日可待。」[32]

1942年10月10、11兩天是展覽會會期。金秋季節的樂山，秋風送爽。會前陣陣夜雨，三江滌淨，空氣清新，視野空闊，把展館裝點得格外雄偉、肅穆。

展覽會按其內容分三個部分：物理、化學展館在李公祠理學院，機械、電機、土木、礦冶展館基本上集中在三育學校的工學院，生物展館則在北斗山。各展館資料詳實，圖文並茂，陳列有序。在解說員的引導、解釋下，無數的實物、儀器儀表，各型號的機器，數不清的模型、圖表和標本，真正是目不暇接，恍惚進入科學海洋，啟人科幻遐想。電機大樓展廳由紅綠燈組成「電氣化」三個閃閃發光的大字，遠遠地印入人們的眼簾。電訊研究室展出飛機上用

[31] 據陳錦江：〈回憶武大樂山的一次運動會〉，《武大校友通訊》2008年第1輯。

[32] 原載樂山《誠報》1942年10月13日，轉引自《北京珞嘉》總第1期。

的方向尋覓器、放大器和發話器，電訊實驗室陳列的大型發射管和兩百多個蓄電池，電話實驗室展出自動電話機，格外引人注目。生物系有八個展室和許多苗圃，集中在風景秀麗、東眺凌雲大佛，烏尤，西臨巍巍峨山的北斗山上。在脊椎動物展室裏有一種名叫蚷螻魚的珍稀動物，引起人們的興趣；在叢林、在沙灘有形形色色的鳥兒構成了鳥的世界；鱗翅目蝶亞目中的鳳蝶、弄蝶、粉蝶、斑蝶、眼蝶、絹蝶……多姿多彩。

各個展館、室集中了一冊冊記錄武大師生科研成果的專著和論文，一幅幅散發著歷史厚重氣息的圖片、標本，使人駐足留連，嘖嘖讚歎。在兩天展期內，觀眾達兩萬餘人之多，誠為抗戰後方一大盛事，至今仍銘刻在樂山人民和當年武大師生的心中。

此後，1943年10月10日，武大舉行第二次「擴大科學展覽會」，將理、工學院各實驗室和工廠對民眾開放，並邀請貴陽、昆明兩地業餘無線電臺來樂山舉行首次無線電話表演，參觀者均可聽到昆明、蘭州等地的通話聲音，甚為清晰。武大工廠的氣錘頗引參觀者驚訝，氣錘一擊則發一噸半之力。參觀者絡繹不絕，驚歎不已。

1943年武大還舉行了五十周年校慶，在當時的條件下辦得還算堂皇。不僅理工學院辦了各種展覽，供人參觀。女老師們也辦了個展覽。展品陳列在文廟西側的一間大教室裏。陳源夫人凌淑華展出了一幅水仙長卷圖，不設色，不瀚染，清新淡雅。此外，校慶時還在西湖塘舉行了菊展。大多是盆栽的，有許多稀有品種。顏色從常見的黃白、淡紫到不常見的紅、藍、紫黑。花瓣從常見的橢圓、長匙形到不常見的長條形和細絲形。植株姿態也各不相同，有直立的，有像垂柳一樣倒掛的，有攢成一蓬滿頭繁花的，也有花瓣紛披搭拉下來的。確可稱琳琅滿目，美不勝收。

1944年4月3日，武大舉行第三次科學展覽會，展覽地址分為兩處：一處在工學院（西湖塘）公開展覽土木系及礦冶系的各種設備及模型；一處在理學院（高西門）開放理化室及生物模型展覽。參觀者絡繹不絕。

1945年4月1日，武大舉行第四次科學展覽會。理、工學院的理化部在李公祠舉行展覽，生物部講農作物害蟲預防之常識，並採集標本。工學院的機械、礦冶及土木三部門在三育舉行展覽，陳列各種儀器及模型，武大工廠亦對外開放，由師生擔任講解，並操作演練。

　　除了校方舉辦的各種展覽之外，武大學生自己也開展覽會。在各種展覽中給人印象最深的是機械系凌霄的蝴蝶展。凌霄個子不高，身體結實，業餘特好捕捉蝴蝶。捕到蝴蝶後，他就精心製成標本，並分門別類，標記說明。他把全部業餘時間和精力都投入捕蝶和標本製作，並精心研究。經年累月，製成的標本很多，曾在文廟教室和公園禮堂各舉辦過一次「凌霄蝶展」。前者對內，後者對外，且出售蝴蝶製品。公園那次展覽分作兩個部分。一部分是有關蝴蝶的科學知識。展出了蝴蝶的生活史的活標本。在很稀薄的紗布罩裏有一根樹枝，枝上有蛹和成蟲，粉蝶、鳳蝶都有。展出了捕蝶用的工具，捕蟲網、標本夾之類。然後便是極豐富的蝴蝶標本。每個蝴蝶都有標籤說明了採集時間地點，還介紹有關知識。其中有不少是稀有品種。這是最好看的部分。末了還展出了一些參考書。其中有一本精裝外文版的《蝴蝶圖譜》，很引人注目。另一部分則是蝴蝶藝術品。可見凌霄還很會圖案設計和繪畫。展品有些是用蝴蝶組成的圖案，有些則是在紙上繪製一隻女性的手或一朵花，把蝴蝶固定在上面，組成立體的美術品。還有其他形式。這些藝術品都標價出售。一個大學生能搜集到那樣大量的蝴蝶已經很不容易，還能作這樣細致的分類研究，製作這樣精美的藝術品，的確令人欽佩。

　　與「凌霄蝶展」相映生輝的是「利巴爾」（孫順潮）的漫畫展，內容多為反映大學生生活，情趣盎然。「利巴爾」是山東話小夥計，也就是小徒弟的意思。孫順潮，1942年化學系畢業後曾到內遷五通橋的「黃海化工研究社」工作四年。後來進了《人民日報》社專畫漫畫，筆名為「方成」。據俞之江回憶，「1941年我從武大土木系畢業後，1943年又回到樂山，在樂西公路管理局擔任樂山五通橋工務段段長。那時在校同時代的同學孫順潮在永利化學工廠任工程師，他當時漫畫已名滿全校，我倆早就認識，而且交往甚密。我們週六在母校相聚，週一一早步行上班，沿路談談說說到五通橋分手。當時我提議，孫兄何不沿內樂山公路去辦個漫畫展，沿途都有我們的熟人可以幫忙。孫兄同意了，於是我們從榮縣、自流井一路展覽到內江，那時群眾對漫畫還比較陌生，但聽到武漢大學來辦漫畫展，來看的群眾很多，孫兄到校外辦漫畫展，大概這是破天荒的一次。」[33]另據樂山《誠報》1943年5月9日第2版廣告：「季秋萍 黃方

――――――――――
[33] 俞之江：〈回憶樂山兩件事：籃球隊和漫畫展〉，《武大校友通訊》2008年1輯。

路 李夢浦 利巴爾（即孫順潮）聯合畫展時間：5月9日至11日。地點：公園圖書館。」此外，據孫法理回憶，「經濟系季耿（筆名阿東）在文廟西廊的兩間大廳教室開過個人畫展。他畫國畫，主要是山水和花鳥，山水中往往有人物。有一幅風雨長江圖，畫的是江上的一艘帆船，船身傾斜，在風暴和浪濤中行進，畫幅頗大，還很有氣勢。熊吉（似乎是季耿的表弟）也開過個人作品展覽。展品有畫，還有他出版的書。據說有時他還來朗誦詩和演奏小提琴。他展覽的書有兩本，一本叫《千年後》，一本叫《世外天》，應該算是科幻小說。一個大學生能有兩本書出版自然是難能可貴的。」[34]

[34] 孫法理：〈樂山時期武大文化生活〉，臺灣《珞珈》（1992年7月）第112期。

第十一章　學生社團與民主鬥爭

　　一所高校的歷史離不開其社團的歷史，一所名校的多元化離不開社團文化的繁榮。

　　在中國，高校學生社團已有一百多年的歷史。中國第一個嚴格意義上的大學生社團是1904年京師大學堂的抗俄鐵血會，當時的青年學生可以通過各種方式抗議日本、俄國在我國東北發動戰爭。1919年「五四」前後一大批現代意義的社團風起雲湧，這是「五四」新文化和民主愛國運動的直接產物。

　　到了抗戰時期尤其是末期，在國民黨的高壓政策下，人民沒有言論自由。很多高校受反動當局的嚴屬控制，政治空氣沉悶，幾乎是一潭死水。為了打破這種局面，呼吸新鮮空氣，社團壁報便成為一種合法鬥爭的工具。比如四川三臺縣的東北大學，據校方1943年統計，各種學生社團（包括壁報團體、學術團體、劇團等）已達50多個；1945年，在民主運動高潮中，壁報活動最盛，先後出刊的達80種。[1]

　　武大學生社團也由來已久。早在1931年就有基督教徒者自願組織成立的「珞珈團契」，1937年抗戰爆發後隨即成立了「抗戰問題研究會」。西遷樂山之後，武大各種學生社團更是如雨後春筍般湧現。據徐正榜〈武漢大學西遷樂山大事記〉云：1941年1月學生先後成立文談社、海燕社、風雨談社、政談社、淩雲社，各社團均辦有壁報。同年10月，武大學生群眾組織，除各系會、同鄉會、校友會以外，新成立的團體有：文藝協會、東風聲歌協會、ABCDKB經緯社、圍棋社、珞珈劇團研究社、海風歌詠團、岷江讀書社、求實讀書社、未名實驗劇團、詩社（專門研究古典詩詞寫作）、課餘平劇研究社、新聞學會等。[2]

　　在名目繁多的社團中，有進步師生組織的，還有中間群眾組織的，也有少數反動學生組織的。但是有些社團相當複雜，基本上是敵中有我，我中有敵，

[1]　範如富：〈東北大學在三臺〉，唐宏毅主編：《東北大學在三臺》，四川大學出版社，1991年，第11頁。
[2]　轉引自駱鬱廷主編：《樂山的迴響》，武漢大學出版社，2008年，第482、484頁。

例如有些社團開始由進步學生發起，但後來混進了壞人；有些社團開始由中間群眾或反動學生發起，後來進步學生加入進去，改變了社團性質。有些是純學術性的，也有些純屬聯絡感情、不帶政治色彩的。歸納起來，大致有以下幾類：

進步社團。這類社團最多，影響也最大，諸如抗戰問題研究會、岷江讀書社、政談社、風雨談、文談社、海燕社、馬克思主義小組、課餘談、核心領導小組，以及文藝崗位、文會、拓荒、新聞部隊、資本論學習小組、凌雲、蜀光、地平線、中流等。

學術社團。比如電機系1941屆創建的力訊社，旨在為研究電力和電訊技術而努力。再如1946年元旦成立的科學青年會，口號是「以科學服務人類」。

文藝社團。既有演話劇的峨眉劇社、叢叢劇社和校友會性質的南開劇社，也有演唱京劇的社團如珞珈平劇社和課餘平劇社，還有歌詠社團如聯青合唱團、南風歌詠隊等。

其他社團，如體育性社團∑棍球隊、服務性社團有膳委會，以及各種同鄉會等等。

進步社團的活動方式較為豐富。通過讀書、討論、出版壁報、組織專題報告會等方式，學習馬列著作和其他一些進步書刊，傳播和交流革命思想。他們讀書內容主要有政治類的《中國近代革命史》、《世界近代革命史》、《政治經濟學》、《大眾哲學》、《國家與革命》、《帝國主義》、《新民主主義論》、《論聯合政府》等；文學類的如《復活》、《安娜·卡列尼娜》、《羅亭》、《母親》、《底層》、《鐵流》、《鋼鐵是怎樣煉成的》、《夜歌》；報刊則有《新華日報》、《群眾》、《文匯》、《文萃》、《世界知識》等。

出壁報是當時社團活動的主要內容。僅僅是1941年在校方登記的壁報就有：科學壁報、中流、抗研宣傳隊壁報、北辰、抗研旬刊、明天、城近郊宣傳隊工作報告、新潮、黑白、之人、燎原、哲教、春蕾、星火、抗建、汶上、大家看、法意、力訊、理工茶話、錦痕、點滴、文藝、青年、Looker-on、蕩蕩、新評論、野風、曉角、老實話、文藝崗位、晦夜燈、今天、大地、政談、星星、晦鳴、綠星、追蹤、Radi News Bullefin。岷江讀書社的壁報名為《燎原》，每週固定張貼在校本部文廟的壁報欄裏，稿件由社員撰寫，內容大多針對現實。有時為了突出某一個專題，還增出專號。如「哲學專號」、「憲政問題專號」、「魯迅研究專號」、「武大的一日專號」等。三年多時間裏，壁報出了100多期，專號10餘次。風雨談的壁報內容有時事述評、歷史、經濟、政治

性的論文、書評、雜文等文藝作品等。由於傾向性比較明顯，時常有些文章被學校當局檢查扣壓，不讓發表。文談社壁報《今天與明天》，內容主要是文藝評論和政治性雜文。後來還增加了文藝創作，如詩歌、小說、散文等。這些壁報的共同特點是對時局發表意見，宣傳抗戰和民主團結，對國民黨的黑暗面進行揭露和批判。

說壁報，不能不提「民主牆」。在文廟櫺星門兩旁，立著兩面不長的牆。牆壁上面總是貼滿了圖文並茂的壁報。每有新壁報張貼，馬上就有一大群學生圍攏過來，甚至附近的居民也慌忙放下手中的活兒，擠到人群中觀看。這就是赫赫有名的武大民主牆。葉聖陶當年就支持學生辦圖文並茂色彩繽紛的壁報，鼓勵學生關心國家大事，甚至還親自為壁報撰寫文章。蘇雪林在〈學潮篇〉也說：「此類報刊，簡峭有力，易於吸人注意，兼之一報在壁，眾目共賞，其宣傳力之廣大，竟遠勝於鉛印書刊。」

對武大一些進步社團國民黨當局既害怕，又進行嚴密監視。對於特務分子密告武大進步學生利用社團、壁報開展革命活動問題，學校曾專門呈文教育部予以解釋和辯駁。呈文指出：

1、本校學生團體雖多，但均是經本校訓導處核准成立，少數團體學生平時言論雖難免偶有失當，而在校行為尚無越軌之處。

2、壁報為學生團體公開活動之表現，亦為學生練習寫作之唯一園地。本校學生壁報無論報導新聞，評論時事、均須經訓導處審查後始准公布，其言論雖力求精闢，然尚無過於偏激之作品。[3]

不難看出，正是武大校方的寬容，才有得學生社團的繁榮。

進步社團

一、抗戰問題研究會

抗戰問題研究會（簡稱「抗研」）是早在1937年秋，由武大進步學生潘乃斌（潘琪）、錢祝華（錢聞）等和北平流亡的學生共產黨員共同組織發起的。

3　馬同勛：〈一代學人，典範永存〉，俞大光、陳錦江：《無私奉獻一生的趙師梅先生傳略》，華中理工大學出版社，2000年，第161頁。

武大西遷樂山前夕，大部分會員奔赴延安等地，該會也就自行停止了活動。武大西遷樂山後，中共四川省工委派地下黨員余友麟（余明）考入武大政治系。入校後奉中共川康特委黨組織之命，重建武大黨組織。為了爭取多數群眾，決定仍以學術團體的形式出現，定名「抗戰問題研究會」。首先在愛國熱情高、積極主張抗戰的同學中秘密醞釀，並以部分黨員為骨幹，於1938年10月底的一個星期天，在白塔街李公祠碧津樓（理學院教室）召開成立大會。會上選舉了幹事會，推定顧謙祥為總幹事，崔錦文（黎軍）、端木正為副總幹事，朱祖仁（中共黨員）、向勳、沈立昌、楊亞男等為幹事。「抗研」下設總務、宣傳兩大組。宣傳組下又分壁報、歌詠、話劇三個小組，分別由葉瓊、張是我、王曉雲、周鑰等人負責，另有一下鄉宣傳隊。總務組下設財務、組織兩小組。組織組負責召開座談會、報告會並組織讀書會等。「抗研」成立時只有30餘人，到1939年夏天即發展至80餘人，最多時達到近100人。

「抗研」成立後，武大共產黨組織利用這個公開合法的群眾團體，領導進步學生開展了一系列的抗日救亡活動，其活動方式主要有以下幾種：

1、組織討論會。總務組除了負責「抗研」內部事務外，還根據當時的形勢及學生中存在的問題，適時組織一些座談會和報告會。在座談會上，有意識地請一些從敵占區、遊擊區來的同學，講述前線戰士英勇殺敵的故事，講述遊擊隊員神出鬼沒的鬥爭情景，講述敵戰區內青年學生的地下抗日活動，揭露日寇殺害我同胞的罪行等等。

2、組織壁報戰。為了擴大抗日宣傳，「抗研」把辦壁報作為主要活動之一。壁報的主編是張是我。定期出版的壁報貼在文廟民主牆和理工學院，甚至校外的樂山公園。壁報的主要內容，一是將討論會的內容公佈出來；二是組織發動淪陷區逃亡的學生寫淪陷區見聞，揭露國民黨消極抗戰，控訴日寇侵華罪惡；三是針對校內反動的三青團、CC分子的言行及時撰文予以批駁和揭露。整個壁報都用毛筆抄寫，清晰美觀，很能吸引人。

3、歌詠活動。「抗研」成立後，根據青年的特點組織教唱救亡歌曲，激發抗戰熱情。參加歌詠隊的學生很多，演唱的次數也多，使抗戰歌曲響徹樂山城鄉。「抗研」會員、女生葉瓊不僅長得漂亮，而且還有一副好嗓子，由她領唱；她還帶領其他女生到李公祠的教室裏練唱或舉行歌詠

會。他們高唱由外文系學生陳慶紋（後名李伯悌）設法弄到的《黃河大合唱》、《我們在太行山上》、《松花江上》、《五月的鮮花》以及蘇聯歌曲等。

4、話劇活動。話劇演出隊的活動影響最大，他們主要是自編自演。例如描寫共產黨員行抗日鬥爭故事的三幕話劇《自由魂》，就是由地下共產黨員陳慶紋編劇，由葉瓊、王夢蘭、朱祖仁、王曉雲、桂羆祥等同學主演的。其次是與外單位合演文藝節目。例如「抗研」成員和蠶桑技專合演曹禺的名著《雷雨》。對外演出多是為前線戰士募集寒衣的義演，加上義賣。1940年1月30日，總幹事顧謙祥向學校呈文，寒假期間各團體赴樂山、五通橋等地演出所獲獻金2900餘元上繳學校訓導長趙師梅，請轉交前方抗戰將士。

5、下鄉宣傳。下鄉宣傳隊幾乎走遍了樂山附近的各鄉鎮。他們去農村主要宣傳抗日戰爭形勢和全民抗戰力盛之所在，以及持久抗戰必獲最後勝利的道理。每次都是先在茶館、集市等人群密集的地方講演；講演後再演出街頭劇或小快板等，其中顏竹丘的小竹板很受歡迎。

1939年春，郭沫若回鄉奔喪，「抗研」成員除參加樂山公園聽郭沫若演講外，又請郭沫若來校講演。郭沫若號召青年們「要肩負起救國之使命，作為擴大抗日力量工作」。「抗研」還請來《八月的鄉村》一書作者、著名作家蕭軍來校講述東北在「九一八」事變後，青年學生參加抗日聯軍、打擊日寇侵略的英勇戰鬥的情景，激發學生們的愛國鬥志。

1940年7月6日晚，當學生們正忙於準備學年考試時，突然一陣風暴降臨到校園：國民黨便衣特務以會客方式到學校抓人。首當其沖的是壁報組負責人之一的張是我。在他住的宿舍門口有人喊他的名字，說是「有人找他」。他毫無準備地穿著背心踏著拖鞋走出來就被帶走了。接著，又有來人說「要會見錢祝華、錢保功」。他們都是「抗研」的積極分子。因而引起學生們的警惕。他們互相轉告隱蔽。便衣特務去高西門外露濟寺理工學院宿舍抓人時撲了空，轉身到高西門裏白塔街女生宿舍敲門。機警的門房校工老姚從鐵柵欄門縫看見來敲門的人不三不四，便藉口說「天色已晚，房東加拿大女校長規定每晚9時鎖門，鑰匙在外國人手裏」，便衣特務一聽要去找外國人才能開門，就溜之乎也！

　　第二天晚上，特務們還撞入「抗研」的校外據點「生活書店」抓走住在那裏的十多個人，其中有負責壁報組的李昌廉和中共樂山縣委青委委員羅朗。住宿其中的樂山本地人盧祥麟等三個學生也被抓去。「抗研」副總幹事端木正是走在街上被特務抓走的。這次大逮捕武大學生被抓走的總計有67人。總幹事顧謙祥是特務指名要抓的人。由於他十分機警，躲入茅坑內，特務用手電筒照了照茅坑未發現。次日晨，顧換了廚工的衣服，提著菜籃從集市中躲到五通橋去了。約半年後，在許多師生呼籲愛國無罪、救亡有責的正義呼聲中，王星拱校長和丁燮和、戴銘巽、趙師梅及郭霖等教師出面擔保，將被逮捕的學生營救回校。

　　事件發生後，中共地下黨決定將一部分身份較暴露的地下黨員撤離學校，一些非黨員的「抗研」積極分子分頭隱蔽。並根據上級黨組織的意見，決定暫時解散「抗研」。「抗研」停止公開活動後，「抗研」這個名稱也就沒有了，但實際上這個組織則是分散活動了，其成員有的轉入別的社團，有的則秘密地組織新的社團。武大的進步活動是不會終止的。

二、岷江讀書社

　　岷江讀書社成立於1939年8月，發起人是周繼武、吳春選、汪達慶（君浩）和張其名四人。周繼武長期顛沛流離、窮困潦倒、不滿現實。吳春選也不滿現實，勤思考、喜探索。汪達慶參加過兩年農村救亡運動，是由鄂中解放區入川的。張其名是東北流亡學生，飽受國破家亡之苦。四人意氣相投，立志改變現狀。於是分頭聯絡了周公南、劉師尚、張錦鑾、何代枋、路適、方慕管等人，集會於嘉州公園，正式建社。以「岷江」命名是取它源遠流長，又身在岷江邊的意思。在討論社章、談到吸收新社員的條件時，路適說：「就是不要三青團、國民黨員參加。」此話雖未形成明文，但實際上成了「岷江」的組織建設原則。其實他們建社初期對共產黨也缺乏理解，因此只要看不慣的，無論是左是右都劈斧子，屬於激進派團體。

　　「岷江社」下設學習、生活、牆報等四五個組，除採用一般的讀書、討論、辦壁報等活動形式外，還有許多獨特的地方。例如：各組長不採取選舉制，而是輪流擔任，半年一輪換；開會也是輪流當主席，培養社員的獨立工作能力。

　　1940年5月，地下共產黨員楊仁政（後名楊葦堤）和進步學生丁宗仿、孫冰叔等人，經中共武大黨總支書記錢祝華批准，加入「岷江社」。同年秋，又有胡開駟、姬野藜二位當時失去聯繫的加進去，這些人加入「岷江社」後，很快形成了一個左派核心，取得了多數社員的信任。加上原有的老社員經過黨的幫助和教育，使社內左派力量占據了絕對優勢，成為武大學運中繼「抗研」解散後左派運動的又一面旗幟。自此，「岷江社」在發展進步力量的同時，採取多種形式，提高社員的思想覺悟水平和工作能力。首先是組織部分骨幹認真學習馬列主義經典著作和毛澤東文章，以打下良好的思想基礎。當時有重點的學習了三本書：《新民主主義論》、《聯共簡明黨史教程》和《資本論》。骨幹學習後，又通過召開全社讀書報告會、辯論會等形式，各人暢談自己的心得體會，並吸收非社員參加。

　　為了把思想工作做好，幾個核心成員經常研究分析國內外和校內外的形勢，劃清敵友我界限，確定爭取、團結和孤立打擊的對象。為此，特別制訂了社員「結對子」的活動形式，即社員自由結合，兩人一對，一起散步談心，相互探討問題，交流思想。過一段時間之後，再換人結對。另外，「岷江社」還利用節假日、郊遊等時機開展談心活動，把嚴肅的內容寓於輕鬆活潑的形式之中，從而加深了社員之間的相互瞭解，培養了患難與共的思想感情，使全社成為一個團結戰鬥的集體。

　　「岷江社」辦的壁報叫《燎原》（刊名由朱光潛題寫），象徵「星星之火，可以燎原」。辦壁報的方針是作「學生的喉舌」，「為多數師生講話」。《燎原》每週按時出刊，固定張貼在文廟牆民主牆最顯眼的位置。《燎原》的內容是綜合性的，主要針對現實，表明社團的立場、觀點、主張和態度。稿件由社員執筆，同時也吸收一部分外稿。為了突出某一專題，還增出專號，如「哲學專號」、「憲政問題專號」、「魯迅問題專號」等。《燎原》在公開存在的三年裏，共出了三百多期和「專號」十餘期。每期壁報貼出以後，學生們都爭先閱讀。

　　1941年春，國民政府教育部長陳立夫到武大視察。他在向全體師生訓話時，大肆鼓吹「一個黨、一個主義、一個領袖、一個政府」的理論，宣稱這就是「建國藍圖」。《燎原》壁報立即發表了丁宗岱有針對性的文章：「建國藍圖」應由人民來選擇，否則是無效的」，這篇文章竟敢在太歲頭上動土，使反

動派更加惱怒，又通過訓導處「勒令免登」。於是壁報又一次開了天窗。唐弘仁隨即寫了一篇諷刺短文〈孫總理復活記〉，說孫中山先生到武大圖書館，看不到他的「三民主義」和「建國大綱」，只看到「蔣總裁言論集」等歌頌法西斯的文集，大為不滿。當時這篇短文就被人用刀子刮掉了。

由於「岷江社」的旗幟日益鮮明，他們的進步活動受到特務們的嚴密監視，並上報中央。1942年國民教育部連連給武大下達密電，稱岷江社員趙騏、唐宏溶、何代枋、胡開駟等為「奸偽分子」，要求查明上報。如1942年8月25日，國民黨政府教育部密令稱：

「據密報：該校奸偽分子所組織的『岷江讀書社』，最近曾在大佛寺召開暑假工作討論會，由丁宗岱主席，趙騏、楊仁政、唐法鎔、汪達慶、向勳、潘道璋、蔣貽曾、胡開駟等均曾出席，決定暑期工作方針等情。……令仰注意防範，並查明實情具報。」[4]

經訓導長趙師梅批示，訓導處於同年9月4日具報稱：「查汪達慶、唐宏鎔、胡開駟、蔣貽曾等四生，均已於畢業前後離校，其餘丁宗岱、趙騏、楊仁政、向勳、潘道璋等五生平日在校尚無越軌行動。除對該生等注意防範外，謹將實情具報。」這類「具報」語焉不詳，避重就輕，實質是為進步學生開脫。同年12月23日國民黨中央組織部部長朱家驊致函教育部渝字第18005號公函說：「為武漢大學《燎原》牆報社密查情況函特參考由。案據直屬國立武漢大學區黨部執行委員××同志，本年11月29日來函略稱，《燎原》牆報自動停刊，兼旬以來，實未再見該牆報之張貼，而與該刊有關之學生唐宏鎔則確已於本年暑假畢業後，離校赴桂林。本校區黨部招開執監會議時，曾將此案提出討論，愈謂嗣後應仍加切實注意，以期勿負中央之命令，特此具函陳明，尚祈察核等情到部。查燎原牆報一案，系奉總裁申豔代電查詢，除分函有關部門參考外，特節錄原報告，轉貴部參考為荷。」

1942年春天，一方面，訓導處不斷就審稿問題找「岷江」負責人談話；另一方面，反動分子張貼了大量的無名貼子，以威脅口吻誣蔑「岷江」社員，「製造事端，唯恐天下不亂」。在國民黨以行政手段的強制辦法和製造輿論的

4　馬同勳：〈一代學人，典範永存〉，俞大光、陳錦江：《無私奉獻一生的趙師梅先生傳略》，華中理工大學出版社，2000年，第158頁。

脅迫下，王星拱、朱光潛、趙師梅等領導，只好親自出面，找「岷江」的幾位負責人汪達慶、唐宏鎔、潘道璋、吳春選談話。王星拱說：「我們的大學是國民黨政府辦的，如果你們繼續活動，國民黨要逮捕你們，我們也沒有辦法。」還說：「他們有兩個黑名單：一些人是打兩個×的，一些人是打一個×的。現在打兩個×的，都抓走了。你們一些人打了一個×。」

1942年暑假後，胡開駟、唐宏鎔、吳春選、汪達慶等老社員相繼畢業離校，剩下十多位社員，頓感力量單薄。加上反動分子不斷的誣蔑，政治壓力增加。故在王星拱等校領導的「勸告」下，「岷江」內部也確有整頓和改變活動方式的必要。於是由於宗岱、楊仁政和潘道璋等人提出，其他社員一致同意，貼出「岷江讀書社自動解散」的通告。從此，被國民黨監視的公開目標消失了，但實際上轉入地下，繼續堅持鬥爭，直到1944年秋。

三、政談社

「政談社」也是武大西遷樂山後成立的重要進步社團之一，於1940年成立，發起人為韋德培、胡明正、王榮堂、李季仙、黃俊傑等5人。

1940年秋，韋德培從國立西北大學轉來武大法學院政治系二年級，武大學生的讀書風氣和學術研究精神使之大為振奮。雖然在抗戰時期，大多學生與家庭都失去聯繫，以致衣履不整，一日三餐以些微薄教育貸金果腹，但龍神祠宿舍的自修大樓每晚燈火不熄，直至深夜，校本部文廟民主牆上的各種壁報，精彩紛呈，令人目不暇接。經常在課前課後同學們留連於壁報欄前，邊問邊談，形成風氣，樂山茶館遍佈街頭和江岸，價廉物美，一杯清茶可坐談數小時，是學生們課餘談文論道的最好去處。一日韋德培和幾位要好同學在茶館小敘，他提出，「學校裏壁報很多，我們是否也可以辦個壁報，一方面寫寫我們的學習心得，一方面也可以說說我們心裏的話。」在座的人都十分贊成韋德培的意見，於是大家開始討論壁報的名稱。當時在座的政治系學生較多，有人提議叫「政壇」。大家考慮了一下，有人說：政壇是政治舞臺的意思，我們又不是政治舞臺上的人，這名稱不大適宜。又有人說：那就叫「政治論壇」吧！但韋德培考慮這個名稱太嚴肅，而且小小的壁報內容不能寫得很多，這個名稱也似乎

太大了點，於是提出用「政談」這個名字，意思是隨便談談學習心得，談談心裏話，可以無拘無束，暢所欲言。這個名稱得到一致通過，於是再進一步討論具體措施。當時在座一共五人作為「政談」的發起人。除韋德培之外，有胡明正（政治系），王榮堂（政治系），李季仙（法律系），黃俊傑（歷史系），大家決定每兩周出一期，稿子每人每期必寫一篇，長短不限。也可接受校外人寫稿，短的翻譯稿也可錄用。「政談社」就這樣成立了。

　　至於「政談」壁報的內容，大體不外乎對民主制度和憲法的探討（當時社員們正學習王世傑的《比較憲法》、劉廼誠的《各國政府和政治制度》等）。對當時達官貴人紙醉金迷生活的批評，對時事的評論等。韋德培還翻譯過上海《密勒氏評論周報》和《莫斯科新聞》中的一些短文發表。由於「政談」在當時武大眾多的壁報中影響日益增大，因此社員不斷擴大。1942年秋，韋德培因家務休學一年回安徽家鄉。原「政談」的發起人先畢業離校，各自一方，鮮通消息，「政談社」繼續由其他學生負責。[5]

四、文談社

　　「文談社」是一個對內學習馬列主義，對外以文藝團體出現的進步革命學生組織。從成立到武漢解放，歷時7年多，社員總數約有七十餘人。

　　1941年下半年，武大中文系學生高耀墀開始醞釀文談社，要政治系胡國梁參加，共同組織。形成文談社的最初基礎是：高耀墀、胡國梁、錢忠槐、金聲穆、朱光前、鄒紹華。金聲穆是秘密的岷江讀書社成員。

　　1942年暑假前，國民黨教育部明令解散當時在校內影響最大的岷江讀書社。影響所及，進步社團如「文藝崗位」、「大渡河邊」亦隨之停止活動，蓬勃一時的武大壁報和社團活動漸趨冷落。文談社卻堅持了下來，不僅陸續吸收「文藝崗位」和「大渡河邊」的社員，還吸收了其他新社員，使之日漸壯大。比如歷史系張寶鏗加入處於地下狀態的岷江讀書社不久，也參加了文談社，成為早期社員之一。

　　加入文談社必須有兩人介紹，自談經歷。他們認為只有互相瞭解，才能共同戰鬥。大家樂於讓朋友瞭解自己，也希望瞭解別人。社內展開嚴肅的批評與

5　參見韋德培：〈回憶武大「政談社」〉，臺灣《珞珈》（1999年1月）第138期。

自我批評。他們解剖別人，也更嚴格地解剖自己。1944年春夏之交的一天晚飯後，文談社在美人坡[6]茶館召開總結會。這時章心綽用充滿感情的語調說：「中學時期，他與熟稔同學數人乘船外出。是夜明月當空，有人提議直抒胸臆，談談自己的身世、經歷、抱負、前途以至思想上的煩擾，相互批評、幫助。大家熱烈響應，一直談到天亮，這給他留下最美好的回憶，今夜我們也不妨如此深談。」這番話深深撥動每個人的心弦，當晚，每人逐個發言，談得比入社自我介紹時更加深刻，都把心掏了出來，彼此直率地互相提意見，真是名符其實的肝膽相照。鄒紹華回憶說：「我參加這樣的會不只一次，這是最後一次。那天傍晚，20來位社友經過白塔街走向城外美人坡，在一家茶館前面的路上（當時已經無人行走），團團圍坐。社友們一個一個娓娓敘談自己的一切，從家世、童年、成長的歷程、所受到的各方面的影響，思想上的困擾，到對未來的希望……大家坦誠地真情地談著，入神地貪婪地聽著，誰也不感到厭倦。天黑了，從外面移到小小的茶館裏，在油燈的微弱的光影中，繼續談。夜漸漸深了，很深了，還在說下去，說下去，不想絲毫停頓。一夜就在這樣的氣氛中度過，還覺得興猶未盡。瞭解別人和讓別人瞭解自己都是幸福的，人生曾有幾許這樣的時刻啊！」那晚直談到晨光熹微。與會的20顆心融合在一起，相互之間更瞭解了，友情更增進了。

　　1942年4月15日，第一期名《文談》的壁報出刊。它是高耀墀創辦的，主要刊登他自己寫的兩篇文章：一是〈評武大的壁報〉，另一篇是〈評曹禺的《雷雨》和《日出》〉。壁報出刊不久，錢忠槐約鮑汝麟、涂正甫參加文談社，這時共有社員8人。

　　1943年春，文談社將壁報名稱《文談》改為《今天與明天》。上面刊登了一些社員創作的詩歌、小說、散文、雜文。隨著反美反蔣的新的愛國民主運動的發展，而增加了許多反美、反蔣的政論性雜文、諷刺詩等，對武大同學有很大的吸引力。陳鳳簫回憶當年的情況時說，「《今天與明天》，淡雅的刊頭，清新的格調，文藝性強，思想新穎，有詩歌、散文、雜文、評論，有讀書筆記、生活雜感，也有對時政的抨擊和對人生的探索。我認識文談社，就是從

---

[6]　美人坡：舊時從樂山出城往峨眉山、雅安、西昌一帶，溯大渡河而上，在經斑竹灣到肖壩前，得爬一段山坡，此坡便是「美人坡」。樂山有地名段子「十不得」，其中之一是：「好個美人睡不得——美人坡」。

這裏開始的。」當時參加文談社的，還有原「大渡河邊」、「文藝崗位」的李軍、萬寶仁、趙干、劉繼祖、鄒德洪、羅民先，以及從西南聯大轉學來的馬健武、王樹藏等，他們都有較高的文藝造詣，不少人擅長詩歌、小說、散文，使《今天與明天》的版面，思想性和藝術性都有較大提高，同時在針砭時弊、鞭撻腐朽方面，也很有強烈的戰鬥氣息。張寶鏗晚年回憶說，「感謝文談社為我提供了發表作品的陣地，使我不斷提高了寫作興趣。從《死神》起，我繼續撰寫。我在文談社的四年間，截至最後一篇《夜半，一隻杜鵑在叫著》，發表在壁報上的詩作以及譯詩共40多篇，其中一部分還同時發表在《重慶大學報》的文藝副刊及成渝兩地的報刊上。這在我一生中可說是創作最旺盛的時期。敝帚自珍，雖然幾經磨難，當年譯、寫的詩稿，至今仍大部分保存了下來。」[7]1996年5月，張寶鏗將當年留存下來的詩稿結集成冊，「集名《朝華》，取魯迅先生朝華夕拾之意」。

　　文談社雖是群眾社團，但不是鬆散的組織，社內的學習生活十分嚴密而又豐富多彩。通常是分組學習，如學習社會發展史、政治經濟學、哲學、中國革命史、文藝理論等基礎理論；也有專題討論，如托爾斯泰研究、魯迅雜文研究等；也有專著的學習，如政治方面的有《帝國主義論》、《國家與革命》、《新民主主義論》、《論聯合政府》、《論解放區戰場》等，文學方面的有《戰爭與和平》、《奧勃洛莫夫》、《死魂靈》以及普列漢諾夫和盧那卡爾斯基的《藝術論》等。當時現實鬥爭頻繁，學校功課壓力也較大，能夠如此堅持學習，是難能可貴的，這正反映當年進步青年如饑似渴學習革命理論的情形。難怪許多社友都認為，當時實際存在兩座武漢大學，一座是課堂內的武大，另一座是課堂外的武大，兩座武大都給人以良好的教育。錢忠槐甚至說：「大學那幾年，文談社組織的學習活動、創作活動和社會活動給我的教育和鍛煉，大大超過正規的課堂教學。」

　　文談社不但坐而學，更重要的是起而行，它和其他進步社團並肩站在鬥爭前列。1943年文談社舉辦公開的、全校性的「托爾斯泰座談會」，打破1942年夏以來校內沉寂的氣氛。是年秋，舉辦「魯迅研討會」，對國民黨政府的黑暗統治進行抗爭。在此期間，社內還以〈在延安文藝座談會上的講話〉為指導，進行民間文學和民族形式問題的研究。

7　張寶鏗：〈歲月滄桑話文談〉，《武大校友通訊》2001年第2輯。

　　1944年5月間，張寶鏗接到成都華西大學肖祖鈞的來信說，成都各大學正醞釀發動爭取言論、出版自由的活動，希望他們配合。來信在文談社內宣讀後，得到熱烈贊同。馬健武建議聯合風雨談社、海燕社、政談社等5個學生社團共同舉行全校性的座談會，以壯大聲勢。座談會在6月1日召開，參加者約400多人（當時學生總數約1000多人），把武大禮堂擠得滿滿的，氣氛熱烈。會上強烈抗議國民黨鉗制輿論、壓制出版、扼殺民主、阻礙進步等罪行，並針對校內情況，強烈要求取消壁報審查制度。會後在校內張貼〈言論出版自由座談會發言紀要〉，廖成溥出資把《紀要》印刷出來向各地大專院校散發。肖祖鈞收到《紀要》後來信說，「成都是倡議者，現在你們先行一步了，這給成都學運以很大的推動。」

　　1945年春，由中共南方局領導的武大核心組織成立後，文談社作為核心系列社團之一，在學運中站在第一線。核心組織成立後，立即推動組建全校性的學生自治會，文談社積極參加這項活動。1945年6月，武大核心組織根據中共南方局指示，發動進步青年到中原解放區去工作，文談社社員普遍響應號召。1946年4月，根據核心組織的要求，文談社、風雨談社、海燕社、課餘談社召開四社社員座談會，研究形勢，統一認識，堅定信心，加強院系的群眾工作，並為當年暑期學校復員遷回武漢，進一步開展學運準備骨幹力量。

五、風雨談

　　「風雨談社」是在1942年8月，以當時處於隱蔽狀態的地下共產黨員為骨幹發起組成的一個進步社團（讀書會）。它的取名是援引《詩經》中的「風雨如晦，雞鳴不已」，表示要在「風雨如磐暗故園」時，共同擔負起天下興亡。它由經濟系的張應昌、潘道璋和歷史系的趙隆侃等共同發起。第一批參加的有陳邦幸、牟文智、劉克儉、胡鐘達、章潤瑞、張師韓、郭明達等。他們思想進步，知識面寬，分析能力強，理論修養高，是「風雨談社」的奠基人。此後又有蒿日升、俞紹勳、金聲穆、李軍、楊俊賢、湯元森、湯家駒、王良順、陳仁寬、趙宰平、胡宗嶽、丁璿、徐奕昌、丁應瑞、唐春旭、柴玉、戴健等17位學

生陸續參加。1944年冬季又有12名學生入社。他們是馬毓秀、嚴威、吳定睦、吳仲炎、單士薰、楊通明、李應芬、唐志秀、歐陽通、胡金玉、張景之、楊宗德。這時社友已達到40多人。1945年，又有俞寶貞、劉先蘭、李公岫、趙華運、劉丙義、曾繼貞等人相繼入社。

　　風雨談社以自學為主，輔以集體討論。社內有幾個讀書小組：文學、歷史、政治經濟學和哲學等。自願參加，根據所選書籍分頭自學，每週討論一次。所讀的書大都由老社友借來傳閱。讀後寫心得，也有只讀不寫的。知識淵博的老社友在討論會上侃侃而談，大家的學習興趣很濃，茶館是集體討論的好去處，偶爾也舉行郊遊，邊觀賞風光，邊交談學習心得。社友們自願結合組成讀書小組，學習近代史、政治經濟學、哲學、革命文藝作品和文藝理論報刊，以及馬恩列斯的著作。據經濟系唐春旭、物理系李應芬回憶，「記得1944年—1946年組織過的讀書小組和讀過的書有：華崗的《中國近代革命史》、陳昌浩的《世界近代革命史》、裏昂捷也夫的《政治經濟學》、沈志遠的《政治經濟學大綱》、艾思奇的《大眾哲學》、列寧的《國家與革命》、《帝國主義論》、毛主席的《新民主主義論》、《論聯合政府》、朱德的《論解放區戰場》以及巴經塞的《從一個人看一個新世界》、斯諾的《西行漫記》等等。這些書多數是『禁書』，從老社友那裏一代代的流傳下來的。還有一些世界著名的文豪如托爾斯泰、屠格涅夫、萊蒙托夫、車爾尼雪夫斯基、雪萊、高爾基以及解放區的一些作家如趙樹理的作品也深受社友們的喜愛。先後組織過學習討論《復活》、《安娜·卡列尼娜》、《羅亭》、《母親》、《底層》、《鐵流》、《鋼鐵是怎樣練成的》、《夜歌》等作品的讀書小組。」[8]另據1944年考入經濟系的鄧仲禹回憶，「同吳仲炎（按，哲學系學生）認識不久，他就介紹我和李培源（按，機械系學生）參加武大進步社團之一『風雨談』的學習會。我記得第一次討論的是艾思奇編《哲學選輯》中『辯證法唯物論的認識論』問題，到會有十餘人，發言不斷。李培源還提出問題並談了自己的看法。另一次討論的是，太平天國革命失敗的教訓及曾國藩問題。在中學階段，我讀過《曾國藩家書》和他選編的《十八家詩抄》，對這位『曾文正公』一直視同聖賢，

<hr>

[8]　唐春旭、李應芬：〈風雨難鳴話當年——憶武漢大學「風雨談」社〉，《武漢大學學生運動簡史·社團介紹》，1983年油印本。

心存崇敬。這次會後，我才知道他鎮壓農民革命運動，還有凶殘媚外的一面。總之，我感到這兩次學習會很新鮮，很有收獲。」[9]

除了讀書之外，風雨談社還十分關心時事。對國內外大事和形勢演變經常進行分析研究，由一、二位社友為主進行發言，然後展開討論。如對蘇德戰場和解放區戰場分析等都作過比較系統的討論。社友們幾乎人人都秘密訂閱（用假名）當時共產黨在大後方發行的報紙《新華日報》、《群眾》雜誌和進步刊物《文匯》和《文萃》、《世界知識》等，這一點是「風雨談」社的特點。大家求知如渴，這個知就是革命的真理。儘管當時學習、生活條件都很差，大多數書刊都是用劣質的紙張和印刷的，而且室內燈光昏暗，但是一有新書和新的報刊，大家都爭相傳閱，從深夜到凌晨都在孜孜不倦的學習，看完後，隨即以最快的速度傳遞給社友們閱讀。據1944年考入物理系的李應芬回憶說，「風雨談社把我領進課堂以外另一片知識海洋裏，盡情地汲取進步知識，提高了我的洞察與分析問題的能力。受到很大的教益。」[10]

風雨談社的學習討論會和時事討論會在現實生活之外，向社友們展示出了另一個嶄新的世界，使學生們瞭解到，除了老師們在課堂上講授的那些知識和學問以外，還有一個更加浩瀚的知識海洋，還有顛撲不破的革命真理，進一步瞭解到國民黨統治下腐敗和黑暗的現實社會之外，還有中國共產黨領導下的解放區代表著進步和光明，社會的發展規律必然是進步的取代反動落後的。坐而言不如起而行。一部分社友，如胡宗嶽、戴健、唐春旭於1945年8月日寇投降前夕，響應中共中央南方局的號召，奔赴中原解放區，參加了革命隊伍。

風雨談社發展新社友之前，先由老社友進行個別接觸和瞭解，認為對方政治可靠，思想純正，有正義感，又願意參加課餘的社會科學讀書會，經過兩名社友介紹，社員大會通過，就可吸收為新社友。這樣吸收的新社友，素質一般都是很好的，經過老社友的幫助和學習提高，大約一年以後就可以成為社團的骨幹。這樣，社友之間政治認識一致，思想感情融洽，勝過同胞手足。無論是誰在生活、思想和學習上發生問題，都能互相幫助，毫無保留。老社友對新社友像對待弟弟妹妹一樣愛護和關懷，新社友把老社友當作師長一樣的尊

[9]　鄧仲禹：〈難忘樂山那一年〉，《武大校友通訊》2009年第1輯。
[10]　李應芬：〈課堂外的學校——回憶風雨談社和社友們〉，《北京珞嘉》1998年第2期。

敬和愛戴。有些對自己的父母兄弟都不說的問題，卻可以在社友中推心置腹的交談。

風雨談社出有大型壁報《風雨談》。壁報每月出一至三期，每期都在一萬字以上，分生活和民主兩版。生活版有書評、名著討論、人物特寫、詩歌散文；民主版有時事述評和針砭時弊、抨擊政治腐敗的雜文。文章用稿紙繕寫，張貼在文廟民主牆上，以後取下來裝訂成冊，隨時可以借閱。

六、馬克思主義小組

1941年和1942年是抗日戰爭最艱苦、最困難的時期，國民黨發動的第一、二次反共高潮被粉碎以後，加緊了投向反共的活動。一些思想進步的青年，寄希望於中國共產黨，他們熱切地期望從馬列主義著作和中國共產黨的報刊、文獻和指示中得到啟示；而一些被迫由別處轉移到武大的黨員，也渴望在新的陣地上重新聚集起來，繼續戰鬥。就這樣，武大秘密的「馬克思主義小組」（簡稱「馬列小組」）於1942年秋季開學後不久，在馬健武（馬西林）的倡議下，組織建立起來。它的成員開始時有：馬建武、顧公泰、雋雅珍、丁宗岱、金聲穆、王樹藏、田惠民等人。1943年秋又先後吸收一批新成員，如劉兆豐、張寶鏘、陳克胥、章潤瑞、廖成溥、趙萌蘭、陳風蕭、劉詩秀等人。其成員多數是原有進步社團的骨幹，有些是失去關係的地下黨員，因此它一經成立，就顯示出特有的領導力量，為推進武大的學生運動做出了積極的貢獻。據張寶鏘回憶說，「1943年，馬健武介紹我參加由他和顧公泰（政談社成員）組織的秘密的馬克思主義小組。在小組裏，學習革命理論，分析全校學運情況，研究如何開展工作，使我的視野更加廣闊。」[11]

「馬列小組」開展的活動，主要分為三個階段：

第一階段主要是組織組員學習馬克思、恩格斯、列寧、斯大林和毛澤東的著作及黨的文獻、《新華日報》，提高馬列主義理論水平。

第二階段主要是貫徹執行中央提出的「勤學、勤業、勤交友」的方針，廣泛深入群眾，聯繫群眾，發動群眾。利用公開合法社團開展各項革命活動。

[11] 張寶鏘：〈歲月滄桑話文談〉，《武大校友通訊》2001年第2輯。

第三階段為建立正式的共產黨的外圍組織「核心組織」作思想和組織準備。1944年冬，中共南方局派趙隆侃在武大建立的「核心組織」，正是以「馬列小組」作為基礎的。

七、壁報聯合會

1943年秋，武大訓導處將一個社團的壁報稿件全部扣壓，不准出刊。這一壓制學術民主、言論自由的事件，引起了各社團和同學們的公憤。馬克思主義小組及時研究了這一情況，決定由政談社出面，聯合文談社、海燕社、風雨談社、課餘談社等各社團共同行動，一致聲援這一受害社團。並且，邀請各壁報編輯會商，決定建立聯合組織，以便統一行動。在大家一致贊同的情況下，組成了全校性的「壁報聯合會」（簡稱「壁聯」）。凌雲社（壁報名《長風》）何萬榮被選為總幹事。《文談》夏玉亭、《風雨談》丁應瑞、《海燕》余際雲、《課餘談》王爾傑、《蜀光》陳謀慧、《地平線》蘇沛及《政談》、《現代春秋》等被選入幹事會。

其實早在1942年，武大壁報團體雖只有五、六個，就已有聯合形式，每星期六集會一次，稱為「星六晚會」，以交流情況，加強聯繫。1943年以後，「壁聯」成為發起全校性活動的機構之一。「壁聯」的成立，加強了各社團間的相互聯繫和相互促進，統一了對一些重大活動的步伐。這是全校各社團由分散轉入聯合的開端。

1943年冬，「壁聯」召開了一次全校規模的「爭取言論、出版自由座談會」。大會主要以進步社團為骨幹，事先商量好座談討論的議題，作好了發言的準備。當天晚上，全校絕大多數學生都參加了大會，連住在城外，活動較少的理工學院的學生也趕來參加。大會先後由政談社的萬徑野和文談社的陳鳳簫主持。會後起草宣言印發全國。要求國民黨政府開放言論、出版自由、廢除法西斯統治。還出版了大型壁報《言論、出版自由文摘》。楊靜遠日記裏就有關於壁聯討論言論出版自由的記載：

1944年6月3日　菁帶我上大禮堂，聽六個壁報團體（作者自注：六個壁報團體大概是政談、文談、風雨談、課餘談、海燕、現代春秋）的聯合

討論會，題目是關於言論出版自由的。的確值得一聽。大會氣氛非常緊張、嚴肅，每人發言時間限五分鐘。一個人剛坐下，馬上四五隻手同時舉起，主席指定一個。有時不免發生爭執，不過大體秩序維持得很好。討論程式分三部分：一、言論自由與歷史演進關係；二、與抗戰關係；三、我們應該怎樣做。第一、二項都是空泛的理論，無非論證言論出版自由如何必要，如何重要。第三項涉及實際問題，大家提出的積極進行辦法分全國和校方兩方面。對校方，請求停止檢查壁報；對全國，則響應並發起各大學及文化界當前言論出版自由運動。言辭有的激烈，有的冷靜，偶爾也有意氣之爭，大體態度都公正。學術空氣濃厚。教授只到了兩位：朱君允和陳家芷，每人各貢獻一條意見。女同學到得不少，可是除蕭銀娥外沒有人發言。會散已快12點。我向菁表示滿意。她說：「這就是武大的好處，如果在川大或中大，哪能有這樣一個大會？」[12]

1944年暑假以後，由「壁聯」出面，在全校發起了「援助貧病作家」運動。由劉兆豐將全部捐款匯寄重慶《新華日報》，轉交給貧病作家。接著，「壁聯」又召開了「反對孔宋豪門鬥爭大會」，揭露控訴了國民黨反動統治的醜行，要求嚴懲窮奢極欲的孔宋豪門，會後發出宣言，送往各地。[13]

1945年10月，由於抗日戰爭勝利，毛澤東赴重慶和蔣介石談判，簽署了《雙十協定》，迫使國民黨成立聯合政府，為慶祝這一勝利，由「壁聯」組織了一次全校性的座談會，座談「民主與政黨問題」，由《文談》及《課餘談》分別主持了會議，並派人在會上發了言。

12月1日，西南聯大發生「一二・一」慘案，死4人、傷10餘人。武大「壁聯」發出聲援宣言，《今天與明天》出了悼念專刊。同時以「壁聯」的名義，由文談社出過一次大型剪報。剪報收集了各方面的報導及各地學生的通電、宣言等，有正面的，也有反面的，統統加以介紹、評論或批駁，並加上了各種醒目的標題，看的學生很多，影響很大。此外，各宿舍幹事會聯席會議以多數宿舍通過募捐及向西南聯大師生致電慰問等決議。要求國民黨停止內戰和組織聯

[12] 楊靜遠：《讓廬日記》，武漢大學出版社，2003年，第233—234頁。
[13] 參見劉以剛：〈崢嶸歲月憶樂山〉，《武大校友通訊》2007年2輯。

合政府，學生們紛紛捐出平日節省下來的錢。由二宿舍代表、文談社郭書盛匯寄西南聯大。通過支援昆明學生運動，也教育了武大學生，推動了武大民主運動的發展。

1946年2月，由《文談》、《海燕》、《風雨談》、《課餘談》、《凌雲》、《蜀光》、《地平線》發起「壁聯」幹事會全體投票通過，組織了一次全校性的「慶祝政協遊行」，全樂山的大、中學生都積極參加了這次慶祝活動。「壁聯」舉行座談會並出了聯合專刊。經過各社團在學生中進行發動，全校同學大多數都參加了這次遊行。緊接著2月10日，重慶發生「校場口血案」，「壁聯」隨即召開聲援大會，並發表了宣言。這兩次大會均在文廟大禮堂舉行，到會的約600多人，由各主要社團代表輪流主持。大會上有人攻擊政協是「分贓會議」、聯合政府是「分贓政府」，張寶鏘上臺厲聲反駁。他說：「如果中國政權是一份大贓物，國民黨豈非長期獨占這份贓物？當年北洋軍閥曾以『分贓政府』反對南北和議，不料今天竟在莊嚴的國立武漢大學的禮堂上，又聽到這種論調，我深感痛心！」

2月22日，北平、重慶等地國民黨反動派誘騙部份青年學生舉行「反蘇反共遊行」，造謠說「蘇聯企圖占領東北」，實際上是國民黨害怕人民解放軍占領東北而兩次要求蘇軍延緩撤退日期。並為了壓制因撕毀〈雙十協定〉製造西南聯大「一二‧一」慘案所引起的廣大群眾的憤怒情緒，並進而打擊進步力量，加快內戰步伐。因而製造了「反蘇反共遊行」。2月下旬，樂山地區武大的反動分子利用人們頭腦中狹隘的民族主義思想，及不明真相的情況叫囂「蘇聯侵略中國」，要舉行反蘇遊行。這時「壁聯」出現了分裂現象。《政談》及《現代春秋》主張組織「反蘇遊行」，攻擊2月份「慶祝政協遊行」是受共產黨利用，不搞「反蘇遊行」就是不愛國等。《文談》、《海燕》、《風雨談》、《課餘談》、《凌雲》、《蜀光》、《地平線》等堅決反對「反蘇遊行」。「壁聯」幹事會多次討論仍相持不下，最後舉手錶決。《政談》及《現代春秋》投票要搞「反蘇遊行」。其他各社團都舉手反對。《壁報》通過《告全國人士公開信》。當晚由《文談》、《海燕》等社負責連夜出特刊。次晨張貼出來。觀看的學生很多，反動學生趁休息人少時，將特刊撕毀，被撕毀的當晚由《地平線》蘇沛、《文談》賈道恒在「蜀光」社員校外住處連夜色趕辦了一期專刊。第二天貼出後，又為反動學生撕毀。《文談》韓榮慶以個人名義寫了篇稿件，

題為〈謹防法西斯分子復活〉，貼在文廟門口後，亦被反動學生撕毀。24日上午，文廟及各宿舍貼出反動大字報，要求蘇軍從東北撤退。下午，反動分子大肆叫囂「壁聯」為共產黨操縱，不能代表全體學生。建議召開七個宿舍的聯席會議。第一次宿舍聯席會議在東大街醒醐茶社樓上召開，經激烈辯論，表決結果，進步學生以八票對六票獲勝，反對「反蘇遊行」，24日反動分子揚言有些宿舍為共產黨分子操縱。強行在二、四宿舍改選代表，第二次在文廟校本部召開聯席會議時，反動分子以10票多數，強行通過「反蘇遊行」。於26日上午舉行遊行活動。

　　反動派製造「反蘇遊行」醜劇後，武大民主空氣遭到壓抑，「壁聯」已無法開展活動。1946年4月，《文談》總務郭書盛與《海燕》、《風雨談》、《課餘談》負責人碰頭，研究形勢和如何開展工作，決定組織各社社員去牛華溪中學，在那裏召開了四社大型社員座談會。通過座談總結了前一階段的經驗教訓。統一了思想認識，堅定了信心。決議加強學習，積極做好群眾工作，為復員武漢進一步開展民主運動準備骨幹方面，打下了群眾基礎。[14]

八、社會主義研究會

　　「社會主義研究會」，是1943年秋中共南方局青年組在樂山武大建立的秘密「據點」，雖然存在的時間不長（前後歷時約一年半），但它在推動武大學運、培養革命幹部等方面都起了重要的作用。

　　1942年共產黨組織遭到破壞後，武大和國統區的其他大學一樣，革命鬥爭處於低潮時期。中共南方局青年組根據周恩來的指示，在組織工作上採取「據點」形式。「據點」就是在當時環境下，共產黨通過個別黨員或非黨幹部與群眾聯繫的一種新式的橋梁。1943年暑期，陳克胥（陳荷夫）和南方局青年組取得聯繫後，便遵照中共南方局青年組的決定，在樂山武大建立起一個秘密「據點」。武大「據點」成立時有5個成員。他們是劉兆豐、李肇英、佘貽烈、胡宗嶽（胡季文）和陳克胥。入秋以後，吸收了艾榮泉、熊洪銘（熊捷）、徐奕昌，稍後又吸收了唐春旭和戴健，「據點」成員達到10人。

---

[14]　參見武大學運史編寫組：〈武漢大學學生運動簡史‧社團介紹〉，1983年11月油印本。

　　1943年冬，有的成員要求給這個秘密「據點」起個名字，經過會員討論，一致同意用「社會主義研究會」這個名稱，簡稱「社研會」。它作為南方局青年組建立在樂山武大的一個秘密「據點」，「是建立在友誼和共同的政治見解的基礎之上的。它接受共產黨的領導，信仰新民主主義，遵守『堅持抗戰，爭取民主，加強團結，為人民服務』這四條原則。」（據《中共黨史資料》第13期）。

　　「社研會」和南方局青年組保持著經常的聯繫。青年組的指示和宣傳品經常傳達給「據點」。「據點」的成員都是品學兼優的學生。他們通過廣交朋友，發現和培養積極分子，他們利用一切課餘時間，學習馬列和毛澤東、劉少奇等人的著作，以及共產黨的重要文件。他們經常舉行時事和學術討論會，以提高成員的政治理論和思想水平；他們不知疲倦地在周圍同學中進行宣傳教育工作；他們多次從中共南方局青年組得到黨中央、南方局關於黨的方針、任務的指示和對國內外政治形勢的分析材料，並把它們傳播給周圍的群眾。「社研會」的成員通過積極參加校內外的各項重大鬥爭，鍛煉和提高自己的實際工作能力。為了開闢更多的「據點」，和加強與公開社團的聯繫，它還派出五名成員參加其他社團的工作。

　　1944年夏，南方局青年組指示：「社研會」不適宜公開活動，可以考慮把名稱改得合法化一些，以便團結更廣泛的群眾。經過會員討論，決定把「社研會」更名為「海燕社」，在傾向進步的學生和中間學生中廣泛地開展工作，並積極慎重地發展新社員，出版壁報《原野》。同時，在社內仍然保留著「社研會」作為「海燕社」的核心，繼續和南方局青年組保持聯繫。1944年12月，南方局青年組派趙隆侃到武大組建「核心系列」。他找到陳克胥，傳達中共南方局青委書記劉光的話，說：「青年組派趙去武大，是要把武大的各種進步力量完全統一起來的。」趙隆侃經過一段時間的工作以後，武大的「核心系列」──武大「總領導核心」於1945年3月29日正式成立了；接著又建立了以幾個進步社團為依託的「分核心」。陳克胥、劉兆豐參加「總領導核心」，分別擔任它的調研委員和組織委員。「社研會」的其他成員大部分參加了「分核心」，成為他們所在的公開社團的骨幹力量。

　　1945年春夏之交，響應南方局青年組的號召，「社研會」10個會員中陳克胥、胡宗嶽、艾榮泉、熊洪銘、唐春旭、戴健等6人，報名到中原解放區參軍。其中陳克胥因參加南方局青年組領導下的「輸送工作組」，俟輸送工作結束

後，再去中原解放區，後因路線受阻，改去太行解放區。另有劉兆豐、李榮英二人被派往川東酉（陽）秀（山）黔（江）彭（水）地區，深入山區準備打遊擊。

九、海燕社

「海燕社」的前身是「冰島社」和「社會主義研究會」。

1941年「皖南事變」以後，國民黨對蔣管區的反動統治步步加緊，整個武大校園籠罩在一片白色恐怖之中。原來有一二個進步社團，這時已被學校當局解散，許多學生彷徨苦悶。有的學生不問政治，「明哲保身」，把自己關閉在「象牙之塔」裏；也有少數學生看到日寇入侵，國民黨採取不抵抗政策，節節後退，大片國土淪喪，人民生活塗炭，憂心忡忡。不少學生從報紙上瞭解到解放區的一些鬥爭情況，因此思想上要求進步，要求改變現狀。「冰島社」就是在這樣的背景下成立的。據李肇英回憶：「1942年初冬的一天，克霄把我和兆豐找到一起，在大渡河邊的城牆上交談。3人都有成立一個進步社團的強烈願望。我們商量以後，決定邀約幾位同學參加，命名為『冰島社』。因為處於政治嚴寒時期，我們就像清靜的孤島。半年多一點，出了3期壁報，後來在談心的時候，發現有3位社員與我們的思想觀點不同，恐怕會影響這個社團的發展方向，在1943年春天就自動解散了。觀點一致的大部分成員仍然在一起活動，成為一個秘密的讀書會，陸續又吸收了幾位志同道合的同學參加。」這個秘密的讀書會，就是「社會主義研究會」。

1943年冬季，國內民主運動有較大的發展，要求進步的學生越來越多。這時武大已成立了「風雨社」、「文談」等進步社團。校內的鬥爭形勢要求「社研會」改變秘密活動的方式，和其他進步社團一道採取公開的方式做中間同學的工作，使更多的同學擺脫國民黨的政治影響，走上進步的道路。於是，「社研會」便改為「海燕社」。公開出版壁報《原野》，並擴大組織，吸收了更多要求進步的學生入社。

在樂山時期，「海燕社」積極參加過校內的各種鬥爭，主要有：

積極參加爭取改善學生夥食條件的鬥爭。海燕社社員同進步學生一道，向學校當局交涉增加貸金；還有一次由於米廠老闆未按規定供應武大中熟米而供

應了滲有稗子、穀粒等質量低劣的下等米，海燕社社員團結進步學生向米老闆進行了鬥爭。

積極參加爭取校內言論自由、抵制校方壁報審查制度的鬥爭。1944年6月，進步社團聯合貼出大型壁報《言論出版自由文摘》，隨後又召開「言論出版自由座談會」在這些活動中，海燕社社員是站在鬥爭前列的。1944年下半年武大開展全校性的「援助貧病作家」活動，籌集資金，海燕社派出社員劉北平自始自終參加這項活動的領導工作。

許多社員積極響應黨的號召，走向社會，走向下層。他們走出樂山縣城，到鄉村集鎮的中、小學和附近縣城，甚至更遠的偏僻山區教書，以接觸社會實際和廣大的下層群眾；1944年12月獨山失守以後，根據黨的指示，海燕社教育社員在思想上作好上山打遊擊的充分準備。有幾個海燕社成員（劉北平、李英、詹環、盧明華等）奉命去酉陽、秀山一帶開闢工作，準備在川、湘、黔邊山區建立遊擊根據地。

組織和動員社員到中原軍區工作。南方局發出大後方進步青年到中原軍區的號召後，武大進步學生立即行動。據不完全統計，這次去中原軍區的武大學生有22人，其中有「海燕社」社員陳彥儒、艾榮泉、熊洪銘、徐明維、王登林、柴玉等六人。其中，「海燕社」社員陳彥儒在突圍中不幸被俘，後被送往武漢集中營。當海燕社社員得到這個消息後，曾多方營救無效，最後陳彥儒被國民黨裝入麻袋投入長江，壯烈犧牲。

1944年12月，在中共南方局青年組領導下，成立了武大「學運領導核心」，六名核心成員（顧公泰、劉兆豐、張寶鏘、張潤瑞、張師韓、陳荷夫）中，有兩個是海燕社社員。在總核心領導下，海燕社也成立了分核心（另外還有幾個分核心）。從此以後，「海燕社」就在武大「學運領導核心」的領導下進行活動。[15]

歲月如梭。2000年金秋十月，武大海燕社部分社友在北京聚會。會議由柴玉主持，他首先提議為社友戴健、陳彥儒兩位烈士和已謝世的社友默哀三分鐘。接著，陳荷夫社友匯報此次聚會籌備經過和社友情況。他說：海燕社自

---

[15] 參見〈在暴風雨中飛翔——記武大「海燕社」的戰鬥歷程〉，武大學運史編寫組：《武漢大學學生運動簡史·社團介紹》，油印本1983年11月。

1942年秋成立至今已有58年，不論在民主革命時期還是在建國以後，對共產黨
和人民的事業作出了一定的貢獻。戴健和陳彥儒社友為新中國的建立獻出了寶
貴的生命。從建立冰島社、社會主義研究會到海燕社，即由公開轉入地下、再
公開，三次更改社名、歷經滄桑，在武大學運中它和當時的文談、風雨談、課
餘談等進步社團並肩戰鬥，成為當時一支重要的進步力量；尤其學校復員回到
珞珈山後，工作成績斐然，武大共產地下黨重建時，海燕社社員成為其主要的
依靠力量。從海燕社成立到解放前夕停止公開活動，先後共發展社員55人。[16]

十、課餘談

1944年初，在武大校園牆上新出現了一份名為《△×》（數學符號，「微
小增量」）的壁報，宣傳抗日民主，而且圖文並茂（有孫順潮的插圖）。半年
內《△×》出了三期，在理工學院同學中反映很好，並引起了校內馬克思主義
小組組長馬健武和顧公泰的關注。他們瞭解到這是工學院三個一年級學生嚴令
武、王爾傑、戴志舒編寫的。

王爾傑後來回憶創辦壁報的經過：「1943年寒假，我和一位同學一起到
樂山縣的五通橋一帶搞社會調查。我們體驗到一生看不到前途的青年的苦悶生
活，又親眼看到在煤窯黑礦工裏礦工赤身裸體背著煤塊爬進爬出。我們的心
情非常沉重。我們決心要在黑暗社會一潭死水中，投進一塊小石頭，以激起
一點水花，為改進社會貢獻一點微小的力量。於是我們三個同學創辦了壁報
《△×》……」[17]

馬健武和顧公泰把王爾傑、戴志舒介紹給武大「核心組織」負責人之一
的趙萌蘭，建議他們在理工學院邀約學生組織一個社團。就這樣，1944年秋課
餘談社成立。參加的學生有：陳秀明、陳佩珩、陳權龍、王樸、陳正宜、余先
機、唐明中、王國松、胡昌璧、李先枝、張挺璘、秦錫文、王爾傑、戴志舒、
趙萌蘭。秘密小組有顧公泰、韓秉煬參加，韓被選為第一屆總務幹事，趙萌蘭
是副總務。當時這批學生政治熱情很高，都深感國民黨的腐敗，嚮往抗日根據

[16] 群燕：〈記海燕社社友在京聚會〉，《北京珞嘉》2001年第1期。
[17] 陳荷夫等：〈大渡滾雪向東流〉，《海燕情深：武大海燕社成立60周年紀念》，2002年。

地，這年除夕在三育教室連唱抗日歌曲，通宵達旦。半年後改選，王爾傑任總務，以後陳秀明擔任過總務。

課餘談社成立後，社內舉辦星期日時事座談，組織學習《政治經濟學》、《大眾哲學》以及《論聯合政府》、《整風文獻》等書刊，還分組討論了「力學」、「微積分」、「電磁學」等課程。並繼續出刊《△×》，反映學生生活，評論時局，在理工學院中影響頗大。

課餘談社在校內與兄弟社團並肩作戰。1944年壁報聯合會成立，在「壁聯」主持的「爭取言論出版新聞自由座談會」上，第一個重點發言的是王爾傑。為了防止特務搗亂，王爾傑發言後即由人護了會場。1945年秋有的社團藉口蘇軍在東北的問題，企圖以「壁聯」的名級發起反蘇遊行，但是，文談、海燕、風雨談、課餘談四社的代表投反對票，與贊成票數相等，後來政談社代表劉玉也投反對票，才否決了這個提案。

為了集中校內進步力量，掌握運動的抗日民主方向，校內學運組織是據王爾傑的建議，決定成立「社團聯席會」（由夏玉亭負責聯絡組織）。其主要成員是文談、海燕、風雨談、課餘談四社的代表。「社聯」是1946—1947年多次學運的策劃者，它幫助學生自治會領導全校運動。在運動的籌備、組織階段各進步社團的社員分擔了安全、宣傳、聯絡職務。[18]

十一、核心領導小組

1944年11月，日寇為了打通大陸交通線，向中國發起了新的攻勢。11月進犯廣西，攻陷桂林、柳州、南寧，12月又入侵黔邊。獨山失陷後，重慶大震，四大豪門紛紛攜家潛逃。在國民黨軍隊從桂、黔戰場上紛紛潰退，西南大後方岌岌可危的情況下，武大「馬克思主義小組」等進步社團，迫切需要同共產黨取得直接聯繫。於是派張寶鏘赴蓉尋找黨的聯繫。張寶鏘很快與成都的進步民主黨派「民協」取得聯繫，並與地下共產黨員李相符教授進行秘密接談。李相符教授轉告張寶鏘，「民協」同意接收武大的「馬克思主義小組」的成員加入，以便盡快與黨取得聯繫。此後不久，中共南方局青年組劉光和、榮高棠等

[18] 趙萌蘭：〈回憶課餘談社〉，《武大校友通訊》2008年第2輯。

人，委派武大校友趙隆侃到武大傳達中共南方局的指示，負責組建武大學生運動的「核心組織」。

趙隆侃是武大歷史系學生、「風雨談社」社員，肄業後在重慶育才學校教書。他於1944年12月中旬回母校後，找到原來和中共南方局青年組與組織部有聯繫的幾個進步同學（如「馬克思主義小組」的負責人顧公泰），分頭而廣泛地瞭解武大學運情況和交換有關進一步開展武大學運的意見，並傳達黨的意圖。認為當前有許多進步青年要求加入共產黨，而在國統區目前又暫不發展，滿足不了這些進步青年的要求。為了加強黨對進步青年的領導，有必要把那些凡是政治可靠，贊成和擁護新民主主義，願為共產主義而奮鬥的青年組織起來，使他們在黨的領導下，經過實際鬥爭考驗，成為黨的事業的優秀幹部。經趙隆侃與「馬克思主義小組」等進步社團中的骨幹協商醞釀，根據中央南方局青年組的指示，決定以「馬克思主義小組」為基礎，組織建立一個積極開展革命活動的「核心領導小組」。

經過一段時間工作，趙隆侃召開會議的條件已經成熟。1945年3月29日，他在岷江東岸銅河碥顧公泰的家中召開「核心領導小組」會議。到會的有顧公泰、劉兆豐、張寶鏘、章潤瑞、張師韓、陳克胥（即陳荷夫），還有趙隆侃等七人。開會一天，然後休會兩天。第四日繼續開會。通過：

一、核心系列組織系統及各級核心人選。書記：顧公泰（兼「政談」核心小組負責人）；組織：劉兆豐（兼「海燕社」核心小組負責人）、章潤瑞（兼「風雨談」核心小組負責人）；宣教：張師韓；統戰：張寶鏘（兼「文談」核心小組負責人）；調研：陳克胥。

二、總方針及各部門的工作計劃；

三、分核心組成限兩周內完成的決定；

四、決定另組織獨立的女生宿舍核心，展開女生宿舍內的工作。

「武大核心系列章程」的傳達，趙隆侃沒有書面材料，而是憑記憶口頭傳達的，大意是：「核心系列組織」為新民主主義者的非黨的組織，它的成員要具有忠於人民解放事業，為人民服務的決心；遵守民主集中制原則；願自覺遵守紀律；各級核心吸收新分子須經成員一至二人介紹，小組通過，報上級批准；必要時，上級有權決定部分或全部核心停止吸收成員；本「核心系列組織」分子如要參加其他政治社團，須取得所在核心的認可；在組織原則上，橫

的隔離；各級核心以不超過5人為原則；在組織分工上設立書記、組織、宣傳教育、統戰、調研，並對他們的工作任務做了規定等。趙隆侃在會上反覆強調：為實現新民主主義革命和將來為共產主義而奮鬥是這個章程的基本內涵，它要求參加的成員必須是在愛國民主運動中湧現的積極分子，並經過一定的考驗，政治上可靠，決心為這一綱領獻身的進步青年。「核心系列組織」的任務主要是貫徹執行黨的發展進步勢力，爭取中間勢力，反對頑固勢力的方針，配合全國革命形勢的發展，組織領導開展校內愛國民主運動鬥爭；按照南方局關於「勤學、勤業、勤交友」的指示，密切聯繫群眾，把他們爭取到學運的影響之下來；同時要為黨培養和輸送幹部。「核心系列組織」實際上是黨的預備學校。

「核心系列組織」成立之後，第一次開展的活動是選送進步學生20餘人，支援中原解放區的李先念部隊。與此同時，武大「核心組織」還發動和組織一批四川籍的進步學生奔赴川東農村開展地下工作。為了更好地開展宣傳工作，取得宣傳工作的陣地，「核心領導小組」決定派張寶鏘打入國民黨主辦的《誠報》編輯部，負責要聞版的編輯工作；發動學生抵制參加青年軍；發動進步同學學習〈論聯合政府〉，並廣泛宣傳；發動進步學生到中原解放區參軍和深入山區（酉陽、秀山一帶）準備建立遊擊根據地；由「壁聯」出面召開全校性的「憲政座談會」，慶祝〈雙十協定〉的簽訂，並要求切實付諸實施。武大學運澎湃而又紮實地進一步開展起來。

1946年秋，武大復員武昌時，第三屆「核心組織」領導成員中隨校復員的只有王爾傑、趙萌蘭、夏雲亭，孟蘭生四人。其中王爾傑、趙萌蘭被接納為中共黨員。他們在新形勢、新環境下，又繼續領導武大進步學生開展轟轟烈烈的「反內戰，反饑餓，反迫害」運動。1947年「六一慘案」後，武大正式建立了黨支部，「核心組織」才宣告完成歷史使命。

文藝社團

一、峨眉劇社、叢叢劇社與南開劇社

武大西遷樂山之後，學生的娛樂活動大為減少。除打籃球之外，學生們大都散佈在茶館裏讀書、作業、閒聊、下棋、打橋牌。樂山風景雖好，也不能天

天去看大佛逛烏尤。於是，中文系宋光遠積極撮合，邀集哲學系陳顯侗、胡傳藩，機械系範國瑛、楊恩澤，法律系朱士烈，經濟系鄭德信等人發起成立話劇社，作課餘文娛活動。熱心同學，紛紛參加。由全體同人公舉富商子弟陳顯侗為社長。為何呢？據朱士烈所言：「大家兩手空空，所需開辦費，例如燈光設備、音響效果與基本經費等項，非錢莫辦，不無困難。此際陳顯侗學長挺身表示，願意設法湊錢。按陳兄係湖南新化地區銻礦地主，家庭未受戰爭影響，頗為富有。他首次向家中要到五百現大洋（銀圓），後又補充若干，始將開辦各項費用湊足，峨眉戲社，遂告成立。但演出時困難，則由社員以克難精神、自求解決，之所以能繼續演出，可以說是陳顯侗兄慷慨解囊，促使計劃實現、劇社誕生的主力。」[19]範國瑛回憶說：「峨眉劇社之能成立，宋光遠實為催生人。宋學長籍隸廣東，為人胸懷坦闊、肝膽照人，遇事運籌周全，賡續良多蜜果。當時同學因國亂隨校西遷，零用不豐，搞課餘活動力量有限，故宋學長串聯選舉陳顯侗學長為社長。陳學長為湘西開采銻礦業家之後，入大學前已掌管家財，手頭活絡；峨眉劇社成立，第一、二、三次公演，所有制景木材與布疋，燈光照明的電器之件，概由陳學長捐資購置。」[20]

　　劇社成立之後，以樂山晴日可遙望峨眉山金頂，取名為峨眉劇社。文廟後山坡後的一所禮堂，劇社就利用作為演練場所。樂山城中有一嘉州公園，園內正中心建有中山紀念堂，峨眉劇社第一次公演，即在該處演出《月亮上升》獨幕劇，由範國瑛、考昭緒主演；及田漢的獨幕劇《南歸》，由曾昭安、文健等主演。第二次公演係在樂山嘉樂門基督教浸禮會舊禮堂演出丁西林編獨幕劇《新來的家人》，由陳顯侗、文健、蕭子費等主演。

　　1938年秋，武大舉行迎新會晚會，擬演話劇，但因電廠炸毀停電，照明如何解決？範國瑛提議，以煤油燈盞作照明演出，當時學生為溫習功課，大都自備有煤油燈，借用二三十只，很容易集中；邊燈、腳燈和頂燈，都用煤油燈盞，一時也能照明全場。演出的劇目是丁西林所編獨幕劇喜劇《可憐的斐加》，描述一個酗酒的醫生斐加（朱士烈飾演）如何戒酒的故事，醫生的朋友

[19] 朱士烈：〈讀範國瑛學長所寫《武大峨眉劇社初期活動》一文有感〉，臺灣《珞珈》（1998年1月）第134期。

[20] 範國瑛：〈武大峨眉劇社的初期活動〉，臺灣《珞珈》（1997年10月）第133期。

（何繼麐飾演）如何假意和醫生的妻子（羅警華飾演）要好，醫生頓悟酒之為害，乃毅然戒之。劇中對話幽默，內容諷刺，在場觀眾反應熱烈。

這一年初冬，樂山電廠恢復供電，在基督教浸禮會舊禮堂公演陳瑜改編的抗日多幕劇《怒吼的中國》，由陳顯侗、陳慶紋、胡傳藩主演，共演三天。由於以往都是獨幕劇，大家都希望排演多幕劇。這樣劇社社員經過種種努力，克服很多困難，不久，終於順利地演出了第一次多幕話劇，可以說是樂山前所未有的演藝活動。

1939年夏，陳顯侗、宋光逵、胡傳藩、朱士烈等人畢業離校。社員們推舉範國瑛為社長。關於範氏其人，鄧先掄〈樂山時期的話劇〉中有專門介紹：「說到最後，要想起一位那時武大話劇活動中的怪傑——範國瑛兄，這位湖北佬，一嘴漢口話，可是由南開中學出身的他，對戲劇研究，有湛深的造詣，他能寫劇本，能導戲，更能設計舞臺……總之，除了語言無法變成『京片子』外，舞臺上的前前後後，他是一把抓，而且也『絕』！不得不承認武大在樂山時代的話劇興起，他是有力的領步人。」[21]且說範國瑛過去在中學搞課餘話劇的友人黃世華，於武昌藝術專科學校附中畢業後，進入杭州美專，畢業後到成都工作，致信範國瑛帶峨眉劇社赴蓉作一次旅行演出。為了豐富寒假生活，即積極籌備於寒假期間去成都演出曹禺所編話劇《原野》，由洗德琇飾金子，趙家瑞飾仇虎，丁景雲飾焦大媽，趙果飾焦大，黃世華飾白傻子。回樂山後，又在嘉州公園內的中山紀念堂，再次演出該劇一場，效果十分良好。

後來，範國瑛因要集中精力抓學業，基本不參加劇社大的活動，社長之職另推選李經亞擔任。李經亞曾主持並導演曹禺編的《北京人》。據1939年考入經濟系的王家佑回憶，「我在《北京人》中飾江泰、繆敏珍飾愫方、丁景雲飾曾思懿、顧觀熙飾曾文清、熊匯萱飾曾霆、徐友悌飾瑞貞、沈昌平飾袁教授、方蓁飾袁圓、方秀如飾陳奶媽、楊亞男飾曾文彩、薛慕棣飾張順，李經亞是導演。當時演出條件較差，但無論燈光、佈景和服裝、道具等都十分認真，有相當水平，演員也很投入。……劇社每次演出效果都不錯，得到校內外的好評。」[22]然而，在楊靜遠日記裏記載的《北京人》演出則是負面的資訊：

[21] 鄧先掄：〈樂山時期的話劇〉，《學府紀聞：國立武漢大學》，南京出版公司，1981年，第333頁。
[22] 王家佑：〈回憶峨眉戲社往事〉，臺灣《珞珈》（1998年1月）第134期。

　　1942年4月15日　文廟佈告板上一條長東西，是什麼人責罵峨眉劇社的啟事。說劇社演《北京人》，既無任何名義，票價又貴得不合理，5元起價，最高達50元。說自備發電機，恐怕是調用學校公物。又不是捐助公益事業，難道想自己賺錢嗎？現在這種學生團體簡直不像話，比如上次的音樂會，聽說收入6000元，支出6000元哩！他們兩三個人在三天之內開夥食帳就是200元哩！大家唱歌前吃雞蛋，唱歌後吃湯圓，全是公帳。請了一位張舍之先生來小提琴獨奏，住上五六天就是一千元，凌安娜女士連同先生、小公子大概也不會少。一切是靡費，是為己。幸虧我沒有加入任何團體，太亂了！[23]

　　1942年4月19日　晚飯後，令如、俊賢、年芬和我四人去看《北京人》。到中山公園，坐在5元的位子上，年芬叫我們坐到50元位子上去。因為50元的票很少人買，空位子多得很，並且不查。三幕戲，從7點多演到12點，不算不快。對於全劇，我還算滿意。[24]

　　範國瑛在〈武大峨眉劇社的初期活動〉中提到演出《莎樂美》一事，說：「1940年秋，峨社又在浸禮會舊禮堂演出英‧王爾德的名劇《莎樂美》，由丁景雲飾莎樂美、李經亞飾先知、王爾樂飾國王、彭智慧飾皇后。演出的舊禮堂原為浸禮會在樂山初期傳教的宗教儀式禮堂，後建了新的教堂，舊教堂閒置不用，其為木結構，僅能容三四百人，只能作為小劇場。這次演《莎樂美》浸禮會認為劇中出現先知等角色，與教會宗旨不符，提出抗議，但劇已演畢，場租金額已付清，為了尊重宗教習俗，只好口頭道歉了事。」[25]但是，結合當時外文系學生楊靜遠日記，以及其母袁昌英（外文系教授）的文章看，懷疑範國瑛記憶的年代有誤。1942年11月27日，袁昌英應峨眉劇社的請求而寫有〈關於《莎樂美》〉一文，「峨眉劇社諸同學欲出一種刊物，請我寫文章。我聽得他們不久將公演《莎樂美》，故寫此數語以供參考。」[26]再看楊靜遠的《讓廬日記》：

[23] 楊靜遠：《讓廬日記》，武漢大學出版社，2003年，第51頁。

[24] 同前註，第52—53頁。

[25] 範國瑛：〈武大峨眉劇社的初期活動〉，臺灣《珞珈》（1997年10月）第133期。

[26] 載《峨眉叢刊》1943年元旦創刊號，後收入《行年四十》，商務印書館，1945年4月重慶初版。

　　1942年12月14日　峨眉劇社要演《莎樂美》和《群鬼》（王爾德和易
蔔生的劇），出了很引人注目的預告。

　　1942年12月17日　今晚女生宿舍開座談會，討論《莎樂美》和王爾
德。請了蘇先生、媽媽、朱君允先生講。開始由陳玉美講《聖經》裏
莎樂美的故事，然後丁景雲（女主角）講劇情。然後媽媽講王爾德研
究，像活圖書館一樣，她把每個劇本請一個同學介紹內容，如《少奶奶
的扇子》、《The Importance of being Eanest》（《名叫歐內斯特的重要
性》）、《不相干的女人》等，她才開始講王爾德的生平、教育的影
響、環境的影響、唯美派的主張。講完以後，朱先生也講了她的意見。
相形之下，她講得顯得拉雜、不充實、沒有系統。

　　1943年1月1日至4日，《莎樂美》在嘉樂門的浸禮會連續公演了幾場，效果
非常好。楊靜遠是1月2日觀看的，她在當天的日記中寫道：「晚上看話劇《莎
樂美》。到浸禮會，我們的座位在第四排中央，最好的位置。看後覺得不錯。
我喜歡莎樂美（丁景雲飾），跳舞好看極了。燈光、服裝、音樂合成很美的情
調。在戰時看到這種軟性的舞蹈當然很不容易，也就不用苛求了。」（《讓廬
日記》）

　　1943年元旦，峨眉劇社主編的社刊《峨眉叢刊》創刊。編纂委員會由丁景
雲、宋培榮、李守極、李靖亞、殷國俊、熊匯萱和鄭德信等7人組成，其中熊匯萱
為編輯負責人。發行負責人是範國瑛，中國文化服務社（嘉定分社）總經售。

　　創刊號編後記正文題名《編後三記》。其「一」云：「本期雖說是創刊
號，但我們並沒有寫下什麼獻言，與其說是我們的疏忽，不如讓我們坦白的釋
明：這乃是我們過於謹慎而已。在戲劇理論的探討上，我們正以熱烈而處口
（按：原刊此字不清）的心追求著她的真理，我們所以出版叢刊，亦無非藉以
得先進者的指導並獲學習上的激勵罷了。在我們尚很幼稚的今天，我們不應也
不敢說些輝煌的話。因此，本刊沒有創刊詞，雖然我們也有自己的夢。」這一
段說明何以沒有創刊詞的文字，或許可以視作《峨眉叢刊》的「發刊詞」。
《峨眉叢刊》有出版第二期的計劃，據創刊號內頁「下期預告」，第二期除擬
刊載羅念生的《希臘悲劇》、袁昌英的《〈群鬼〉及易蔔生的哲學與思想》和
田年的《跳躍的海》（三幕悲劇）外，另有淩淑華、冼德岫等文稿數篇。武大

文學院陳建軍教授考證說：「定於1943年2月底出版的《峨眉叢刊》第二期，我一直無緣得見。查《1833—1949年全國中文期刊聯合目錄》增訂本（書目文獻出版社1981年8月版），在『峨眉叢刊』條目下，也只著錄創刊號信息。因此，我懷疑《峨眉叢刊》的創刊號就是它的『終刊號』。」[27]

　　隨著一屆屆有藝術才華、擅長演劇的學生相繼離校，到1944年出任峨眉劇社社長的是經濟系鄭德信，成員還有土木系秦同潞、化學系何澤人等，經濟系田林出任劇社總務。據田林回憶，1945年時鄭德信住在叮咚街三宿舍，「屋角有閒著的雙層床，就堆放淺藍色大幕、帷幕、眉幕、聚光燈、小道具等等，類似小倉庫，到復員時裝了三大木箱，托給學校，編上號，如同儀器設備一樣運回珞珈山，這是劇社多年演出積攢的家底，也是以後演出話劇和京劇的老本。」[28]抗戰勝利後，因為要復員了，劇社在樂山就沒再有演出活動。

　　樂山時期武大有三個話劇社：峨眉劇社、叢叢劇社與校友會性質的南開劇社。峨眉劇社是歷史較久，牌子老，名角如林。其次是叢叢劇社，「發起人是余斯襄校友，而以劉詔校友主其事，此一劇社，人才也『叢叢』，女主角為繆敏珍同學（繆恩釗師之女公子），方華同學以《邊城故事》的鳳姑，春滿嘉定，男角有劉詔校友、田文玠君和在臺的秦同潞校友和胡國材校友等，其中田君是任職中央銀行，算是『客』籍。『叢叢』劇社以演出當時的名劇為主，像《風雪夜歸人》的公演，確是轟動山城。田文玠演『衰派老生』，成為非君莫屬的『祖父』名角，連職業的劇團人士，亦加贊許。……而佈景的『釘架』、『蒙布』、『刷色』、『勾繪』以及舞臺設計等，田文玠君以及在臺灣的莊海根兄，也是『叢叢』的功臣。」「另外一位工學院的高材生——俞大光校友，他負責了『叢叢』的全部燈光問題，從沒有使人煩心，至於化裝，可憐，哪來的錫管油彩呢！於是，每個人都會自己化裝，也會利用白粉，凡士林，紅胭脂，黑炭粉，一樣地調出『化妝設備』，下裝洗油彩，用的是粗草紙，可是沒有一位女角會嫌這太粗，發『小姐』脾氣，您說夠不夠偉大?!」[29]

---

[27] 陳建軍：〈袁昌英作《關於莎樂美》〉，《博覽群書》2010年1期。
[28] 田林：〈回憶峨眉劇社〉，臺灣《珞珈》（1997年1月）第130期。
[29] 鄧先掄：〈樂山時期的話劇〉，《學府紀聞：國立武漢大學》，臺灣南京出版公司，1981年，第332—333頁。

趙世榮〈樂山戲劇活動史料〉「話劇」部分有叢叢劇社演出情況介紹：1942年10月底上演名劇《生死戀》；11月26日夜在川劇院舉行首次晚會公演《毋寧死》招待各界；11月29日起在浸禮會為文化勞軍再演《毋寧死》三天。1943年5月21日為三二補訓處特黨部在中山堂公演《邊城故事》；24日起為豫災募捐公演四天。同年11月15日及12月6日消息，該社正加緊排演《風雪夜歸人》與《藝海浮沉錄》即將分別於浸禮會演出。1946年3月1日在中山堂演出《情書》。[30]《武大西遷樂山大事記》又載：1943年6月24日，叢叢劇社為救濟豫災公演《邊城故事》，籌款6766.85元。

為慶祝抗戰勝利，1945年9月6日、7日，叢叢劇社在中山堂連續演出，先後招待出征軍人家屬和各機關首長。（據《誠報》1945年9月3日4版）[31]

至於南開劇社，由峨眉劇社社員沈昌平（他被認為是那時武大演劇的「小生」首席）兼代主持，大部分演出當時後方賣座的曹禺的劇本，像《雷雨》、《日出》等。其女主角有魯巧珍、楊安祥，均屬一時之選。據〈樂山戲劇活動史料〉載：1943年3月31日至4月3日，南開學友會劇社（南友劇社）為賑濟豫災在興發街浸禮會公演《日出》四天。

二、珞珈平劇社與課餘平劇社

武大學生的業餘消遣不是坐茶館、打橋牌，就是演話劇、唱平劇（北京時名北平，故京劇亦稱平劇）。因此，在樂山的老百姓，寧願不看電影，只要一聽「大學生」演戲，無不蜂擁而來。看了戲回去，第二天見到學生時，會非常讚佩地說：「你們大學生，硬是要得，不但會讀書，還會唱大戲，演話劇，蠻有板眼嘛。」公園之中山堂或樂嘉大戲院，常常爆滿。有了這樣的觀眾刺激，那時候的武大戲劇活動，特別玩得有勁。除了經常作募捐勞軍公演外，平時課餘之暇，雅歌集社，絲管相和，真是樂趣無窮。因而，那時候武大的平戲水平，相當不錯。這倒不是自我陶醉，臺灣復興劇校創辦人、有「票友界的梅蘭芳」之稱的王振祖曾經說過，「武大的平劇，玩得還夠譜。」

---

[30] 據《樂山史志資料》1991年—1992年總第21期—28期合刊。

[31] 據周文華主編：《樂山歷代文集》，樂山市市中區編史修志辦公室編印，1990年，第376頁。

　　樂山時期武大的平劇社有兩個，一個是「珞珈平劇社」，一個是「課餘平劇社」。這兩大劇社的存在給平劇在校內外造成了極大的影響。聲勢最大的一次活動大概是1943年的對臺戲。兩大劇社，一在玉堂街東端，一在西端，同時公演數日，每天壓軸戲目不同。街上各有各的大海報，臺上各有各的桌披椅披，好不神氣！

　　要說歷史悠久的就是「珞珈平劇社」了。很顯然，其名是源於武大在武昌的校址──珞珈山。所以，這個平劇社的社員，大部分是隨校而來者，「元老」甚多，人才更盛，社長陳道弘，「吹」「打」「拉」「唱」，無不精嫻，他那一手好胡琴，內外行無人不佩服。他「票」小生，扮相英俊，身段邊式，水袖，靴底無不俐落見功夫，可貴者絕無脂粉氣，有人批評他稍嫌「過火」，他常自笑解：「我是個武小生」。

　　「珞珈平劇社」的特色，鄧先掄概括為「善制新腔，牌子、過門，無不精妙，而絕無小家氣，所演的戲碼，也是『文戲』較多，打個比喻，就等於電影文藝片。」（〈樂山時期的平劇〉）因此，「珞珈」貼露的全本《孔雀東南飛》，全本《棒打薄情郎》……在樂山演出時，有自成都坐木炭汽車趕來看戲者，可算「迷」了。孟川在〈武大的演劇活動〉文中謂珞珈平劇社，「特色是細膩，準確，講究的是『口上』，『手上』，『身上』，都得中規中矩，不貽笑大方，不讓內行議為『羊毛』。所以，無論文武場，或是唱腔念白，都不許『荒腔走板』，尤其考究唱的方面：字眼要有『頭』『腰』『尾』，要有『噴口』（著力點），要懂『氣口』（省力）、更要合轍（押韻），除此之外，如果唱來不帶『味兒』，還是不算上選。」在這種種嚴格條件之下優秀的社員，唱的角色方面，只有李格非、楊希枚、徐鎮惡、舒聲，另有沈昌平的須生、余毅遠、茅於榕、王安和、潘祜長的青衣，陳道弘、陳雪懷、盧槃的小生；王余厚的老旦，鄭德信的醜，秦同潞的武小生。特別是王余厚善演老旦戲，天賦好嗓，花腔迭出，也是珞珈平劇社一怪才也。還有唱須生的李格非，聲音甜潤，一時無雙。王安和的花旦，做表細膩深刻，《禦碑亭》的「滑步」，《虹霓關》的「閨思」，歎為觀止。

　　胡琴拉得棒的，實在太多，除了陳道弘社長外，還有儲賓昌、茅於榕、楊希枚、舒翼、舒聲等等。胡琴之外，「珞珈」的「坐桶」（領簽鼓手），首推王余厚，他苦學打鼓，從用筷子打瓦片（畫個小圈）起，練到膝蓋上肌肉成了

繭子。但是「有志竟成」，他後來能打「戲」數十出，場面點子，倒背如流，他講「鑼鼓經」，能把「鑼音」分出好多韻味，真是「音響效果」專家。此外，還有校外社友如甘南軒（須生）、甘律之、汪劍雲（青衣）、史少侯（名醜），都是五通橋鹽務局的名票，看過他們戲的人，無不承認這「名票」硬是「名」不虛傳。

俞大光院士在中學時代學過胡琴，但均因無師指點，不得要領。1940年考入武大電機系後，常聽宿舍內有人拉胡琴唱戲，其音和諧悅耳，很想擠身進去學學，無奈沒人引薦。直到二年級後，得到同寢室的一位京劇票友、礦冶系徐鎮惡指點，才逐漸入門懂得板眼，並被介紹參加到「珞珈平劇社」，有了活動的機會。活動的地點有時就在工學院院舍（三育）下面的四七教室，有時是到白塔街靠近縣街的一間民房（是一位社員租住的）。俞大光回憶說，當時曾演出的劇目也很不少，也難以分辨出哪些是課餘平劇社演過的，哪些是珞珈平劇社演過的。「我記得還有群英會借東風、梅龍鎮、五花洞、三娘教子、宇宙鋒、拾玉鐲、法門寺、孔雀東南飛、審頭刺湯、托兆碰碑、烏盆針、甘露寺、鳳還巢、春秋配、鐵弓緣、花田錯等，可能還有回憶不出的。有這麼多劇目，有些還是全本的大戲，足見當時武大京劇在業餘界是有相當功底和水平的。我雖不能粉墨登場，也曾偶爾在臺上配拉過二胡。」[32]

「課餘平劇社」1941年10月成立的，負責人是一位四川籍的學生全匋，社員大半都是四川學生多。這位全社長，真是多才多藝的「怪傑」，他具有川戲根基（川戲的規矩複雜，不亞於平劇，場面鑼鼓點子，與平劇甚多相似互通之處），加上天賦記憶力強，所以，他不但唱做俱優，對於排練大場面之武戲，尤有獨到之處。因為他腦子裏，少說也有個四五十出整本戲，鑼鼓，身段，無不透熟，平時還戴副深度近視眼鏡。他坐在成都春熙大舞臺看戲，隨身筆記本一冊，手裏就在記「場子」，記「鑼鼓點兒」，戲看完，他的筆記本也全寫滿了。所以，他「坐桶」（即領簽，打小鼓），能打全出開打步戲，無不「應點扣譜」，不讓內行。

除全匋社長外，還有幾位好手，賴順昌的胡琴，名列武大琴票第四位。安承堯的鼓，僅次於全匋的簽子，此外姚子璞的須生，余毅遠的花衫，駱驥的花

[32] 俞大光：〈四川樂山時期的武大京劇活動〉，臺灣《珞珈》（1998年1月）第134期。

衫，都是名角。「課餘」的戲，以動作開打見勝，以整本全劇大戲為特色，曾經排出全本《收楊再興》，火爆熱烈，極獲內外行之歡服。

曾任武大空間物理系主任的王燊教授，1940年至1944年在樂山武大就讀。晚年王教授說在樂山學京劇、演京劇的那一段日子，「幾乎隨時都會呈現在眼前，用不著去記憶」，不過也「狠狠地憶了一番，力圖把腦子裏那些正在消逝的往事重新召喚回來。」王教授回憶道：

> 我大概是1942年開始學京戲的，是在課餘平劇社。當時這個社的生、旦、淨、醜、文場武場總教練兼主持是全匋（嬰白）老闆。我第一次學身段是在「黃師長」家院的草坪上；學的是《打漁殺家》，老師是余毅遠（燕生）。此後，大部分時間都在公園進門左側一間大房子裏聚會。幾乎每晚有人：敲的、打的、拉的、彈的、唱的、做的、說的、笑的、抽煙的、飲茶的，煞是熱鬧。那地方的好處是沒有左鄰右舍，所以天天都鬧到街上沒有人影的時候，才一人一根乾籐杆（火把）各回各的宿舍。這個班子的組成大致是：全匋（班主任、總教練、老生）、安承堯（板鼓）、賴順昌（京胡）、張鐘祺（二胡、小生）、李寶聯（大鑼）、熊子良（小鑼）、韓慕康（水查）、李格非（老生）、姚芝璞（老生）、徐善為（老生）、吳祖繩（老生、武生）、朱濟川（老生、板鼓）、羅警華（旦）、余毅遠（旦）、丁燮和教授夫人（旦）、何君超教授夫人夏雲（老旦）、汪培琨（淨）、鄭執信（醜）師友和在下。演出過的劇目有：《捉放曹》、《珠簾寨》、《文昭關》、《空城計》、《二進宮》、《打漁殺家》、《賀後罵殿》、《紅鸞禧》、《烏尤院》、《釣金龜》、《四郎探母》（全）、《紅鬃列馬》（全）、《禦碑亭》（全）、《黃鶴樓》（全）、《嶽飛收楊再興》（全）、《玉堂春》（全）等等。……
> 我在臺上出過醜有：《賀後罵殿》（賀後）、《坐宮》（公主）、《起解》（蘇三）、《烏尤院》（惜姣）、《禦碑亭》（妹妹）等。我過去極少看戲、聽戲，連唱片都沒怎麼聽，全無「戲感」。一腔一字，一式一招，都是從前面諸良師益友處學的。慚愧的是，我不但根底淺，而且「消化不良」，荒腔走板，時而有之，甚至忘了詞，轉錯方向，現

> 在回想起來，那時我在臺上，與其說是讓觀眾看我表演，倒不如說是觀
> 眾讓我考驗他們的度量。[33]

王燊教授太過謙虛了。田林的回憶就對其讚譽有加，「王燊和舒聲都是物
理系研究生，畢業留校任教，年輕有為。兩人都有英俊的外表、瀟灑的風度、
學者的氣質，都有戲劇的愛好，又都是武大平劇社的，形影不離，一對搭檔，
配合默契。王燊性情穩健沉著，幽默風趣，擅長扮旦角，曾扮演過受苦受難、
端莊善良的青衣，如《玉堂春》裏蘇三；曾扮演過雍容華貴身份顯赫的正旦，
如《烏尤院》的閻惜姣；漂亮，嗓音圓潤，不僅能演人物，而且能唱人物，深
受觀眾歡迎。」[34]

武大學生在國難深重的環境中，除了焚膏繼晷，弦歌不輟外，居然能有
餘暇，致力於國粹平劇的研究，而且很有成就，這也算是「難能可貴」。武大
精神，一向重自由研究，師長也不會責備學生玩票而荒廢了學業！比如「打鼓
佬」王余厚為了學「領簽子」（打小鼓），曾經廢寢忘食，死心練習，甚至在
上涂允成教授的課時，都用兩根食指，敲打課桌，而引起滿場嘩笑。涂教授也
是喜歡聽戲的，所以未「忍」深責。又有京胡好手賴順昌，托腔嚴謹，頗有京
胡大師李慕良的風格。他選涂允成教授的「水力學」，考試不及格；補考成績
亦不佳，涂教授只給五十九分。有人為賴說情，涂教授說：「他不能走，走了
武大沒有好胡琴。」

三、聯青合唱團

1942年秋天，樂山白塔街英美會教堂前院內的平房裏，一個新的學生社團
成立了，它就是聯青合唱團。常有人以為聯青合唱團與武大基督徒珞珈團契是
同一個團體，或以為聯青合唱團是珞珈團契附設的一個團體。其實，雖然聯青
合唱團與珞珈團契關係非常密切，聯青合唱團的半數以上團員也是珞珈團契的
契友，但這是兩個性質不同、組織上各自獨立的兩個團體。珞珈團契以共同的

---

[33] 王燊：〈樂山二憶〉，《武大校友通訊》2008年第2輯。
[34] 田林：〈回憶峨眉劇社〉，臺灣《珞珈》（1997年1月）第130期。

宗教信仰為聯繫紐帶，聯青合唱團則以共同的對音樂的愛好為聯繫紐帶。聯青合唱團的許多團員並非珞珈團契的契友，反過來，許多團契契友，包括先後任團契主席的倪達、高思齊、沈繼卿都從未參加過聯青合唱團。

聯青合唱團是專唱四部合唱的，人數最多時有四五十人。女高音部有楊靜遠、楊安祥、劉曾韞、楊得瑁、郝桂芳、余憲逸、左敬睦、常紹溫、張翼伸、張成智、楊宜福、彭麗生、黃經晼等；女低音部有劉年芬、陳美大、梁玉玲、翟一我、李惠英、涂主珍、馮天祿等；男高音部有黃建權、淩忠揚、李肇元、陳權盛、朱光前、畢庶增、郭朝勝、李受孚、嚴國柱、陳家盛等；男低音部有劉德民、陳仁寬、劉年美、章大同、余俊、葛培根等。擔任合唱團指揮的是黃培永和陳仁烈。黃是基督教青年會派來樂山武大工作的學生幹事，陳是武大物理系教員。合唱團的總幹事是法律系的陳仁寬，幹事有劉德民、劉年芬等。

聯青合唱團有一首團歌，是用一個現成的曲子改編的。翻譯過來就是：

> 來啊，跟我來，跟我來，跟我來；跟你上哪兒，上哪兒，上哪兒？
> 跟我上聯青，上聯青，上聯青合唱團！

聯青合唱團每週有一個晚上練歌，地點就在英美會教堂前院內的平房，練歌間隙有時大家做做團體遊戲，以便放鬆一下。1942—1943年度練唱的主要歌曲是唐尼采第的歌劇改編的〈我愛大中華〉，黃自的〈旗正飄飄〉，其他還有賀綠汀的〈遊擊隊之歌〉、〈勝利進行曲〉、〈墾春泥〉等。楊靜遠《讓廬日記》中有幾則關於聯青合唱團活動的記載：

> 1943年1月3日　星期日　晚上摸黑路去白塔街看陳仁寬他們辦的音樂夜，也可說是聯青歌詠團的新年聯歡會，感覺相當不錯。有個人表演，有團體表演。丁景雲的七面紗舞也來了，可惜舞得大不如昨天，也許因缺少燈光、服裝、舞臺的關係吧。女聲獨唱，彭××，我要說她學得一身美國歌舞明星的皮毛，唱些酒店女招待的歌，態度既嫌輕浮，聲音也不穩重，唱時聳動肩膀，覺得肉麻。劉嘯雲比她像樣多了。數人合演的有宜姐們的〈十六多的小姑娘〉，李惠英等人的〈亂七八糟〉，完全是湊趣。劉蘊、常紹溫等人的〈秋子〉（日本人民反戰歌舞）還好。

　　1943年5月28日　星期五　晚上是聯青合唱團音樂會。在家等吃飯等遲
了，但我不能不去，今夜的音樂會少不了我。當我趕到時，一聽見裏面
女同學的聲音，她們的親切和關心，以及男同學的禮貌，我像個孩子一
樣急切地道歉，卻也沒有一個人怪我。我和朱明匆匆練了一遍二重唱，
我覺得唱時他不時用眼睛望我。今天男同學都穿白西裝，女同學穿淺藍
裙子，很整齊。朱光潛先生訓話後，開始音樂節目。唱Lilies時女同學
都鼓勵我好好唱，我唱了，可是好不好我一點不知道。〈我所愛的大
中華〉encore（再來）了一遍。中間插節目的，有淩忠揚和常紹溫的獨
唱。我愛聽淩唱的第二Serenade（舒伯特小夜曲）。常紹溫第一個〈點
絳唇〉唱得不好，〈教我如何不想他〉比較好。提琴二重奏是我最欣賞
的，劉年美的提琴不由人不承認拉得好，很少破綻。

　　關於在浸禮會禮堂舉行的這次音樂會，陳仁寬晚年回憶說，「音樂
會很成功，受到聽眾的歡迎，團員們的情緒很高，這可為聯青的全盛時
期。然而，好景不常，經過一個暑假，情況就大不一樣了。聯青的一些
積極分子畢業離校，特別是指揮黃培永和陳仁烈也離開武大他去，使聯
青合唱團元氣大傷。以後，黃建權接任指揮，陳仁寬連任總幹事。」[35]

　　1943年的秋季，聯青合唱團主要練唱亨德爾著名的清唱劇《彌賽亞》，特
別是最後的大合唱〈哈利路亞〉。這首著名歌曲氣勢雄偉，唱起來也有一定的
難度，西方國家通常是在聖誕節的晚上演唱《彌賽亞》清唱劇，所以聯青合唱
團決定在1943年的聖誕節舉行音樂會專為唱這個清唱劇。這次音樂會同時也是
樂山三個基督教會聖誕節的聯合音樂崇拜，因此有一位美國女教士和一位英國
牧師也參加合唱團的練習和演唱。

　　1944年的春季，聯青合唱團雖然練歌，但沒有舉行音樂會。到1944年秋
季，聯青合唱團就與另一個歌詠團體南風合唱團共同進行活動，並在這一年的
冬天聯合舉行一次音樂會，演唱的歌曲有趙元任的〈海韻〉，經改編的德沃夏
克的〈念故鄉〉等。

[35] 陳仁寬：〈武大聯青合唱團〉，《北京珞嘉》，2000年第1期。

　　1945年3月，聯青合唱團和南風、長嘯兩個團體合併成立了新的合唱團，也就不再單獨活動了。聯青合唱團的歷史很短，獨立存在的時間不過兩年，加上聯合活動的時間也不過兩年半。

四、南風歌詠隊

　　武大校園裏還活躍著一支歌詠隊，叫「南風歌詠隊」，「指揮是電機系的黃建權，合唱由溫文爾雅又和藹可親的俞夫人伴奏。她畢業於上海音樂學院，功夫深厚。歌詠隊每星期練唱，多半唱抗戰敢曲，如黃自的〈旗正飄飄〉、〈歌八百壯士〉，賀綠汀的〈勝利進行曲〉等等。每年聖誕節有較高水準的四部合唱表演。劉年美、黃建權都指揮過，鋼琴伴奏是俞夫人。有一次女生一律著藍旗袍，手持蠟燭，由會場後方步入，上臺演唱《彌賽亞》，氣氛肅穆。劉年美多才多藝，還推出過一臺個人獨唱會，機械系陳緒祖為他風琴伴奏，曲目有〈點絳唇·賦登樓〉。」[36]

　　在楊靜遠當年的日記裏也有幾則關於「南風」的零星記載：

　　　　1945年1月4日 星期四　一個月來橫在心上的音樂會終於舉行了，過去了。我無需描寫那期間的光景，重重垂掛的幕，雪白的煤氣燈下的前臺，臺下一排排仰望著的面孔。節目順利而匆匆地過去了。當我們唱完最後一個〈安睡歌〉（勃拉姆斯曲），退回後臺，並沒有一種功成業就的輕鬆感，而是一副相對苦笑的可憐相。這次為救濟貧病作家捐款的音樂會，名義上雖是南風、聯青兩團體聯合開的，事實上南風居主位。他們邀請了長嘯歌詠團幫忙，聲勢浩大，共唱14支歌，多半是抗戰歌，轟轟烈烈，最討聽眾的好，我們只有四支，沒有一支抗戰歌。唱完，聽眾不起反應。我的獨唱節目是在第三項，第一次當大眾上臺表演，儘管鎮定自己，也免不了要緊張。但無論為何，我認為唱得並不算失敗。當我唱完〈嘉陵江上〉，臺下稀疏的幾聲掌聲，幕就下了。當我們唱完最後一歌，南風正在洋洋得意地唱〈抗敵歌〉。我輕輕招呼顧耕：「走

---

[36] 據劉敬黃：〈樂山散憶〉，《北京珞嘉》1997年第2期。

吧？」我們在黑暗中摸下石階，上面歌聲如濤，不絕於耳。將出圖書館側門時，他們正唱〈旗正飄飄〉，我和顧耕都站住了，捨不得走開，半晌，他說：「我真難過，為什麼人家弄得好，我們就弄不好呢？」這時已唱完，我溫柔地說：「別難過，走吧。」我把手插進他臂彎，拉他慢慢離開，從此就沒收回來。

1945年3月16日 星期五　晚上歌詠團練習。聯青、南風、長嘯三個團體終於聯合了，這是一件令人寬慰的事。三個團體都患缺人症，現在湊起來，剛剛成為一個相當健全的歌詠團。今晚練得非常起勁。

後來，抗戰勝利，武大復員，聯合歌詠團也隨之解散。

學術社團

一、珞珈經濟學社

珞珈經濟學社成立於抗戰以前的珞珈山，以研究經濟理論（包括財政、金融、貿易、會計、統計等在內）為對象，參加成員只限於經濟系學生。1941年考入武大的楊叔湘說，「本人對研究理論有興趣，經過兩位社員的推薦、全體社員審查通過，才能成為該社社友。由於有的社友畢業後留校任助教或研究，所以在校社友也包括這部分人。許多社友畢業離校，仍然與學校保持聯繫，經常匯寄錢鈔作為學社活動的經費。每學年由在校社友三至五人組成幹事會，主持學社活動並與校外社友聯繫。學社的經常活動是每週確定一個晚上舉行學術討論或報告會，事先輪流排定一位中心發言人，作研究專題發言，然後大家補充意見。只要屬於經濟理論範疇以內的問題，不管是哪家學說，哪個流派，都能做到暢所欲言，毫無拘束。從各個不同角度不同觀點進行分析研究，使大家開闊眼界。相互啟發，共同提高。」[37]

除了每週一晚的學術活動以外，還有社友互訪談心，假日旅遊、聚餐和迎新送舊等活動。社友之間建立了深厚友誼，大家都很關心學社的成長。

---

[37] 楊叔湘：〈樂山點滴往事〉，臺灣《珞珈》（1992年10月）第113期。

據楊叔湘回憶，「當時同在該社的社友有：向定、朱景堯、高仲熊、姚賢鎬、何廣揚、甘士傑、尤鐘驤、袁征益、曾啟夏、王治柱等諸位學長。在以上諸位學長中，以及在比我早畢業的前輩社友中，湧現了不少蜚聲於海內外的教授學者，也有許多在事業上作出了重大貢獻。這是他們刻苦學習的結果，也是學社的光榮。」[38]

二、力訊社

力訊社是1938年下半年，由電機系第三班周志驤、劉紹峻、錢瀚聲等人發起成立的，以電機系學生為主體的校內學術社團。這個社團的名稱，反映當時電機系兼有電力和電訊兩類專業方向。社團的宗旨是砥勵學行和聯絡感情。據1941屆的周志驤晚年回憶說，「我們這一屆只有20多人，除兩位四川同學外，大都經濟困難，特別是像我這樣家鄉已淪陷，經濟已無來源的人，生活更是捉襟見肘。在這國難當頭之時，班上同學學習都非常刻苦認真，以期戰後在國家建設中有堅實的知識基礎。經過幾個月與困難的鬥爭，大家感到必須加強團結互助，建立一個組織，用集體力量共同克服眼前困難。這年暑假經過一段時間的醞釀籌備，我們決定成立『力訊社』。這社名表明我們為研究電力和電訊技術，將來為從事工程方面的工作而努力。」還說，「全年級同學除一位經濟條件好、平日西裝革履的高官子弟不屑與我們為伍外，其他都參加了『力訊社』」。[39]

力訊社設有幹事會，最初有幹事五人，後來擴大至七人，由社員大會選舉產生，任期一年，可連選連任。由熱心本社活動的積極分子當選幹事推動主持。幹事會設總幹事一人負責全面工作，其餘幹事分工負責學術、組織、文書、事務等各個方面。第一屆選舉周志驤、錢瀚聲、劉紹峻、施壽煙、唐棣等五人為幹事，組成幹事會，推舉周志驤為總幹事（連續擔任了三屆總幹事），並邀請電機工程系趙師梅、陳季丹等幾位教授為導師。

組建初期，「力訊社」最不方便的是理工學院的男生不分系別、年級，都混住在觀斗山和露濟寺兩個宿舍，這樣很難在生活及學習上相互幫助。當露濟

38　楊叔湘：〈樂山點滴往事〉，臺灣《珞珈》（1992年10月）第113期。
39　周志驤：〈我與「力訊社」〉，《武大校友通訊》2006年第1輯。

寺新宿舍修建完時，利用男生可以自由組合的機會，5位幹事和8位特別熱心的社員，就一同搬到露濟寺十七齋一個房間居住，這樣朝夕生活學習在一起，有事隨時可以商量，加強了團結，也促進了社務的發展。

由於力訊社在醞釀籌備過程中，就顯示了核心人員的實幹精神，深得電機系主任趙師梅和一些教授們的信任，因而學校為力訊社提供了許多活動條件：借給了兩間小房和一批有複本的圖書，撥給一些無線電器材和文具紙張等。據俞大光等人回憶，力訊社的活動除一年一度的歡迎新社員、歡送社員畢業外，主要有下列各項：

1、舉辦學術講座或討論會。開始是請系內老師為社員上輔導課，後來發展為請系內外老師作學術報告，介紹一些學術發展新情況，並歡迎各系同學參加。例如曾請吳大任教授講矩陣（當時工科高等數學教學中無此內容），請岷江電廠的蔡昌年總工程師講發電廠設備等。1945年8月，美軍在日本廣島、長崎先後投了兩顆原子彈，那時大家都不知道原子彈是何怪物，殺傷力令人感到驚奇。社員周克定及時請了化學系研究原子理論的鄔保良教授作了〈原子能和原子彈〉的學術演講，全校師生空前踴躍，演講廳的走廊和窗臺上都擠滿了人。

討論會則組織社員報告課外學習心得或專題綜述。這項活動不但有助於提高與會者的學識水平，也鼓勵了社員通過閱讀參考資料，培育獲取知識的能力。

2、出廣播消息。抗戰時期，大家非常關心抗日消息，但樂山只有一份發行量很小的《誠報》，重慶、成都的報紙當天看不到，消息很閉塞。力訊社為什麼不用電機系有收音機的優勢去為大家服務呢！趙師梅教授非常支持學生們這個想法，答應由學校供應紙張筆墨，經幹事會研究由施壽煙負責這項工作，並規定傳播內容只限於抗日消息，不傳播電臺其他宣傳內容。力訊社組織社員夜間收聽廣播，連夜寫成大字報於第二天早晨上課前貼在工學院三育中學過道上。第一期出刊後受到廣大師生熱烈歡迎，成為當時樂山第一家快報新聞。後來學校又要求在校本部文廟貼一張，再後來連當地政府也送筆墨紙張來，要求在公園也貼一張。這不失為一項甚得人心的活動，也有效地擴大了力訊社的影響。當日本宣佈無條件投降，八年抗戰終於取得最後勝利的時刻，廣播消息及時張貼了

「號外」，激起了校內外廣大民眾的歡欣若狂。投入此項工作的社員都是盡義務，但都能無怨地堅持著。有時缺人，就由幹事頂上。

3、開辦閱覽室。武大西遷樂山時期，圖書資料非常缺乏。學生們大多買不起書，別說參考書，就是教科書也僅能買幾本。力訊社為了解決社員們學習上的這個困難，經趙師梅教授和其他教授幫助，將校圖書館存有的一些有複本，且適合社員學習使用的圖書集體借出，加上從一些社員自有的參考書中動員借出的，由社員輪流管理。美國俄亥俄州大學教授韋仁民回憶：電機系周克定「以學冠群英、且精力過人被邀請主持力訊社閱覽室。以他勇於負責的個性，得暇就留守閱覽室內，等待同學們來尋找參考資料。」[40]閱覽室通過簡化借閱手續，縮短借期等辦法以加速流通。有了書還得找地方放，趙師梅教授就替學生在三育中學樓上弄了間小房間作為「力訊社」的閱覽室。這項活動在困難的抗戰時期對社員的學習幫助很大。

4、組織業餘無線電活動。有了社員集體宿舍和圖書室後，「力訊社」口味就越來越大了，想增加一些課餘學習機會。側重電訊的學生，就想向學校借些電訊器材試裝收音機。這個想法得到陳季丹教授的大力支持，同意借給學生們一些電子管、電容器、電阻等零件，由社裏管理，組織愛好無線電的社員試裝各種收音機。為此他又給學生一個小房間作為實驗室。大家從裝礦石收音機開始，到一、二燈來複式收音機，再到五燈外差式收音機。還在陳季丹教授指導下，用乾電池、橡實形小真空試管裝成兩臺無線電話機，由學校木匠用楠木幫忙做了兩個小箱子，社員背在身上帶到田野裏與小實驗室通話，收到理論聯繫實際、培養動手能力的效果，也極大地提高了社員學習的信心和興趣。

　　在當時，學校房屋相當緊缺，所有學生組織包括反動黨團外圍一些組織都是利用教室閒空時，或到公園茶室大渡河邊等處活動，沒有自己的工作室，惟獨「力訊社」有兩個小房間。

5、出版科技壁報或刊物。不定期出版，視稿源情況而定。比較活躍時兩個

---

[40] 韋仁民：〈樂山苦中樂　學業優中優〉，《玉壺冰心──周克定教授八十壽辰慶賀文集》，機械工業出版社，2001年，第107頁。

月可出一期，張貼在三育（工學院教學區）的大門內。後來由於籌集到一點經費，將壁報改為刊物。壁報刊物除反映學術講座和討論會的內容之外，還登載社員的學習心得和方法，因而較好的起到砥勵學行的作用。1944年5月，力訓社主編的《力訊》創刊，登載學術論文、譯文、社友活動的報導。鄖保良教授撰寫的〈原子核能的釋放與原子炸彈〉，曾刊於1946年第2卷1-2期。《力訊》也刊登一些礦場（刊物的經濟贊助者）的商業廣告。

6、組織社員協助學校工作。在武大初遷樂山時，有被敵機炸毀的電機設備，曾由力訊社組織少數社員幫助修理，作為課外生產實踐活動。[41]

雖然力訊社主觀上並沒有擴大組織的想法，但隨著各種活動的開展，電機系各年級學生要求參加的愈來愈多，後來還有機械系、土木系的學生參加。甚至中共地下黨員如莊惠霖、金潛兩位也參加。這時力訊社已成為工學院中規模較大，時間較長的學術團體之一。

1941年春季，由於部分社員即將畢業離校，考慮到武大電機系歷史較短，在國內電工界缺乏基礎；而那時社會上派系作用較大，因此一些老的骨幹社員主張將力訊社發展到社會上去，為武大電機系在社會上打開局面。這意見經社員大會通過，並決定在宗旨上增加「為促進我國電氣事業發展而努力奮鬥」一句。同時建立董事會為領導機構，由社員大會選舉產生董事七到九人，任期三到四年，並聘請趙師梅教授為名譽董事長。校內部分作為董事會領導下的一個分社，並擬逐步建立一些校外分社。根據當時畢業社員在校外比較集中的城市，較早建立起來的有昆明、重慶兩個分社。校內分社沿用以前的組織形式，由董事會指派召集人，實際上除校內分社仍保持原有活力積極活動外，校外兩個分社都只做了些聯絡接待工作，沒有其他活動。校內分社在周志驤之後，由吳梅村繼任兩屆總幹事，以後依次由俞大光、孫明佩、李品松、王丕顏、李福深等人各擔任一屆總幹事。

抗戰勝利後，武大遷回珞珈山。由於條件的變化，力訊社的活動方式也有變化，活動並未停頓，但已相對減少，廣播消息顯然已無必要。1947年

---

[41] 俞大光：〈回憶武大力訊社〉，臺灣《珞珈》（1997年1月）第130期。

「六一」慘案[42]發生後，廣大學生都投入了如火如荼的「反飢餓、反迫害」的鬥爭，力訊社的活動便自然停止。等到這一屆負責的學生畢業離校，力訊社便不宣而散了。

三、Echo——club（回聲俱樂部）

Echo——club 直譯為「回聲俱樂部」，是在1942年5月初成立的。發起人是法律系的胡壽聊和陳仁寬。他們找了經濟系同學朱磬遠和沈法淳，又找了外文系的幾位同學——謝文津、劉曾韞、劉景芳、邰浩和楊靜遠，一共九人。宗旨是互相切磋，共同學習英語。之所以起名「回聲」，楊靜遠說「大概是取鸚鵡學舌的意思」。成立後不久，學校為一年級學生舉辦了一次英語演講比賽，由資深教授方重、桂質廷等評判。報名者頗多，經過初賽和決賽，評出前五名，前四名碰巧都是Echo——club的成員：第一名胡壽聊，第二名陳仁寬，第三名楊靜遠，第四名劉曾韞。這個小小的成功，更促進了他們學習的勁頭。他們每周聚會一次，學習方法有以下幾種：每人預先寫一篇短文，拿到會上來講，其他人聽並改錯；定一個題目，試著用英文討論；選讀一篇文章，邊談邊討論；譯一篇短文；每人用英文講一個故事。為了方便對話，各自起一個英文名字，比如胡壽聊是shelton，陳仁寬是joshua，沈法淳是randolf，謝文津是virginia，楊靜遠是jeanette，後來加入的左敬睦是edna。據楊靜遠回憶：「暑假期間，我們繼續活動。那時我家住在嘉樂門外的石烏龜鄉間。每次聚會，都得步行一小時進城，風雨無阻。二年級開學後，劉景芳轉學中央大學，剩下我們八人，五男三女，不再有人退出。四三年秋，外文系低一班的左敬睦加入進來，九個人，一直堅持到畢業。但小組的生活也並非沒有經歷波瀾和危機。到四三年，經過一年的實踐，多數人感到進步不大。譬如我們外文系的最缺口語訓練，而正是在這方面，收效甚微。口語基礎原本較好的是胡壽聊，他是新加坡華僑，還有陳仁寬。餘者都金口難開。拿我來說，從六歲起，母親就開始教我英文，基礎應

---

[42] 「六一」慘案：1947年，在中國共產黨領導下，反飢餓、反內戰、反迫害的學生運動遍及國民黨統治區。以武漢大學為中心的學潮成為這次學運的重要組成部分。6月1日凌晨3時，武漢當局調集全副美式裝備的軍、警、憲、特千餘人突然闖入武漢大學教職員和學生宿舍，開槍打死手無寸鐵的王志德、黃鳴崗、陳如豐3位學生，打傷20多人，逮捕一批進步師生，史稱「六一」慘案。

該不差。但我家有個傳統：中國人，不在家裏講外國話。小時候，看到有些留過洋的人滿口夾英夾漢的混合語，總和小朋友譏笑他們『放洋屁』。這就養成了我羞於同中國人講外語的習慣。這是題外話。我們學不好，現在看來恐怕是缺少系統的科學的訓練方法，那時也沒有外語錄音帶這樣的先進設備；就憑我們幾個半路出家的和尚，那裏念得成真經？加上，二年級以後，各人的本科課業也重了，小組活動就顯得成了負擔。有幾次，幾乎散夥，但終於沒散，因為彼此相處甚是融洽，為了這不可多得的友誼，散了可惜。此後，學英語的目的無形中退居次位，小組的活動漸漸成了聯誼性質。聚會時，談各人的人生觀，為人的準則，興趣癖好，對未來的憧憬抱負，對各種問題的看法，有時也談國事，卻總避開政見這個過於敏感的話題。有時湊份子吃茶點，玩玩遊戲，孩子似地嬉笑開心。總之，小組的生活過得活潑、歡愉、健康、坦誠、自在，不拘一格。四三年十月十三日這天，九個人在樂山唯一的照像館「千秋」照了一張全體相，是小組唯一的團體照。」1945年秋後，「多數人畢業離校，三人繼續留校，敬睦讀四年級，馨遠讀研究生，文津因生產休學，後在珞珈山讀完四年級。壽聘、仁寬、法淳和我去重慶就業或準備出國。在這段動蕩不寧的時期，我們四個仍維持每周聚會的慣例，每星期日晚同去英國新聞處聽唱片音樂會，然後找個地方談談。」[43]

四、科學青年會

抗戰勝利後不久，武大工學院一部分志同道合的學生，如艾忠泉（電機研究生）、左塏（土木工程研究生），以及嚴國柱、胡連璋、祈友生（均為土木系學生）等人經常在宿舍聚會，研究和商談國家和世界大事，深深體會到侵略戰爭給人類帶來的災難和痛苦，慶幸正義最終戰勝邪惡，給人類帶來和平幸福。他們懷著滿腔熱情和赤子之心，立志重建被日寇糟蹋蹂躪破碎不堪的家園。他們商討如何在校加強科學技術研究，畢業後如何加強聯繫，互相有所照顧，不至於畢業即失業。經過一段時間的醞釀準備，由嚴國柱、祈友生幾個人

正式發起組織「武漢大學科學青年會」（簡稱「科青」），於1946年1月1日宣告成立。

中國科技大學左壇教授回憶：「當時工學院有幾個同學經常在一起高談闊論，研究生中有我和艾忠泉，本科生中有周克定、嚴國柱、祁友生、柴野石等。大家受單純愛國之心、救國之志所激勵，接受五四運動民主與科學精神的感召，憧憬當時羅斯福（任美國總統）所講的『四大自由』，受基督教愛人救世教義的影響，產生了籌組『科學青年會』的念頭。提出了『以科學服務人類』的口號，以實現提高文化、健康、生產三大任務為宗旨。」[44]首屆總幹事嚴國柱說，「這個口號抱負很大，熱情有餘，脫離當時的現實。但對於當時很多同學，卻有著既可有所作為，又無涉及政治危險的號召力。」[45]第二屆總幹事胡連璋則說，提出這個口號，「用科學加青年活力造福人類」。

「科青」不是一個研究交流自然科學的學術組織，制定了自己的綱領，其宗旨遠遠超出了自然科學範疇。其思想是把「科青」推向社會，立志舉辦工廠，學校，幼兒園，敬老院等一切生產、教育、福利事業。其目標是有朝一日能實現「不虞匱乏，免於恐懼、都在自由幸福裏」的一個「科學」、「民主」的社會。要實現這一理想，靠幾個人是不行的。「科青」的使命就是培養幹部，爭取輿論。有了幹部和社會輿論支援，初期的經濟來源，則可以像基督教青年會那樣，向社會贊助人士募捐。待事業有成，就可用自己的收入。

「科青」有自己的會徽、會歌。胡連璋回憶，「為達到理想社會『天下一家』的奮鬥目標而共同努力。大家還為『天下一家』集體作詞、譜曲，作為會歌。」歌詞如下：

> 侵略黑雲疑成暴雨，暴雨戰爭推出光明。
> 光明太陽普照大地，大地現出民主社會。
> 人人得到平等尊重，人人追求快樂福利。
> 不虞匱乏、免於恐懼，大家都在幸福裏。

---

[44] 左壇：〈與周克定相識在樂山〉，《玉壺冰心——周克定教授八十壽辰慶賀文集》，機械工業出版社，2001年，第105頁。

[45] 嚴國柱、祁友生：〈記母校一學生團體——科學青年會〉，《武漢大學學生運動簡史·社團介紹》，油印本，1983年。

　　全球姊妹、合而為一，重建一個大家庭。

　　全球兄弟、合而為一，重建一個大家庭。

　　「科青」設有董事會，董事會有董事長一人，副董事長一人、董事若干人，由會員大會選舉產生，這是「科青」最高權力機關。第一任董事長是艾忠泉，第一任理事長是左塏。另有理事會，負責具體「科青」日常活動，理事會設總幹事一人，幹事若干人（第一屆幹事四人）。「科青」章程由董事會制訂和修改，分為九章：宗旨、會徽、「科青性質」、董事會、理事會、會員代表大會、會員、會員的權利與義務、「科青」無政黨作用。

　　1946年1月10日，「科青」發起人嚴國柱（顧耕）的女友、武大外文系畢業生楊靜遠從上海給他寫信說：「科學青年會的確是一個值得好好做的事業。假如能夠把全國兩有心人集合起來，確實能為國家做點事。看你們那會章，這個組織的抱負相當大，前面的困難也必定極多。首先我所想到的是分子和經費問題，或者總稱人事問題。你說現在還只限於工院同學加入，文法學院同學見科學二字就退避三舍。這當然是初辦時的壞現象。一種社會事業怎麼少得了文法人才呢？但這缺陷以後必能彌補。可是跟著來的一個新問題就更棘手了。當你這事業辦得蒸蒸日上，頗有前途時，那些投機分子就來鑽營了。那時必定有許多劣種混進來，把一個公家的東西利用來遂私願。於是，這個機構越龐大，分子也越複雜，這一架生了鏽的機器就要推不動了。至於經費，在開始的幾年裏一定大傷腦筋的。這不是政府機構，得不到國家財政的援助，又不像基督教青年會有外國人作靠山。募捐吧，誰肯信任你這幾個無名之輩創辦的看不到成績的組織？所以，我以為理想舉得高固然無妨，最緊要的卻在如何從近處小處踏實做起。我相信你這次並不是衝動，可同時你也得留意觀察你的同伴們，他們是否也一樣冷靜周密，而不是一時好新鮮玩玩的。我們不應當過於慎重從事，那樣我們將不敢走一步。不過，最好一生中少遭受幾次失敗。一個人的時間精力畢竟是有限可憐的，哪經得起浪費？」[46]畢竟是踏入社會的人了，楊靜遠考慮問題很現實，在對男友成立「科青」肯定的同時，更多是將信將疑。

---

[46] 楊靜遠：《寫給戀人》，河南人民出版社，1999年，第32—33頁。

　　不過「科青」確如楊靜遠所言「從近處小處踏實做起」，在成立前後的半年多時間裏，開展了很多具體的活動：

1、天氣預報。「科青」成立後考慮到為當地人民作些有益的服務工作，「科青」印了四開大小的天氣預報表。內容包括：天氣形勢、風向、最低和最高氣溫等。每天下午六點由會員輪流到工學院山頂美國海軍氣象站抄錄當夜及次日氣候情況，填到印好的天氣預報表上（約十幾份），在校內及樂山縣城內、城外張貼，為當地人民提供天氣預報變化情況。這項工作當時深受校內外人士的贊揚，一直作到武大遷離樂山為止。

2、舉辦學術講座。「科青」每兩周要舉辦一次學術講座，歡迎全校師生參加聽講。為了普及科學知識，鄡保良教授講有關原子方面基礎知識講座，工學院譚乙聲工院長講有關機械方面的講座，丁人鯤教授講有關水文方面的講座，美國海軍少將講有關雷達方面的講演。

3、英語競賽。為了提高同學們的外語水平，舉辦過英語演講競賽，聘請朱光潛教授、許海蘭講師、孫家琇教授、袁昌英教授等人為裁判。評選出前三名，發給紀念品。

4、出版「科青」歌曲選。1946年出版一冊「科青」歌曲選。歌本首頁為「科學青年會會歌」其他歌曲收集有〈義勇軍進行曲〉、〈滿江紅〉等十幾首歌曲。

5、印售「科青」年曆。1946年元旦印了「科青」年曆一面的一半為1—12月月曆，其餘一半為「科青」會徽上弧形字「以科學服務人類」，背面是明信片形式，在校內外出售。

6、舉辦蝴蝶展覽。1946年上半年，在中山堂舉辦了一次蝴蝶展覽，展出300多種蝴蝶標本，參觀者絡繹不絕，增進了人們對蝴蝶種類的科學知識。

7、舉辦音樂晚會。在樂山及珞珈山舉辦過幾次音樂晚會，主要是放「蝴蝶夫人」和「浮士德」等唱片。

8、出刊壁報。「科青」每月出刊一次「以科學服務人類」的牆報，宣傳科學知識。[47]

---

[47] 據《武漢大學學生運動簡史・社團介紹》，油印本，1983年。

　　當時的樂山很閉塞，廣播、電影遠未普及，學生們在業餘時間，除了各自的團體活動，很多人泡茶館，打橋牌以消磨時間。「科青」用會員自己捐助的錢，訂閱了一批報刊雜誌，籌辦起一個小型閱覽室。這間閱覽室實際上成為「科青」成員暢談抱負，研究工作和集體學習、生活的俱樂部。

　　這樣，在不長的時間裏，「科青」就以它異常活躍的面貌，引人注目。本來「科青」成立伊始，只吸收工學院和理學院的學「自然科學」的學生參加，當時有成員五、六十人。後因「科青」在武大聲譽日隆，學「社會科學」的學生們紛紛要求參加。經董事會研究決定，會員擴大到「自然科學」和「社會科學」兩大領域，仍以武大學生為吸收對象，到1946年底，成立僅一年，會員已達一百餘人，約為當時在校學生的十分之一，遍及文法理工各系。被聘請作顧問的名教授有十餘人，如丁人鯤、俞忽、張寶齡、高尚蔭、許宗嶽、蘇雪林等等。

　　1946年夏，土木工程研究生艾忠泉畢業後到四川大學任教，他在川大成立了「科青」分會。這年秋天，武大遷回珞珈山後，「科青」恢復了工人夜校，招收學校工友和附近居民參加學習，不收任何費用，由會友義務教學。1947年元旦，「科青」舉行了成立一周年慶祝晚會。參加晚會的師生約有兩百人，擠滿了整個教室。1948年暑假，很多老會友畢業離校，會友減少多半，迫不得已，「科青」只得宣佈停止活動。

其他社團

一、珞珈團契

　　「團契」，本是基督教徒和他們的非教徒朋友的一種自由結合的社團，英文原Fellowship，有團聚和契合的意思。團聚起來契合起來幹什麼？從表面看，有時候也有「佈道」、讀聖經、做祈禱、唱「讚美詩」的活動，實際上更多地是聯絡感情，增進友誼，娛樂身心，培養「我為人人，人人為我」的服務精神。

　　三四十年代大後方的大學裏，特別是教會學校裏，「團契」甚為盛行。它雖然帶有宗教色彩，卻沒有嚴格的教規儀式，非教徒也可以參加，來去自由，活動方式和內容靈活多樣。基本活動單位是小團契，完全是自願結合的十幾個

人至多三十幾人的小團體，各自獨立活動，相互間沒有隸屬關係。在一個學校裏，也有各個小團契推選一兩個負責人成立一個大團契的，只是在各個小團契之間起聯絡作用，沒有領導關係。在虔誠的基督教徒看來，這是多年傳下來的一種傳教的好方式。

說到武漢大學，早在1931年珞珈時期，十幾名基督徒學生和教員等自願組織起來，成立了「珞珈團契」。凡是加入團契的契友可得到一本聖經及一枚銀質白色橫扣，上面刻有「Fellowship」（契友）的徽章。他們每週末聚會一次，有時請武漢的牧師來講道，有時去武漢的外國牧師家聚會。當時還有一首陳厚載契友作詞譜曲的團契歌，歌詞如下：

> 巍巍珞珈，浩浩東湖碧波，心曠神怡，休問人生來朝有幾何，難得同道追求真理共琢磨，爾與我意緒多，契友攜手共切磋，吾儕以愛相繫，理想天國兮，駭濤求主懷依，佑我團契。

抗戰爆發後武大西遷樂山，從1938年至1946年可稱為珞珈團契的第二階段。這一階段是珞珈團契最興旺的時期，因有三個有利條件：「一是契友來自祖國的四面八方，不象在珞珈山時契友主要是來自武漢市及長沙市教會中學的學生，才十幾個人。二是基督教青年會全國協會派了學生幹事到每一所大學（無論是私立大學或國立大學）去協助學生開展團契活動，同時還發放學生救濟金給特困的大學生，不論是否基督徒，皆可申請。三是樂山有三個教堂，契友可去做禮拜，或參加教堂的唱詩班和查經班，而且教堂也提供團契聚會的場所，每兩星期一次，逢星期六晚上聚會，平時學生幹事在那裏辦公，歌詠隊也在那裏練歌。每年聖誕節、復活節皆有慶祝活動，團契還舉辦春令會、復令會，請成都的牧師來講道，借樂山技專學校開會幾天。」[48]

據考，當時樂山並非有三個教堂，而是有三個基督教會：位於白塔街的美以美會（衛理公會），沒有大教堂；位於鐵門檻的內地會屬加拿大，是封閉型的；位於嘉樂門的浸禮會有座大教堂，武大常借用來演戲、開音樂會等。

---

[48] 陳美大：〈憶珞珈團契〉，《北京珞嘉》2001年第1期。

　　樂山時期契友發展很快，原來在教會中學就是基督徒的，進武大後即參加珞珈團契，有的將他們中學的同學也帶進來，先參加團契的聚會，後願去教堂做禮拜及受洗者就可加入團契。到1943年夏，團契的契友增加到約60人。當時的顧問很多，有教授、教員和教堂的牧師。顧問中最熱心支援團契的有物理系教授桂質廷博士和夫人許海蘭（武大附中英文教員）。他們常參加團契的聚會。契友中有困難去找他們，他們也都樂意幫助。

　　1942年元旦前後，土木系胡連璋跟著同鄉馬驥學長參加幾次「珞珈團契」活動，寒假又去位於蘇稽的蘇州蠶絲專科學校參加三所大專院校共同舉辦的春節會。他感覺「大家坦率真誠，熱情和睦，一如兄弟姐妹」，參加這樣的活動使他「享受到家庭的溫暖和親人的友愛，此後每週都參加團契聚會，成為契友。有時星期日去教堂參加禮拜，那種肅穆安靜的氣氛，可以使煩亂的心平靜下來，很好思考問題。在以後三年多的大學生活中，幾乎每週都參加團契活動，精神上得到很大寄託和安慰。」[49]胡連璋和很多契友成為好朋友，五十多年後依然保持聯繫。

　　現居臺灣的齊邦媛是1943年考入武大哲學系的，她在自傳《巨流河》中寫有參加珞珈團契的往事：

　　　　由於南開學長帶領，我在一年級下學期參加了珞珈團契。

　　　　由重慶去樂山的江輪停在宜賓的那一夜，我們在馮家碌家遇見了基督教傳教會內地會陳牧師的兒子陳仁寬。他在武大讀法律系四年級，第二天與我們同船去樂山。他不漂亮，也不太高大，但是有一種青年人身上看不到的俊逸、自信，在眾人之中十分挺拔出眾。大約有人告訴他，我從上船哭到宜賓。他就以傳教者的態度坐到我旁邊對我說了一些安慰的話。說他去重慶念南開的時候多麼想念宜賓的家。我將隨身提包中的《聖經》給他看，不知他那時說了什麼話，使我又眩然欲淚地告訴他，我不僅十份想家，也十分惦念送我《聖經》的人，他正日夜在空中逐敵作戰……。世界上大約確有一些緣份，使你在第一次相遇即敢於傾訴心中最深的感覺。

[49] 胡連璋：〈回憶苦、辣、酸、甜的四年大學生活〉，臺灣《珞珈》（1997年4月）第131期。

學校開學之後，他介紹我給珞珈團契的顧問，武大理學院長桂質廷先生。帶我參加了團契，使我經常獲得溫暖的照顧。在校四年之間，我在每年例行的慶祝聖誕演出「耶穌誕生」啞劇中。被指定演瑪利亞。契友說我瘦瘦高高，有一種憂鬱的神情，所以適合此角。[50]

外文系楊靜遠當時的日記裏，更是有很多關於珞珈團契的記載：

> 1943年5月16日　早上是外文系歡送會，不想去……這是團契的歡送會。我又禁不住暗笑：「什麼團契，借宗教的名義結交異性的場所。」我對於他們也許過於苛刻一點……我罵她們並不是因為我對她們任何人有惡感。對她們每個人我是喜歡的。她們是很坦白的、有生氣的女孩子。我的牢騷是針對她們行為的一種抽象而發的。
>
> 1943年10月16日　下午和菁到團契室找許幹事（許由恩，基督教青年會社會服務處幹事），我們申請基督教學生救濟金，去交調查表……
>
> 1944年3月11日　晚上團契室開唱片音樂會，學生服務處主辦，放全部Faust（古諾歌劇《浮士德》）。一共16張片子，聽了三個鐘頭。小小團契室擠了一百來人。我給媽媽弄到一張票，她也來聽……
>
> 1945年2月24日　……我們談到宗教與信仰，他（指楊靜遠男友顧耕——引者注）說團契拉他加入，他的回答是：「我越多瞭解基督教，就越不相信它。而不信教，就不應該加入團契。」（《讓廬日記》）

很有意思，楊靜遠為團契下的定義是，「借宗教的名義結交異性的場所」，而其男友顧耕（嚴國柱）卻認為「不信教，就不應該加入團契」。不失為一家之言。

武大復員之後的1947年到1949年，為珞珈團契的第三階段。起初團契聚會沒有場所，桂桂質廷教授就請契友到他家中聚會，夫人許海蘭教授為契友彈鋼琴。後來團契找到聚會場所，他們夫婦仍堅持參加團契的聚會。

---

[50]　齊邦媛：《巨流河》，生活・讀書・新知三聯書店，2010年，第105—106頁。

二、同鄉會和同學會

　　武大學生組織除了進步社團、文藝社團和學術社團之外，還有同鄉會和同學會一類的組織。同鄉會中規模最大的當推「四川省同鄉會」。這不是沒有原因的。抗戰之前，武大學生以湖北、湖南最多，西遷之後四川取代湖北第一的位置，以後川籍學生比例逐年大幅增加，在整個樂山時期始終處於領先地位。武大有「四川省同鄉會」之設，表明武大不是四川的學校（四川大學就不會有「四川省同鄉會」）。

　　還一個大的同鄉會是「華北十省同鄉會」。它可能是武大遷川後才建立的，因為此時考入武大的華北學生越來越少，所以十省合組成一個同鄉會。很顯然，這兩個同鄉會基本上也就是同省或聯省的同學會。

　　「四川省同鄉會」和「華北十省同鄉會」都有一項必要的任務，那就是每年的迎新（迎接新入學同學）。1942年考入史學系的辜燮高回憶說：「我進校那一年代表老同學致歡迎辭的同學我不知其名，代表新同學致答辭的是劉詩白同學。會後是否有文藝晚會已記不清楚了。但『華北十省同鄉會』迎新是唱了京戲的。雖然是十省的迎新，但文藝晚會任何人都可以去欣賞。那次的劇目裏面我清楚地記得有《探陰山》（黑頭戲）。至於其後幾年中，我清楚地記得的是『四川省同鄉會』組織過一次英語講演比賽，評委是川籍的老師們，記得有彭迪先先生當評委，那天獲得第一名的也是劉詩白同學。『華北十省同鄉會』那幾年可能還舉行過一次京戲會演；而某一年在五宿舍對面青年會的小禮堂演出過話劇《莎樂美公主》、可能是由華北十省同鄉會主演或者推動演出的。」[51]

　　武大還一個同鄉會名「良知學社」。據劉豐銘介紹：「成立於樂山時期的『良知學社』，在武大1946年11月遷回武昌珞珈山校址後，仍保留著當年在四川時的這種情趣。據老社友全理華說，在樂山成立的這個校內社團，實質上是個老鄉會，便於結識志同道合的各院系川籍同學。」武大遷回珞珈山後，「社友也不全是學生了，如政治系畢業生蔣宇清留校任職訓導處，另一位蔣姓老社友也任教工學院，1947年考取公費赴美留學，我們還在楊家灣為之舉辦歡送茶會。社友之間團結互助，兄弟相稱。」[52]

---

[51]　辜燮高：〈樂山雜憶〉，《武大校友通訊》2008年2輯。

[52]　劉豐銘：〈由一幅大學社團成員的合影想起〉，《武大校友月刊》2006年第7、8期。

　　辜燮高在〈樂山雜憶〉中說：「至於有沒有個別南方省的同鄉會（同學會），我不清楚，可能有，如『廣東省同鄉會』。有沒有南方省的聯省同鄉會（同學會），似乎沒有，即使有我想也就會是兩廣同鄉會（同學會）。另外還有一種小的同鄉會卻不是同學會的，如當時四川各縣考入武大的，便有同鄉會的組織，如『宜賓同鄉會』、『內江同鄉會』等，它們是同籍貫而非同一校的同學。但奇怪的是沒有『成都市同鄉會』，我想川籍學生大多數是來自成都的學校，而其中成都籍貫的學生並不多，且他們之間聯繫甚少，因而不會有『成都市同鄉會』之設立。」[53]事實上，南方省的同鄉會是存在的。比如趙世榮《樂山戲劇活動史料》云：1943年1月，武大湖南同鄉會開始排練《雷雨》，於2月19日元宵節演出。1944年2月11日，武大湖南同鄉會為賑濟湖北災民公演《霧重慶》，募捐達20萬元。

　　抗戰末期武大同學會中有四個規模較大的：重慶名校南開中學、成都名校石室中學、私立樹德中學和省立成都中學（包括省立成都女子中學）的，共有300多人，占了武大全校學生的近三成。幾個同學會各有特色。南開中學同學會長於演話劇，公演過《日出》。石室中學同學會的排球在樂山是無敵的，樹德中學同學會似較沉悶，省立成都中學同學會則較活躍，它辦有壁報《錦痕》（成都稱錦官城）。辜燮高曾負責編過幾期，還舉行過一次文藝晚會，由彭憲生主演短劇《一隻馬蜂》、王恩煜京劇清唱（實由羅永觀在幕後代唱）。辜燮高說他在二年級時當過同學會幹事（管文娛），組織過一次郊遊聚餐。先是找女生商量要做的菜，由他按需購買。可是當天卻沒有讓女生掌勺，而是由薛昭文自告奮勇當廚師的。

---

[53]　辜燮高：〈樂山雜憶〉，《武大校友通訊》2008年2輯。

第十二章　勝利東歸

　　四十多年後，八十餘歲的植物生理學家湯佩松博士，依然清晰地記得樂山的那個不眠之夜。

　　那是湯佩松即將離開樂山返回昆明聯大的晚上，他和武大生物系的高尚蔭夫婦等一幫朋友一起聚餐，突然聽到門外有股聲浪，起初似是一陣狂風怒吼，由遠而近，繼之是人群的狂呼和吶喊聲。開門出去，看到街上充滿了人流，如同潮水一般，毫無目標地在奔湧歡叫。仿佛樂山這個小縣城的全體居民都聚集和遊行在各條大街小巷中。

　　過了大約二十分鐘才開始聽到稀疏的鑼鼓聲，繼而傳來幾聲鞭炮聲。待到大約晚間八點鐘左右，全城沸騰起來，鞭炮和鑼鼓齊鳴。從鼎沸的人群喊叫中只聽清一句話：「美國飛機在日本投下一個丸（四川音「元」）子炸彈。」

　　湯佩松、高尚蔭他們欣喜若狂，回去把留在餐桌上尚未收拾的美酒痛飲了一番。這幫洋博士，一點也顧不得斯文體面，放聲高叫，淚濕胸懷！湯佩松自己甚至「癲瘋」到將主人珍藏多年的一隻雕花玻璃酒杯，摔碎在飯廳的壁爐磚上。

　　如是，他和另外兩個醉爛的客人，將就在主人客廳的沙發上度過了這難忘的一夜！[1]

　　這一天的日曆是1945年8月10日。六十七年後的2012年2月，八十七歲高齡的皮公亮老人神情飽滿地向武大校史研究會的學生們講述往事：

　　「抗戰勝利的時候，我正在電影院裏面，那時我交了個女朋友，正在電影院裏面看電影，我們去的早一些，電影還沒有放演，這個燈光還是開著的，後來突然燈光一黑，我們以為準備放演了，結果是打出了一幕：日本無條件投降。這個時候大家都高興得要死，因為我們都是淪陷區學生嘛，可以回家了是不是啊，所以呢電影也不看了，電影院呢它也不放演了，也沒人願意看電影了，就跑到街上去。因為武大的學生占樂山的大多數，樂山那個城很小啦，所

---

[1]　參見湯佩松：《為接朝霞顧夕陽》，科學出版社，1988年，第113頁。

以大家就遊行啊，遊行當時點火把，火把就是拉縴的竹子，當時縴夫拉縴用的，是那個竹子編的，把那個竹子當成火把，一點，那個竹子燒的慢，大家在縣城裏遊來遊去，遊來遊去，就是那幾條街，有的會喝酒的，買了一瓶酒以後猛喝，高興的要死，等於說是鬧了一通宵。」[2]其實，還有一幫淪陷區的武大學生，因抗戰勝利，返家心切，歡欣若狂，將衣物焚燒，乃至街坊鄰居誤為火警，飽受一場虛驚。

永生難忘的大喜日子

1945年8月10日，對於當時的電機系學生、後任武大無線電系主任的張肅文來說，這一天也是他永生難忘的大喜日子。這一天，萬惡的日本強盜在中國軍民浴血奮戰八年之後，終於低下罪惡的頭，正式向盟國依波茨坦三國公告作無條件投降！

當時正是暑假期間，張肅文等一幫從淪陷區來的學生無家可歸，所住斑竹灣第六宿舍又沒有開水喝，所以他們幾個平時最要好的河北同鄉在晚飯後都到茶館裏去喝茶談天。那天天氣晴朗，繁星滿天。正當他們在議論「德國法西斯已經垮臺，小日本已吃了兩顆原子彈，眼看就快完蛋了」的時候，突然從大街上傳來驚人的天大喜訊：日本投降了！

原來這一喜訊是由武大電機系學術團體——力訊社所發布的。當時力訊社的學生們從收音機收到的最新消息，以手寫報紙的方式，每天為全城人民發布。因此，當他們聽到日本投降的大喜訊後，立刻就向全城人民宣佈了。頓時樂山全城沸騰了，人們的眼淚不禁奪眶而出。八年了，大家日日盼、夜夜想的全民族的大喜日子終於來到了。茶館老闆宣佈：為了慶祝勝利，今天一律不收茶錢。這時全城的人舉著火把，自發地舉行慶祝遊行。武大的學生隊伍也來了。張肅文不知從誰手裏接過一根火把，融入到歡樂的人海中。大家盡情地歡呼、歌唱，繞著樂山城走了一圈又一圈，一直到子夜，人們才慢慢地散去。

---

[2] 皮公亮口述，胡耀等整理：〈珞嘉情深——武大第一代弟子皮公亮老校友追憶往昔〉，武大校史研究會新浪博客。

　　在這舉國歡慶的時刻，張肅文想到了很多很多：

　　1931年他剛剛隨全家到北平讀小學，正趕上震驚世界的「9‧18事變」。張肅文在西單大街上看到一幅大宣傳畫：一個人（代表中國）的右腿（代表東北三省）被老虎（代表日本）咬斷，鮮血淋淋，慘不忍睹。張的父親常常在客廳裏指著牆上掛的中國地圖，對來訪的客人們痛斥日寇的侵略罪行，聲淚俱下。這些都像畫面一樣，清晰地印在腦中。幼小的張肅文從此深恨日本帝國主義。

　　張肅文想起了難忘的1937年7月7日，當時他正在考初中，聽到北平城外的炮聲，並不在意，因為他知道北平城外有日本兵經常開炮。誰知道這就是抗戰八年的第一天。這炮聲也就深深印在他腦中。從這一天起，他們家就分散四方，父親和哥哥們都參加了抗日的武裝鬥爭，從此全家再未能團圓。張肅文因年紀小，祖母健在，不讓他離開，所以一直留在淪陷了的北平。日本人強迫學校學日語，學生們都進行無聲的抵制，誰也不認真學，以至每年都從五十音圖學起。

　　張肅文還清楚地記得1941年12月8日清晨，他去市立四中上學途中，在德勝橋頭看到一張海報，上面寫道：「日軍奇襲珍珠港，美國太平洋艦隊全軍覆沒。」兩天後，英國太平洋艦隊的兩艘主力艦──威爾斯親王號和雷巴爾斯號被日機擊沉，太平洋戰爭急轉直下。1942年2月15日，正是農曆大年初一，他們班同學聚會。傳來了新加坡陷落的消息，同學們相對無語，心頭像壓了一塊石頭。當時他暗暗抱怨上天：難道就讓邪惡的日本軍國主義如此倡狂嗎？不，正義一定會戰勝邪惡，中國的抗戰必勝。他想起在淪陷了的北平，日本鬼子配給老百姓吃的「混合麵」，實際上，裏面老鼠屎、鳥糞等等什麼都有。做出的窩頭是醬紫色的，氣味十分難聞，狗都不吃，可想而知，人如何吃得下去！

　　張肅文更不能忘記，在1944年全城春季大搜捕中，日本特務闖入張家搜查，使八旬高齡的祖母受到驚嚇，一病不起。他失去了最疼愛的奶奶。家仇國恨，日寇的罪惡真是罄竹難書！他還想起了1945年4月剛從淪陷的北平來到大後方的武漢大學時，看到一本雜誌上刊登的南京大屠殺照片：日本強盜右手執血淋淋的軍刀，左手提著中國人的頭顱，面孔獰笑著的照片。當時真是熱血直向頭沖，恨不得將這傢夥一刀砍死才解恨！

　　現在終於勝利了，張肅文想到了杜甫的名詩：「劍外忽傳收薊北，初聞涕淚滿衣裳。卻看妻子愁何在，漫捲詩書喜欲狂。白日放歌須縱酒，青春作伴好

還鄉。即從巴峽穿巫峽，便下襄陽向洛陽。」這首詩也說出了他的感情。祖國從日寇的鐵蹄下解放出來了，但他何時才能回到自己日夜懷念的故都北平，全家團聚呢？因為當時他是一個身無分文的窮學生，上哪裏去籌措足夠的旅費呢？一縷憂思悄然升起，有生以來，他第一次失眠了。這是他永生難忘的一天！[3]

王星拱調離，周鯁生繼任

王星拱校長的辦學主張由於違背國民政府的獨裁方針，抗戰勝利前夕，教育部議定調到部裏做研究工作以便於控制，但他決辭不就，而願意繼續當一名大學校長，最後在廣州中山大學最困難的時期，臨危受命，出任校長。另據王星拱次子王煥晰回憶，「1945年8月抗戰勝利後，教育部突然將父親調離武大前往中山大學。父親沒有思想準備，於是到峨眉山下的報國寺住了兩個月，當時的報國寺方丈果玲是安徽桐城人。後來由於生活所迫才去廣州接任中山大學校長一職。」[4]不過王煥晰回憶的時間有誤，應為抗戰勝利前夕的7月初。

7月7日，武大校友會召開茶話會，歡送王星拱校長，並敬贈題有「雨露長新」四字的立軸一幅及紀念冊一部，內中全系在樂校友題詞。閉會後合影留念。全體在校學生為紀念王校長，敬贈「教思無窮」橫匾。

11日，樂山暴雨。武大教授會在文廟大禮堂舉行盛大茶話會歡送王校長，200多位教師冒雨參加送別茶話會。文學院院長劉永濟當日賦〈贈別撫五〉一首：

> 自笑迂疏百不宜，從君江漢更峨眉。滋蘭荒畹情彌苦，斂袖殘枰事未遲。
> 老去襟懷原坦蕩，亂來文字足娛嬉。詩書漫捲行當共，何用攀條惜別離。[5]

王星拱卸職後即赴峨眉山休息。與此同時，武大教務長陶因、總務長徐賢恭、訓導長葉嶠均以課務繁重為由辭職。

---

[3]　張蕭文：〈永遠難忘的一天〉，臺灣《珞珈》（1996年7月）第128期。

[4]　王煥晰：〈憶先父王星拱〉，武漢大學校友總會網站。

[5]　轉引自徐正榜：〈武漢大學西遷樂山大事記〉，駱鬱廷主編：《樂山的迴響》，武漢大學出版社，2008年，第500頁。

國民教育部決定由周鯁生接任武大校長。王世傑日記載：「（1939年5月1日）六年前餘離武漢大學時，原擬推薦周鯁生繼任，皮皓白以王為教務長，周為教授，謂宜推薦王撫五，予不得已允之。」[6]可見周鯁生校長之職遲到了十二年。

同年7月，周鯁生由美回國，於8月8日正式到校就職。楊端六的女兒楊靜遠《讓廬日記》裏有兩則記載：

> 1945年8月7日　爹爹和周（鯁生）叔叔等到了。下午五點爹爹坐人力車回來，周叔叔和杭立武（教育部次長）在交通銀行。飯後陳俊和陳維珊來約我去聽郎毓秀獨唱會……回來，家裏高朋滿座。周叔叔比以前胖多了……別了六年的周叔叔，風度依舊。我相信現在會更喜歡他的。
>
> 1945年8月8日　新校長第一天接事，整天他們忙於應酬。下午3點大禮堂召集學生，聽杭次長訓話。周校長作一番介紹後杭立武演講。今天學生到得很多，情緒也很好，完全是為歡迎周校長。他一站上去，那老學者的風度不由得令人生敬。我為武大的前途慶幸。[7]

8月11日，周鯁生校長聘請劉迺誠教授為訓導長，楊端六教授為教務長，葛揚煥教授為總務長。

13日，武大學生宿舍自治聯合會在大禮堂舉行茶話會，歡迎新任校長周鯁生，周校長即席講演〈遊美觀感〉。

周鯁生受任校長時，面臨最緊迫的兩大難題：

第一，由於武大進步力量強大，鬥爭激烈，被特務密告的人和事頗多，校長左右為難。

第二，抗戰勝利在即，遷校復員武昌成了當務之急。

周鯁生對於第一個難題的態度是效法蔡元培先生，決不無故開除一個學生。然而第二，抗戰期間的珞珈山校舍表面上看依然宏偉，然而校舍內部設施卻被日軍破壞無遺。師生員工急不可耐地盼望著東還珞珈山。東還與西遷相比較更為困難：一是學校人員增加了兩倍以上，師生員工總數已達3290人，還有

6　轉引自臺灣《珞珈》（1990年4月）第103期。
7　楊靜遠：《讓廬日記》，武漢大學出版社，2003年，第369、370頁。

大量的的圖書檔案、儀器設備要裝運，僅公物就有939噸。加上物價上漲了兩千多倍，國民黨政府將大部分經費挪用於打內戰，教育經費自然入不敷出。為了聯繫復員經費，周鯁生幾個月內一直住在南京籌款。教育部第一批復員修建費撥款為12.3億元，第二批加撥4億元，總共為16.3億元，仍然遠遠不夠。在周鯁生的爭取下，教育部又補發第三、四、五批經費共億元，到最後，所有的復員修繕建設費高達29.3億元；二是交通工具緊張，飛機、輪船等主要交通工具多為國民黨行政官員和軍隊徵用，學校復員只有靠木排和徒步。由於周鯁生的精心籌劃安排，總算解決了。

　　為了更好地主持復員工作，周鯁生將樂山武大校務交由劉秉麟代理，於1946年2月回到珞珈山。涂允綏回憶說，「周校長在復校這段時間內，奔波往來於樂山、重慶、武漢、南京等地，籌措復校經費，攬聘知名教授如燕樹棠、吳宓等教授，並延聘武大在外留學有成之校友回校任教，最大之貢獻是恢復農學院，並交涉接收之大批善後救濟總署所贈的大批醫療設備器材和藥品，在武昌市區內東廠口原武大建築內成立了醫學院及實習醫院，至此武大之聲譽正是如日中天。」「周校長為了復校工作，辛勞倍嘗，記得周校長頭一次由四川來珞珈山視察復校工作，晚間只有請周校長住在趙師樓上一間客房裏，一切都是那樣的簡陋，次晨待我睜開眼來，忽然聽見有人在樓上朗誦英語聲音，這正是周校長歷年讀英文的習慣和晨課，堂堂譽滿國際學者勤奮如此，直使我這剛畢業冒頭小學士慚愧不已，汗顏無地。」[8]

趙師梅赴鄂接收

　　還在勝利曙光初現的1944年，中央設計局開始組織國民政府各部委擬訂復員計劃，以作為戰後復員依據。作為戰後復員工作重要組成部分的教育復員計劃，教育部幾度修改，到抗戰勝利前夕已大致完成。

　　日本宣佈無條件投降後，教育部為穩定後方各校師生的情緒，於8月13日向全國公私立專科以上學校、各國立中等學校、各省市教育廳局發出訓令：「仍

---

[8]　涂允綏：〈武漢大學復校雜記〉，臺灣《珞珈》（1991年7月）第108期。

應按照規定日期開學上課，全體員生，並應安心教學，保持正常狀態。」[9]同日，正在成都視察的教育部次長杭立武向新聞記者透露：「對遷川各著名大學，主張於年半內遷回原地。」[10]8月19日，教育部高教司復員小組召開第一次會議，討論決定後方專科以上學校復員的實施步驟：

「教育復員計劃中規定應遷回原地或戰後計劃恢復之國立學校均應先派員接收校產，其有不敷應用者應設法供用或增闢校址，修建校舍，添置校具及圖書儀器等；辦理接收之時間應在民政接收後，社會秩序恢復及其他情形可能範圍內，由各校斟酌盡速派員前往；後方應行遷回之各校應就學生人數，員工及眷屬人數、公私物品數量（以噸計），交通工具及噸位，原校必須增建之校舍設備數量及所需經費等項，擬具詳細復員計劃，呈部核定。遷移日期應俟各校院籌備完成由部指定次第運輸。」[11]

不久，教育部為了統籌佈置抗戰勝利後的全國教育善後復員工作，於9月20日至26日在重慶召開全國教育善後復員會議。高等學校回遷無疑是此次會議討論的重點內容。對於將要回遷的各校來說，盡快接收收復區校產，是當前最為迫切的任務。為此，教育部要求即將遷回原地的各專科以上學校，「應即遴派妥員報部核准後，即行攜帶正式檔前往原地接收校產，並計劃整理，以備學校之遷移」；同時要求各校院派往接收之人員，應與教育部所派特派員密切聯繫。具體到遷移計劃與復員經費的發放問題，教育部確立了國立專科以上學校由部方籌撥、省立學校由省政府籌撥、私立學校由各校董會自行籌措的原則。教育部還特別強調：各校「遷移應利用寒暑假，在未奉核准遷移之時，仍應在現在地點照常上課。」[12]

9月25日晚，蔣介石設宴招待與會代表，並作重要講話，說：「今後建國時期，教育問題便是全國的基本問題。倘仍如過去一樣，教育建設不好，那就決不能負起建國的責任。抗戰時期，軍事第一，建國時期，教育第一，要為國家民族造就新青年，才能建設一個現代國家。各校校長和教育界負責同人，應負起這個重大責任。」武大校長周鯁生代表與會人員致答詞。他一再聲言「注重

---

[9] 轉引自賀金林：《抗戰勝利後國民政府教育復員研究》，社會科學文獻出版社，2010年，第31頁。

[10] 〈杭立武談教育復員〉，《大公報》1945年8月15日。

[11] 同註9，第33頁。

[12] 同註9，第45頁。

大學自由研究之重要」，這反映了學界同人的共同心願。在蔣介石身邊落座的梅貽琦認為，周氏「措詞頗好」。[13]

　　卻說武大在抗戰甫一勝利，就制定了復校委員會組織大綱，規定復校委員會由9至15人組成，由校長從教職員中選出，報校務會議審議後予以聘任。委員會中設主任一人，由校長從委員中指定擔任；設秘書一人，由校長指派。復校委員會負責調查復校人員及物品狀況、擬定復校計劃、提出復校預算、辦理復校中的交通運輸，以及其他校長交辦的事項等。復校委員會擬定的復校計劃及財務預算須經校長提請校務會議審議核定。復校委員會執行復校一切事宜，直接受校長指導、監督。全校遷回珞珈山原址後，復校任務完成，經校務會議審議後，復校委員會予以撤銷。

　　1945年9月1日，武大成立「復校委員會」，推定教務長楊端六、總務長葛揚煥、政治系主任劉迺誠、化學系教授徐賢恭、數學系主任曾昭安、電機工程系主任趙師梅、史學系教授方壯猷、機械系教授張寶齡、土木系教授繆恩釗、事務部主任熊國藻及職員董永森等11人為委員，楊端六為主任委員；並通過復校組織大綱。

　　這年9月，趙師梅回湖北巴東探親，武大復校委員會電令其赴武漢接受校產。因交通阻隔，10月16日趙師梅才抵達武漢。19日，趙師梅偕蕭潔、涂允綏遷入文學院辦公，並雇用職員李啟漢及工友20人，開始清掃、封閉及防守珞珈山各處房屋，並於室外收檢敵遺之殘餘器材。

　　11月1日上午，有士兵兩人潛入珞珈山圖書館索物不成，憤而在東南角小屋點火焚燒，幸趙師梅趕到，未釀成火災。據趙師梅報告，自他進入珞珈山後，駐軍頻繁換防達五次之多，每次換防，校產必有損失。2日，趙師梅函告樂山武大復校委員會，報告接收及保管珞珈山校產情況，分為房屋、水、電、器具、樹木、各漢棧存物、接收、工作困難、經費等九大部分，詳細列舉尚存及破壞狀況；稱珞珈山校舍除法學院、工學院、新二區房屋保存較完整外，其餘均破敗不堪，仍有少數日俘傷兵占住。因日軍撤退後，又有美軍進駐，毫無接收可言。16日，復校委員會舉行第二次會議，討論圖書儀器機械設備如何裝運及要求增派人員盡早赴鄂接收清查校產。

13　梅貽琦：《梅貽琦日記1941—1946》，清華大學出版社，2001年，第175頁。

　　在珞珈偕同趙師梅工作的涂允綏，其實並非武大職員，而屬「義工」。原來，1945年武大政治系畢業後住在重慶的涂允綏，抗戰勝利後於9月中坐船回到武漢。有一天他正在乘輪渡由漢口江漢關橫渡到武昌漢陽門，想去看一下珞珈山母校的情形，想不到在輪渡船上遇見了趙師梅老師，他老人家是奉命先到武漢，籌備復校工作。趙師梅行裝甫卸，正是去珞珈山看看，如何著手復員工作，在船上他知道涂允綏是在武漢生長的，大為高興不已，因為總算遇見了「地頭蛇」。當時趙氏正是「孤家寡人」一個，既未結婚，也是光杆一人回武漢辦復校工作，有帥無兵，當即在船上拉涂允綏去當他的小兵，並且諄諄曉以大義，稱涂是武大畢業的學生，應該為母校盡力服務實屬義不容辭。於是涂允綏就這樣跟隨了趙師梅開始在珞珈山做起復校工作了。他們同住在珞珈山新二區趙師梅宿舍裏，作息與共。天剛亮，趙師梅就起來了，涂允綏這「小兵」也跟著起來，開始工作，前後算來大約也有一年有餘。

　　美麗並非罪過。依山傍水的珞珈山在武漢淪陷之後，校舍先是被日軍當成侵華司令部中原分部，後又被闢野戰軍醫院，整體上還是完好的。趙師梅和涂允綏去接收偌大的校園，真有不知從何做起之感，開始只將一切暫維現狀。趙師梅為了維護校產，弄來兩只狼狗，師生倆連同這兩條狼犬每天早晚都得巡迴校區一周。師生倆都是一個星期工作七天，從早到晚，忙這忙那，差不多每天從早晨六點鐘一直忙到晚上十點鐘，算起來差不多每天都得工作近十六個小時。據涂允綏回憶，「記得我這個『小兵』每天到了晚上十點鐘因實在疲憊不堪，上床便倒頭呼呼大睡，不知東方既白。次日天剛亮，一聽到趙師起床的聲音，便趕忙爬起來，跟著他老人家又開始一天繁瑣的、做不完數不清的、零零碎碎的工作。」[14]趙師梅帶領涂允綏等幾個「小兵」過了大半年的時間，也就是1946年春季以後，隨著樂山的人員陸續東下，以及一些從前在珞珈山母校工作過的人員慢慢回來，人手逐漸多起來，復校工作才算是走上了正軌。

　　涂允綏還記得深刻的一事情，就是他們一日三餐的夥食問題。趙師梅將一拾得的日軍鋼盔改作飯鍋，米、肉、菜，添水加鹽，煮成一鍋，真正是「一品鍋」，別小看這樣「一品鍋」，還不知道招待過多少參觀珞珈山的不速之客和校友呢！有时客人太多了，怎樣辦呢？趙師梅便吩咐涂允綏多添些水，再加些

---

[14] 涂允綏：〈武漢大學復校雜記〉，臺灣《珞珈》（1991年7月）第108期。

鹽。有次復校委員熊國藻上得珞珈山來，正是午飯時間，趙師梅便請熊一道吃
「一品鍋」充饑，趙、熊兩位，邊吃邊談，笑語連連，熊還稱讚趙的日製鋼盔
「一品鍋」別有風味。

　　順便說說復員功臣熊國藻。當年王世傑校長籌辦武大在珞珈山勘定校址，
建造校舍，熊便任總務長，舉凡一草一木，莫不由他悉心籌劃，奔走辦理。抗
戰時他留在重慶協助政府辦理國民參政會事宜，故未到樂山。可是勝利後不
久，熊國藻也回到了武漢，兼任武大復校委員會委員。他經常上到珞珈山，與
趙師梅商討一切復員工作。因為熊國藻是湖北省政府委員，省政府正是設在武
昌，復校工作一些要借重省府力量幫忙的地方，都是由他出面接洽商辦。熊國
藻這位復校委員只是個義務無酬資，但對於復校工作，可算是竭忠盡智，任勞
任怨，直等到武大完全由樂山遷回珞珈山，所有事情都走上了軌道，他才擺脫
了復校委員會的工作。據說周鯁生校長曾再三邀請熊回校擔任總務長，他堅辭
不幹，還說只要有需要，隨時願意義務幫忙。

要將武大辦成萬人大學

　　1945年11月5日，周鯁生校長在武大補行的開學典禮上作了一次演講。儘管
抗戰結束，但一些困難並沒有完全去掉，許多事情都不方便，因此，「大規模
的開學典禮，還不能像在珞珈山一樣的舉行」。他在開場白中說，「要想維持
武大的長久歷史，就必須充實學術，就必須加入新的人才，用新的人才來充實
學術文化……當明年遷校以後，教授團的陣容，不但要重整，而且要一天一天
擴充起來。」關於上任以後要做的事情，周鯁生談了四點：

　　第一件事，是調整行政機構。「在一個大學裏面，行政機構應該是較小的
一部分，而學術工作才是主要的一部分。不過行政機構如果不靈活，無論教書
和學術工作，都要受到影響的。學校因為抗戰的影響，以致行政效率，遠不及
8年以前，歷年在負責的各位先生也均有同感。戰爭既然結束了，一切當要納諸
常軌，研究的效能需要恢復，人事和機構的問題，也必須重新加以考慮。」

　　第二件事，是改善教職員和學生的生活。「在教職員方面，熬過了8年的
苦，我們讀書人雖然是安貧樂道，但政府究不能叫教職員枵腹從公，也不能看

同學們長此營養不良……在教育部儘管有統籌辦理上的困難，但一步一步加以改善是必需的。好在現在政府對員生的待遇已經增加，本校自身亦當盡經濟力量能做到之範圍內，對教職員福利和學生生活設法改善。」

第三件事，是增加教學的效能。「抗戰中，大學的教學效能是遠不如抗戰以前的高了；用合作的精神減少行政困難，遠不如抗戰以前的高了。對於我們武大的教學效能，比起他校來，雖不算差，然而同事和同學仍都感覺到不滿足……現在抗戰結束，經濟生活亦有改善，便應該回到常軌上去。」

第四件事，是關於武大復員計劃。「當本人8月間離開重慶的時候，就曾和同事們商量，等辦完招生以後，立刻準備復校的事情。不久戰爭驟然結束，更使人們不能不積極籌備復校。現在復校委員會已經成立，委員們大部分仍舊為當年主持遷校來嘉定之先生們，準備明年夏天遷回珞珈山。上次的遷川，是分批來的，大家都有逃難的意味；這次下去是有組織的復員，就要有計劃地下去。而人員比從前增多了，交通也許比從前更困難，最遲在今年年底就要有人下去佈置一切。圖書儀器，在那時要裝箱，教課方面也需要調整一番，以便在明年四五月後可以結束課業。在這一次的教育復員會議上，政府表示對於各校物品的遷運費用、教職員的遷移費用和夥食費用，由公家統籌支給，原則上都有了決定。另外對於各校校舍修添、設備補充，也曾經考慮到。本校所提復員概算是20萬萬元，而運輸費用，尚不在內。內遷大學遷移費用的總額，想來是一個很驚人的數字。」

不過在周鯁生看來，當前更大的困難，要算交通工具的問題。「本人向政府當局表示過：學校復員與行政機關復員不同，機關復員，普通只要遷移職員和檔案，而學校復員，除需要遷移教職員及檔案外，尚有成千的學生、圖書儀器和機器都要遷移。倘若沒有交通工具，就是有了經費，還不是紙上談兵麼？交通工具問題最困難，非政府各方面都能協助是很難解決的。而且復員經費說是要到明年才能支給，那末，年前派人下去整理校舍就需要錢，這又怎麼辦呢？希望諸位能夠瞭解這種困難，恐怕到了遷移動的時候，許多事情還要動員全體的教職員生來推動，屆時還請諸位多多協助。有了交通工具，有了錢，再加上人力，那就可以好好地遷回去。在另一方面，現在湖北省政府、第六戰區司令長官部、軍政部都來電表示協助保護校舍，武漢區教育復員的督導專員辛樹幟及陶因兩位先生也曾經來電報告，校舍大部完好，水電也尚在。我們的

武漢校舍，經過八年的抗戰中的淪陷，而得如此保全，的確是最可欣幸的一件事。以上是計劃當前要辦的四樁事情。」

周鯁生又說，「其實，武大基本的任務，還是在學術的發展。我們的努力應當一致朝著這目標進行。」接著又談了涉及大學教育根本方針的三個問題。

第一個問題是，「將來的高等教育，是趨向於平均發展呢？抑還是集中幾個少數的學校來充實呢？一部分有力意見認為：平均發展固然有它的好處，不過站在講求學術的見地，是當然選擇那些設備好、教員好、環境也好的學校來充實的。到處開學校的結果，反倒無力來補充好學校；與其多辦學校，實在不如集中幾個比較好的學校來充實。假如教育當局是採納了後一種的辦法的話，那麼，很明顯地，我們的責任就加重了。儘管我們的設備和師資都好，倘若不能容納更多的學生，又怎樣能負起一等大學的責任呢？武大原來的建築只能容納1000人左右，在將來至少要辦到能夠容5000人，甚至於1萬人。美國的朋友問起武大有多少學生，我們勉強地說有兩千人，而結果仍是使美國的朋友們失望；美國許多小的大學或學院都有一兩千學生，普通大學，學生總在1萬人以上。姑且不問教育當局究竟採納哪一種辦法，我們的學校應該注意質、量並重，大家對於這種可能的擴張，便應當有準備。」

第二個問題是，「現在的高等教育是應當注重應用呢？還是應當理論與應用並重呢？過去幾年，政府似乎是傾向於前一種方針。比如留學生的派送，只是一味在偏重實用人才；就學科說，政府的政策亦有盡量提倡實科，壓縮文科。在政府方面，因為需要技術，走這條路也許是不得已。但是，站在學術教育的立場上說，這實在是不妥當的。我們知道，有一位先生，兩年前曾想出國去研究原子力，當時教育部以為這不是抗戰所急需的，竟沒有允許，等到最近原子彈打到了日本，大家才恍然大悟：原子理論的重要。又比如法律系在從前限制招生是那樣的嚴，而現在卻開了雙班，還嫌不夠。……武大今後的政策，對於理論尚要多注重。」

第三個問題是，「對於高等教育是注重整齊劃一呢？還是讓它自由發展呢？過去多年的政府的方針，亦似乎傾向於前一種。大學教育的整齊劃一，推到極端，確實妨害了大學教育的發展。這也不單是同學感到困難，辦行政的人同時也感到困難。現在教育法令如牛毛，而學校課程及組織，處處受法令的限制，各大學不能就各自特有的設備、人才及環境發揮所長。如果要一個校長

一天忙於看表冊、閱公文、蓋圖章，又哪會有心力推進學術工作呢？記得在教育復員會議上，本人曾經說過：在從前，蔡元培先生提出過『行政學術化』的口號，不料在現在卻是『學校衙門化』了。現在的教育當局也瞭解這種情形不對，打算調整法規，使大學教育有自由發展的機會。這是很好的，要知道，一個大學的學術工作乃是基本，而學校行政，不過是輔助學術工作的進行。我們今後應當本著這種精神，使本校一切避免衙門的習氣，維持學術的尊嚴。不然的話，就是一個一等的大學，在學術上站不住腳，地位也會降低下去的。」[15]

楊端六講〈教學與復校〉

1946年1月21日，教務長楊端六在總理紀念週上，就教學與復校問題作專題演講：

> 「教學與復校，從某種意義說來，是背道而馳的兩件事。學術的進步要生活安定才能實現，復校的時候，生活不能安定，教學自然不能有進步。但這是就一時情形言之，確是如此，如果從長時期說來，倒不一定是這樣。我們平常搬家是進步還是退步？要看舊的環境和新的環境比較如何。新環境如果比舊環境好些，叫做遷於喬木，反轉來說，叫做入於幽谷。喬木比幽谷好些，值得一搬！我們寧願犧牲一時的安舒，換取永久的希望。武漢大學的復校，可以得到較好的環境，所以為將來的發展犧牲一時的教學，是值得做的一件事。不過，我們所要注意的，是在如何使犧牲最小而收穫最大。要達到這個目的，就要看我們能力的程度如何。學校教育是以傳授知識為目的，尤其是大學教育如此。關於這，有許多人發生爭議，但是據我個人的觀察，這大致是不錯的。大學生比不得中、小學生，如果要將自己造成一個有用的人才，大半要靠他自己的選擇，不僅學校管不了他，就是他的父母也管不了他。選校、選院系，都是他自己的事，入學進級畢業都是他自己得來的。他自己願意上

---

[15] 周鯁生演講原載《國立武漢大學周刊》第353期，轉引自徐正榜、陳協強主編：《名人名師武漢大學演講錄》，武漢大學出版社，2003年，第202—206頁。

進，學校不能阻止他；他自己不願意上進，學校不能強迫他，就是他的父母也不能強迫他。中、小學生的成績，每一學期或每一學年都由學校通知他的家長，大學向來不管，就此一件小事看來，大學教育是很自由的。其所以如此者，是因為大學生都已成人，他自己有判斷的能力，可以決定自己的命運。

大學教育除傳授知識以外，有沒有其他任務呢？這個問題並不是絕對的而是相對的。品性的陶養，當然也是大學教育的理想目標。人類的活動是多方面的，除知識以外，還有其他的要素，譬如仁愛、勇敢，都是做人不可少的品格。學校教育對於這許多方面還有努力加功的必要，但是品格的高低不容易得到一個標準，而且不以年齡為等級的，所以這一個責任不能專屬於教職員，學生也是要分擔的。」

接下來，楊端六談了復校的一些具體問題。「關於復校的問題，近來有許多猜疑。有的說，本校在寒假中就會遷移；有的說，明年暑假期內還不會下去。其實，這件事很容易瞭解的，毫無一點秘密。武漢大學遷來樂山，是1938年4月的事。當時學校派工學院前院長邵逸周先生和我兩個人視察校址，我們在二月間第一次到樂山，就得到了兩個好印象，用古語表示就是：人傑地靈。不久，就決定了樂山這個新校址，從四月起，川河水位大漲，輪船通航，教職員學生和圖書儀器在三四個月內陸續達到。我們在四月二日第一批到了樂山，初八日開始修理文廟，二十九日一部分就開始上課。其所以這樣迅速的緣故，我想不出三點：第一點是我們的人數不多，樂山城內容易安插。第二點當時物價低廉，旅行和搬家不愁沒有辦法。第三點當時交通工具還很完備，雖然是走上水，大家並不感覺十分困難。現在呢？情形恰好相反。人員增加了兩倍以上，物價增加了兩千倍以上，交通工具就不知道減低了多少。因此，這一次的復校，其困難可想而知。我記得那時候遷校經費只發了三萬元，到後來還剩下三千元。運輸經費的預算是一萬元。這次復校經費，我們向教育部提出的預算是十二萬萬元，到現在還不曾撥到分文。珞珈山校舍姑無論添置房屋設備不必說，即就修理門鎖一項而言，據說已經要花二十萬元。報章所載，珞珈山武大校舍完整，是表面上的觀察。其實，內部的破壞不是很容易修復的。在這種情形之下，最短期間如何可以修理，不是我們所能想像的。從樂山搬到武昌，要是從個人立場說，本不是十分困難的事。但是我們現在所以感覺困難的，是團

體行動，不是個人行動。尤其是圖書儀器，非要輪船不敢起運。而輪船通行是受季節限制的，不到暑季，我們不能全部遷移，這是一個不可動搖的事實。

經過八年的抗戰，我們應辦的事件擱下了很多。現在一方面要繼續教學，一方面要準備復校，自然是不很和諧的。權衡輕重，我們不得不提早兩個月結束學業。然而要想事情辦得有條理，兩個月是不夠的，所以在不久的將來，還要趕緊把圖書儀器裝箱。這對於教職員學生自然有很多不便的地方，然而一切照常進行，就會很容易地失卻復校的機會，這是需要各位瞭解與協助的。」[16]

圖書儀器先行起航

1946年3月10日，武大第一批物品從樂山啟航。東歸物品的搬運都是走的水路。

當時搬運的物品中，以圖書和儀器最多。圖書包括哲學、宗教、社會科學、語言學、自然科學、應用科學、美術、文學、史地等，加上中文、日文、英文、法文、德文及其他雜誌，總計大約15萬冊以上。儀器品類繁多，如化學系的分析天平、分光鏡、電阻器，物理系的水平顯微鏡、影射磁石、羅盤，礦冶系的電熔爐、燒杯、刷光機，土木系的測量鋼尺、壓力表、感應式電動機，生物系的接目鏡、解剖儀器、烘箱，機械系的萬能材料試驗機、硬度試驗機、彈式量熱計以及心理儀器和各類標本等。

為便於圖書、儀器、文件等物品的封裝運輸，復校委員會對物品的裝運提出了一些要求：裝箱以各院、系、部為單位編號，如文學院則以文1、2、3……等編號。有的院系儀器過多，則以二字、三字編號，如機械系材料室則編為儀機材1、2、3……，熱工室則編為儀機熱1、2、3……。在院系編號的基礎上，校方在所裝物件的上方加印總號，總號上方再加印武大校徽。所有校徽、總號、分號及其號數，均由復校委員會統一制發。各單位對箱數及尺碼、木板等方面的要求，統一提出由總務處負責辦理。裝箱時，各單位應至少派兩人負責，並在裝箱單上簽字蓋章。裝箱清單一式三份，復校委員會、運送管理組及

[16] 楊端六演講原載《國立武漢大學周刊》第356期，轉引自徐正榜、陳協強主編：《名人名師武漢大學演講錄》，武漢大學出版社，2003年，第486—488頁。

各單位各持一份。運裝物品應在裝箱上面標明實際重量，急運之物品在裝箱上標明「急」字。物品起運後，將運裝物品的名稱製成運輸清單三份，交運輸公司一份，以便核對；郵寄一份回珞珈山，以備參考；一份留在樂山復校委員會。運送的物品，如在途中遭受損失，各辦事處應即時修補，並將情況報告樂山和武昌的復校委員會。物品到達武昌後，由復校委員會負責接收，再轉交各單位。各單位開箱驗收時，應一一點清，並在清單上簽字蓋章等。[17]

為運輸物品，武大租用了一條巨大的木船，其大小頗似渡輪。船內滿載武大圖書、儀器設備。校方任命生物系的植物標本採集製作員周鶴昌押運貨船，周的家人孩子也隨船而行。大船由1人掌舵，10來人搖櫓，從樂山啟程，從岷江轉入長江而下，朝行夜泊。沿途經重慶、萬縣等城市。船上由一名船工領喊號子，眾人呼應，節奏合拍。開始頗感新鮮，加之歸心似箭，眾人心情激奮，不感寂寞單調。船經三峽時，江面變窄，水流湍急，兩岸盡是連綿群山峻嶺，峰巒起伏，林木蒼翠挺拔；滿江雲霧瀰漫，形勢險要；過了白帝城，江面更窄，波濤洶湧，木船不斷在江中顛簸起伏，險象環生；經過瞿塘峽和巫峽等險段，約一個星期後方抵達屈原故里——秭歸。

此時，「船老大」周鶴昌之子、武大附中學生周茂繁心中想到李白的著名詩句：「朝辭白帝彩雲間，千里江陵一日還。」他還奇怪，「為何我們的船經過一個多星期才只到了秭歸？沿途也未曾聽到叢林中有猿啼？是否現代化的輪船鳴笛聲把它們嚇跑到森林深處去了呢？」周茂繁正陶醉於遐想這些美好的詩句時，船上一片寂靜，舵工凝視遠方不語。原來此處素有鬼門關之稱，暗礁叢生，難於防範。不時可見江面漂浮著幾具已泡腫脹了的人和牲畜的屍體，意味著前面已有木船遇險了：船工們一語不發，接著只聽到船尾發出「嘁嚓」聲巨響，船已觸礁，木船的舵斷了。生死一線間，木船好像一匹脫韁的野馬不聽使喚，捲入長江的漩渦當中了。人們大驚失色，面臨沉船和葬身魚腹的危險。全船的人們慌了手腳，任憑大船在漩渦中旋轉。七轉八轉，十多分鐘之後大木船僥幸被甩出了漩渦，終於脫險。

木船順水流向岸邊，經數日修理後，繼續航行。待到漢口碼頭時，整整耗時40天。卸貨完畢時，又發現船底有一個大節疤鬆動了，幸有貨物壓住，未

---

[17] 參見涂上飆主編：《樂山時期的武漢大學》，武漢大學出版社，2009年，第338頁。

曾脫落，否則船底漏水，則人、船俱毀矣。當時貨物無損，人員無恙，慶幸至哉。六十多年後，周茂繁想起一路上的艱險，仍有些後怕。[18]

武大復員辦事處

　　1946年5月5日，國民政府還都南京工作基本完成後，另在重慶成立中央黨政軍駐渝聯合辦事處，處理尚留在重慶的黨政軍各機關之間的聯絡事宜。5月16日，教育部根據長江線中等以上學校遷校會議決議，在重慶成立教育部留渝辦事處，作為各校回遷工作協調的總機構，陳景陽任辦事處主任。在此日召開的第一次處務會議上，辦事處重點討論了各校員生來到重慶後候船期間宿舍如何安排的問題。會議決定由辦事處立即派員與重慶市教育局商洽，利用各校空餘房屋，以便各校員生到達重慶候船時暫時居住。

　　為配合各校師生復員，教育部要求各省市教育廳局在復員師生沿途各地設立招待站，並允諾撥發一定數額的招待費。由於復員工作早已開始，而部方所承諾撥發的招待費卻遲遲未到，致使各省市招待復員師生工作熱情大受影響，各省市請求撥發設站招待費的電文如雪片般飛來。湖北省教育廳就曾分別於6月22日、8月14日、24日、9月4日四次電請撥發招待費，但遲至10月26日教育部才最終將之分發到位。

　　為爭取各校員生在復員沿途的方便起見，教育部於6月25日致函善後救濟總署，希望總署利用難民救濟方面的便利條件，在各校員生沿途經過地點「酌就現有衛生工作人員調派在附表所列各地分別設站，供給各校員生臨時所需醫藥及食物」。善後救濟總署在8月6日復函指出：「教育文化事業原不在本署救濟範圍之內，未便專設站所。除寶雞、陝州、嶽陽、貴陽外，其餘各地均有本署暨衛生署之醫防隊駐設，業經函復衛生署並令本署各醫防隊，注意辦理復員各校學生旅途醫防衛生，至於食宿問題，亦已分令本署湖南、湖北、廣西、河南、江西、蘇寧等分署及重慶、貴陽、昆明等難民疏送站（西安站尚在籌設中），對過境復員學生盡量予以協助，在可能範圍內，如代洽優待用膳處所、

---

[18] 參見周茂繁：〈我的樂山情結〉，《武大校友通訊》2008年1輯。

代覓住宿地點、交通工具等，惟所有費用仍由學生自理。」從總署的復函中可以看出，其救濟對象只限難民，學生不在其救濟範圍之列，因之教育部希望利用其資源為復員師生提供便利的想法未能完全如願。

武漢大學校方為方便學生返校，統一印發了「國立武漢大學學生復員證」，復員證上貼有蓋印的學生本人相片，注明有姓名、學號、性別、系級及籍貫，同時證件上標有「希望沿途軍警機關查證放行，希望交通機關給予學生購票優先照顧」字樣，要求學校沿途設立的辦事處對學生的旅途給予照顧。

為使路途遙遠的返校工作能夠順利進行，武大在沿途中心城市設立了辦事處。復校委員會組織大綱規定，辦事處主任由復校委員會主任指定一名委員或該會秘書兼任，校長予以聘請或委任。如在宜賓設有辦事處，主任為瞿扶民，主要負責從樂山來的運輸物資的看管及教職員、學生旅途的食宿接待、協調工作和船票的購買等事宜。在重慶的商業場西大街5號設有「國立武漢大學駐渝辦事處」，負責人有李儒勉、李蓀芳、晏孝麒等，負責向教育部接洽飛機票、船票和川湘公路及川黔公路的車票事宜等。辦事處設有住宿兩處：一處為聚興誠銀行，前外交部宿舍，計有大小房屋十餘間；一處為東華觀小學，向小學借有教室七八間。人多時，有兩三家共處一屋的。不管天冷還是天熱都只有冷水供應，沒有熱水可用。膳食方面，辦事處可開設飯菜兩桌。成都辦事處借用學道街體育專科學校作為地點，主任為馬同勳，主要負責接洽公路局、車票及包用商車等事務。此外，還在宜昌設有接待站。在校本部設有交通組，負責協調教職員的交通事務，地點在新圖書館，每天有人負責接洽事務。在樂山設有辦事處，負責人為蕭潔。

這裡說說「成都復員辦事處」。它負責北上陸路線路，即成都經綿陽過劍閣、入漢中、至寶雞改乘隴海路火車至鄭州轉平漢路返武昌。校方任命歷史系教師馬同勳為辦事處主任，馬又找到劉超、陳浩和張守恭三個學生協助他赴成都辦理復員工作，也給個名義叫「幹事」。1946年6月初的一天，三位學生蹲坐在一輛大卡車駕駛室的棚頂上，一路顛簸，傍晚到了成都省立體育專科學校。借了學校兩間房屋作為他們的辦公和休息室，這就是武大成都復員辦事處。他們的任務是接送經成都一線復員的老師和同學，為他們安排食宿，解決北上的交通工具，包雇車輛，送出成都，駛向川陝，這是一個運輸站。

　　當時成都的高校有四川大學、華西大學、金陵大學、齊魯大學等，辦事處為學生安排的住處，除了體專以外，也有其他的學校和公共場所，至於旅館、客棧當時是住不起的，包雇的車也都是「商車」，根本沒有什麼公路客車。後來張守恭回憶：「我們幾個人整天在成都街上跑，接了一批同學又送走一批同學，如今事隔四、五十年，已記不起經過多少批，一共送走多少老師和同學。依稀記得有段學泰、強耀先、程上達、金柱、朱裕珍等同學。程上達走後還將沿途的路程以及路經各地的情形，不斷來信告訴我，我們據此向樂山的報紙以及學校作報導，以便同學們瞭解一段路上的情況。據說當時去重慶的水路難行，大多數同學還是走成都這條路的。」[19]

　　他們就是這樣忙了約兩個多月，學生們差不多都已經離開了樂山，復員工作基本告一段落。張守恭因為參加廬山青年夏令營，提前離開成都，告別了馬同勳主任和陳、劉二位同學，取道重慶直抵武昌，不久成都復員辦事處也宣告結束了。

樂山校產的善後

　　高校回遷對於大後方西南諸省的自身利益來說並非喜事。早在全國教育善後復員會議召開之前，四川省教育廳就已放出風聲，計劃將整個四川省劃分為九個教育區，除了成都與重慶已經設立有大學之外，擬在樂山、三臺、萬縣、瀘縣、南充、資中、內江七個地方「各籌辦專科學校一所，以適應地方需要」。俟復員會議召開之時，四川省教育廳在提案中指出：「遷川大學即將先後復員，本省原有專科以上學校實不能容納多數之畢業學生，而在本省服務之外籍人士亦必先後離川還鄉，影響所及，將來建國建川人才必感缺乏。」[20]為此，他們不僅希望應在成都與重慶兩地各籌設一所國立師範學院，並應在成都籌設醫學院及音樂院，還希望在樂山之國立武漢大學、三臺之國立東北大學、萬縣之山東省立醫學院舊址縣各籌設工業專科學校一所。四川當局的心情可理解，

[19] 張守恭：〈記國立武漢大學成都復員辦事處〉，臺灣《珞珈》（1991年1月）第106期。

[20] 轉引自賀金林：〈抗戰勝利後國民政府教育復員研究〉，社會科學文獻出版社，2010年，第44頁。

但其宏大構想卻不切實際。按教育部的安排，武漢大學是要遷回武昌的，不過同在樂山的中央技藝專科學校卻「仍留原地不遷」。[21]也算是支援西部文教事業吧。

其實在全國教育善後復員會上，蔣介石就指出教育復員應注意西部文化建設，他說：「說到教育復員問題，差不多人人都想回老家去，此亦人情。……我要告訴諸位，今後國家建設，西北和西南極為重要。在這廣大地區教育文化必須發展提高。……戰時已建設之文化基礎，不能因戰勝復員一概帶走，而使此重要的地區復歸於荒涼寂寞。」

武大在樂山八年，為滿足教學、生活等方面的需要，通過租賃、借用和購置等方式，擁有了不少校產物資。勝利東歸時，一些校舍等不動產和難以搬動的物件，只有以送還、贈予和移交等方式進行妥善處理。

1946年6月17日，校長周鯁生致函樂山縣政府，說明了有關財產處理的意見和意向：在復校校務抓緊辦理、即將結束的時候，將未了的事務委派樂山辦事處處理，講師蕭潔為辦事處主任，6月11日開始辦公。凡本校原來向地方借用的公產以及歷年的房屋建築，一並贈送給縣政府，以表示對學校八年辦學支持的感謝。遺留下來的圖書、儀器及具有教學價值的物品和器材等，請縣政府轉贈給地方教育文化機關，作為紀念。同時，武大的附屬中學已交私立樂嘉中學繼續辦理，為表達永久的紀念，建議將李公祠地址及新建的房屋十幢43間房，一並撥交給私立樂嘉中學使用。

同年9月2日，國民政府教育部發布了經行政院同意的有關訓令，提出了國立各級學校復員後遺留校產、校具處理辦法：校產是指土地、房屋及其設備。校具是指木器及其他笨重傢俱、圖書、儀器、機器，這四類以不方便遷運為限。國立各級學校遺留後的校產及不能遷運的校具，除另有合同契約仍須履行外，應依照下列原則處理：學校所在地或附有留置的國立學校需要使用，經教育部核准後，優先交給附近的國立學校利用；附近沒有國立學校的，除由教育部特准另行支配外，一律移交給所在地的教育廳（局）統籌支配，若距離省市教育廳（局）較遠的，可交當地縣市政府代為保管，轉請支配；國立中等學校的，原由各省校攜出的圖書、儀器及教育部撥款購置的，屬於教員研究應用的

---

[21]　據〈抗戰勝利以後國立專科以上學校調整地點一覽表〉（1946年2月11日印），轉引自賀金林：
　　《抗戰勝利後國民政府教育復員研究》，社會科學文獻出版社，2010年，第55頁。

書籍，須運回各原省，除了有特殊原因，經教育部核准外，不得留置後方；各復員的國立學校應將遺留的校產、校具在接到遷校令一個另辦，造冊呈報教育部；後方各級國立學校如果需要該地或附近的復員學校的校產、校具，應將需要情況及其種類詳細說明，向教育部申請；各級國立學校遺留的校產、校具在辦理交接時，應請當地教育首長到場監督；各級國立學校的校產、校具移交完畢後，應將清冊及驗收機關或學校的證明文件，呈送教育部核查；國立學校經教育部核准移交所在地省市辦理的校產、校具，參照此辦法執行。

按照上述文件精神，武大應將有關校產、校具，移交給當時在樂山的國立中央技藝專科學校，但因涉及到房屋、土地的一些借用、租賃、購置等關係，學校將之歸類，分別退還、贈予和移交各有關單位。

迢迢東歸路

武漢大學歷史上大規模的遷校有三次：第一次是從武昌東廠口遷到珞珈山，第二次是從珞珈山遷至四川樂山，第三次是從四川樂山遷回珞珈山。

鑒於當時交通困難而繁忙，廣大師生員工是經過多種路徑返校的，有陸路、水路和空路。從陸路來看，許多師生員工走的是川湘公路和川黔公路，從四川經過湖南長沙返回武漢或從四川經過貴州、湖南長沙再返漢。當時的註冊組、出版組以及圖書館的人員都是從川湘公路搭車返回武昌的。另有從樂山經成都、寶雞、西安北行，最後取道鄭州回武昌的。從水路來看，主要是從樂山沿長江向東南行駛至宜賓，再從宜賓向東至重慶，最後從重慶往東經宜昌回武昌。水路是返校員工的主體，大部分教師、學生和職員的返回，以及各類物品的搬運等都是走的水路。水路是最方便的線路，但船票難求。空路主要是由重慶辦事處負責，向教育部商定飛機票事宜，其主要用於最緊要事務的處理和最主要負責人的公務行程。

根據教育部的統一安排，在重慶的學校及社教文化機關先遷，在重慶以外的學校及社教文化機關，則依其距離重慶的遠近而確定先後順序，近者先遷，遠者後遷。由於樂山遠離重慶，武大的位置便排在老後。1946年春季學期，校方宣佈提前於6月中結束學期，著手復員搬遷。於是，「大家都把剩餘物質擺攤

出賣（出賣是勝利後即開始），衣服、傢俱、破銅爛鐵。四川經長期抗戰物資也缺乏，鄉下人又都以蔬菜穀物價貴發點小財，見物就買，並不計較」，所以蘇雪林等人「做了些時的『坐買』也撈到一筆錢。」[22]

繼首批物品在3月份起運之後，首批人員於6月20日起程。據1945年考入土木系的樂山沙灣籍詹國器老人回憶，「我是乘汽車到成都的，次日至內江，汽車由擺渡過沱江。內江是『糖城』，盛產糖，我們在晚上各自買了各種糖，大家作了一次糖的聚餐。第三日晚汽車到重慶，重慶是山城，萬家燈火，住在川鹽銀行對面的一家銀行裡。武大設有辦事處，等了幾天，由辦事處代買好船票，由重慶朝天門乘民權輪至宜昌。當時長江三峽不能夜航，順江而下，三峽風景盡收眼底。船到宜昌換乘江漢輪，晝夜航行至武昌，到了珞珈山，沿途順利！」[23]

1944年電機系畢業留校任教的俞大光院士回憶，「當時的交通很困難，自重慶沿江而下的輪船幾乎全被軍政人員包下，極難買到客票。離開樂山的路徑，一是走公路到隴海鐵路坐火車；二是乘江輪去重慶後，買長途汽車票去湖南。兩條路線都是繞行，而且都有穿山越嶺的長途汽車路段。我由於切盼回到已分別8年的湖南住上兩個月，因此選了後一路線。恰好遇到土木系的助教王仁權也願意走這條路，我倆因常在一起就餐和玩橋牌而較熟，約定結伴同行。這次旅行的困難程度比起入校則有過之而無不及。距離遠了，時間也就長了，花了半個月才到長沙。最艱苦的是從重慶到常德要坐8天的長途蓬車，車內沒有座位，各人墊坐在自己的行李上。車以木炭作燃料，經常拋錨，常需人推車來啟動，行駛在坑坑窪窪的山地土路上顛簸十分嚴重。這趟旅行既使我們提心吊膽，也讓我們切實體會了『蜀道難，難於上青天』。到7月下旬，我們總算平安地到達了長沙。」[24]

前面說過，因是抗戰之後，百廢待興，返校工作非常艱辛，至少可表現在購票困難和費用昂貴上。對於全國的學校返校，教育部是根據返校日程安排，再按比例分配購票數額。如在重慶購票東還，當時面向全國各階層的購票分配比例為：學校師生分配船位占33.3%，黨政機關占26.7%，軍事機關占26.7%，輪船公司員工占8.3%，其他各部分占5%。由於票數有限，一般購票都得開後

[22] 蘇雪林：《浮生九四——雪林回憶錄》，臺灣三民書局，1993年，第144頁。
[23] 詹國器：〈回憶佛都樂山時期的學習生活〉，臺灣《珞珈》（1997年7月）第132期。
[24] 俞大光：〈我在樂山生活的回憶〉，《武大校友通訊》2008年2輯。

門，要找黨政機關的人或輪船公司的人購買，這樣最快也要等一個禮拜，慢則十天半月，最長時要等兩三月之久。

　　儘管返校時，學校都給教職工和學生發放了路費，據武大檔案館編《樂山時期的武漢大學》載：1946年4月的預算中，教職員及其眷屬約1500人的車船費為1.8億元；學生約1740人的車船費2.0880億元；工役約50人的車船費600萬元，人均12萬元；教職員及其家屬的夥食費9000萬元，人均6萬元；學生夥食費50112萬元，人均2.88萬元；工役夥食費120萬元，人均2.4萬元，但這些費用在當時遠遠不夠。車票且不說購票要疏通費，如果從重慶到武漢的聯運票價約10萬元左右，發的的12萬元就剩下不到2萬元，而從樂山經宜賓到重慶的路費差不多也得10萬元。如果從重慶到宜昌，其票價為2.985萬元，從宜昌到武昌，其票價為1.75萬元，票價相對便宜，但票不好買，滯留時間長。據俞大光院士回憶說，「對我們無復校公務的單身助教，學校發給400元法幣，作為路費包幹。」更是杯水車薪！就夥食費來講，也是不夠用。當時發給的夥食費是按比較暢通的情況下，以24天進行計算的。如在重慶的中央公園內的青年食堂購葷菜一份，得花300元，買飯一份，得花150元，計450元。也就是說，每人每天的夥食得花1000元左右。如果說夥食費不超出24天還勉強可以，超出24天就無濟於事了。而當時的情況是往往都超過了24天，甚至有的在外滯留幾個月。

　　直到8月份，還有不少師生員工未能按時返校，滯留在樂山的胡稼胎等教授建議向民生公司包租輪船運送員工及公物。這一提議得到校方的肯定，並聯繫湖北省建設廳，希望能派專輪接運本校員工。省建設廳經商議下屬的航業局，決定安排「建施輪」對武大的員工及公物進行一次專運。當時，「建施輪」正在巴東接運科學館等人員及湖北省府文卷，巴東任務完成後即可運送學校的員工及公物，估計9月可到重慶。該輪可載客120人至200人，貨物60噸。為確保專運成功，武大已預交給航業局運輸費2000萬元。重慶辦事處也統計了此次乘輪師生員工及工役的人數，並向航業局駐重慶辦事處購票，票價比照民生公司的規定辦理，憑票上船。由於船位有限，優先運送教職員及其家屬，如有多餘艙位再搭載學生。為防止軍隊徵用該船，船到重慶時停在郊外，員工們由郊外方便處上船。

　　當時身無分文的電機系學生張肅文，哪兒也沒法去，就在樂山靜等校方安排。從6月份開始，一直乾熬了漫長的三個月。「9月份，學校租到一艘小輪

船，來運送仍滯留在樂山的師生員工。第一天晚上到達宜賓，次日即抵達重慶。師生全部上岸，等候換船。重慶天氣極熱，我初次受到長江三大『火爐』之一的高溫考驗，終日汗流浹背，卻沒有地方可以洗澡更衣，狼狽之態可想而知。從重慶換乘一艘大些的船東下，經萬縣進入三峽。但見江流湍急，水道極窄。往往向前望去，一座山橫亙在前，看不到航道。但船到前面，卻又是柳暗花明，航道復現。兩岸山峰陡立，涼風陣陣，寒意襲人。船上的汽笛始終長鳴。偶爾見到逆水而上的木船，遇到輪船尾部螺旋槳激起的波浪時，木船立即隨波起伏。上水的木船都由岸上的纖夫拉縴，他們全身一絲不掛，身體與地面幾乎平行，吃力地向前拉船，腳下又是懸崖峭壁，十分驚險。我目睹了中國窮苦人民的生活是如此之苦，對比之下，我坐享公費讀書，再不努力，何以面對供養我的國人！」

「到宜昌後，又換上一艘更大的『江寧號』直駛漢口。我墊著行李，坐在機房上層的鐵板上，鍋爐的熱氣蒸人，個中滋味實在難以形容。經過兩天航行，傍晚抵達漢口江漢關碼頭，乘輪渡抵武昌時已天黑了。當時開赴武大的武豹公司班車已收班，我只好在班車上睡了一夜。第二天乘頭班車到武漢大學，住進宙字齋，這是在樂山時即與史長捷同學說好同住的房間。終於到『家』了，我這才如釋重負。」[25]

9月隨校復員的經濟系學生劉漢馗（1947年畢業）一路上吟詩不斷，有「途中九詠」[26]，且錄其中二首：

夜抵武昌

熬盡八年苦，今朝到武昌。霓虹明宇闊，漏夜沸笙簧。家國欣重建，黎民慶再康。豐功銘史冊，北門永光芒。（鮑照蕪城賦有：「廛閈撲地，歌吹沸天」句，撲沸二字用得很生動微妙，予亦取沸字而沿用之）

抵校

黌門一字開，入眼喜人懷。樹色含煙迴，花香撲鼻來。宮牆憑麓起，桃

25　張蕭文：〈走向珞珈山之路〉，張蕭文：《乙酉集》，2004年，第130—131頁。
26　參見臺灣《珞珈》（1992年10月）第113期。

李滿園栽。待得騰飛日，紗籠宙字齋。（紗籠，用唐王播少年寄食揚州古寺，飯後鐘故事。我住在宙字齋。）

蘇雪林教授是在1946年夏秋之際乘坐輪船出川的。她晚年在回憶錄中說，「那些別的學校的教職員無輪船可乘就雇用木船，過三峽時，江水多漩渦，船碰在石上碎裂，乘客盡作波臣。我就聽說安慶一女師楊鑄秋先生的女公子及二個兒子遭此大厄。還聽說有一木船乘客多，超重了，碰江中亂石忽裂為二截，數百乘客無一倖免者。我們總算幸運，旅途雖苦，尚平安無事。到了宜昌見山川開展，胸次為之廓然。居四川群山萬壑中八九年之久，實有因於牢籠中之苦，今則得釋，寧不稱快。」「到了宜昌等換大輪，住於一公共廳廡。十餘家只好睡地板（我們行李自有職員照料），吃飯只好到外面館子解決，真是不方便，十餘日後始得上船。行數日到鄂。我和家姐登陸就一小鋪吃餛飩一碗，價廉物美。就近購細鉛絲一大圈價不過數角，覺得住川苦日子過去了，以後就是平安愉快的日子了。」[27]

回到珞珈，喜極而涕

1946年10月，大部分師生經過千里跋涉，興高采烈地回到了珞珈山。若干年後，身居臺灣的蘇雪林在〈懷珞珈〉一文中寫道：「我們復員的時候，一路雖飽受艱辛，因前途有光明的希望閃耀著，仍載歌載笑，滿腔愉快。當我們的船抵達江漢關，心弦便開始緊張。登上赴校的公共汽車，一路風掣而進，我們還嫌車子走得太慢。過了洪山，武漢大學的校舍已巍然在望。我們全體同仁，不禁都自車中起立瞻眺，像孩子似的發出一陣陣歡呼。太太們中間甚至有喜極而涕者。」[28]

武大西遷時是最晚的，復員東歸也差不多是最晚的。但由於組織得力，整個復員工作十分順利，圖書、儀器及設備等沒有遭受額外的損失。

[27] 蘇雪林：《浮生九四——雪林回憶錄》，臺灣三民書局，1993年，第144—145頁。
[28] 蘇雪林：〈懷珞珈〉，《學府紀聞：國立武漢大學》，臺灣南京出版公司，1981年，第234頁。

10月31日，先期達到珞珈山的師生在學校禮堂舉行了非常隆重的開學典禮，這標志著武大8年流亡辦學的艱難歲月終於結束。在開學典禮上，代理校長劉秉麟作演講：

「今天是本校成立第18周年紀念日，同時又是復員後第一次開學典禮，所以慶祝的典禮，非常隆重，慶祝的情緒，亦非常興奮。

談到本校一年來最艱難的工作，也是最重要的工作為復員，這可以分成旅運和修建兩方面講：本校自去年十月起，開始準備復校，運輸方面，更積極規劃，從事進行，乃因交通不方便與政令上的限制，以致發生許多困難。現在教職員均全體到達，舊生返校者，亦在半數以上，即最後一批公物與儀器，亦已分裝一大木船及五木排，由樂山駛抵瀘州，不久即可到達武昌，可以說旅運方面的任務完成了。其次修建方面，自去年成立復校委員會，請趙師梅先生回鄂主持，當時這珞珈山荒蕪遍地，淒涼滿目，真不知從何處收拾起。這中間所遭受到的痛苦，當然是大而且多。今年三月以後，各教職員漸次回校，還是經過很多困難。在二月間，周校長即親自回來主持，監督進行，這都是足以證明我們是拿全副精神，集中力量在做，到今天幸能如期開學，這皆是各位同人辛苦的結果——尤其是趙師梅先生。

可是我們的職責，不僅在此，必須更向前進。比如戰前就計劃了的學院組織，是文、法、理、工、農、醫六院，這很顯然的，在武珞公路本大學牌樓上，就明白標出，到今天依舊巍峨矗立可以看到。所以復校後，首先恢復農學院。雖然我們在同樣地努力進行著，但農學院至今房屋尚未完工，有待我們今後的努力。其次醫學院，這一方面是本校的原計劃，同時也是華中的急切需要，正好聯總因有價值25億元美金的醫院設備，願交與武大開辦醫學院及實習醫院，經政府及社會各方面人士竭力協助，現在正進行中。唯開辦費、修建費為數極大，周校長晉京旬日，今天仍不能回來，就是為了這個艱巨的任務，向當局分別接洽之故。除建築外，圖書儀器設備，同樣最關重要。樂山部分書籍，即可全部運到，原存漢口方面者雖被敵人搶去，但現留存者，仍有一部分。周校長在美時，亦經與美國國會圖書館接洽，分得該館複本圖書一批，一

俟輪運暢通，即可陸續到達。所以由此說來，圖書館現在雖說高大寬闊，將來仍不敷儲藏之要求，須另再擴充書庫。總之我們都要時常計劃著求進步，有了種種設備而後，一個學術機關，最重要者為教授，現在原有教授已陸續到齊，本年度新聘教授、副教授、講師頗多，文學院有吳宓先生等15位，法學院有張培剛先生等10位，理學院有周金黃先生及回校之查謙先生等兩位，工學院有曹誠克先生等14位，農學院有魯慕勝先生等6位，醫學院已聘定李宗恩先生等11位，成立籌備委員會。此外體育組亦較前擴充，聘定袁浚先生等5人。各位先生如今有已到校者，有尚在路上者。以上為遷校經過及學術設備方面之簡要報告。

我們知道武大歷史很短，合武昌高師、武昌師大、武昌大學，與武昌中山大學而言，才比較長些。所以，實際今天武大本身的歷史，成立才只18周年，好像一個小兄弟。但我們秉著當仁不讓之精神，至少要起而與老大哥似的北大、清華……諸校相抗衡，完成大學教育的神聖使命。十餘年來，經各先生之決心及各方面之熱情，與同學們之努力，尚能名實相符，蔚為國用。及抗戰軍興，播遷川西，雖說艱苦倍至，不減他校，而八年以來，弦誦不輟，且學生人數年年增加。今後，我們更應稟於本身使命之日益繁重，當本兩千年來聖哲孔子所謂：「德之不修，學之不講，聞義不能徙，不善不能改，是吾憂也」的襟懷，發揚光大，以立己立人，以達己達人為目的。目前雖政治、經濟、社會……各方面，不免仍有種種困難，令人喪氣，但從歷史方面來看，這是一時的現象，唯學術是永久的事業。」

最後，劉秉麟說：「希望各位教授領導學生，並希望各位同學，明瞭自己在社會上的地位與文化上所負的責任，向學術方面與光明方面，共同努力，埋頭苦幹。」[29]

---

[29] 劉秉麟演講原載《國立武漢大學周刊》第361期，轉引自徐正榜、陳協強主編：《名人名師武漢大學演講錄》，武漢大學出版社，2003年，第490—491頁。

附　錄

樂山時期的院士名流

　　記得武大原校長顧海良先生，在武大建校115周年暨紀念西遷樂山70周年大會上的講話中說：

> 近幾十年來，從《漢語大字典》的編纂，到中國海洋學的奠基；從大型億次計算機的問世，到秦山核電站的落成；從祖國寶島臺灣的經濟騰飛，到人類首次登月壯舉的圓滿成功，等等，這些轟轟烈烈的壯舉，無不浸含著武漢大學樂山時期眾多傑出校友的聰明才智和辛勤汗水，切實地反映了武漢大學對國家、民族和人類文明進步所盡到的歷史責任。

　　不錯，作為一所重點大學，武漢大學一直注重優良學風的養成、崇高學術地位的奠定和優秀人才的造就。40年代，武大就以培養的學生質量高而受到世界一流大學的青睞。1944年底，經濟系畢業的陳文蔚與同榜高中的班友譚崇臺作伴出國，飛赴美國哈佛大學讀研究生。他晚年回憶說，「同榜考中並同時入哈佛之武大經濟系各期畢業校友，另有劉滌源、陳余年、陳啟運、顧謙祥，連同我二人，再加上母校1934屆畢業老學長張培剛兄，總共7位校友均同時在哈佛經濟系研讀，可稱『稀有的盛事』（周鯁生校長）於1945年來哈佛訪問時當面說的）。據此一端，即可見證20世紀30年代和40年代武漢大學在國際上校譽之隆（牛津和劍橋大學亦同樣接受武大畢業生平均成績在80分者為正式研究生，不需另經入學考試）！」[1]還有這麼個流傳較廣的說法：陳文蔚1944年進入哈

---

[1] 陳文蔚：〈畢業母校六十周年有感〉，《武大校友通訊》2003年第2輯。

佛大學深造，1946年由哈佛大學轉入芝加哥大學直接攻讀博士學位，在其申請就讀芝加哥大學的過程中，他的武大「背景」起到了不小的作用。當時美國有關部門曾對中國大學的辦學水平進行過一次評估，芝加哥有關人員據此問他：「你畢業於武漢大學，你知道你們學校在中國是什麼地位嗎？」陳未即作答。當對方告訴他武大在中國國內處於第二的位置時，陳笑稱：「我一點都不感到意外，讓我奇怪的是，為什麼不是第一？！」當對方告知第一名乃「Southwest Associated University」（即西南聯合大學）之後，陳文蔚於是釋然。這段軼聞的真實性有待考證，但也從側面反映了當時武大的國際聲譽。

　　武大的校友在若干年後的表現充分證明，樂山時期的畢業生雖然不過區區數千人，但成才率相當高。僅僅是日後成為院士者就有十數人。若加上曾經任教、生活過的院士，更是多達二十餘人。

樂山武大就讀過的院士

1、柯俊（1917.6——），材料物理學及科學技術史學家。浙江黃岩人，1938年畢業於武漢大學化學系，獲學士學位。幾十年從事合金中相變的研究，在鋼中首次發現貝茵體切變機理，至今在英、美、德、日、俄學者中仍為貝茵體形成機理的主流學派。50年代首次觀察到鋼中馬氏體形成時基體的形變和對原子簇馬氏體長大的阻礙作用；80年代系統研究鐵鎳釩碳鋼中原子簇因導致蝶狀馬氏體形成，發展了馬氏體相變動力學；指導開展微量硼在鋼中作用機理的研究。1980當選為中國科學院學部委員（院士）。

2、彭少逸（1917.11——），化學家。江蘇溧陽人，生於湖北武漢。1939年畢業於武漢大學化學系，留校任研究助理兩年。早年從事石油煉制和有機合成方面的研究。50年代從事石油煉制催化劑和色譜分析研究。組織領導了合成油七碳餾分脫氫環化制甲苯研究，開發了催化劑，實現了工業化生產。1960年以後研究成功柴油中芳烴的抽提，已用於生產。發明了碳纖維高效脫氧催化劑及以活性炭為載體的非貴金屬脫氧催化劑等，均已用於高純氣體的生產。領導開展了一碳化學的研究工作。1980年當選為中國科學院學部委員（院士）。

3、張致一（1914.11──1990.10），生理學家。山東泗水人。1940年畢業於武漢大學生物系。首次通過激素使南非蟾蜍由雄性轉變為雌性，產生單性（全部為雄性）後代，同時又用生殖腺移植技術獲得了由雌性轉變為雄性的動物；首次提出了遺傳基因與性變的關係及生殖腺分化受體細胞所支配的理論；首先發現了下丘腦與垂體原基的部位和功能，並揭示中葉激素不同於促腎上腺皮質激素；對胚胎著床機理的研究尤為系統，而激素的應用收到了顯著的經濟效益。1980年當選為中國科學院學部委員（院士）。

4、錢保功（1916.3──1992.3），化學家。江蘇江陰人。1938年由交通大學轉入武漢大學化學系，1940年畢業。1949年獲美國紐約布魯克林理工學院碩士學位。在國內開創了合成橡膠、高分子輻射化學、高聚物粘彈性能和高分子固態反應等方面的研究。在合成橡膠的力學性能、粘彈性能、分子運動等方面進行了深入系統研究。領導組織稀土順丁、鎳順丁橡膠的表徵研究。還對天然橡膠的結晶過程、聚乙烯的紫外光敏交聯、高聚物體係固態反應等方面進行了研究。1980年當選為中國科學院學部委員（院士）。

5、謝家麟（1920.8──　），加速器物理學家。直隸武清（今屬天津）人。1942年肄業於武漢大學機械系，1943年畢業於燕京大學物理系。1948年在美國加州理工學院物理系獲碩士學位。50年代初在美國領導建成當時世界上能量最高的一臺醫用電子直線加速器。60年代初研製成功中國肪沖功率最大的速調管和中國最早的一臺可向高能發展的30MeV電子直線加速器，國內第一臺電子迴旋加速器等，均獲全國科學大會獎。並在此時期領導國防任務中子管的研製。1980年當選為中國科學院學部委員（院士）。

6、陳榮悌（1919.11──2001.11），化學家。四川墊江人。1944年武漢大學化學系研究生畢業。1952年獲美國印第安那大學博士學位，是國際上研究溶液中絡合物化學的早期科學工作者之一。對絡合物在溶液中的組成和穩定性研究及實驗方法有所發展（如折光法等），曾提出絡合物穩定性與配體酸堿強度之間的直線自由能關係和直線焓關係，並發展為配位化學中的線性熱力化學函數關係。80年代用大量實驗結果證明了上述關係在配位化學中的存在，並將這些線性關係和所有能量之間的線性關係，歸納為配位化學中的相關分析。1980年當選為中國科學院學部委員（院士）。

7、張興鈐（1921.11——），金屬物理學家。河北武邑人。1942年畢業於武漢大學礦冶系，1952年獲麻省理工學院物理冶金博士學位。50年代初在美國系統地研究了在蠕變過程中純鋁及其二元單相合金的形變和斷裂機構，尤其是晶粒間界行為。1989年赴美訪問期間，又進行了細晶的研究，根據試驗證據，運用形變協調或受阻的觀點，提出晶界裂紋形成和傳播的模型，並系統地闡明晶界行為與高溫強度、塑性、斷裂的關係。在高溫強度和超塑性領域內做出了重大成就與貢獻。1991年當選為中國科學院學部委員（院士）。

8、張效祥（1918.6——），計算機專家。浙江海寧人。1943年畢業於武漢大學電機系。50年代末，領導中國第一臺大型通用電子計算機的仿製，並在此後的35年中主持中國自行設計的從電子管、晶體管到大規模集成電路各代大型計算機的研製，為中國計算機事業的創建、開拓和發展起了重要作用。70年代中期，領導和直接參與並率先在中國開展多處理器並行計算機系統國家項目的探索與研製工作，經過多年努力，於1985年完成中國第一臺億次巨型並行計算機系統。1991年當選為中國科學院學部委員（院士）。

9、歐陽予（1927——），核反應堆及核電工程專家。四川樂山人。1948年畢業於武漢大學工學院電機系。1957年獲蘇聯莫斯科動力學院技術科學博士學位。2000年當選為俄國工程院外籍院士。參與主持並組織完成了中國第一座生產堆研究設計，該堆年順利建成投產。擔任中國第一座自行設計建造的秦山核電站的總設計師，全面負責技術指揮和決策，解決了建造中一系列重大技術問題。秦山核電站已並網發電成功，是中國在核電技術上的重大突破。1991年當選為中國科學院學部委員（院士）。

10、文聖常（1921.11——），物理海洋學家。河南光山人。1944年畢業於武漢大學機械系。長期從事海浪研究，60年代初得到屬當時國際前列的「普遍風浪譜」，80年代初在國際上首次得到解析形式的風浪頻譜，90年代初將頻譜與向性有機結合起來，得到解析形式的方向譜，60年代中期主持研究的海浪計算方法於70年代作為國家規範，取代了長期使用的國外方法。在國家「七五」科技公關項目中，針對國際上盛行的第三代海浪預報模式的缺陷，提出新型混合型模式，有極強的實用價值。1993年當選為中國科學院院士。

11、俞大光（1921.1——），理論電工和電子工程專家。湖南省長沙市人。1944年武漢大學電機系畢業，後留校任教至1949年。在核武器引爆控制方面，採用過載延時引信，提高了引爆的可靠度。在核武器再入遙測技術中，採用S波段脈位鍵控調制方案，獲得了良好結果。擔任我國某型號核武器總體設計師並完成定型工作，參加並審核、制定院軍標、國軍標和國家標準數十項。為中國核武器的研製、定型和人才培養做出了重要貢獻。1995年當選為中國工程院院士。

12、張嗣瀛（1925.4——），自動控制專家。山東章丘人。1948年畢業於武漢大學機械系。早期從事運動穩定性及最優控制的研究，其中有新型的有限時間區間穩定性。曾參加反坦克導彈的研製，解決了控制系統的關鍵問題，取得突出實效。又在微分對策的研究中，提出並論證了定性微分對策的極值性質，給出了定性極大值原理，使定量、定性兩類問題都統一在極值原理的基礎上，形成新體系，並給出一系列應用。在主從對策的研究中，提出懲罰量等新概念及定量計算。1997年當選為中國科學院院士。

13、崔崑（1925.7——），金屬材料專家。山東省濟南市人。1948年畢業於武漢大學。長期從事材料科學的教學與研究工作。研究開發了一系列高性能新型模具鋼，在生產中得到廣泛的應用，經濟效益顯著；在鋼的合金化、夾雜物工程、高韌性金屬陶瓷、鐳射熔覆等方面進行了系統、深入的研究工作。多次獲得國家及省部級獎勵，「易切削精密模具鋼8Cr2s」獲1985年國家發明二等獎。1997年當選為中國工程院院士。

14、嚴耕望（1916——1996.10），享譽世界的中國歷史學家，專治中國中古政治制度和歷史地理。安徽桐城人。1941年畢業於武漢大學歷史系。曾任中央研究院歷史語言研究所研究員，中文大學教授，美國哈佛大學訪問學人，耶魯大學客座教授及新亞研究所教授。著有《唐僕尚丞郎表》及成名作《秦漢地方行政制度》等專書共七種，論文四十多篇。其中《魏晉南北朝地方行政制度》填補了漢唐之間的制度研究空白，而鴻篇巨制《唐代交通圖考》更是古代人文地理研究的集大成之作。1970年當選為臺灣中央研究院院士。

15、黃孝宗（1920.3——），美國航太工業界傑出華裔科學家、美國國家科學院院士。祖籍福建廈門，生於湖北漢陽。1938—1942年就讀武漢大學機械

工程系。1949年獲美國麻省理工學院工程博士學位。曾參與美國航太工業發展，曾先後參與美國國防系統、阿波羅登月計劃、太空梭研發計劃。1980—1992年，在臺灣工作12年。曾任臺灣中山科學院代院長（因其為美國公民之故），負責策劃新式武器發展及自力研製各項導彈，高性能戰機成功（雄風、天弓、天劍、1DF等）計劃，堪稱臺灣航太國防事業的國寶級靈魂人物。英國劍橋國際傳記中心（IBC）將他列為「二十世紀傑出科學家」。

樂山武大執教過的院士

1、周鯁生（1889.3——1971.4），國際法學家。湖南長沙人。1906年赴日本早稻田大學留學。後赴英國愛丁堡大學攻讀政治經濟學，獲碩士學位；又到法國巴黎大學攻讀法學，獲博士學位。1928年任國立武漢大學籌備委員會委員，1929至1949年任教於國立武漢大學法學院，1945至1949年任國立武漢大學校長，1948年當選為中央研究院院士。周鯁生先後發表過大量論文著述，其中在其原著《國際法大綱》的基礎上，寫成的《國際法》是世界國際法學中自成一派的法學著作，在中國的國際法學界具有權威地位。

2、邵象華（1913.2——），鋼鐵冶金專家。浙江杭州人。1932年畢業於浙江大學化工系，1938年獲倫敦大學冶金碩士學位。1939年至1940年在武漢大學礦冶系任教授。他設計並主持建設了中國第一座新型平爐。解放後，他先後開發了超低碳不鏽鋼、含稀土和鈮的鋼種及新型合金的生產工藝，創立了從廢鋼渣和鐵水中提取鈮的獨特工藝，開發了用氧氣轉爐冶煉中碳鐵合金、轉爐煉鋼底吹煤氧等項重大工藝，並開展了有關的應用基礎研究。1955年當選為中國科學院學部委員（院士）。1995年當選為中國工程院院士。

3、李文采（1906.9——2000.3），鋼鐵冶金學家。湖南永順人。1931年畢業於上海交通大學。1939年在武漢大學礦冶系任教。首次在中國半噸轉爐試驗了純氧頂吹，煉成合格鋼水一百餘爐。進行過真空下鑄鋼和連續鑄錠試驗。在首鋼、包鋼、淄博硫酸廠、湛江鋼廠進行了熔融鐵礦用炭還原制取

鐵水的試驗。1955年當選為中國科學院學部委員（院士）。1998年被國務院授予中國科學院資深院士稱號。

4、李國平（1910.11——1996.2），數學家。廣東豐順人。1933年畢業於中山大學數學天文系，後赴日本東京帝國大學、巴黎大學留學。1940年至1996年一直在武漢大學任教。主要從事函數論、數學物理等方面的研究工作。在半純函數、唯一性問題、有理函數表寫問題、整函數理論應用、解析函數逼近、數學物理與系統科學等研究中獲多項重要成果。在函數論研究方面取得一系列突出成果。1955年當選為中國科學院學部委員（院士）。

5、朱光潛（1897.9——1986.3），美學家、文藝理論家、教育家、翻譯家。安徽桐城人。1917年考入國立武昌高等師範學校，1939年至1945年任武漢大學教授、教務長。朱光潛視野開闊，對中西文化都有很高的造詣。在其700萬字的論著和譯著中，對中國文化作了深入研究，對西方美學思想作了介紹和評論，融貫中西，創造了自己的美學理論，在中國美學教學和研究領域作出了開拓性的貢獻，在中國文學史和美學發展史上享有重要的地位，並享有很高的國際聲譽。1957年選聘為中國社科院學部委員（院士）。

6、高尚蔭（1909.3——1989.4），病毒學家。浙江嘉善人。1930年畢業於東吳大學生物學系，獲理學士學位。1935年獲美國耶魯大學博士學位。留學回國後長期在武漢大學任教，樂山時期與同事在大渡河畔發現中華桃花水母。通過煙草花葉病毒的分析研究，證實了病毒性質的穩定性；在國際上首次將流感病毒培養於鴨胚尿囊液中；創立昆蟲病毒單層培養法，在家蠶卵巢、睾丸、肌肉、氣管、食道等組織培養中應用成功；創辦了中國最早的病毒學實驗室和病毒學專業。1980年當選為中國科學院學部委員（院士）。

7、張鍾俊（1915.9——1995.12），自動控制理論專家。浙江嘉善人。1934年由國立交通大學畢業，1937年獲美國麻省理工學院博士學位。1938年11月至1939年底任武漢大學電機系教授。在控制領域的廣泛前沿開展了卓有成效的研究，在預測控制、魯棒控制、非線性控制和智慧控制等領域取得了大量成果。例如在預測控制方面，他提出了控制和校正分離的新框架，提出雙重預測方法，研究了分散系統的預測控制，在國際上具有先進性。1980年當選為中國科學院學部委員（院士）。

8、陸元九（1920.1——），陀螺、慣性導航及自動控制專家。安徽省滁縣人。1941年畢業於中央大學。1942—1943年在武漢大學任教。1949年獲美國麻省理工學院博士學位。回國後，參加籌建科學院自動化所和中國科技大學自動化系的工作，參加中國科學院早期的工業自動化、探空火箭、人造地球衛星及一些戰術導彈的控制系統的研製和開發。1980年當選為中國科學院學部委員（院士）。1994年當選為中國工程院院士。

9、史紹熙（1916.8——2000.9），中國工程熱物理學家、內燃機專家。江蘇宜興人。1939年畢業於國立北洋大學機械工程系，1944年任武漢大學講師。1949年獲英國曼徹斯特大學研究生院博士學位。開發了柴油機複合式燃燒系統；在流體力學、燃燒學、代用燃料、測試技術等方面有所建樹。重視人才培養。建立了內燃機燃燒學國家重點實驗室，為內燃機技術的發展作出了貢獻。1980年當選為中國科學院學部委員（院士）。

樂山武大生活過的院士

1、查全性（1925.4——），電化學家。安徽涇縣人，生於江蘇南京。抗戰時期跟隨父親、武大物理系主任查謙西遷樂山。其父因不服四川水土，於1941年春夏之交舉家遷至上海暫住。1950年畢業於武漢大學化學系。1957年赴莫斯科大學進修。歷任武大教授、化學系主任。在對空氣電極表面上固體析出（「冒鹽」）和液體析出（「冒汗」）機理研究的基礎上，制出了長壽命氣體電極和組裝成功200瓦氨空氣燃料電池系統，曾在微波中繼站使用。80年代以來主要從事光電化學催化、高比能鋰電池及生物酶電極研究，並創建了適用於研究粉末材料電化學性質的粉末微電極方法。1980年當選為中國科學院學部委員（院士）。

2、楊弘遠（1933.9——2010.11），植物學家。原籍湖南長沙，生於湖北武漢。抗戰時期跟隨父親楊端六、母親袁昌英在樂山武漢大學生活了8年。1954年畢業於武漢大學生物系。專長植物有性生殖的實驗研究。與合作者首次揭示了未傳粉子房與胚珠培養誘導的水稻助細胞無配子生殖和向日葵卵細胞孤雌

生殖現象，為由雌性細胞誘導單倍體植株提供了理論依據。圍繞胚囊結構與功能問題進行了超微結構與細胞化學研究。在精細胞分離，卵細胞與合子分離和培養，花粉原生質體和脫外壁花粉的培養、融合和轉化等操作系統的建立及有關細胞生物學研究方面開展了系統的研究。1991年當選中國科學院學部委員（院士）。

　　2011年歲末，當我的這部書稿殺青之際，珞珈山上傳來喜訊：12月8日、9日，中國工程院、中國科學院先後公佈2011年院士增選名單，武漢大學新增5位院士。其中，張俐娜、龔健雅、舒紅兵當選為中國科學院院士，李曉紅、李建成當選為中國工程院院士。張俐娜是中國科學院今年新增院士中唯一的女性，也是武大歷史上第一位女院士。至此，武漢大學院士總數增至16位，居全國高校前列，其中科學院院士7名、工程院院士9名（含兩院院士1名）。另外，此次武漢大學還有兩位校友當選院士，其中萬衛星當選為中國科學院院士，康紹忠當選為中國工程院院士。

參考資料

大陸公開出版物

王築著，《彭迪先傳略》，西南財經大學出版社，1988年

石聲漢著，《荔尾詞存》，中華書局，1999年

石聲漢著，《生命新觀》，文化印書館，1944年

申曉雲主編，《動盪轉型中的民國教育》，河南人民出版社，1994年

朱東潤著，《朱東潤自傳》，東方出版中心，1999年

朱東潤著，《張居正大傳》，人民文學出版社，2006年

宋恩榮、章咸編，《中華民國教育法規選編》（修訂版），江蘇教育出版社，2005年

吳貽穀主編，《武漢大學校史》，武漢大學出版社，1993年

吳其昌著，《梁啟超傳》，百花文藝出版社，2004年

沈暉編選，《綠天雪林》，人民文學出版社2001年

李約瑟、李大斐編著，《李約瑟遊記》，貴州人民出版社，1999年

孟國祥著，《大劫難：日本侵華對中國文化的破壞》，中國社會科學出版社，2005年

俞大光、陳錦江編，《無私奉獻一生的趙師梅先生傳略》，華中理工大學出版社，
　　2000年

侯德礎著，《抗日戰爭時期中國高校內遷史略》，四川教育出版社，2001年

唐長壽編著，《樂山文物攬勝》，巴蜀書社，2006年

唐正芒等著，《中國西部抗戰文化史》，中共黨史出版社，2004年

徐正榜主編，《武大英華》（中國著名學府逸事文叢），遼海出版社1999年

徐正榜、陳協強主編，《名人名師武漢大學演講錄》，武漢大學出版社，2003年

涂上飆主編，《樂山時期的武漢大學》，長江文藝出版社，2009年

商金林編，《葉聖陶抗戰時期文集》（三卷），人民教育出版社，2005年

張秀章編，《蔣介石日記揭秘》，團結出版社，2007年

夏曉虹、吳令華編，《清華同學與學術薪傳》，生活・讀書・新知三聯書店，2009年

曹伯言整理，《胡適日記全編》，安徽教育出版社，2001年

馮玉祥著，《我的抗戰生活》，黑龍江人民出版社，1987年

馮開文著，《中國民國教育史》，人民出版社，1994年

賀金林著，《抗戰勝利後國民政府教育復員研究》，社會科學文獻出版社，2010年

程千帆著，《桑榆憶往》，上海古籍出版社，2000年

程千帆箋注，《沈祖棻詩詞集》，江蘇古籍出版社，1994年

彭迪先著，《我的回憶與思考》，四川人民出版社，1992年

楊宏雨，《困頓與求索——20世紀中國教育變遷的回顧與反思》，學林出版社
　　2005年

楊靜遠著，《咸寧幹校一千天》，長江文藝出版社，2000年

楊靜遠著，《讓廬日記》，武漢大學出版社，2003年

楊靜遠編選，《飛回的孔雀——袁昌英》，人民文學出版社，2002年

齊邦媛著，《巨流河》，生活‧讀書‧新知三聯書店，2010年

葉聖陶著，《我與四川》，四川人民出版社，1984年

葉聖陶著，《葉聖陶集》第19卷，江蘇教育出版社，1994年

葉至善寫，《父親長長的一生》，江蘇教育出版社，2004年

劉曉寧著，《「無為而治」的國府元首林森傳》，中國文史出版社，2002年

劉雙平編著，《漫話武大》，武漢大學出版社，1993年

劉雙平主編，《珞珈學子在京城》，武漢大學出版社，2000年

蒙自師專等編，《西南聯大在蒙自》，雲南民族出版社，1994年

陳小瀅講述、高豔華選編，《散落的珍珠：小瀅的紀念冊》，百花文藝出版社，
　　2008年

陳學勇編，《凌淑華文存》，四川文藝出版社，1998年

燕淩等編著，《紅岩兒女：從潛流到激流》，中國青年出版社，2005年

範震威著，《世紀才女蘇雪林傳》，河北教育出版社，2006年

駱鬱廷主編，《樂山的迴響》，武漢大學出版社，2008年

駱鬱廷主編，《烽火西遷路》，武漢大學出版社，2008年

龍泉明、徐正榜編，《老武大的故事》（老大學故事叢書），江蘇文藝出版社，
　　1998年

龍泉明、徐正榜主編，《走近武大》（中華學府隨筆），四川人民出版社，2000年

薛毅著，《王世傑傳》，武漢大學出版社，2010年版

魏淑淩著、張林傑譯，《家國夢影》，百花文藝出版社，2008年

戴知賢 李良志主編，《抗戰時期的文化教育》，北京出版社，1995年

羅常培著，《蜀道難》，河南人民出版社，2008年

蘇智良等編著，《去大後方──中國抗戰內遷實景》，上海人民出版社，2005年

蘇雪林著，《南明忠烈傳》，國民圖書出版社，1944年

延安時事問題研究會編，《抗戰中的中國文化教育》，上海人民出版社，1961年

武漢大學校友總會編，《武大校友通訊》（創刊號至2010年各期），武漢大學出版社

南開大學校長辦公室編，《吳大任紀念文集》，南開大學出版社，1998年

《玉壺冰心──周克定教授八十壽辰慶賀文集》，機械工業出版社，2001年

《朱光潛全集》第9卷，安徽教育出版社，1993年

《抗戰時期內遷西南的高等院校》，貴州人民出版社，1988年

《居蜀集・東西集》，武漢大學出版社，1994年

《袁昌英作品選》，湖南人民出版社，1985年

《凌淑華散文選集》，百花文藝出版社，2004年

《錢歌川文集》（四卷），遼寧大學出版社，1988年

《劉盛亞選集》，四川人民出版社，1983年

《劉永濟詞集》，湖南人民出版社，1984年

《誦帚詞集　雲巢詩存》，中華書局，2010年

《蘇雪林文集》（四卷），安徽文藝出版社，1994年

《蘇雪林散文選集》，百花文藝出版社，1988年

大陸內部出版物

石定機編，《石聲漢教授紀念集》，1988年

張蕭文著，《乙醜集》，2004年

張寶鏗著，《朝華集》，1996年

溫吉言著，《歲月留痕》，2010年

謝紹正編，《永遠的感召：尋找武大樂山時期的故事》，2003年

《王星拱校長紀念專刊》，武漢大學成都校友會編，1996年

《北京珞嘉》，武漢大學北京老校友會主辦，創刊號至總16期，1996—2003年

《回憶文談社》，武漢大學文談社編，1996年

《珞嘉歲月》，武漢大學北京老校友會、《北京珞嘉》編輯部編，2003年

《岷江情深》，岷江讀書社編，2004年

《武漢大學學生運動簡史-抗日戰爭時期》油印本，武大學生運動史編寫組，1983年

《武漢大學學生運動簡史-解放戰爭時期》油印本，武大學生運動史編寫組，1983年
《武漢大學學生運動簡史-社團介紹》油印本，武大學生運動史編寫組，1983年
《武大學運文選》，武大北京老校友會編，2002年
《海燕情深》，武漢大學海燕社編，2002年
《樂山市志資料》，樂山市編史修志委員會編，總第1—12期，1981—1984年
《樂山史志資料》，樂山市市中區編史修志辦公室編，總第1—28期，1986—1992年
《樂山市中區文史資料選輯》第七輯，樂山市中區政協文史委編，1993年
《樂山縣志》民國本，樂山市市中區地方誌辦公室影印，2011年
《樂山歷代文集》，樂山市市中區史志辦編，1990年
《樂山歷代詩集》，樂山市市中區史志辦編，1995年
《樂山地區樂山市地名錄》，樂山地區樂山市地名領導小組編印，1985年

港臺出版物

王聿均、孫斌合編，《朱家驊先生言論集》，臺灣中央研究院近代史研究所，1977年
易社強著、饒佳榮譯，《戰爭與革命中的西南聯大》，臺灣傳記文學出版社，2010年
殷正慈著，《驀然回首》，臺灣文史哲出版社，1983年
袁瓊玉著，李允基編校，《多麗集》，香港內部印刷，1993年
齊邦媛編，《吳魯芹散文選》，臺灣洪範書店，2006年
劉永濟著，《雲巢詩存 默識錄》，臺灣文史哲出版社，1992年
陳昌明主編，《擲缽砵庵消夏記──蘇雪林散文選集》，臺灣印刻文學生活雜誌出
　　　版公司，2010年
蘇雪林著，《浮生九四──雪林回憶錄》，臺灣三民書局，1993年
蘇雪林著，《文壇話舊》，臺灣文星書店，1967年
蘇雪林著，《遯齋隨筆》，臺灣中央日報出版，1989年
《珞珈》，臺北市國立武漢大學校友會編印，非賣品，總103—169各期，1990—
　　　2009年
《學府紀聞：國立武漢大學》，臺灣南京出版有限公司，1981年

網站

桂裕民新浪博客

武大校友總會網

武大西遷樂山70周年專題網

武漢大學新聞網

後　記

　　去年初，當我完成《小城大師——樂山時期的武大教授們》書稿後，一方面張羅出版，一方面籌謀續篇。最初的構想是分兩步走，先寫人物軼事，再作歷史畫卷。我的終極目標是寫一部全景式展現武漢大學樂山辦學的大部頭「枕頭書」，像易社強的《戰爭與革命中的西南聯大》一樣。

　　寫第二部書時，我已經從樂山調回到廣州工作。在廣州家中寫作比在樂山宿舍多了兩個好處，一是身邊資料富足，查閱方便，二是愛妻充當助手，幫我輸錄文字。這樣當我材料準備充分、提綱思路清晰之後，只寫了半年時間便完成初稿。是為《小城大學——樂山時期的武漢大學》。

　　不過從關注這段歷史開始，到搜集資料、醞釀構思、寫作修改，直到出版面世，前後歷時五六年。所以樂山友人王建先生曾給我短信云：「六年辛苦非尋常，心血凝成武大情。本是當地一責任，玉成竟是異鄉人！」春城友人黃潮兄在博文《故鄉何必在長安》中也提到我：「有一位年輕的湖北人，本身受雇於廣州一家房地產營銷公司，人家派他到樂山賣房子，幾年下來，房子賣得好，他個人更是收獲蠻大，出版了幾本反映樂山過去和現在的文字，從抗戰期間武漢大學遷樂山一直到今天樂山城市的變化，完全把樂山當成自己的故鄉。」

　　事實上，我的確是把樂山當成自己的故鄉，也把自己當成武大人，懷著一種對民族歷史文化的敬畏情懷，去挖掘、去搶救這段幾被湮沒的歷史。美國人易社強寫出了「迄今最佳聯大校史」，我這個「異鄉人」要用自己的視角寫一部「尚佳」的武大抗戰史。記得上世紀九十年代初期，我剛開始爬格子時，讀到陝西作家陳忠實的一句豪言壯語——「如果五十歲還寫不出一部死後可以作枕頭的書，這一輩子就白活了！」當時我年少輕狂，也口吐誓言：「我要在四十歲時寫一部死後可以當枕頭的書。」然而，作為一個並非歷史科班出身亦未受正規學術訓練的文史愛好者，一個遊走江湖混跡商場的地產策劃人，僅憑個人滿腔熱情利用業餘時間研究歷史、撰寫專著，若是沒有諸多貴人相助是不可能的。

樂山文史老前輩毛西旁去世之前，我已在樂山，卻未能拜會請益，成為遺憾。不料在我調離樂山之後，先生的公子郎英先生卻聯繫上我，將乃父遺留的大量武大師生信函、資料複印件郵寄給我。通過網絡結識的湖南株洲市委工作的歐陽衛國先生，是武大校友，收藏各類武大書籍。知悉先生有一本內部版的《海燕情深》，冒昧相擾，懇請複印相關篇章。不料先生竟慨然將全書複印郵寄。（與此相反，網上海奇古舊書店老板、江西九江人張學福，收了我50元匯款之後不寄書，竟逃遁無蹤。）

得知我寫作武大樂山歷史，有幾位當年教授的後人與我聯繫給予鼓勵，如桂質柏教授之子桂裕民、涂允成教授之子涂光瑜、胡稼胎教授侄孫胡德榮等。支持鼓勵我的還有武大校友總會辦公室、《武大校友通訊》編輯部、武大檔案館等部門領導。尤其是武大檔案館館員、武大校史研究會創始人吳驍老師，是我在網上結識的朋友，頻繁交流，獲益匪淺。

至於四川樂山，支持鼓勵我的單位有市委宣傳部、師院黨委宣傳部、市文聯、樂山日報社、廣播電視報社、三江都市報社、武大樂山校友會等；關心和幫助我的樂山師友實在太多，恕不一一列舉。我老家京山的程義浩老師，也是長期關注我的進展，並給予過一些幫助。

還要說的是，拙稿原本交給大陸某社出版，卻杳如黃鶴。後來我將書稿易名《苦難與輝煌：抗戰時期的武漢大學》，抱著試一試的心態給蔡登山先生所在的臺灣秀威公司投稿。從樂山調回廣州後，常在南方都市報讀到蔡先生寫民國文人的文章，多了就記住了。後來又買到先生所著《民國的身影》等書。再後來從我們湖北作家劉富道那裏知道一個故事：劉富道由於對蔡先生充滿了敬意和信賴，就把一部書稿托付給他了。蔡先生在郵件中回覆說：「我們一個字都是不會改你的。」真能做到一字不改嗎？劉富道說：「新書到了，我就先看看前記，果然一個字也沒有改動。」又據說學者謝泳著作《何故亂翻書》，內地出版人大多不看好，幸有臺灣出版人很感興趣，於是得以出版。在這書的後記中，謝泳特意向這位名為蔡登山的出版人致謝，「感謝蔡登山先生的厚愛，這些短文章能以現在這個樣子面世。」

這兩個細節引起我對蔡登山先生的興趣。

很快，拙稿得到蔡先生的肯定、慧眼接納，繼而林泰宏、王奕文諸位編輯為本書付出辛勤的勞動。尤值一提的是，熱心的蔡登山先生為拙著物色寫序人

時，極力舉薦了被媒體稱為「晚生代學者型青年作家」、武大中文系博士生韓晗先生。當我忐忑不安地將書稿於一個午間發給韓先生之時，正在外地度蜜月他立馬允諾，並於當晚發我。隨後，又接連修改兩遍。韓先生撇下新娘子不顧而為我認真作序，讓我感慨不已，其溢美之詞又讓我惶恐不安。

　　沒有秀威同仁，我的書稿可能還在電腦裏睡大覺，我二十年前的誓言也不會兌現。在我四十歲生日（也是我南下飄泊十五周年）來臨之際，我這部即將面世的書稿，厚厚的真可當枕頭哩。同時我還把這部厚書當作一塊磚頭（是為「磚著」）拋給海內外學人方家，以期引來研究武大抗戰史的「玉著」。您也可以向我「扔磚頭」，我虛心接受，並留下這個郵箱：ZZJ7294@163.com。

2012年夏日，廣州番禺洛溪新城

血歷史31　PC0248

新鋭文創
INDEPENDENT & UNIQUE

苦難與輝煌
——抗戰時期的武漢大學（1937—1946）

作　者	張在軍
責任編輯	王奕文
圖文排版	郭雅雯
封面設計	王嵩賀

出版策劃	新鋭文創
發 行 人	宋政坤
法律顧問	毛國樑　律師
製作發行	秀威資訊科技股份有限公司
	114 台北市內湖區瑞光路76巷65號1樓
	電話：+886-2-2796-3638　傳真：+886-2-2796-1377
	服務信箱：service@showwe.com.tw
	http://www.showwe.com.tw
郵政劃撥	19563868　戶名：秀威資訊科技股份有限公司
展售門市	國家書店【松江門市】
	104 台北市中山區松江路209號1樓
	電話：+886-2-2518-0207　傳真：+886-2-2518-0778
網路訂購	秀威網路書店：http://www.bodbooks.com.tw
	國家網路書店：http://www.govbooks.com.tw

出版日期	2012年09月　初版
定　價	560元

國家圖書館出版品預行編目

苦難與輝煌：抗戰時期的武漢大學(1937—1946) / 張在軍著.
-- 初版. -- 臺北市：新銳文創, 2012.09
　　面；　公分
　ISBN　978-986-5915-06-3（平裝）

　1.國立武漢大學　2.中日戰爭　3.四川省樂山市

525.82　　　　　　　　　　　　　　101015403

讀者回函卡

感謝您購買本書，為提升服務品質，請填妥以下資料，將讀者回函卡直接寄回或傳真本公司，收到您的寶貴意見後，我們會收藏記錄及檢討，謝謝！如您需要了解本公司最新出版書目、購書優惠或企劃活動，歡迎您上網查詢或下載相關資料：http:// www.showwe.com.tw

您購買的書名：_____

出生日期：_____年_____月_____日

學歷：□高中 (含) 以下　　□大專　　□研究所 (含) 以上

職業：□製造業　□金融業　□資訊業　□軍警　□傳播業　□自由業
　　　□服務業　□公務員　□教職　　□學生　□家管　　□其它_____

購書地點：□網路書店　□實體書店　□書展　□郵購　□贈閱　□其他

您從何得知本書的消息？

　□網路書店　□實體書店　□網路搜尋　□電子報　□書訊　□雜誌

　□傳播媒體　□親友推薦　□網站推薦　□部落格　□其他_____

您對本書的評價：(請填代號　1.非常滿意　2.滿意　3.尚可　4.再改進)

　封面設計____　版面編排____　內容____　文／譯筆____　價格____

讀完書後您覺得：

　□很有收穫　□有收穫　□收穫不多　□沒收穫

對我們的建議：_____

_____

_____

_____

11466
台北市內湖區瑞光路 76 巷 65 號 1 樓

秀威資訊科技股份有限公司　　　收

BOD 數位出版事業部

··

（請沿線對折寄回，謝謝！）

姓　　名：＿＿＿＿＿＿＿＿＿　年齡：＿＿＿＿＿　性別：□女　□男

郵遞區號：□□□□□

地　　址：＿＿＿＿＿＿＿＿＿＿＿＿＿＿＿＿＿＿＿＿＿＿＿

聯絡電話：(日) ＿＿＿＿＿＿＿＿＿＿＿　(夜) ＿＿＿＿＿＿＿＿＿＿＿

E-mail：＿＿＿＿＿＿＿＿＿＿＿＿＿＿＿＿＿＿＿＿＿